Index général

Qu'est-ce qu'on mange? 4

Qu'est-ce qu'on mange? 4

Cuisine santé

Les Cercles de Fermières du Québec

Concept et réalisation	Communiplex Marketing
Direction de projet	HB & Cie
Conception graphique et illustrations	Adigraph
Texte d'ouverture et d'accompagnement	Odette Bouillé-Drouin dt.p.
	Denis Hamel md
Révision de texte et standardisation, mise en page	Lavergne et associés
Révision finale d'épreuves	Communiplex Marketing

PHOTOGRAPHIES

Photographies	TANGO Photographie
Direction astistique	Hélène Saint-Hilaire
Stylisme	Renée Girard
Préparation des recettes	Yvan Bélisle
Assistance à la cuisine	Giuseppe Erbetta

Les Cercles de Fermières du Québec remercient leurs membres de leur participation et les boutiques et fournisseurs suivants, pour leur exceptionnelle collaboration :

Stokes Ltée, Bureau-chef, rue Ferrier, Mont-Royal
Crystal Clear, montée de Liesse, Saint-Laurent
L'Aromate, marché des saveurs, avenue Mont-Royal et rue Sainte-Catherine, Montréal
Boulangerie et pâtisserie N.D.G., chemin Upper Lachine, Montréal

Pelliculage et quadrichromie	Par ici, la sortie
Impression	Imprimeries Transcontinental inc.
	Division Métropole Litho

Tous droits réservés. On ne peut reproduire, enregistrer ou diffuser les contenus du présent ouvrage sous quelque forme ou par quelque procédé que ce soit, sans avoir au préalable obtenu l'autorisation écrite de l'éditeur.

Droits d'auteur © Les Cercles de Fermières du Québec

Dépot légal, quatrième trimestre 1997
Bibliothèque nationale du Québec
Bibliothèque nationale du Canada

Publié par Communiplex Marketing inc. pour Les Cercles de Fermières du Québec

ISBN : 2-920908-32-4

Imprimé au Canada

Mot de la Présidente

Les statistiques sur les habitudes de vie des nord-américains et en particulier sur l'état de santé des Québécois nous amènent à constater que des modifications importantes doivent être apportées à notre façon de vivre. Elles s'imposent d'autant plus que nous sommes obligés de reconnaître que notre système public de santé ne peut plus s'occuper aussi généreusement d'une population grandissante dont le bilan de santé n'est pas au mieux.

La prise en charge individuelle de notre santé devient donc nécessaire. Or, la santé dépend très souvent des conditions de vie que nous nous imposons. Il faut à l'occasion savoir s'arrêter, analyser sa situation et y apporter les correctifs nécessaires si nous voulons tirer le meilleur parti possible des ressources qui nous sont données. Même s'il n'est pas toujours facile de modifier nos habitudes de vie, nous devons agir là où nous pouvons exercer librement nos choix. Ayant un impact considérable sur notre état de santé, l'alimentation devient donc une cible importante de changements.

Une nouvelle tradition est donc à instaurer: le plaisir de vivre heureux, en santé! Les Cercles de Fermières du Québec ayant à cœur le bien-être de la famille, le Qu'est-ce qu'on mange? 4, Cuisine santé devenait nécessaire. En accord avec la mission de notre grande Association, des professionnels de la santé ont travaillé avec nous à la réalisation de cet ouvrage. Dans ce livre se retrouvent des recettes nouvelles et obligatoirement savoureuses, mais respectant par leurs ingrédients et leur préparation, les normes de la diététique au sens du bien manger. Les résultats sont étonnants, vous verrez !

Nos repas familiaux sont depuis toujours l'occasion de favoriser la prise de bonnes habitudes alimentaires. Grâce à cet ouvrage, ils deviendront un moment privilégié pour bien manger tout en découvrant les plaisirs de la table sous un nouveau jour.

Puisse cette nouvelle publication vous apporter la joie de vivre en santé!

Yolande Labrie

Yolande Labrie
Présidente provinciale

Pourquoi ce livre?

Les gens deviennent de plus en plus conscients du lien étroit qui existe entre un bon équilibre alimentaire et un bon état de santé. Les Cercles de Fermières du Québec ont donc pensé qu'il serait utile de préparer un livre de recettes entièrement dédié à la préoccupation de manger sainement et de façon équilibrée.

Ils vous offrent, dans le présent ouvrage, une sélection de plats d'une grande variété, allant de l'entrée au dessert, afin de vous permettre d'élaborer des menus complets pour quelle qu'occasion que ce soit, du simple repas de tous les jours au buffet de réception.

Toutes les recettes de cet ouvrage ont été analysées et vérifiées de façon à répondre aux normes de la diététique ainsi qu'à des critères d'équilibre et de saveur, pour vous donner satisfaction. Elles sont simples à utiliser et peu coûteuses et, pour la plupart, s'exécutent rapidement. Elles font appel à des ingrédients facilement disponibles et sélectionnés pour leurs qualités nutritives, de même qu'à des méthodes de préparation qui préservent au maximum la valeur nutritive des aliments.

Le soin apporté à l'élaboration des recettes, les très nombreuses photos, les techniques et tours de main bien illustrés par étapes, les textes d'ouverture rédigés par une diététiste et un médecin, ainsi que les conseils qui accompagnent, tout au long de l'ouvrage, un grand nombre de recettes vous aideront à profiter pleinement de cette nouvelle addition à la série bien connue des **Qu'est-ce qu'on mange?**

Que peut-on en retirer?

Pour la majorité des gens, manger santé est synonyme de «diète» ou encore de «régime», donc de privations plus ou moins importantes, nécessitant des prodiges de volonté jusqu'au moment fatal de l'abandon. Ensuite, tout est à recommencer. Rassurez-vous! Ici, il n'en est rien.

Manger santé, une approche pleine de bon sens.

Manger santé n'est pas un régime et l'ouvrage n'en propose aucun. C'est plutôt une méthode qui consiste à cuisiner à peu près comme d'habitude, à partir d'ingrédients bien connus, sélectionnés pour leurs qualités nutritives et préparés avec un peu plus de soin, pour leur conserver leurs qualités. Le but de cette méthode n'est donc pas de perdre du poids, mais de manger mieux et de se sentir mieux. Par la suite, le simple fait de mieux s'alimenter se traduira par un regain d'énergie et une meilleure forme physique. Manger santé n'impose donc pas de programme exigeant. Il consiste simplement à porter un peu plus d'attention à la façon de s'alimenter afin d'en tirer le plein bénéfice.

Chacune des recettes de l'ouvrage vous est proposée de façon à maximiser valeur et saveur. Elle est aussi accompagnée par son contenu nutritionnel. Dans le choix de recettes ou l'élaboration de menus, il est utile de tenir compte de ces renseignements et de tenter de se situer quotidiennement dans les normes caloriques recommandées par le Guide alimentaire canadien. Ensuite, il suffit de varier son alimentation en choisissant des aliments provenant de chacun des groupes alimentaires. Ce n'est pas plus compliqué!

Les textes d'ouverture signés par une diététiste et un médecin cardiologue contiennent des observations fort utiles sur les principes à respecter pour s'alimenter sainement. Ils ne font pas seulement proposer des choix, mais ils en expliquent les raisons. Ils servent ainsi à guider le lecteur dans une démarche bien comprise.

Plaisir et bien-être au rendez-vous.

L'ouvrage vous aidera à redécouvrir tout le pouvoir des aliments, leurs saveurs et leurs valeurs. Vous y trouverez des combinaisons originales d'aliments familiers qui vous surprendront agréablement, tantôt par leur apparence nouvelle et tantôt par le jeu des saveurs qu'elles proposent. Vous vous nourrirez mieux et vous constaterez progressivement les bénéfices d'un bon équilibre alimentaire sur votre état général.

Laissez-vous tenter par quelques-uns des plats suggérés et vous serez alors convaincus que manger santé peut être à la fois plaisant et pleinement satisfaisant.

Bon appétit!

Table des matières

Le lexique

page 12

L'introduction culinaire

page 16

Les textes santé

page 18

Les hors-d'œuvre

page 53

Les entrées froides

page 63

Les soupes et potages

page 111

Les entrées chaudes

page 87

Les entremets

page 135

Les plats principaux

Les volailles

page 143

Les poissons
et fruits de mer

page 225

Les viandes

page 167

Le bœuf .... *page 168*
La viande chevaline ...... *page 184*
La viande sauvagine ..... *page 190*
Le porc .... *page 194*
L'agneau .... *page 204*
Le veau .... *page 212*

Les sans viande

page 253

Les accompagnements

page 273

Légumes . . . . page 274
Légumineuses . . . . page 298
Céréales . . . . page 302
Pâtes alimentaires . . . . page 306
Jus . . . . page 312
Fruits . . . . page 314
Techniques . . . . page 316

Les salades

page 321

Les desserts

page 341

Les menus

page 376

Index

Index général . . . . page 392

Index thématique . . . . . page 397

Les notes personnelles

page 410

Le lexique

ABAISSE Pâte étalée sur une égale épaisseur à l'aide d'un rouleau à pâtisserie.

ACIDES AMINÉS Composés organiques comprenant un groupement (radical) aminé (- NH2) et un groupement (radical) carboxyle (- COOH) attachés au même atome de carbone; 20 acides aminés différents forment les sous-unités structurales des protéines.

Les acides aminés essentiels sont des acides aminés que l'organisme est incapable d'élaborer et qui sont essentiels au maintien de la vie et de la croissance.

AMANDES GRILLÉES Amandes tranchées qui ont été colorées au four.

ANTIOXYDANTS Substances chimiques qui préviennent la formation ou favorisent l'élimination de composantes qui causent le cancer et qui sont appelées radicaux libres. Les radicaux libres sont des substances du corps humain qui, étant instables, cherchent constamment à réagir à quelque chose.

ARROSER Verser graduellement du liquide sur un aliment afin qu'il ne se dessèche pas pendant la cuisson.

BADIGEONNER Enduire d'un autre aliment.

BAIN-MARIE Récipient contenant de l'eau très chaude, dans lequel ou au-dessus duquel on place un autre récipient contenant le mélange à cuire ou à réchauffer, sans contact avec le feu.

BARDER Entourer d'une mince tranche de lard gras.

BÂTONNET Coupe rectangulaire d'aliments. Dans la famille des bâtonnets, on retrouve la **jardinière**, avec des morceaux de 3 à 6 cm de longueur par 0,5 cm de côté, la **paysanne**, avec des morceaux de 1 à 2 cm de longueur par 0,5 cm de côté, et **la julienne**, avec des morceaux de 5 à 10 cm de longueur par 2 à 3 mm de côté.

L'appellation **bâtonnet** est réservée aux morceaux de 3 à 6 cm de longueur par 1 cm de côté.

BLANCHIR Plonger un aliment dans l'eau bouillante légèrement salée pendant quelques minutes afin de l'attendrir, d'en enlever l'âcreté ou de faciliter l'enlèvement de la peau.

BOUQUET GARNI Bouquet composé de branches de différentes plantes aromatiques attachées ensemble.

BRIDER Attacher les membres d'une volaille à l'aide d'une ficelle.

CARAMÉLISER (1) Enduire l'intérieur d'un moule d'une couche de caramel. (2) Enrober un aliment de caramel fondu.

CISELER Émincer un aliment très finement.

COUPE DE LÉGUMES
• s.v.p. référer aux techniques p.316

COUTEAU À CANNELER Instrument tranchant qui permet de creuser des sillons longitudinaux ou des rainures dans les aliments ainsi que de prélever des languettes de zeste. • s.v.p. référer à la p.317

COUTEAU À GAUFRETTES Instrument qui permet de couper les aliments en leur donnant une forme gaufrée. • s.v.p. référer à la p.319

COUTEAU À TOURNER Petit couteau pointu qui a environ 4 à 5 cm de long et dont la lame en forme de griffe donne des formes déterminées et régulières, permettant aux légumes de cuire uniformément. Par exemple, on peut tourner les pommes de terre en boules, en olives ou en forme de fuseau de différentes tailles. • s.v.p. référer à la p.319

CRUCIFÉRACÉES Famille botanique comprenant les légumes comme le chou, le navet, le brocoli, les choux de Bruxelles, le chou-fleur. On les nomme aussi «Brassica». Ils sont reconnus pour réduire l'incidence des cancers du côlon, de l'estomac et de l'oesophage.

CUBE Coupe d'aliment carrée. La **brunoise**, avec des cubes de 2 à 3 mm, est la plus petite des coupes carrée; on obtient aussi le **dé**, de 0,5 à 1 cm de côté. L'appellation cube est réservée aux plus grosses coupes.

CUL DE POULE Bol à mélanger métallique à fond arrondi.

DÉGLACER Verser un liquide dans un récipient après avoir fait revenir des légumes ou de la viande afin de mélanger le «gratin» à une sauce.

DÉGRAISSER (1) Enlever la graisse qui se trouve à la surface d'un liquide (jus ou bouillon). (2) Retirer le surplus de gras d'une poêle ou d'une casserole.

DÉLAYER Amener à une consistance plus liquide.

DÉPIAUTER Retirer la peau d'une volaille ou d'un poisson avant la cuisson.

DISSOUDRE Décomposer entièrement.

DORER (1) Badigeonner d'œuf battu une pâtisserie avant sa cuisson. (2) Faire cuire à feu très vif un aliment dans un corps gras jusqu'à la coloration désirée.

DRESSER Disposer les aliments.

ÉCUMOIRE Ustensile de cuisine formé d'un disque mince légèrement incurvé, percé de trous et muni d'un long manche servant à écumer.

ÉGOUTTER Débarrasser de tout liquide.

ÉMINCER Couper en tranches très minces.

ÉPÉPINER Retirer les pépins.

ÉVIDOIR Outil qui peut servir à creuser un aliment, par exemple une pomme, pour, incidemment, en retirer le cœur et les pépins.
• s.v.p. référer à la p. 316

FONTAINE Trou que l'on creuse au centre de la farine pour y verser les ingrédients liquides.

FRÉMIR Chauffer un liquide juste au-dessous du point d'ébullition. La surface du liquide frémit, mais ne fait pas de bulles.

GLUCIDES Toutes substances susceptibles de donner par hydrolyse des sucres simples. Les principaux glucides sont le saccharose, le glucose, les amidons, les dextrines et autres féculents. Synonyme : hydrates de carbone.

GLYCOGÈNE Polysaccharide ressemblant à l'amidon et présent dans plusieurs tissus, surtout dans le foie et les muscles squelettiques.

GRAS INSATURÉ Désigne les acides gras monoinsaturés ou polyinsaturés.

GRAS MONOINSATURÉ Désigne les acides gras possédant un lien libre; ces acides se trouvent dans l'huile d'olive et de canola.

GRAS POLYINSATURÉ Désigne les acides gras possédant 2, 3 ou 4 liens libres. Ces acides gras contribuent à diminuer le cholestérol sanguin. Ils contiennent des acides gras essentiels et se trouvent dans les huiles végétales (carthame, tournesol, maïs et soya).

GRAS SATURÉ Désigne la matière grasse qu'on retrouve principalement dans les graisses d'origine animale qui sont solides, même à la température de la pièce. La formule chimique de ce type de gras comporte le maximum d'atomes d'hydrogène, donc aucun lien libres; l'organisme ayant peine à les dissoudre en substances plus élémentaires, les acides gras saturés peuvent laisser des résidus dans le système artériel.

GRATIN (1) Couche de fromage ou de chapelure dont on recouvre les mets avant de les faire dorer au four sous le gril. (2) Partie de certains mets (légumes, viande) qui reste collée au fond du récipient dans lequel ils cuisent.

GRATINER Faire cuire un plat préalablement recouvert de chapelure ou de fromage.

HACHER Réduire en très petits morceaux.

HOMOGÈNE Mélanger ou répartir de façon uniforme.

LIER Donner une consistance plus épaisse à un liquide avec des jaunes d'œuf battus, de la crème, du beurre manié, un roux ou de la fécule.

LIPIDES Substances graisseuses. Classe de molécules organiques peu solubles dans l'eau et surtout composées de glycérol et d'acides gras.

MACÉDOINE Mélange de fruits ou de légumes coupés en dés.

MALAXEUR Appareil servant à manier, pétrir, mélanger des ingrédients pour homogénéiser un mélange.

MARINADE (1) Liquide composé d'un élément gras, d'un élément acide et d'aromates servant à parfumer, à attendrir ou à conserver. (2) Légume ou condiment mariné.

MARMITE À VAPEUR Ustensile de cuisson à couvercle, contenant un ou plusieurs paniers troué(s), qui sont alors superposés, dans lequel (lesquels) on dépose les aliments pour les cuire à l'étuvée puisque le(s) panier(s) est (sont) maintenu(s) au-dessus du niveau d'eau contenue dans la marmite.
• s.v.p. référer à la p. 17

MARQUER Donner à un aliment grillé, un quart de tour sur lui-même durant la cuisson, de façon à marquer un quadrillage sur ses faces, à l'aide de l'empreinte de la grille chaude.

MÉLANGEUR Appareil servant à battre les aliments (ne s'utilise pas pour les ingrédients secs).

NAPPAGE Préparation fondue de confiture ou de gelée aromatisée, dont on enduit une pâtisserie pour lui donner une apparence brillante.

Le lexique

PANER À L'ANGLAISE Fariner des aliments, et les passer d'abord dans du jaune d'œuf puis dans de la chapelure avant de les cuire.

PAPILLOTE (1) Papier résistant à la chaleur dont on enveloppe les aliments pour les cuire. (2) Décoration de papier dont on couvre le manche d'un gigot ou le bout des pilons d'une volaille.

PARER Débarrasser un aliment des éléments inutiles.

PARISIENNE Coupe de légumes ou de fruits à chair ferme faite, à l'aide d'une cuillère parisienne, en sphères d'environ 2 cm de diamètre. La parisienne est la plus grosse des sphères ; en utilisant des cuillères de différentes grosseurs, on obtient aussi la noisette (1,5 cm de diamètre), la perle (1 cm) et l'olive (de forme ovale d'environ 2 par 1 cm).

PARSEMER Couvrir partiellement.

PÉDONCULE Queue d'un légume ou d'un fruit.

PELER À VIF Enlever l'écorce d'un aliment à l'aide d'un couteau tranchant.

PIQUER Insérer, à l'aide d'un couteau, des morceaux d'ail, de lardons ou d'aromates dans une viande ou une volaille à cuire.

POÊLE À FOND CANNELÉ Ustensile de cuisson en fonte que l'on place directement sur la cuisinière et dont le fond comporte des cannelures qui permettent de griller les viandes et les poissons, sans qu'ils ne baignent dans leur jus.
• s.v.p. référer à la p.17

QUARTIER Morceau qui représente environ le quart d'un aliment ou la division naturelle d'un fruit.

RAMEQUIN Petit plat utilisé pour la cuisson au four ou au bain-marie.

RÂPER Réduire en poudre grossière ou en petites lamelles très minces.

RÉDUIRE Diminuer le volume d'un liquide par ébullition et par évaporation, dans un récipient non couvert, pour l'épaissir et en augmenter la saveur.

RÉSERVER Mettre à part (pour utiliser plus tard).

ROBOT CULINAIRE Appareil à utilisations multiples (réduire en purée, hacher, trancher, mélanger).

ROUX Mélange de farine et de beurre, roussi, utilisé pour lier les sauces.

SAUTER Faire dorer au beurre ou à l'huile un aliment, dans un casserole, pour le saisir.

SINGER En cours de cuisson, saupoudrer les aliments de farine.

SUER (FAIRE) faire revenir, sans coloration, des aliments dans une matière grasse.

SUPRÊME Quartier d'orange ou de pamplemousse pelé à vif
• s.v.p. référer à la p.317

TOMBER Faire cuire des aliments sans coloration, jusqu'à ce qu'ils perdent leur fermeté.

ZESTE Écorce d'orange ou de citron râpée et coupée en petits morceaux.

Interprétation des données du tableau nutritionnel :

La première ligne indique le nombre de calories au total, par portion. Le nombre prévu de portions pour chaque recette est toujours indiqué sous le titre.

La seconde ligne indique la quantité totale de gras, par portion, contenu dans la recette (le signe < précédant à l'occasion le nombre de grammes signifie *moins que*). Pour obtenir la quantité totale de gras contenu dans l'ensemble de la recette, il suffit de multiplier ce chiffre par le nombre de portions prévues. Cette donnée est suivie du pourcentage de calories provenant du gras dans cette portion. Il faut lire cette information avec soin pour bien la comprendre et ne pas s'alarmer d'un pourcentage élevé si le nombre de calories par portion reste bas. Cela signifie seulement que les calories identifiées proviennent presqu'exclusivement du gras, présent soit dans l'aliment ou soit dans les ingrédients de la recette, la recette en elle-même demeurant faible en calories.

La troisième ligne indique le nombre de protéines par portion, ainsi que la quantité de cholestérol présent dans cette portion, cette dernière donnée étant exprimée en milligrammes.

La quatrième ligne indique la quantité de sel, de même que les hydrates de carbone ou glucides contenus par portion dans la recette. Etant donné que peu de recettes de l'ouvrage font appel en quantité importante aux glucides simples (le sucre en cristaux, la mélasse, le miel, etc) autres que ceux contenus dans les aliments eux-mêmes, cette donnée représente généralement l'apport en glucides complexes, qui sont notre principale source immédiate d'énergie.

L'apport en vitamines, en minéraux et en fibres est indiqué à l'occasion dans les textes d'accompagnement aux recettes. Le mode de cuisson affecte grandement ces données. Nous suggérons d'utiliser les ustensiles, modes de cuisson et procédures préconisés dans cet ouvrage, pour un maximum de rendement nutritif.

Par portion — Calories (Kcal) : 106
Gras : 3 g = 23 % des Kcal provenant du gras
Protéines : 3 g   Cholestérol : 0 mg
Sodium : 240 mg   Hydrates de carbone : 17 g

Introduction culinaire

Encore une fois, j'ai eu le plaisir de travailler à la préparation du dernier-né de la série Qu'est-ce qu'on mange? Cette fois vous découvrirez une toute nouvelle façon de cuisiner vos recettes préférées. Cet ouvrage, encore plus que les précédents deviendra un compagnon de travail et je l'espère une source d'inspiration pour préparer vos chef d'œuvres. De plus grâce au tableau d'apport nutritionnel qui accompagne chaque recette, vous serez en mesure d'apprécier la valeur calorique de chaque recette et les différents nutriments qui la composent.

Qu'est-ce qu'on mange? *volume 4* est plus qu'un autre livre de recettes, c'est un livre de «cuisine santé». Surtout n'allez pas croire que le contenu de cet ouvrage est un regroupement de recettes sévères, strictes ou allégées au point de devenir sans goût! Bien au contraire, vous constaterez que s'alimenter sainement est beaucoup plus facile que vous ne le pensiez. Il s'agit de suivre quelque grands principes, tous plus simples les uns que les autres.

D'abord, diminuer les gras employés en cours de cuisson. C'est un mythe de croire qu'un aliment doit baigner dans l'huile pour être bien apprêté. Une ou deux cuillères à thé d'huile préchauffée dans une poêle sont suffisantes pour cuire quatre portions de viandes.

Certains modes de cuisson nécessitent beaucoup moins de gras que d'autres. Dans ce livre, j'ai surtout utilisé deux instruments de cuisson moins connus, pourtant faciles à trouver et qui sont utilisés dans la presque totalité des cuisines de restaurants depuis des années: la poêle à fond cannelé et la marmite à vapeur. Sans pour autant négliger les modes de cuisson plus conventionnels, je vous suggère de les utiliser. Vous en serez ravi(e)s.

Deuxièmement, retirer le maximum de gras possible des aliments avant leur cuisson. Il est facile de retirer tout le gras visible des pièces de viandes et de retirer la peau des volailles. Même que de nos jours, les bouchers et les grandes chaînes d'alimentation mettent à notre disposition une foule de coupes et de pièces déjà dégraissées.

Troisièmement, varier les aliments cuisinés au cours d'une semaine. Les poissons et les fruits de mer, les céréales, les légumineuses ne figurent pas assez souvent à nos menus de tous les jours. En les incorporant, quelque fois par semaine, à vos préparations, vous diminuerez ainsi votre apport de viande rouge, vous serez du même coup sur la bonne voie afin d'accéder à une meilleure alimentation.

Sans viande, vous avez peur de ne pas manger à votre faim? Bien au contraire, en ajoutant des aliments des autres groupes alimentaires à vos préparations, vous obtiendrez des menus plus balancés et, par le fait même, vous n'aurez pas besoin de consommer autant de viande. Consultez le Guide alimentaire canadien, ainsi que les pages qui suivent, pour vous renseigner sur les apports recommandés et tentez de vous en approcher le plus possible. Il est permis de tricher à l'occasion. En autant que dans les jours qui suivent vous compensiez de manière à ce que le total de la semaine reste dans les normes.

Quatrièmement, diminuer un peu les portions de mets principaux au profit des légumes, des céréales et des légumineuses d'accompagnement.

Cinquièmement, choisir des aliments plus sains.

Comme nous :
– privilégiez les produits laitiers plus faibles en gras. Utilisez du yogourt léger plutôt que de la crème sûre, pour des résultats tout à fait semblables.

– plutôt que de lier ou d'épaissir vos préparations avec de la crème ou des jaunes d'œufs, employez des fécules, de maïs ou autre, ou encore des féculents naturels comme le riz ou les pommes de terre râpées. Pour donner une touche plus veloutée à vos préparations, utilisez le lait évaporé écrémé, sans oublier la gélatine pour toutes les préparations froides.

– choisir du beurre de la margarine ou de l'huile ?
Sans tomber dans ce débat sans fin, disons simplement que dans cet ouvrage l'huile d'olive est reine en raison de plusieurs facteurs : étant d'origine végétale elle ne contient évidemment pas de cholestérol ; ses particules de gras sont majoritairement mono-insaturées et elle parfume bien les apprêts.

Yvan Bélisle
Yvan Bélisle, chef

La poêle à fond canellé :
Disponible en plusieurs formats et versions, cette poêle vous permet de griller des aliments en utilisant une quantité minimale d'huile. Les nervures de la poêle jouent le rôle d'une grille, donc vos aliments cuisent sans toucher au gras de cuisson ni au jus de cuisson. Ainsi vous prolongerez le plaisir des grillades tout au long de l'année.

Le vaporisateur d'huile :
Disponible en plusieurs formats et versions, cet instrument vous permet de doser facilement la quantité d'huile utilisée; en général un jet du vaporisateur libère 1/4 c. à t. d'huile en très fines gouttelettes qui se répartiront également au fond de votre poêle ou sur vos salades. Idéal pour badigeonner les instruments de cuisson et pour enduire vos préparations d'une touche d'huile aromatisée.

La marmite à vapeur :
Disponible en plusieurs formats et versions, cet instrument se compose d'une marmite dans laquelle ont fait bouillir de l'eau et d'un ou de plusieurs paniers perforés dans lesquels ont cuit des aliments à la vapeur, sous couvert. L'ajout de gras n'est pas nécessaire.

Cuisiner, c'est manifester sa joie de vivre

et prendre plaisir à préparer

et à partager un repas.

Odette Bouillé Drouin est membre de l'Ordre professionnel des diététistes du Québec. Clinicienne en privé et en service hospitalier pendant de nombreuses années, professeur au collège de Maisonneuve à Montréal pendant 20 ans, elle fut aussi membre du corps professoral de l'Institut de tourisme et d'hôtellerie du Québec. Très active au sein d'associations professionnelles, elle fut co-présidente en 1988 du congrès conjoint des chimistes et diététistes. Elle fut présidente de la Corporation professionnelle des diététistes du Québec de 1988 à 1990. Elle demeure active au sein de nombreux conseils d'administration, dont celui de la Société canadienne du cancer (division Québec). Gastronome, elle fut membre du comité provincial pour l'implantation de la cuisine régionale et juge au concours du Mérite de la restauration ; en 1979, elle était reçue Chevalier du tastevin.

Qu'est-ce qu'on mange ?

Aujourd'hui, la responsabilité de bien manger devient l'obligation de chacun. Bien manger est le résultat de tous nos choix alimentaires, au fil des jours. C'est l'ensemble de nos habitudes alimentaires, bien plus qu'un aliment, un repas ou même une journée particulière, qui détermine si notre alimentation est saine.

Nombreux sont les adolescents qui quittent la maison pour poursuivre leurs études, occuper un emploi ou commencer à voler de leurs propres ailes dans la vie. Bien des hommes qui n'avaient jamais pensé à préparer un repas se retrouvent soudain seuls ou gardiens d'une famille. Face à ces changements de vie, la nécessité de bien s'alimenter au quotidien représente un défi bien réel et pour lequel on est souvent mal préparé. Et, bien souvent, le manque de ressources et le manque de temps viennent davantage compliquer la situation.

Qu'est-ce que cuisiner ?

C'est d'abord faire de bons et beaux choix d'aliments et de les préparer de façon à faire ressortir toutes leurs saveurs, en leur préservant toutes leurs valeurs nutritives.

Cuisiner a beaucoup à voir aussi avec le plaisir. Découvrir des façons savoureuses et pleines d'imagination pour utiliser des produits frais, des herbes, des épices, des modes de cuisson qui mettent en valeur les saveurs naturelles, peut faire toute la différence entre un repas insipide et un repas superbe de couleurs et de saveurs.

Cuisiner fait appel à tous nos sens. Plaisir de la vue d'abord, devant un bel étalage de légumes et de fruits qui stimulent notre imagination et réveillent, par anticipation, nos papilles gustatives. Plaisir de l'odorat, bien sûr, devant l'irrésistible arôme d'un bon potage maison ou d'un pain chaud sortant du four. Plaisir du toucher, si l'on y prête un peu d'attention, alors qu'on choisit les produits bien mûrs ou qu'on se réchauffe les mains sur un bol de soupe chaude au retour du travail, un soir d'hiver. Plaisir de l'ouïe, au crépitement d'une grillade ou au son du percolateur qui arrive à faire lever les plus paresseux. Plaisir du goût, évidemment, le premier déterminant du choix des aliments, où s'exprime tout notre bagage culturel, ethnique, psychologique, social et émotif, profondément modelé par les souvenirs de notre enfance et notre milieu familial, et sur lequel repose tout l'art de cuisiner.

Cuisiner, c'est aussi une façon d'apprendre et c'est s'ouvrir à de nouvelles expériences, découvrir de nouvelles recettes, de nouveaux aliments, de nouvelles saveurs.

Cuisiner, en somme, c'est manifester sa joie de vivre et prendre plaisir à préparer et à partager un repas.

Et, surtout, …cuisiner, c'est aimer. S'aimer soi-même et vouloir son bien-être. Aimer les autres aussi et prendre le temps de le montrer.

Les nombreux messages, souvent sans base scientifique, que nous recevons sur les questions de santé sont parfois contradictoires et contribuent à semer la confusion dans la population. Pour remédier à cette situation, une série de conseils sur l'alimentation a été publiée par Santé et Bien-Être Social Canada sous le titre « *Recommandations alimentaires pour la santé des Canadiens* ».

On y trouve, réaffirmé, le rôle primordial de l'alimentation dans la réduction du risque de développer des maladies chroniques. Aucun aliment miracle n'a été découvert, les études confirmant simplement l'importance à donner à l'alimentation, dans son ensemble, sans chercher à mettre l'accent sur un aliment en particulier. Les choix qui sont faits quotidiennement sont cependant déterminants car ils ont un impact réel sur notre santé.

Varier son alimentation :

Des choix variés d'aliments augmentent les chances d'absorber la quantité requise de tous les nutriments nécessaires à la santé et assurent la présence dans l'organisme des substances nécessaires à la prévention ou à la réduction des risques de développer certaines maladies.

Cette variété demande une certaine planification préalable, qu'on réalisera par l'établissement de menus. Le présent ouvrage consacre 14 pages aux suggestions de menus, dont on s'inspirera pour élaborer d'autres menus puisant, autant que possible, dans les quatres groupes alimentaires, de façon à bien varier son alimentation.

Ces recommandations, qui visent l'ensemble de la population canadienne, hommes, femmes et enfants de plus de deux ans, sont donc les suivantes :

1. *Agrémenter son alimentation par de la variété.*

2. *Dans l'ensemble de son alimentation, donner la plus grande part aux céréales, aux pains et autres produits céréaliers, ainsi qu'aux légumes et aux fruits.*

3. *Opter pour les produits laitiers, les viandes et les aliments cuisinés les plus maigres possibles.*

4. *Chercher à atteindre et à maintenir un poids santé en demeurant actif et en mangeant sainement.*

5. *Consommer le sel, l'alcool ou la caféine avec modération.*

Le respect de ces recommandations permettra de réduire les risques de maladies liées aux mauvaises habitudes alimentaires.

Il faut d'autre part chercher à profiter pleinement de la grande variété d'aliments offerts sur nos marchés. Les produits changent selon les saisons et nos marchés nous offrent, en plus, toute l'année, des facilités d'approvisionnement en produits provenant de l'étranger. Il faut, dans notre cuisine, savoir faire place à ces nouveaux arrivages et expérimenter de nouvelles recettes. Le présent ouvrage fournit d'excellentes suggestions à cet égard.

Il faut aussi lorgner du côté des boutiques de spécialités qui présentent, en général, des aliments dont la préparation a fait l'objet d'une attention particulière. Que ce soit dans le domaine de la fromagerie, de la boulangerie, de la boucherie, de la charcuterie, etc., il faut porter intérêt aux méthodes de préparation et aux ingrédients qui entrent dans la composition des aliments qui nous sont proposés et encourager les artisans qui fabriquent les meilleurs produits.

Par ailleurs, on arrivera à créer un certaine variété dans l'alimentation en s'intéressant aux cuisines d'autres pays, en essayant les produits qui les caractérisent et en les préparant selon les méthodes de cuisson préconisées. L'expérience, en plus d'être agréable, élargit nos connaissances et nous fait découvrir de nouvelles saveurs et de nouvelles textures. On prendra plaisir à expérimenter de nouveaux ingrédients et des modes de cuisson différents des nôtres mais qui font également honneur aux arômes, aux couleurs et aux saveurs.

Tout cela doit être fait avec un objectif en tête : absorber la quantité voulue de tous les nutriments nécessaires à une bonne santé.

Développer une alimentation où dominent les fruits, les légumes, les légumineuses et les produits céréaliers :

Notre alimentation fait encore une grande place à la viande, ce qui non seulement n'est pas un tort, mais nécessaire à l'absorption de protéines complètes comprenant tous les acides aminés essentiels au bon fonctionnement de notre organisme. Mais, ici aussi, la variété s'impose et il faut développer le réflexe de songer moins systématiquement à la viande comme unique source de protéines.

Ces protéines, on en retrouve également dans les produits céréaliers et les légumineuses, qui contiennent en outre de bonnes quantités d'amidons et de fibres, tout en étant faibles en gras saturés et riches en minéraux et vitamines. Il importe d'acheter les céréales dans leur forme entière, autant que possible. On choisira donc de préférence les pains de blé entier, les pains de seigle, les pains multigrains, les céréales de son et d'avoine qui, tous, présentent une haute teneur en fibres. Ces fibres sont, en général, insuffisantes dans notre alimentation et nous sont essentielles pour faciliter l'évacuation régulière des substances non absorbées par l'organisme.

Les légumineuses ne font pas suffisamment partie de notre diète. Leur réputation d'aliment engraissant ou flatulant en est la cause et il est bien dommage qu'il en soit ainsi. Les haricots et la fève de soya sont les principaux représentants de cette importante famille qui nous fournit des protéines du monde végétal ; à cet égard, la combinaison de légumineuses et de grains entiers dans le même repas nous procure une partie des acides aminés nécessaires à l'organisme.

Les fruits et légumes, fort heureusement, sont davantage présents dans notre alimentation. Il faut les choisir de préférence de couleur foncée, que ce soit vert, orange ou jaune, car ils sont particulièrement riches en vitamine C, en bêta-carotène (une forme végétale de la vitamine A), en fibres ainsi qu'en d'autres substances alimentaires non nutritives mais fort utiles comme antioxydants naturels. Ces derniers font d'ailleurs l'objet de recherches attentives, depuis quelques années.

On appelle antioxydants des substances chimiques qui préviennent la formation ou favorisent l'élimination de composés qui causent le cancer, appelés « radicaux libres ». Les radicaux libres sont des composés que l'on retrouve de façon tout à fait normale dans l'organisme. Instables, ils cherchent constamment à réagir avec quelque chose. Ils s'attaquent ainsi à nos cellules et les endommagent, parfois jusqu'à mettre en marche le processus du cancer. Les antioxydants ont pour effet de neutraliser leur action.

Donc, une alimentation qui fait large part aux fruits, légumes et céréales de qualité (complètes et enrichies) représente une forme d'assurance-santé pour l'organisme.

Opter pour les produits laitiers, les viandes et les aliments cuisinés les plus maigres possibles :

Une trop grande consommation de matières grasses est associée aux maladies cardio-vasculaires, à certains cancers et à l'obésité.

Les Canadiens consomment actuellement environ 40 % de leurs calories sous forme de matières grasses ; on recommande de réduire cet apport à 30 %. Les besoins de chacun varient en fonction de l'âge, de la taille et de l'activité physique ; à titre indicatif, nous devrions absorber, en moyenne, une quantité quotidienne de 60 à 90 grammes de matières grasses. Cette quantité pourra varier d'une journée à l'autre. Certains repas seront plus riches et il faudra en tenir compte au repas suivant ou le lendemain. C'est la consommation moyenne qui compte et non la quantité contenue dans chacun de nos aliments et de nos repas. L'obésité est reliée aux excès constants, si minimes soient-ils.

En définitive, il faut sérieusement adopter la ligne dure à l'égard des matières grasses. Lorsqu'on achètera un produit préparé du commerce, on s'attardera à bien lire les étiquettes et à vérifier l'information nutritionnelle figurant sur l'emballage. C'est le total des matières grasses contenues dans l'aliment qui compte. Il ne faut pas se laisser impressionner par les aliments soi-disant « légers », ce terme ne désignant pas nécessairement un produit à teneur réduite en matières grasses. Les aliments dits « faibles en cholestérol » peuvent également contenir beaucoup de gras.

Voici quelques trucs pour réduire sa consommation de matières grasses :

– il faut acheter des coupes de viandes maigres, en enlever tout le gras visible avant la cuisson et consommer de plus petites portions. Le gras laissé sur la planche à dépecer fait encore moins mal que celui qui a été laissé dans la casserole.

– on doit choisir des produits laitiers à faible teneur en gras (lait à 1 % ou 2 %), des fromages à moins de 15 % de matières grasses et, si l'on préfère utiliser du beurre, en réduire la quantité de façon notable.

– on doit réduire de façon générale l'utilisation de matières grasses pour la cuisson et, en particulier, se servir d'huiles monoinsaturées (l'huile d'olive) ou polyinsaturées (l'huile de

maïs et de tournesol) plutôt que de gras saturés (le beurre). Idéalement, il serait préférable de modifier du tout au tout nos méthodes de cuisson et de pocher, de bouillir, de cuire au four à micro-ondes ou à la vapeur, plutôt que de frire nos aliments.

– il vaut mieux dégraisser les bouillons et les soupes, les ragoûts ou pot-au-feu et les sauces. L'opération devient facile quand on prépare ces plats à l'avance et qu'on les laisse refroidir pour ensuite récupérer le gras qui a figé en surface.

– il est préférable d'utiliser du bouillon-maison, du vin, ou du thé pour préparer les sauces ; il est préférable d'utiliser de la fécule et, encore mieux, de la purée de légumes ou du yogourt, lorsque c'est possible, pour les lier ou les épaissir.

– il faut consommer moins de vinaigrettes grasses et s'habituer à les faire soi-même en utilisant plutôt du jus de citron, des herbes fines et des vinaigres aromatisés.

– il faut remplacer les produits de boulangerie à forte teneur en gras (les croissants, les beignes, les brioches) par des pains variés à grain entier ; pour collation, il faut choisir des biscuits ou des muffins à faible teneur en gras. Encore ici, il est préférable de les faire soi-même.

Atteindre et maintenir un poids santé en demeurant actif et en mangeant sainement :

Pour atteindre et maintenir un poids santé, on doit équilibrer l'apport en calories avec la dépense énergétique nécessaire au fonctionnement de l'organisme et à l'accomplissement des activités que nous menons généralement. Ces besoins varient aussi selon les individus, leur âge, leur taille et leur constitution.

Le concept de poids santé découle de la nécessité de se préoccuper davantage de sa santé physique et mentale que strictement de son poids. Se préoccuper seulement de son image et de son poids peut aller jusqu'à l'obsession de la minceur. Selon *Statistique Canada*, 36 % des femmes se situant à leur poids santé se trouvent trop grasses, alors que 14 % à 25 % des femmes connaîtront au cours de leur vie des crises de boulimie ou des périodes d'anorexie. Or, en voulant limiter à tout prix leur consommation de calories, les femmes se privent d'éléments nutritifs nécessaires au bon fonctionnement de l'organisme; cette forme de sous-alimentation les rend aussi moins résistantes à toutes sortes de maladies.

Selon une étude américaine, 49 % des femmes ne respectent pas leur besoin en calcium, s'exposant ainsi à des problèmes de fragilité osseuse et, éventuellement, à l'ostéoporose. D'autre part, 56 % des femmes souffrent de carence en fer, le mépris du bœuf et de la viande en général les exposant à l'anémie.

Chez les hommes, la tendance demeure la consommation de portions trop généreuses car les habitudes alimentaires n'arrivent pas à s'adapter à un style de vie plus sédentaire. On remarque, chez les hommes aussi, des déficiences en calcium, faute d'avoir su encourager la consommation de produits laitiers auprès des adultes.

Le poids santé correspond davantage à la notion de gamme de poids, plutôt qu'à celle de poids idéal. Pour connaître la gamme de poids santé qui nous convient, on doit déterminer son indice de masse corporelle à l'aide de la formule et du tableau ci-après :

Tableau et formule (IMC) : (*)

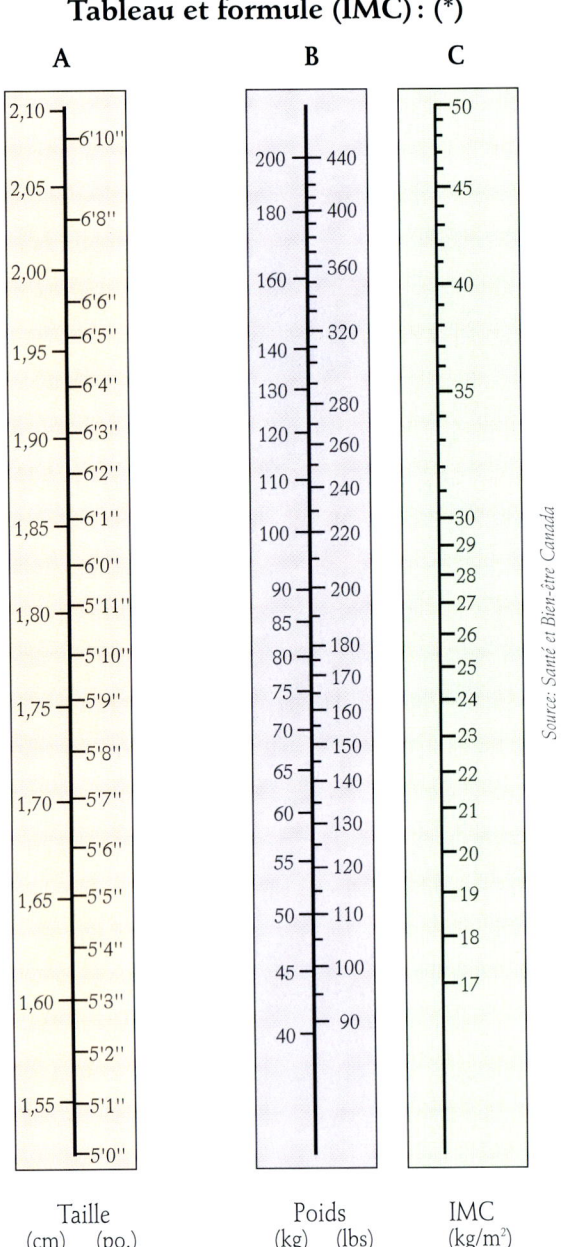

Taille (cm) (po.)   Poids (kg) (lbs)   IMC (kg/m²)

Source : Santé et Bien-être Canada

* L'IMC est inexact dans le cas des enfants et des adolescents de moins de 20 ans, des adultes de plus de 65 ans, des femmes enceintes et allaitantes, de même que dans le cas de personnes très musclées, comme les athlètes.

Comment trouver votre IMC ?

1. *Faites un X sur l'échelle A, vis-à-vis votre taille*
2. *Faites un X sur l'échelle B, vis-à-vis votre poids actuel*
3. *Avec une règle, tracez une ligne reliant les deux X*
4. *Prolonger cette ligne jusqu'à l'échelle C pour trouver votre IMC*

Moins de 20 :

Un IMC inférieur à 20 pourrait être associé à des problèmes de santé chez certaines personnes. Il serait peut-être bon de consulter votre diététiste et votre médecin.

De 20 à 25 :

Cet intervalle d'IMC est associé au plus faible risque de maladie chez le majorité des gens. Si vous êtes dans cet intervalle, restez-y !

De 25 à 27 :

Un IMC situé dans cet intervalle est parfois associé à des problèmes de santé chez certaines personnes. La prudence est donc de mise dans vos habitudes de vie.

Plus de 27 :

Un IMC supérieur à 27 est associé à des risques plus élevés de problèmes de santé, tels que les maladies du cœur, l'hypertension et le diabète. Il serait peut-être bon de consulter votre diététiste et votre médecin.

Si votre IMC est inférieur à 20 ou supérieur à 27...

Il est temps de réduire vos risques de développer des problèmes de santé. Mais avant tout, il importe de savoir pourquoi vous n'êtes pas dans la gamme de poids santé. Consultez votre médecin et votre diététiste.

Les recommandations du Guide alimentaire canadien

Le «*Guide alimentaire canadien pour manger sainement*» est divisé en quatre groupes dont chacun est essentiel car il fournit une combinaison différente de nutriments.

5 à 10 PORTIONS — Fruits et légumes

Les fruits et légumes fournissent des glucides, des fibres, de la thiamine, de la folacine, de la vitamine C et A, du fer et du magnésium. 5 à 10 portions par jour sont nécessaires pour répondre aux besoins qui varient selon l'âge, la taille, le sexe et le niveau d'activité de chaque personne. Un légume ou un fruit de grosseur moyenne, 125 ml de jus ou 1 tasse de salade représente une portion.

2 à 3 PORTIONS — Viandes et substituts

Les viandes et les substituts fournissent des protéines, des matières grasses, de la thiamine, de la riboflavine, de la niacine, de la folacine, de la vitamine B12, du fer, du zinc et du magnésium. 2 à 3 portions par jour sont nécessaires pour nos besoins. 50 à 100 grammes de viande, de volaille ou de poissons, 100 grammes de tofu, 1 à 2 œufs ou 30 ml de beurre d'arachides représente une portion.

2 à 4 PORTIONS — Produits laitiers

Les produits laitiers fournissent des protéines, des matières grasses, de la riboflavine, de la vitamine B12, de la vitamine A et D, du calcium, du zinc et du magnésium. Les enfants ont besoin de 2 à 3 portions de produits laitiers chaque jour; les jeunes de 10 à 16 ans en ont besoin de 3 à 4 portions; les adultes de 2 à 4 portions et de 3 à 4 portions pour les femmes enceintes ou allaitant. 250 ml de lait, ou 50 grammes de fromage, ou 175 grammes de yogurt représente une portion.

5 à 12 PORTIONS — Produits céréaliers

Les produits céréaliers fournissent des protéines, des glucides, des fibres, de la thiamine, de la riboflavine, de la niacine, de la folacine, du fer, du zinc et du magnésium. 5 à 12 portions par jour sont nécessaires selon les besoins de chacun. 1 tranche de pain, ou 175 ml de céréales chaudes, ou 30 grammes de céréales prêtes à servir représente une portion. 1 bagel ou 1 pain pita représente 2 portions.

Consommer les matières grasses, le sel,
l'alcool, la caféine avec modération.

Mettre l'accent sur les glucides complexes,
le lait et les autres produits laitiers.

Le point sur les matières grasses

Le mot graisse est lourd de signification et très souvent mal compris. Les graisses forment une catégorie de substances nutritives indispensables à la bonne nutrition et à la santé.

Les graisses ont un rôle à jouer dans l'organisme. Elles procurent les acides gras essentiels que le corps ne peut produire lui-même; elles servent d'isolant et permettent de maintenir le corps à la bonne température; elles favorisent l'assimilation de certains nutriments; elles renferment les vitamines liposolubles A, D et E qui nous sont essentielles et constituent, à 9 calories par gramme, notre source d'énergie la plus concentrée.

On trouve les graisses dans les tissus animaux et végétaux. Les graisses visibles sont par exemple les huiles végétales, le saindoux, le beurre et la margarine. Les graisses invisibles se retrouvent notamment dans les œufs, le fromage, la crème, les viandes et les noix.

Elles se classent sous trois grand types: **les graisses polyinsaturées**: on les trouve dans les huiles végétales comme l'huile de carthame, de tournesol, de maïs et de soya, mais aussi dans les noix et les graines. Elles ont la particularité de ne pas se solidifier au réfrigérateur. Les acides gras polyinsaturés sont essentiels à la production des cellules et des hormones que l'organisme ne peut fabriquer lui-même. Les acides oméga-3 appartiennent à cette famille d'acides gras; on les retrouvent le plus souvent dans les poissons. Ils sont associés à la diminution des risques de maladies cardiovasculaires et notamment à la réduction du niveau de cholestérol dans le sang.

Les graisses monoinsaturées: on les trouve dans le poisson, les noix, l'huile d'olive, l'huile d'arachides et de canola. Ces graisses sont liquides à la température de la pièce, seulement. Elles ont tendance à réduire la concentration du cholestérol sanguin, mais leur effet est minime.

Les graisses saturées: on les trouve dans les aliments d'origine animale comme les viandes, le beurre, le fromage et certains types d'aliments transformés. Ces graisses sont solides à la température de la pièce. Elles ont tendance à hausser la concentration de cholestérol sanguin.

Le sel

Nous consommons beaucoup trop de sel pour nos besoins. En fait, nous en consommons quotidiennement cinq fois plus que nécessaire. Il y a du sel partout; les fabricants l'utilisent généreusement comme substance de conservation ou pour améliorer le goût des préparations commerciales. Or, une surconsommation de sel provoque la rétention d'eau et peut être liée à l'hypertension.

Pour limiter sa consommation de sel, il faut d'abord éviter d'en ajouter sur nos aliments, ce qui ne correspond souvent qu'à un réflexe et ne satisfait qu'une mauvaise habitude; il faut éviter les aliments coupe-faim du genre croustilles, arachides, pretzels... et autres, ainsi que

Les graisses forment une catégorie de substances nutritives indispensables à la bonne nutrition et à la santé.

leurs sauces et trempettes d'accompagnement; il faut limiter l'utilisation des bases de bouillons préparées commercialement, des marinades et des charcuteries qui, toutes, sont particulièrement salées; il faut le remplacer dans nos propres préparations par les herbes, les épices, l'ail ou l'oignon, le jus de citron… etc.

L'alcool

La consommation d'alcool fait partie de nos habitudes de vie et n'est pas répréhensible en soi. Comme en toutes choses, c'est l'abus qui cause problème et nous en connaissons les méfaits: au plan de la santé, l'alcool peut endommager le foie, provoquer des problèmes au système nerveux, favoriser l'hypertension et nuire à la santé physique et mentale

Toutefois, l'usage très modéré d'alcool dans une alimentation équilibrée peut être bénéfique. Des études françaises ont démontré que la consommation d'un ou deux verres de vin par jour, pris avec le repas, peut favoriser la santé du cœur. Il reste que l'alcool est riche en calories et demeure à déconseiller pour toute personne devant surveiller étroitement son poids. Si on souhaite en consommer, faisons-le en pensant à notre bien-être et pour le plaisir qu'il procure. Mais sachons aussi en rester là.

La caféine

La caféine fait aussi partie de nos habitudes de vie. On l'associe au café, bien sûr, mais on en trouve dans bien d'autres produits sans le savoir: le thé, les boissons gazeuses, le chocolat, certains médicaments (les analgésiques en particulier), pour ne nommer que ceux-là.

Cette substance stimulante n'est pas à proprement parler nocive, sauf si elle est prise en quantité excessive ou contre-indiquée par rapport à l'état de santé de la personne qui en consomme. Ici à nouveau, la modération s'impose. Celui ou celle qui aurait pris l'habitude de boire de six à dix cafés forts par jour risque d'éprouver des effets d'accoutumance, tels que des palpitations cardiaques, de l'anxiété et de l'irritabilité. Heureusement, le simple fait de réduire sa consommation ramène habituellement les choses à la normale.

Certains effets secondaires sont à surveiller. Ainsi, la caféine limiterait notre habileté à absorber le calcium présent dans d'autres aliments, ce qui peut causer certains ennuis aux personnes agées. Elle n'est évidemment pas à conseiller à ceux qui souffrent d'hypertension ou d'insomnie chronique.

Le sucre

Les glucides constituent la source d'énergie par excellence pour notre organisme. On les désigne souvent par le terme « sucres » qu'on ne doit pas confondre avec « sucreries ». Il existe différents types de glucides.

Les glucides simples ou sucres:

Ils comprennent les sucres naturellement présents dans les aliments et les sucres concentrés. On en trouve naturellement dans les fruits et les légumes, accompagnés de vitamines, de minéraux et de fibres.

> *Les glucides constituent la source d'énergie par excellence pour notre organisme. On les désigne souvent par le terme « sucres » qu'on ne doit pas confondre avec « sucreries ».*

Sous forme concentrée, ils se retrouvent surtout dans le sucre de table, le miel, le sirop, la mélasse, les bonbons, le chocolat, les biscuits, les gâteaux et les boissons gazeuses. Ces aliments ne sont pas considérés comme les meilleures sources d'énergie car ils fournissent des calories sans apporter de vitamines et de minéraux de façon substancielle. Il n'est pas nécessaire de les éliminer complètement car ils contribuent à améliorer la saveur, la couleur et la texture des aliments; mais il vaut mieux les consommer avec modération.

Les glucides complexes :

Ils fournissent la plus grande partie de l'énergie requise pour le bon fonctionnement de l'organisme et constituent la source d'énergie par excellence. On trouve les glucides complexes surtout dans le pain, le riz, les pâtes alimentaires, les céréales et les autres produits céréaliers, de même que dans certains fruits et légumes. Ces aliments sont tous de bonnes sources de vitamines et de minéraux et certains sont riches en fibres.

Le lait et les produits laitiers :

Premier aliment de l'homme, le lait est, par la richesse de ses constituants, la pierre angulaire d'une

Premier aliment de l'homme, le lait est, par la richesse de ses constituants, la pierre angulaire d'une saine alimentation.

saine alimentation. Bien qu'aucun aliment ne puisse suffire seul à combler tous nos besoins, le lait est l'aliment qui se rapproche le plus de cet idéal. Frais, naturel et facile à digérer, le lait et les produits laitiers nous apportent quelques 50 éléments essentiels en quantité appréciable.

Le lait représente d'abord notre meilleure source de calcium, un élément nutritif indispensable à l'organisme, puisqu'il assure, conjointement avec le phosphore, la formation et le maintien des os et des dents. Etant donné que l'organisme ne retient que 20 % à 30 % des quantité totales de calcium ingérées, il est primordial de pouvoir compter sur une bonne source de calcium tous les jours.

Outre le calcium, le lait nous assure un apport important de protéines, de glucides et de vitamines. Deux portions de lait fournissent approximativement la même quantité de protéines que 90 grammes de viande ou de poisson et ce à bien meilleur coût.

Les glucides représentent notre principale source d'énergie et le carburant privilégié de l'organisme. Le lait en contient sous forme de lactose, qui, avec la vitamine D ajoutée au lait, favorise l'absorbtion du calcium.

Les vitamines contenues dans le lait sont d'abord la vitamine A présente naturellement dans le gras du lait, la vitamine D qu'on lui ajoute, ainsi que celles du complexe B, dont la vitamine B2, appelée aussi riboflavine, qui aide l'organisme à assimiler l'énergie fournie par les aliments et facilite le bon fonctionnement du système nerveux. Une portion de lait ou de produits laitiers amène 38 % de nos besoins journaliers en riboflavine.

Au nombre des produits laitiers dérivés du lait, il y a d'abord le fromage qui est riche en protéines complètes, le yogurt, si utile à ceux qui éprouvent une intolérance au lactose et qui peuvent sous cette forme consommer un produit laitier et le beurre. Tous ces produits nous fournissent des acides gras essentiels à l'organisme.

Pour ceux qui doivent contrôler l'apport en gras saturé, on recommande de consommer des produits laitiers à teneur réduite en matière grasse, ce qui d'ailleurs n'affecte en rien leur contenu en protéines.

Conclusion :

Aux portes de l'an 2000, la nutrition est en pleine évolution. Nous sommes à l'aube d'une révolution alimentaire où de nouveaux préceptes de nutrition et de nouveaux modes de transformation des produits viendront profondément modifier notre façon de s'alimenter de même que les produits qui se retrouveront dans notre assiette.

Plusieurs expériences ont été menées afin d'identifier les aliments capables de protéger l'humain de certaines maladies. Après l'ère des produits « allégés » (sans gras, sans sucre, sans sel), voici venu le temps des produits « enrichis ». On parle maintenant d'aliments fonctionnels ou nutraceutiques. Ces termes désignent les aliments ayant un impact bénéfique sur la santé ou présentant des propriétés médicales préventives ou curatives, grace à l'ajout de vitamines, de minéraux, de fibres, de bactéries lactiques ou d'antioxydants. En guise d'exemples, vous trouverez sur le marché des eaux gazeuses enrichies de calcium, des yogurts enrichis de bactéries lactiques, des œufs contenant des oméga-3… Le monde de l'alimentation-santé ne sera plus aussi simple qu'avant ! Quoi-qu'on en dise, tout commence par le souci de bien s'alimenter, par le temps qu'on veut bien y consacrer et le soin qu'on veut mettre à mieux planifier son alimentation. La réponse à la question Qu'est-ce qu'on Mange ? demeure donc la responsabilité de chacun ; une alimentation de qualité sera toujours fonction de notre vigilance à bien choisir ce que nous consommons, quotidiennement.

Odette Bouillé Drouin.
dt. p.

Odette Bouillé Drouin dt. p.

« Dis-moi ce que tu manges et je te dirai comment tu es ! »

Brillat-Savarin, gastronome français du 18e siècle

Cardiologue et hémodynamicien, le Dr DENIS HAMEL exerce sa profession depuis 1976, à l'hôpital du Sacré-Coeur de Montréal. Professeur, chargé d'enseignement en sciences cliniques à l'Université de Montréal et à l'hôpital du Sacré-Coeur, il consacre cependant la majorité de son temps au traitement des patients, tout en participant à de nombreux projets de recherche clinique dans les domaines de l'hypertension, de l'insuffisance coronarienne et cardiaque ainsi que des dyslipidémies. Gastronome, il s'intéresse de très près à l'alimentation dans le contexte de sa pratique médicale et avoue sa passion pour une cuisine saine et savoureuse.

Les pages et les commentaires qui suivent visent à répondre aux questions qui sont inlassablement posées aux médecins lors de consultations médicales.

Les gens étant, plus que jamais, intéressés par les mesures à prendre pour maintenir ou se redonner une santé, les pages suivantes contiennent des informations qui leur seront utiles pour agir réellement sur leur état de santé et seront instructives sur ce qu'il est primordial de faire désormais sur le plan de l'alimentation.

Commentaires généraux sur l'état de santé de la population canadienne

Les maladies qui nous font mourir !

Vous serez peut-être étonné d'apprendre que la principale cause de mortalité au Canada est d'origine cardiovasculaire (tableau 1). Elle compte pour 37 % des décès au Canada. Ce ne sont donc pas les accidents, les crimes, les maladies infectieuses qui nous font mourir, mais l'état de notre système cardiaque. Le cancer est la seconde cause de mortalité, étant responsable de 28 % des décès. À elles seules, les maladies cardiaques ou d'origine cancéreuse sont responsables d'environ 65 % des décès alors que les maladies respiratoires causent 10 % des décès.

Nous tenterons d'expliquer les causes de cette situation afin d'essayer ensemble d'y remédier.

Les maladies d'origine cardiovasculaire sont en régression depuis environ 25 ans, grâce à la mise sur pied d'unités de soins intensifs coronariens et au développement de modes de traitements, aussi bien médicamenteux que chirurgicaux. Des programmes de prévention ont été développés également mais, malheureusement, il reste beaucoup à faire à ce chapitre. Grâce à cet ouvrage culinaire, je me propose donc de faire, avec vous, un pas dans la bonne direction, celle justement de la prévention.

Tableau 1
Principales causes de mortalité
Nombres et pourcentages de mortalité, Canada 1995

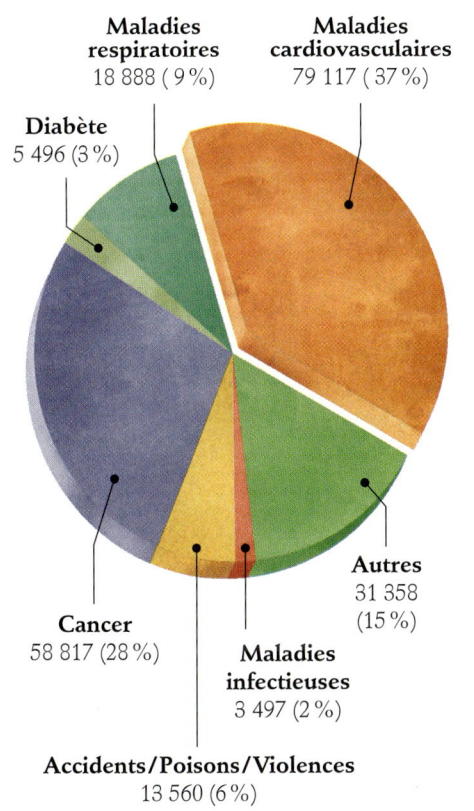

Source : Statistiques Canada, 1997

Nombre total des décès en 1995 : 210 733

Quand on se compare…

Comparons le Canada aux autres pays du monde : il occupe une position moins enviable à l'échelle internationale que celle du Japon, de la France et du Mexique (tableau 2).

La mortalité cardiovasculaire suit une courbe progressive et s'accentue avec l'âge, à compter de 55 ans chez l'homme et de 65 ans chez la femme. La mortalité par groupe d'âge de 35 à 85 ans est supérieure chez l'homme, jusqu'à environ 74 ans. À 75 ans, la femme dépasse l'homme, de sorte que l'espérance de vie entre les hommes et les femmes est à peu près la même, soit environ 80 ans.

Les courbes de mortalité au Canada et par province révèlent aussi que, plus nous nous déplaçons vers l'est du pays, plus la mortalité due aux maladies cardiovasculaires est élevée. Ainsi, leur nombre est beaucoup plus faible en Colombie-Britannique et en Alberta qu'il ne l'est dans les provinces maritimes. Le Québec a un taux de mortalité à peu près identique à celui des provinces maritimes. Serions-nous en quête du titre de champion canadien des décès pour cause de maladie cardiovasculaire ?

Tableau 2
Taux de mortalité selon l'âge
Maladies cardiovasculaires dans le monde (milieu des années 1990)

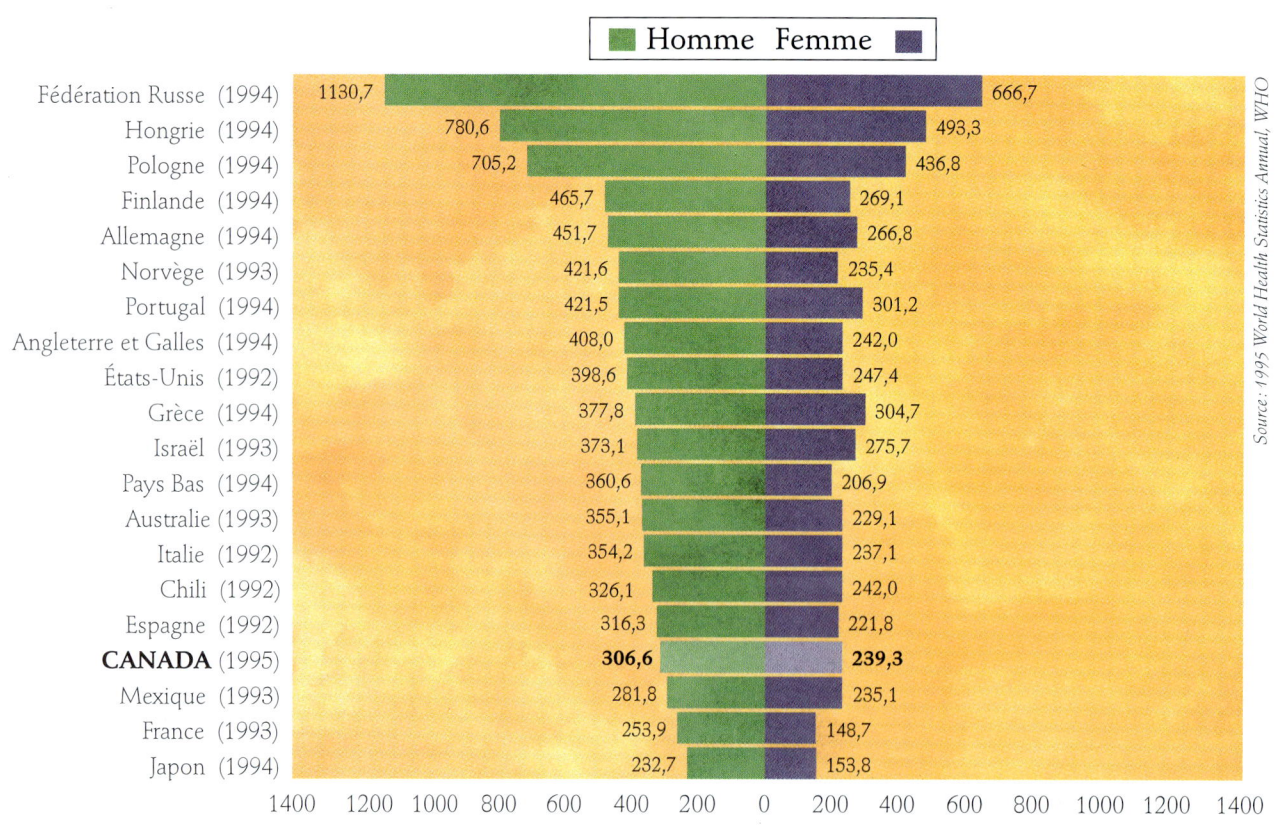

Source : *1995 World Health Statistics Annual, WHO*

Les causes de la maladie cardiovasculaire

Les causes de la maladie cardiovasculaire sont multiples; elles sont reliées à des facteurs de risque. Certains facteurs de risque sont dits non modifiables : l'âge, le sexe mâle et les antécédents familiaux, chez le père et la mère. D'autres facteurs de risque sont dits modifiables : le tabagisme, l'hyperlipidémie, le diabète, l'hypertension artérielle et la sédentarité. Quant à l'obésité et au stress, ils ne sont pas identifiés comme des facteurs de risque directs, mais ils conditionnent fortement les autres facteurs de risque. Par exemple, un obèse aura beaucoup plus de chance d'être diabétique et hypertendu et un individu stressé aura beaucoup plus de chance d'être hypertendu, etc...

Le cholestérol

Quoiqu'il en soit, il est aujourd'hui clairement établi que la maladie cardiovasculaire suit, de façon linéaire, l'élévation du taux de cholestérol; il est donc indiscutablement préférable de maintenir notre taux de cholestérol le plus bas possible.

Le tabagisme

L'accumulation de facteurs de risque augmente l'incidence des maladies cardiovasculaires.

Par exemple, un fumeur a de 2 à 3 fois plus de chance de développer une maladie cardiovasculaire qu'un non-fumeur. Si, en plus, le fumeur est hypertendu, il multiplie ce risque par 5. Au surplus, si le fumeur est affecté d'un taux de cholestérol élevé, son risque de développer une maladie cardiovasculaire est encore multiplié par 2 à 4 fois.

Inversement, si l'on cesse de fumer, on divise par 2 à 3 les risques de développer une maladie cardiovasculaire. Si, de plus, on contrôle l'hypertension et le cholestérol, on divise une autre fois par 5 le potentiel de risque.

Il est à noter que le tabagisme rend les autres fateurs de risque, comme l'hypertension et l'hypercholestérolémie, plus aigus. L'abandon du tabagisme permet de retrouver une santé cardiovasculaire comparable aux non-fumeurs, après 2 à 3 ans seulement, selon l'intensité du tabagisme.

Lueur d'espoir : un style de vie santé !

70 % des fumeurs actifs souhaitent cesser de fumer. La meilleure façon d'aider le fumeur consiste à lui faire prendre un virage santé :

1– un meilleur régime alimentaire

2– l'exercice et

3– la réduction du stress par des activités appropriées

Ces nouvelles dispositions créeront le nouveau style de vie santé qui aura, graduellement, un effet bénéfique sur les autres facteurs de risques que sont l'obésité et la sédentarité.

> *L'accumulation de facteurs de risque augmente l'incidence des maladies cardio-vasculaires.*

L'hypertension artérielle

L'hypertension est une maladie très fréquente, mais difficile à diagnostiquer et à traiter; ses symptomes ne sont pas, en effet, très évidents. Pour cette raison, elle est surnommée « le tueur silencieux »; elle use prématurément les vaisseaux sanguins ainsi que plusieurs organes, dont le cerveau, le cœur, les reins, les yeux… etc.

Le traitement de l'hypertension s'amorce par :

- une diète très faible en sel
- une réduction du poids
- une réduction de la consommation d'alcool et
- un bon programme d'exercice, en association avec des médicaments hypotenseurs

Le diabète

Le diabète est aussi une maladie fréquente qui survient généralement avec l'âge et la prise de poids. Un Québécois sur vingt est affecté par cette maladie.

Le diabète provoque un vieillissement prématuré des artères, principalement des artères coronaires et des artères des membres inférieurs. Son contrôle s'amorce par une diète équilibrée, faible en sucres et en gras. C'est un facteur de risque majeur dans le développement de la maladie athérosclérotique.

L'obésité

Environ 27 % de la population québécoise souffre d'un surplus de poids, c'est-à-dire d'un indice de la masse corporelle supérieur à 27. De ce 27 %, la moitié présente un indice de masse corporelle supérieur à 30, ce qui en fait des obèses. L'obésité augmente certains facteurs de risques : l'hypertension artérielle, le diabète et l'hyperlipidémie.

Nous entendons souvent dire que « l'obésité provient d'un dérèglement glandulaire ». Ce n'est généralement pas le cas, bien que l'obésité conditionne un grand nombre de maladies. La très grande majorité des cas d'obésité dans la population est plutôt le résultat d'un régime alimentaire déséquilibré. Trop peu de gens veulent l'admettre : on mange mal et on mange trop, tout simplement!

La cause réelle de l'obésité, c'est d'abord et avant tout le déséquilibre entre l'apport énergétique (calories) et la dépense énergétique (métabolisme basal et exercice : quand on consomme plus de calories qu'on en dépense, l'organisme réagit en stockant les surplus sous forme de graisse.

Le métabolisme basal joue un rôle important dans la prise de poids. Certaines personnes peuvent littéralement s'empiffrer sans jamais prendre une seule once

Environ 27% de la population québécoise souffre d'un surplus de poids, c'est-à-dire d'un indice de la masse corporelle supérieur à 27.

de graisse; d'autres mangeront beaucoup moins tout en prenant du poids. Le métabolisme basal est, en quelque sorte, la quantité d'énergie nécessaire pour faire fonctionner l'organisme; cette quantité varie selon les individus. S'il y avait famine, on pourrait croire que les gens dont le métabolisme basal est plutôt lent survivraient plus longtemps que ceux dont le métabolisme basal est élevé. Dans une société d'abondance, toutefois, le stockage de graisse pour les temps difficiles est moins nécessaire!

Il est très facile pour l'organisme de stocker ses graisses

L'organisme ne dépense que 2,5 calories pour transformer 5 calories de graisses alimentaires et les mettre en réserve. En contrepartie, l'organisme doit dépenser 23 calories, soit dix fois plus, pour convertir 5 calories de protéines ou de sucre et les transformer en graisses de réserve. Une partie des correctifs à apporter au régime alimentaire de l'obèse consiste donc à modifier son choix d'aliments au profit d'aliments nutritifs, moins énergétiques.

L'obèse peut donc manger autant qu'avant, tout en réduisant l'apport calorique des aliments consommés. À noter que la diète nord-américaine typique comporte environ 40 % de gras; c'est donc le niveau de gras qu'il faut d'abord réduire à moins de 30 %, tout en privilégiant les gras du type polyinsaturé. *(voir section traitant de cholestérol et d'hypercholestérolémie).*

La sédentarité

La sédentarité est la seconde condition essentielle à l'enclenchement du phénomène de l'obésité. Malheureusement nous sommes trop sédentaires. Au Québec, la sédentarité est un phénomène à ce point réel que plus du deux tiers de la population ne consacre même pas 30 minutes par semaine aux activités physiques exigeant une dépense énergétique notable. L'utilisation de la voiture à tout propos, notamment, nous a graduellement privés du réflexe de marcher.

L'activité physique est l'un des principaux moyens de susciter une élévation du métabolisme basal et la dépense de calories. Pour intégrer l'activité physique à nos habitudes, il suffit de poser de petits gestes simples :

- marcher pour aller faire une course au coin de la rue
- monter les escaliers plutôt que de prendre l'ascenseur
- choisir une activité impliquant une dépense énergétique, même légère, plutôt que de s'installer devant la télévision

Le stress

Il est impossible d'éliminer complètement le « stress » d'une vie active. Il faut cependant trouver des antidotes fréquents à ce « stress » :

- avoir recours à l'exercice, qui est l'un des meilleurs moyens anti-stress
- s'occuper l'esprit à son passe-temps favori, comme la lecture, la peinture ou l'écoute de la musique

L'exercice

Un exercice équivalant à la consommation de 4000 kilo/joules par semaine permet d'influencer favorablement le niveau des triglycérides et de hausser le niveau du cholestérol de haute densité (HDL), celui qu'on appelle le bon cholestérol.

À quoi correspond 4000 kilo/joules par semaine ?

- 3 heures de cyclisme
- 2 heures de tennis en simple
- 3 heures de natation

Les gens qui font régulièrement de l'exercice on tendance à adopter un régime alimentaire beaucoup moins riche en gras saturé, aussi bien qu'en gras total et à choisir une alimentation plus équilibrée, avec un horaire relativement fixe. Ils consomment généralement moins d'alcool et fument beaucoup moins que la population en général.

Un exercice physique régulier a généralement un effet sur la baisse de la tension artérielle et l'amélioration de la forme physique. Chez certains, une diète bien suivie se traduit par une perte de poids appréciable, souvent suffisante pour normaliser le taux de cholestérol. Dans tout programme diététique, on doit retrouver un programme d'exercice physique régulier.

L'alcool

Des études récentes semblent démontrer que :

POUR — une consommation d'alcool modérée inférieure à 15 onces par semaine, aurait un effet favorable sur la réduction du taux de LDL, c'est-à-dire le mauvais cholestérol, mais surtout sur l'élévation du taux de HDL, c'est-à-dire le bon cholestérol.

POUR — une consommation modérée d'alcool s'accompagne d'une amélioration du risque cardiovasculaire

CONTRE — l'alcool contribuerait également à l'augmentation du taux de triglycérides dans le sang

Il n'est donc pas défendu de consommer de l'alcool, lorsque son état de santé général le permet.

CONTRE — il est bien reconnu qu'une consommation plus importante et plus régulière d'alcool pourrait conduire à l'embonpoint, à l'hypertension, à certains types de cancer et à des atteintes de la fonction hépatique allant même jusqu'à la cirrhose

L'hypercholestérolémie

Lorsque nous entendons parler de cholestérol, nous assimilons immédiatement ce mot à une substance dangereuse, contenue dans presque tous les aliments de très bon goût qui, incidemment, sont à éviter absolument. Pourtant, le cholestérol est absolument essentiel à la vie. Il permet la fabrication de plusieurs des hormones dont l'organisme a besoin. La grande majorité du cholestérol qu'on retrouve dans le sang provient du foie; sa concentration dans le sang est fonction de notre capacité à détruire tout surplus. Le taux de cholestérol devient problématique quand il excède les valeurs normales; il peut alors causer des ennuis sérieux.

Le cholestérol est un lipide, c'est à dire une substance graisseuse insoluble dans l'eau et donc insoluble dans le sang. Pour circuler dans le système sanguin, il utilise un véhicule qu'on appelle les lipoprotéines.

Cholestérol : le « Bon et le Mauvais » !

Les lipoprotéines, la LDL et la HDL, sont de grosses molécules très complexes, assurant la solubilité des graisses dans le sang. La LDL réfère au « Mauvais » cholestérol et la HDL au « Bon » cholestérol.

Les lipoprotéines sont classées selon leur grosseur et leur densité.

Les LDL *(low density lipoprotein)*, ou lipoprotéines de basse densité, sont celles qui vont s'infiltrer à travers les cellules des vaisseaux sanguins, constituant la plaque athéromateuse, c'est-à-dire une sorte de dépôt graisseux qui se fixe dans la paroi d'une artère. Ce dépôt obstrue la circulation sanguine et en réduit progressivement l'espace disponible pour la circulation du sang à l'intérieur de l'artère.

Les HDL *(high density lipoprotein)*, ou les lipoprotéines de haute densité, agissent comme vidangeur du surplus de cholestérol.

Il existe un rapport direct entre l'élévation du taux de cholestérol et l'incidence de la maladie coronarienne.

Un taux de cholestérol élevé peut être interprété comme une sorte de signal d'alarme, mais il ne représente pas le même niveau de risque pour tout le monde. Associé à d'autres facteurs de risques, tel le tabagisme, l'hypertension, le diabète, etc, il semble accroître la probabilité de développement d'une maladie coronarienne, surtout en présence de facteurs génétiques prédisposants.

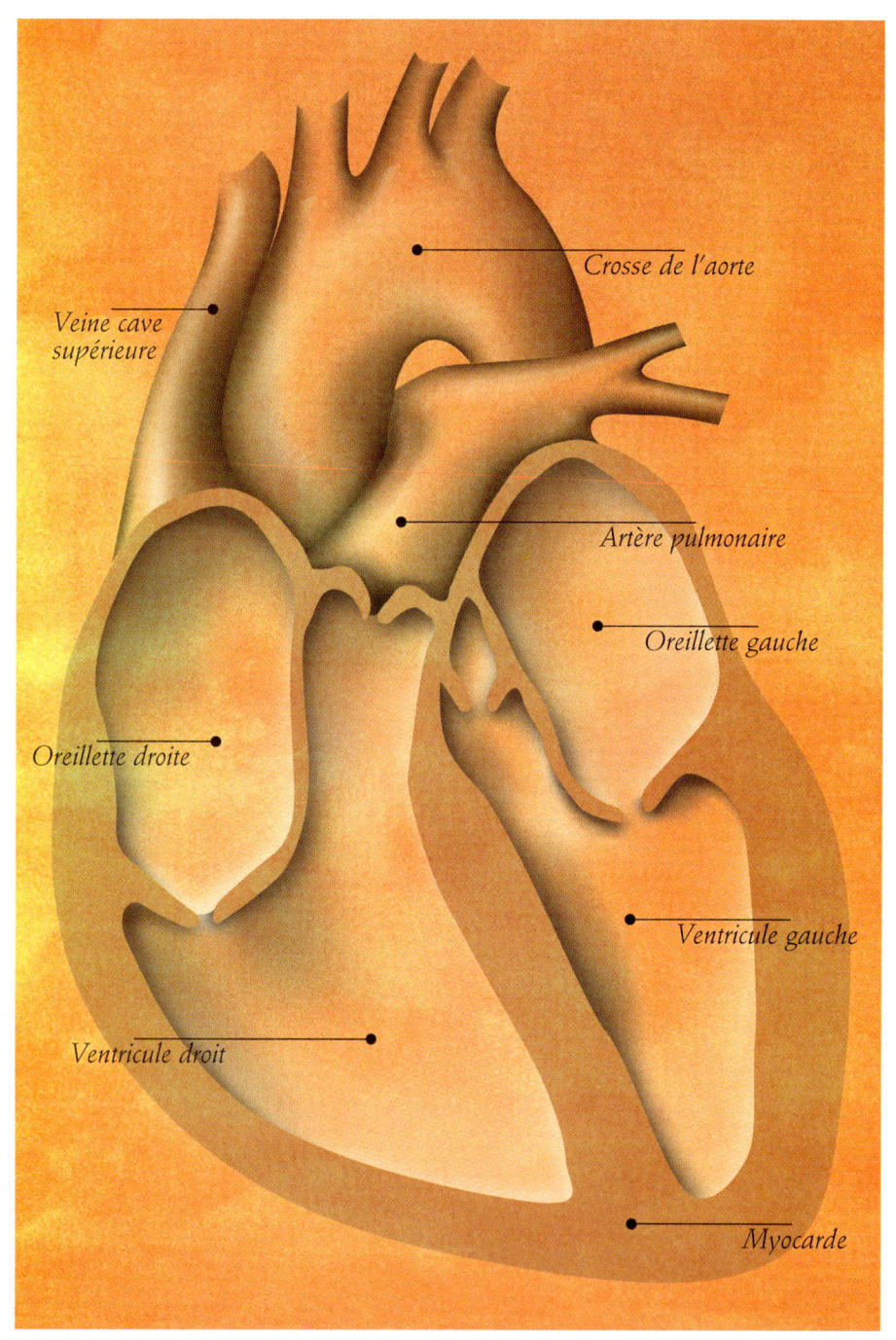

Le cœur et son fonctionnement

Le cœur est un muscle creux qui a pour fonction de pomper le sang vers les différents organes. Le côté droit du cœur reçoit le sang veineux des différents tissus par la veine cave, supérieure et inférieure; le ventricule droit pompe le sang vers l'artère pulmonaire principale et ses ramifications (ou tributaires), pour le mettre en contact avec l'oxygène qui provient des alvéoles pulmonaires.

Le sang gorgé d'oxygène revient vers l'oreillette gauche qui l'achemine vers le ventricule gauche, qui le pompe vers les différents organes du corps.

Les valves cardiaques auriculo-ventriculaires et sigmoïdes permettent au sang de circuler dans le bon sens, avec beaucoup d'efficacité. Le ventricule gauche éjecte le sang vers l'aorte; celle-ci, au moyen de différentes artères tributaires, l'achemine vers tous les organes.

Le premier organe perfusé est le cœur lui-même; fonction égoïste, peut-être, mais essentielle à la bonne marche de cette pompe. Par les artères coronaires, le sang est acheminé de la paroi extérieure du cœur vers la paroi la plus intérieure, au moyen d'un réseau artériel très ramifié. L'artère coronaire gauche alimente surtout le ventricule gauche, l'artère coronaire droite alimente surtout le ventricule droit.

> *Le cœur est un muscle creux qui a pour fonction de pomper le sang vers les différents organes.*

Le tronc principal coronarien gauche se nomme le tronc commun; il se divise en deux portions:

- une portion artérielle qui descend entre les deux ventricules, la descendante antérieure
- et une branche qui contourne la partie arrière du cœur en formant en accent circonflexe, qui se nomme d'ailleurs la circonflexe.

L'autre artère coronaire, la droite, se subdivise pour aller nourrir la paroi antérieure du ventricule droit, puis, par une branche postérieure, qui s'appelle l'interventriculaire postérieure, nourrir aussi la paroi postérieure des ventricules droit et gauche

Les dysfonctions cardiaques

La maladie cardiaque artériosclérotique est un phénomène usuel associé à notre vieillissement et au vieillissement de nos artères.

L'artériosclérose est toujours un phénomène anormal. Mais, s'il survient très tard dans la vie, soit après l'âge de 80 ans; il est assimilé à un processus de vieillissement normal. L'artériosclérose est nettement anormale, si elle survient beaucoup plus tôt dans la vie, soit vers la trentaine ou la quarantaine.

Plusieurs facteurs de risques sont associés au développement de l'artériosclérose :

Les facteurs non modifiables

- le facteur « génétique », ou la présence de cette maladie chez les parents à un âge relativement jeune. Évidemment, si les deux parents en sont affectés, le rejeton a d'autant plus de risque de développer une telle maladie
- le facteur « sexe », les statistiques nous démontrant que cette maladie est cinq fois plus fréquente chez l'homme que chez la femme jusqu'à l'âge de la ménopause

Par la suite, la femme rattrapera allègrement l'homme et ils se retrouveront à égalité vers l'âge de 75 ans.

- le facteur « vieillissement », le risque augmentant avec l'âge

Les facteurs modifiables

Les facteurs de risque modifiables sont ceux que l'on pourra contrôler par un mode de vie équilibré :

- les facteurs « toxiques », ou l'usage du tabac, la vie dans un environnement pollué ou stressant
- les facteurs « physiques », comme l'hypertension artérielle
- les facteurs « métaboliques », comme l'hyperlipidémie, le diabète et certaines maladies de la coagulation sanguine

Ainsi donc, par exemple, un individu de 65 ans, de sexe masculin et ayant des antécédents familiaux favorisant la maladie coronarienne, devra :

- cesser tout tabagisme
- bien contrôler son hypertension artérielle et
- s'assurer qu'il ne souffre pas d'hyperlipidémie ou de diabète

Même si l'obésité n'est pas comme telle un facteur de risque, elle conditionne tous les facteurs de risques énumérés précédemment. Un obèse sera plus facilement :

- diabétique
- hypertendu et
- hyperlipidémique

L'angine

Lorsque le rétrécissement de la « lumière », ou le diamètre intérieur d'une de nos artères coronaires atteint un niveau critique, soit un rétrécissement de 70 à 80 % de sa « lumière » normale, on souffre de maladie coronarienne. En voici les symptômes :

- douleurs thoraciques dernière le sternum, appelées douleurs rétro-sternales diffuses, vagues, parfois sévères, accompagnées d'essoufflement et d'une légère transpiration appelée diaphorèse, surtout lors d'effort physique inhabituel

La classification des états angineux

La sévérité de l'angine ou « insuffisance coronarienne » est classée selon quatre niveaux :

- **la classe fonctionnelle 1** : l'individu a des crises lors d'efforts exceptionnels, comme faire une course de vélo, jouer une partie de hockey, etc
- **la classe fonctionnelle 2** : l'individu souffre d'angine lors d'efforts inhabituels, comme courir pour rattraper un autobus, monter une pente abrupte à la course, etc
- **la classe fonctionnelle 3** : l'individu présente de l'angine lors des efforts normaux de la vie quotidienne, comme marcher pour aller chercher son journal, monter quelques marches, prendre une douche, etc

– la classe fonctionnelle 4 : l'individu présente de l'angine au repos, sans faire aucun effort physique

L'angine instable et l'infarctus

L'angine sera dite instable s'il y a modification rapide de classe angineuse, c'est-à-dire le passage rapide d'une classe fonctionnelle 1, par exemple, à une classe fonctionnelle 3 ou 4. Lorsqu'un épisode angineux dure plus de 20 minutes, qu'il est accompagné d'un essoufflement important et d'une transpiration abondante, qui se maintiennent quand l'individu est au repos, nous pouvons présumer qu'il s'agit d'un infarctus aigü du myocarde. Il survient lors du rétrécissement aigü et subi d'une artère coronaire, suite à la déchirure d'une plaque athérosclérotique; le saignement provoqué par cette déchirure forme, localement, un caillot. Cette situation est une urgence médicale qui doit être traitée sans délai en milieu hospitalier.

Les interventions médicales

Plusieurs médicaments traitent l'angine :

- la Nitroglycérine, au début du phénomène angineux
- les traitements à base de médication bêta-bloquante, qui ralentissent la fréquence cardiaque et diminuent la pression artérielle
- les « bloqueurs de canaux calciques », qui ont des propriétés vasodilatatrices et anti-angineuses

Pour l'infarctus aigü du myocarde, quand le patient peut se rendre à l'hôpital dans un délai raisonnable (moins de quatre heures), nous procédons habituellement à une tentative de désobstruction de l'artère à l'aide d'un produit chimique. Si ce traitement, la thrombolyse, ne donne pas les résultats escomptés, on peut alors choisir d'intervenir avec un cathéter à ballonnet (angioplastie) pour désobstruer l'artère.

Plusieurs méthodes d'investigation d'une douleur thoracique permettent de préciser si celle-ci est secondaire à une obstruction coronarienne. Différents tests visent à simuler les situations de la vie courante causant l'angine :

- une épreuve d'effort sur tapis roulant ou
- l'utilisation de substances radioactives ou
- l'échocardiographie cardiaque de repos et d'effort ou
- la coronarographie qui demeure l'outil ultime qui aide à identifier un blocage coronarien et déterminer la nécessité d'une revascularisation par ballonnet de dilatation ou par pontages aorto-coronariens.

Pourquoi suivre un régime ou une diète ?

La réponse à cela n'est pas aussi simple qu'on pourrait le croire ! Certains suivront un régime pour perdre du poids, d'autres pour modifier leur taux de lipides sanguins et d'autres pour se punir de différents excès qu'ils ont pu faire. Une foule de régimes ont été commercialisés. Vous connaissez sans doute les régimes miraculeux de la Clinique Mayo, le régime Scarsdale et le régime Montignac, pour n'en nommer que quelques-uns… La plupart du temps, les régimes font davantage engraisser le portefeuille de leur promoteur que maigrir ceux qui l'adoptent.

Il n'existe pas de régime ou de diète miracle, malheureusement ; il faut surtout bannir les régimes qui n'indiquent pas comment modifier avantageusement son alimentation pour le reste de ses jours. On doit donc refuser et rejeter totalement les régimes punitifs, à court ou moyen terme ; on doit refuser les régimes qui empêchent de manger et remplacent un apport alimentaire par des protéines en sachet.

En fait, le meilleur régime consiste à apprendre à s'alimenter sainement et de façon équilibrée, c'est-à-dire en pondérant l'apport de calories d'une part et nos besoins énergétiques, d'autre part.

Pour perdre du poids, on limitera quelque peu l'apport de calories et on augmentera notre dépense énergétique.

Pour engraisser, on fera le contraire, toujours en respectant les principes d'une alimentation équilibrée.

Ainsi, parlerons-nous d'une saine alimentation plutôt que de régime.

Les miracles !

Un régime spectaculaire, qui fait perdre 10 kilos en deux semaines, est généralement un régime fortement carencé et dangereux. Un régime équilibré fait perdre environ ½ kilo par semaine. L'apport calorique quotidien d'une personne normale se situant autour de 2,000 calories, il nous faut supprimer 3,500 calories pour perdre ½ kilo, soit 500 calories par jour pendant 7 jours. Une diète à 1,500 calories par jour est à la limite de l'acceptable pour une personne de taille moyenne.

Règles à suivre pour un régime équilibré

Des règles précises déterminent l'équilibre d'un régime :

- s'assurer d'un apport constant de calories

- ne pas varier le régime de façon importante d'une journée à l'autre

- suivre les indications du *Guide alimentaire canadien*

- varier l'alimentation pour éviter les carences

- limiter la quantité de graisses sous toutes les formes, les lipides (le gras) fournissant 9 calories au gramme et les protéines ou les glucides (le sucre entre autres) ne fournissant que 4 calories au gramme ; le gras est deux fois plus calorique (et énergétique) que les protéines et le sucre

... limiter les graisses

Pour diminuer la consommation des graisses:

- les portions de viande peuvent être remplacées par une plus grande quantité de protéines provenant des poissons ou des légumes
- les sucres très faciles à absorber, comme le sucre de canne, sont remplacés par des sucres dits «complexes» que l'on retrouve dans les féculents
- les fibres, tout particulièrement celles provenant des fruits et des légumes frais, sont consommées en plus grande quantité
- certains types de cuisson utilisant beaucoup d'huile (friture) sont évités; une huile polyinsaturée, comme l'huile d'olive ou l'huile de tournesol, est privilégiée et mise dans un pulvérisateur plutôt que dans un contenant qui arrose, pour en diminuer la quantité consommée
- la consommation d'alcool est diminuée, l'alcool étant un sucre transformé dont l'apport en énergie est très élevé, (7 calories au gramme)
- les publicités trompeuses que l'on trouve dans les commerces d'alimentation sont remises en question, en se souvenant que les appellations «léger» peuvent également signifier «avoir un goût moins prononcé»

> *Des mythes qui ont la vie dure*
>
> *Maigrir en prenant des diurétiques? Non!*
>
> *Un diurétique ne fait que déshydrater. Évidemment, en se pesant, on aura perdu du poids, mais il sera aussitôt regagné en se réhydratant. De plus, les diurétiques sont dangereux et peuvent faire perdre trop de sel ou trop de potassium.*
>
> *Maigrir en prenant des laxatifs? ...ou en subissant une irrigation du colon? Non!*
>
> *Les laxatifs et purgatifs feront peut-être perdre temporairement un peu de poids, mais ils sont très irritants et très dangereux pour la santé.*

La margarine ou le beurre? le «pour» et le «contre»:

La margarine est-elle préférable au beurre et fait-elle maigrir? La margarine ne fait pas davantage maigrir que le beurre!

La margarine et le beurre, en quantité identique, contiennent à peu près le même nombre de calories.

Le beurre:
CONTRE
- la teneur en gras saturé du beurre est trois fois plus importante que celle de la margarine

POUR
- le beurre est un produit naturel, qui n'est habituellement additionné que de sel; sa couleur peut varier durant l'année, selon l'alimentation de l'animal.

La margarine:
CONTRE
- est additionnée d'une foule de produits chimiques pour la rendre comparable au beurre et elle est colorée artificiellement.

POUR
- est produite à partir de graisses végétales mono et polyinsaturées, moins dommageables que les graisses saturées.

Alors, il faut donc choisir l'un ou l'autre produit en fonction de notre état de santé et des correctifs à apporter à notre alimentation. Quoiqu'il en soit, il vaut mieux n'utiliser qu'une très faible quantité de ces types de gras en cuisine.

LES RÉGIMES POPULAIRES OU A LA MODE

Chaque année naît un nouveau gourou du régime idéal, imposant sa loi au détriment de celle d'un prédécesseur.

Au cours des dix dernières années, plusieurs régimes ont fait sensation :

- celui où il ne fallait manger que des œufs
- celui où il ne fallait manger que des protéines
- un autre où il ne fallait plus manger du tout, mais se limiter à boire de l'eau
- celui qui ne privilégiait qu'un seul groupe d'aliments, les légumes, en laissant de côté les fruits, les viandes, les poissons, les produits laitiers, etc…
- On a vu naître, aussi, les « régimes dissociés », fondés sur le fait que la digestion de certains aliments se fait dans un milieu basique (alcalin) alors que certains autres aliments se digèrent beaucoup mieux dans un environnement acide, ces deux types d'aliments ne tolérant pas d'être consommés en même temps.

Par exemple : les aliments contenant des féculents comme les pâtes alimentaires sont enduits, par la salive, d'une enzyme qui amorce leur digestion dès leur ingestion. Cette digestion se poursuit ensuite dans l'intestin et non dans l'estomac. Ce sont là deux milieux plutôt alcalins. Les viandes, en contrepartie, sont des aliments qui nécessitent de l'acide, l'acide chlorhydrique de l'estomac, pour être digérées. Selon la théorie des « régimes dissociés », les pâtes alimentaires et la viande sont incompatibles. Pour suivre un régime « dissocié », il semble recommandé d'avoir fait un cours de chimie et obtenu une note de très grande distinction.

Les régimes inspirés de théories orientales ressemblent plus à une religion, à une philosophie ou à un mode de vie qu'à un véritable régime alimentaire. Ainsi, on aurait remarqué que les moines bouddhistes vivaient très vieux et n'étaient pas affligés par les maladies que l'on retrouve dans les pays industrialisés, comme les maladies cardiaques, le cancer, l'obésité, le diabète, etc… Après avoir analysé leur diète, on a élaboré une théorie basée sur le concept fort ancien du Yin et du Yang et selon laquelle certains aliments ont des forces opposées. Ainsi, le Yin est une force qui fuit le centre, s'assimile à la dilatation des artères, au froid et à l'eau ; il est représenté par l'hiver. A l'opposé, le Yang est la force qui ramène les choses au corps, ses principales qualités étant exprimées par le feu, la lumière, la chaleur ; il est représenté par l'été. Cette théorie voudrait que les aliments yin, ou d'hiver, soient consommés surtout l'été et que les aliments yang, ou d'été, soient consommés principalement l'hiver. En réalité, pareilles diètes accordent beaucoup de place à des aliments de très grande valeur nutritive comme les céréales, les légumes, les fruits, le poisson et certaines viandes diététiques et

> *Des mythes qui ont la vie dure*
>
> *Maigrir en mangeant beaucoup de fruits ? Non !*
> *Les fruits sont, quand même, très sucrés ; une consommation plus importante de fruits augmente l'apport de sucre dans l'alimentation ; il faut donc s'en tenir à une consommation normale de fruits.*
>
>
>
> *Maigrir en coupant toutes les graisses ? Non !*
> *Les graisses sont essentielles à la vie mais il faut en consommer en petite quantité.*

excluent le plus possible les produits laitiers et toutes les charcuteries. Malheureusement, ces diètes n'évitent pas certaines carences, notamment en vitamines et en sels minéraux, causant par cela plus de tort que de bien.

Le régime Scarsdale s'annonçait comme étant rien de moins que génial : perdre 20 livres en 15 jours ! Ce fut un best-seller, la diète qui connut la plus grande réussite promotionnelle de tous les temps. En principe, on pouvait, en le suivant de façon stricte, manger à satiété et maigrir. Le choix des aliments était contraignant. De fait, ce régime extrêmement directif comportait assez peu de calories et aucune boisson alcoolisée. Les seules collations permises provenaient d'aliments vides de calories comme le céleri. Enfin, on y utilisait que très peu de gras, d'huile ou de beurre, provenant de graisse animale.

Ce régime, qui a encore ses adeptes, est tellement carencé qu'il est déconseillé de s'y tenir pour plus de 14 jours. Il s'agit d'un régime hyperprotéinique et très faible en glucides et en lipides. (Régime à éviter à tout prix surtout si vous souffrez d'une maladie rénale.)

Le régime Montignac est présentement à la mode. « Je mange, donc je maigris » est l'un des titres-choc des nombreux ouvrages rédigés par son prolifique auteur. Il s'agit en fait de la commercialisation d'un régime « dissocié », tel que nous l'expliquions plus haut. Il se base sur le fait qu'il faut éviter les sucres qui font rapidement élever la glycémie, ou le taux de sucre dans le sang, et qu'il faut consommer plutôt des hydrates de carbone complexes qui ont peu d'effet sur le taux de glycémie : par exemple le riz, les légumineuses, les céréales, etc…

Ce régime évite certains aliments : certains féculents (pâtes alimentaires fraîches, pommes de terre) ainsi que les sucres purs que l'on retrouve dans les friandises, les desserts, etc… Montignac estime que certains aliments doivent être dissociés complètement d'autres aliments et n'être consommés que lorsque l'estomac est à jeun. Ainsi, par exemple, les fruits doivent être mangés le matin ou l'après-midi, mais seuls, et n'être suivis d'aucune autre consommation d'aliments au cours des deux heures qui suivent. Un autre grand principe est de ne pas mélanger, dans un même repas, les féculents et les graisses provenant des viandes.

Montignac, probablement grand amateur de vin, ne le bannit pas dans son régime ; il bannit cependant les autres types d'alcool.

Le succès de ce régime réside probablement dans le fait qu'il soit également très directif et qu'il propose des menus faibles en calories. L'Ordre professionnel des diététistes du Québec met la population en garde contre ce régime qui semble carencé à de multiples égards.

Plusieurs autres régimes, sont tous un peu farfelus à leur manière ! Limitons-nous ici à quelques commentaires, à titre préventif.

Certains régimes préconisent de réduire progressivement, mais en plusieurs étapes, le nombre de calories ingérées, passant par exemple de 1,200 calories à près de 250 calories par jour, durant plusieurs jours, pour conditionner le cerveau et l'estomac à la privation. Ce type de régime a été élaboré après avoir constaté que les gens en situation de jeûne ne perdaient pas nécessairement le poids correspondant à la suppression des calories ingérées et que certains mécanismes du corps humain entraient en jeu pour ralentir le métabolisme basal et, donc, diminuer la quantité de calories nécessaires à la vie. Il s'agit simplement d'un mécanisme d'auto-défense qui permet à l'individu affamé de ne pas mourir trop vite.

Ce type de régime vise à déjouer nos mécanismes de défense. A noter que de tels régimes sont absolument incompatibles avec quelque forme de travail professionnel. Ceux qui s'y adonnent auront énormément de difficulté à se concentrer ou à travailler avec un apport alimentaire ne leur fournissant que 200 à 600 calories par jour. Cette pratique est dangereuse et ne doit être suivie que sous contrôle médical strict. Elle ne peut être utile qu'à faire maigrir des personnes ayant un surplus de poids très important.

Le jeûne

La diète extrême consiste à s'abstenir de toute alimentation et à n'ingurgiter que de l'eau pour éviter la déshydratation. Cette pratique existe depuis toujours et fait partie de certaines traditions religieuses. Généralement, ces traditions confinent le jeûne à certaines périodes du jour ou de la semaine. L'organisme y répondra la plupart du temps par une hypersécrétion de certaines substances, comme l'adrénaline, afin d'aller puiser, dans les réserves en glycogène du foie ou dans les graisses, les calories nécessaires à sa survie. Sous l'effet de l'adrénaline, l'individu se sent temporairement plus lucide et plus éveillé mais, peu à peu, les carences alimentaires engendrent un état de faiblesse et de fatigue. Les jeûnes prolongés, comme on les rencontre chez certaines personnes anorexiques, réussissent également à déplacer les masses graisseuses; en conséquence, chez ces personnes, on remarque fréquemment qu'une reprise du poids, suite au jeûne, ne se fait pas nécessairement à l'endroit désiré. Inutile de dire que les effets cosmétiques de telles pratiques peuvent être relativement indésirables, sinon désastreux, sans parler des risques pour la santé.

le mot régime doit s'accommoder avec «régime de vie» et «régime à garder pour la vie»!

Conclusion

La valeur de plusieurs régimes est plutôt discutable. Pour juger des mérites d'un régime, on ne peut pas l'évaluer sur la seule perte de poids. La façon de perdre du poids est tout aussi importante. On peut dire, sans risque de se tromper, que tous les régimes font perdre du poids, par le seul fait qu'ils proposent une alimentation plus restrictive. La formule d'alimentation pourra être totalement déséquilibrée et, dans certains cas, comporter des carences sérieuses et dommageables à long terme, mais elle fera très certainement maigrir, parfois à vue d'œil. Fort heureusement pour nous tous, les régimes carencés sont la plupart du temps fades et pénibles à suivre et, de ce fait, généralement abandonnés après deux semaines de mortifications.

Il n'existe donc pas de diète miracle! À ceux qui veulent perdre quelques kilos, mes recommandations sont:

– de consulter un diététiste

– de se faire suivre régulièrement

– de compter les calories

– d'avoir une alimentation très variée

et, surtout, de comprendre que le mot régime doit s'accommoder avec «régime de vie» et «régime à garder pour la vie»!

Ce que nous apportent les aliments

Les aliments nous fournissent cinq types de substances :

- *les glucides ou hydrates de carbone*
- *les lipides ou les substances graisseuses*
- *les protides ou les protéines*
- *les vitamines et les sels minéraux*

Nos cellules ont besoin des glucides, des lipides et des protides pour se régénérer. Les protéines que nous mangeons sont faites de plusieurs types d'acides aminés. Sachons que, dans tous ces types d'acides aminés, neuf sont essentiels. Pourquoi essentiels ? Parce que l'être humain en a besoin, mais ne sait pas les fabriquer lui-même. Ils doivent être absorbés dans la nourriture. Ces acides aminés essentiels proviennent des animaux :

- *des viandes*
- *de la chair de poisson*
- *des laitages et des œufs*

Le végétarisme

Une alimentation strictement végétarienne n'est pas à déconseiller, mais il faut savoir qu'aucun végétal ne fournit, à lui seul, les neuf acides aminés essentiels. Des diètes entièrement végétariennes, c'est-à-dire éliminant toute protéine d'origine animale, devront proposer différentes combinaisons de légumineuses et de céréales, afin de fournir un contenu protéinique suffisant; le soya est le seul aliment d'origine végétale qui fournisse un contenu protéinique pratiquement semblable à celui de la viande animale. Cependant, il faut avoir recours, en plus, aux suppléments ou aux aliments enrichis, pour fournir à l'organisme les vitamines B12, le calcium, le fer et le zinc dont il a besoin.

Les protéines et les lipides

Les protéines végétales et les protéines animales ne fournissent pas les mêmes substances à l'organisme. L'élément dangereux des protéines d'origine animale est le gras saturé. Il faut donc choisir des viandes qui en contiennent le moins possible. À la différence des graisses animales saturées, les graisses végétales sont mono ou polyinsaturées et, donc, moins dangereuses. Tous les lipides ne sont donc pas à proscrire puisque certains aident même à diminuer le taux de cholestérol.

Les hydrates de carbone

Les hydrates de carbone ou glucides sont la principale source d'énergie de toutes les fonctions de l'organisme humain. Si les hydrates de carbone sont simples, ils sont rapidement absorbés et peuvent être brûlés très rapidement. Puisqu'ils servent de combustible immédiat à toutes nos cellules, les hydrates de carbone devraient constituer environ 60 % à 70 % de notre apport quotidien en calories.

Les sels minéraux

Les sels minéraux nous sont absolument essentiels. En suivant les recommandations du *Guide alimentaire canadien* quant au choix des aliments et aux portions quotidiennes, nous consommerons des sels minéraux en quantité suffisante.

Certains sels minéraux sont présents en quantité importante dans notre organisme :

– le calcium, le phosphore et le magnésium constituent notre charpente osseuse

D'autres sels minéraux sont en très faible quantité dans notre organisme; ce sont oligo-éléments :

– le fer, le cuivre, le manganèse, le chrome, le fluor et l'iode, pour ne nommer que ceux-là, sont essentiels aux réactions chimiques de l'organisme

D'autres sels minéraux agissent comme électrolytes, en favorisant les échanges intercellulaires : le sodium, le potassium et le chlore.

Il est donc primordial de suppléer régulièrement aux besoins de l'organisme en sels minéraux, surtout en période de croissance.

Denis Hamel m.d., CSPQ, FRCP.

Les vitamines

Il existe plusieurs types de vitamines.

Elles se divisent en deux grandes catégories :

  – les vitamines solubles dans l'eau et

  – les vitamines solubles dans les graisses

Celles qui sont solubles dans l'eau s'éliminent très facilement; nous devons donc en consommer fréquemment; celles qui sont solubles dans les graisses peuvent être emmagasinées dans le foie ou dans nos graisses, pour usage ultérieur.

Les vitamines solubles dans l'eau sont :

  – la vitamine C

    et

  – tous les complexes B de B1 à B12

Les vitamines solubles dans les graisses sont :

  – la vitamine A

  – la vitamine D

  – la vitamine E

  – la vitamine K

La vitamine A est la vitamine de l'extérieur de la peau. La vitamine D est la vitamine du calcium, elle permet aux os d'absorber le calcium et le phosphore. La vitamine E a des propriétés un peu imprécises, mais il semble qu'un bon apport quotidien soit un puissant antioxydant. La vitamine K sert particulièrement à la coagulation sanguine.

Les hors-d'œuvre

Les hors-d'œuvre doivent préparer le palais sans surcharger l'estomac. Les aliments trop féculents, riches en gras ou épicés sont à éviter. Les préparations à base de tomates, d'olives, de fromages légers et de légumes frais ou légèrement cuits sont fort à propos.

Mini-pizza en pochettes

Il semblerait qu'une consommation régulière d'ail ait un effet bénéfique sur le taux de cholestérol sanguin.

8 portions

8 pains pitas miniatures
16 tomates miniatures
1 petite courgette
½ oignon
1 gousse d'ail
1 c. à s. d'huile d'olive, pressée à froid
1 c. à s. de fromage parmesan, râpé
½ c. à t. d'origan, haché
½ c. à t. de basilic, haché
Sel et poivre

Préchauffer le four à 205 °C (400 °F).

Couper en deux les pitas miniatures, de façon à obtenir 16 pochettes en forme de demi-lunes. Réserver.

Couper les tomates en quartiers. Réserver.

Hacher grossièrement la courgette, l'oignon et l'ail; déposer dans un bol; ajouter l'huile, le fromage, les herbes; saler et poivrer. Mélanger.

Garnir chaque pochette de quatre quartiers de tomate. À l'aide d'une cuillère, recouvrir du mélange.

Cuire au four environ 10 minutes. Servir.

PAR PORTION — CALORIES (KCAL) : 134
Gras : 3 g = 20% des Kcal provenant du gras
Protéines : 5 g Cholestérol : 1 mg
Sodium : 125 mg Hydrates de carbone : 25 g

Bruschetta

8 portions

½ pain baguette
250 ml (1 tasse) de tomates, hachées
1 c. à s. d'huile d'olive
3 c. à s. de basilic, haché
1 gousse d'ail, hachée
1 échalote verte, hachée
Sel et poivre
1 c. à s. de fromage parmesan, râpé

Préchauffer le four à GRIL (BROIL).

Trancher la demi-baguette en deux, dans le sens de la longueur. Faire griller au four environ 3 minutes.

Entretemps, mélanger le reste des ingrédients, sauf le fromage.

Retirer le pain du four. À l'aide d'une cuillère, en appuyant légèrement, répartir le mélange sur le côté grillé des baguettes.

Parsemer de fromage; faire griller au four environ 3 minutes. Couper en petites portions. Servir.

PAR PORTION — CALORIES (KCAL) : 106
Gras : 3 g = 24% des Kcal provenant du gras
Protéines : 3 g Cholestérol : 1 mg
Sodium : 191 mg Hydrates de carbone : 17 g

Les hors-d'œuvre

Pointes de pain pita épicées

6 portions

3 pains pitas de 7 po (18 cm)
1 c. à s. d'huile d'olive
1 c. à s. de ciboulette, hachée
1 c. à s. d'estragon, haché
1 gousse d'ail, hachée finement
1 c. à s. de paprika
¼ c. à t. de sel de mer

Préchauffer le four à GRIL (BROIL).

Badigeonner d'huile d'olive un côté de chaque pain pita. Parsemer d'herbes, d'ail et de paprika. Saler.

Découper chaque pita en huit pointes égales ; déposer dans une lèchefrite. Faire griller au four environ 4 minutes. Servir.

PAR PORTION — CALORIES (KCAL) : 106
Gras : 3 g = 23 % des Kcal provenant du gras
Protéines : 3 g Cholestérol : 0 mg
Sodium : 240 mg Hydrates de carbone : 17 g

Crêpes enroulées

12 portions

1 œuf, battu
375 ml (1½ tasse) de lait écrémé
160 ml (⅔ tasse) de farine de blé entier
2 pincées de sel de mer
2 c. à s. de tomates séchées, hachées grossièrement
60 ml (¼ tasse) de jus de tomates épicé
2 c. à t. de gélatine neutre
2 c. à s. de basilic, haché
250 ml (1 tasse) de yogourt nature, léger
1 gousse d'ail, hachée
Sel et poivre

Dans un bol, à l'aide d'un fouet, bien mélanger l'œuf, le lait, la farine et le sel de mer. Laisser reposer 1 heure.

Entretemps, faire tremper les tomates séchées dans le jus de tomates 30 minutes. Égoutter en récupérant le jus dans un petit récipient. Réserver les tomates. Incorporer la gélatine dans le jus. Dissoudre la gélatine au four à micro-ondes 20 secondes, à MOYEN.

Dans un bol, mélanger les tomates, la gélatine, le yogourt, le basilic et l'ail ; saler et poivrer. Réserver.

Badigeonner d'huile une poêle à revêtement antiadhésif. À feu moyen, chauffer. Verser 3 à 4 c. à s. du mélange à crêpes. Cuire 90 secondes de chaque côté. Répéter l'opération pour obtenir 12 crêpes.

Tartiner les crêpes du mélange de yogourt ; rouler comme des cigares.

Placer au réfrigérateur 45 minutes. Couper en petites portions. Servir.

PAR PORTION — CALORIES (KCAL) : 57
Gras : 1 g = 9 % des Kcal provenant du gras
Protéines : 4 g Cholestérol : 16 mg
Sodium : 50 mg Hydrates de carbone : 10 g

Les Fines Herbes :

Les fines herbes ajoutent parfums et saveurs aux préparations culinaires. Elles sont, en général, d'un apport vitaminique intéressant et stimulent l'appétit.

La recette ci-contre utilise le basilic, une herbe riche en vitamines A et C et dont la saveur se marie parfaitement à celle de la tomate.

L'estragon, le romarin, le thym, la sarriette et le fenouil, pour ne nommer que les plus couramment utilisées, dégagent, chacune, des saveurs bien caractéristiques. Il faut les préférer au sel et aux matières grasses, pour donner du goût aux aliments.

Les hors-d'œuvre

Rondins de concombre

Le fenouil est riche en fibres et faible en calories.

8 portions

180 ml (¾ tasse) d'eau

2 c. à s. de Pernod

60 ml (¼ tasse) de riz à grains longs

½ c. à t. de graines de fenouil

Sel et poivre

1 concombre anglais

Feuilles de fenouil

Paprika

Dans une petite casserole, porter à ébullition l'eau et le Pernod; y jeter le riz. Couvrir. Cuire selon la méthode suggérée sur l'emballage.

Ajouter les graines de fenouil; mélanger; saler et poivrer. Laisser refroidir 15 minutes.

Entretemps, peler une moitié du concombre; canneler 3 ou 4 fois la moitié non pelée. Couper en rondins d'environ (2,5 cm) 1 po d'épaisseur. À l'aide d'une cuillère parisienne, évider le centre de chaque rondin; farcir les cavités de riz.

Décorer de feuilles de fenouil; saupoudrer de paprika. Servir.

Par portion — Calories (Kcal) : 54
Gras : <1 g = 4% des Kcal provenant du gras
Protéines : 1 g   Cholestérol : 0 mg
Sodium : 41 mg   Hydrates de carbone : 10 g

Tomates miniatures farcies

8 portions

24 tomates miniatures

80 ml (⅓ tasse) de fromage cottage, léger

1 c. à s. d'aneth, haché

1 c. à s. de ciboulette, hachée

1 gousse d'ail, hachée

1 c. à s. de cerfeuil, haché

½ c. à t. de poudre de cari

⅛ c. à t. de sauce Worcestershire

3 gouttes de sauce Tabasco

⅛ c. à t. de sel de mer

4 olives noires, hachées

Trancher le dessus des tomates miniatures. Évider à l'aide d'une cuillère parisienne ou d'un couteau à pamplemousse. Conserver la pulpe pour un usage ultérieur (une soupe ou une sauce…).

Dans un bol, mélanger le reste des ingrédients, sauf les olives noires.

Farcir chaque tomate miniature du mélange au fromage. Décorer d'olives noires hachées.

Placer au réfrigérateur 1 heure. Servir.

Par portion — Calories (Kcal) : 130
Gras : 4 g = 21% des Kcal provenant du gras
Protéines : 5 g   Cholestérol : 5 mg
Sodium : 148 mg   Hydrates de carbone : 24 g

Petits poivrons farcis

L'œuf et le fromage sont d'excellentes sources de protéines et de calcium.

8 portions

1 œuf

3 ou 4 petits poivrons verts

2 c. à t. de gélatine neutre

2 c. à s. de jus de tomates, chaud

60 ml (¼ tasse) de fromage à la crème, léger, ramolli

180 ml (¾ tasse) de yogourt nature, léger

1 gousse d'ail, hachée

1 c. à t. de graines de coriandre

Sel et poivre

Dans une petite casserole d'eau bouillante légèrement salée, cuire l'œuf dans sa coque 10 minutes. Rafraîchir sous l'eau froide; écaler. Hacher. Réserver.

Couper chaque poivron en six ou en huit petits croissants, selon leur grosseur. Retirer les graines.

Dissoudre la gélatine dans le jus de tomates chaud.

Dans un bol, mélanger le reste des ingrédients et l'œuf; ajouter la gélatine diluée.

À l'aide d'un sac à pâtisserie muni d'une douille cannelée, farcir du mélange au yogourt.

Placer au réfrigérateur 1 heure. Servir.

Par portion — Calories (Kcal) : 63
Gras : 2 g = 22% des Kcal provenant du gras
Protéines : 4 g   Cholestérol : 6 mg
Sodium : 116 mg   Hydrates de carbone : 9 g

57
Les hors-d'œuvre

Moules tomatées

Les moules sont riches en protéines et faibles en gras.

9 portions

18 moules fumées

250 ml (1 tasse) de bière rousse

36 moules fraîches

1 tomate, hachée

1 c. à s. de tomates séchées, broyées

1 c. à t. d'huile d'olive, pressée à froid

½ c. à t. de vinaigre balsamique

1 c. à s. d'aneth, haché

Sel et poivre

Rincer abondamment les moules fumées. Assécher avec du papier absorbant. Réserver.

Dans une casserole, porter la bière à ébullition. Ajouter les moules fraîches. Couvrir.

À feu moyen, cuire environ 4 minutes ou jusqu'à ce que les moules s'ouvrent. Laisser refroidir 10 minutes.

Entretemps, mélanger le reste des ingrédients. Réserver.

Décortiquer les moules; garder la moitié des coquilles. Déposer deux moules cuites et une moule fumée dans chaque coquille.

Recouvrir du mélange de tomates. Servir.

Par portion — Calories (Kcal) : 66
Gras : 2g = 30% des Kcal provenant du gras
Protéines : 8g   Cholestérol : 23mg
Sodium : 183mg   Hydrates de carbone : 3g

Crevettes enfilées

8 portions

500 ml (2 tasses) de jus d'ananas

16 crevettes moyennes, crues

16 grosses feuilles d'épinard

1 pincée de sel de céleri

1 pincée de poivre

1 pincée de gingembre, moulu

1 citron, tranché

Dans une casserole, porter à ébullition le jus d'ananas. Ajouter les crevettes; cuire environ 4 minutes.

À l'aide d'une écumoire, retirer les crevettes; les déposer dans un bol. Laisser refroidir 10 minutes.

Entretemps, faire pocher les feuilles d'épinard dans le jus d'ananas chaud, 30 secondes tout au plus. Retirer les feuilles délicatement; déposer sur du papier absorbant.

Décortiquer les crevettes en conservant les queues. Assaisonner; mélanger.

Enrouler chaque crevette d'une feuille d'épinard, en prenant soin de ne pas masquer les queues.

Enfiler deux par deux sur de petites brochettes. Décorer de tranches de citron. Servir.

Par portion — Calories (Kcal) : 83
Gras : 1g = 8% des Kcal provenant du gras
Protéines : 8g   Cholestérol : 40mg
Sodium : 116mg   Hydrates de carbone : 13g

Les hors-d'œuvre

Recettes illustrées, de gauche à droite : champignons des neiges, tortellini en brochettes.

Tortellini en brochettes

Pour farcir les tortellini, utilisez du ricotta léger!

8 portions

500 ml (2 tasses) de bouillon de légumes

¼ c. à t. d'huile de sésame

32 tortellini, farcis aux fromages

125 ml (½ tasse) de yogourt nature, léger

1 c. à s. de fromage bleu, émietté

½ gousse d'ail, hachée

2 c. à t. de ciboulette fraîche, hachée

⅛ c. à t. de sauce Worcestershire

Sel et poivre

Dans une casserole, porter à ébullition le bouillon de légumes et l'huile. Ajouter les tortellini; cuire les pâtes selon la méthode suggérée sur l'emballage. Égoutter. Rafraîchir sous l'eau froide. Assécher avec du papier absorbant. Réserver.

Dans un bol, mélanger le yogourt, le fromage bleu, l'ail, la ciboulette et la sauce Worcestershire; saler et poivrer. Réserver.

Sur de petites brochettes, enfiler les tortellini trois par trois; disposer autour d'une assiette. Dans un petit bol, placer la sauce au centre. Servir.

PAR PORTION — CALORIES (KCAL) : 83
Gras : 2 g = 21% des Kcal provenant du gras
Protéines : 5 g   Cholestérol : 16 mg
Sodium : 235 mg   Hydrates de carbone : 12 g

Champignons des neiges

Les champignons ne contiennent que très peu de calories et aucun gras.

12 portions

24 gros champignons de Paris

500 ml (2 tasses) de jus de pamplemousse

125 ml (½ tasse) de crabe des neiges, dégelé

1 branche de céleri, hachée

2 c. à s. de yogourt nature, léger

⅛ c. à t. de sauce Worcestershire

1 échalote verte, hachée

1 ou 2 radis, hachés

Sel et poivre

Brosser les champignons; retirer la queue.

Dans une casserole, porter à ébullition le jus de pamplemousse. Pocher les champignons environ 2 minutes. À l'aide d'une écumoire, les retirer; les déposer sur un plan de travail. Laisser refroidir 10 minutes. Réserver 3 c. à s. du jus de pamplemousse.

Entretemps, dans un bol, mélanger le reste des ingrédients; incorporer le jus de pamplemousse.

Farcir chaque champignon du mélange. Servir.

PAR PORTION — CALORIES (KCAL) : 35
Gras : <1 g = 6% des Kcal provenant du gras
Protéines : 3 g   Cholestérol : 5 mg
Sodium : 45 mg   Hydrates de carbone : 7 g

Canapés à la purée de légumes

8 portions

8 tranches de pain de blé entier
2 c. à t. d'huile d'olive
1 recette de purée de légumes (à droite)
Fines herbes
Câpres
Poivrons de couleurs variées, en brunoise

Préchauffer le four à GRIL (BROIL).

À l'aide d'un pinceau, badigeonner d'huile d'olive chaque côté des tranches de pain. Faire griller au four environ 3 minutes de chaque côté ou jusqu'à ce qu'elles soient dorées.

Étendre également une mince couche de purée de légumes sur chaque tranche de pain grillée.

Placer au réfrigérateur environ 30 minutes.

À l'aide d'un couteau dentelé, retirer les croûtes; découper chaque tranche en quatre pointes égales.

Décorer de fines herbes, de câpres et de poivrons. Servir.

Par portion — Calories (Kcal) : 155	
Gras : 4 g = 19% des Kcal provenant du gras	
Protéines : 10 g	Cholestérol : 0 mg
Sodium : 388 mg	Hydrates de carbone : 24 g

Préparation

Canapés

Tartiner de farce chaque tranche de pain grillée.

Retirer les croûtes.

Couper chaque tranche en 4 pointes égales. Décorer.

Purée de chou-fleur

environ 250 ml (1 tasse)

180 ml (½ tasse) de chou-fleur, haché grossièrement
2 c. à t. de gélatine neutre
2 c. à s. de vermouth blanc, chaud
1 gousse d'ail des bois, hachée
2 c. à s. de yogourt nature, léger
Sel et poivre

Dans une marmite à vapeur, faire cuire le chou-fleur à l'étuvée (lexique).

Entretemps, dissoudre la gélatine dans le vermouth chaud.

Au robot culinaire, mélanger tous les ingrédients.

Placer au réfrigérateur 30 minutes.

Par portion — Calories (Kcal) : 75	
Gras : <1 g = 3% des Kcal provenant du gras	
Protéines : 3 g	Cholestérol : 1 mg
Sodium : 217 mg	Hydrates de carbone : 7 g

Purée de brocoli

environ 250 ml (1 tasse)

Procéder comme précédemment, en substituant du brocoli au chou-fleur et 1 échalote verte à l'ail des bois.

Purée de carotte

environ 250 ml (1 tasse)

Procéder comme pour la Purée de chou-fleur, en substituant des carottes au chou-fleur, 1 gousse d'ail à l'ail des bois et du vermouth rouge au vermouth blanc.

Purée de poivron rouge

environ 250 ml (1 tasse)

Procéder comme pour la Purée de chou-fleur, en substituant du poivron rouge au chou-fleur, 6 gouttes de sauce Tabasco à l'ail des bois et du vermouth rouge au vermouth blanc.

Les hors-d'œuvre

Les entrées froides

La préparation d'un repas est une question d'équilibre. Pour les entrées froides, il est recommandé de choisir des aliments plutôt riches en fibres et faibles en gras, afin de préparer l'estomac sans le surcharger. Lorsque vous choisissez de prendre une entrée, profitez-en pour réduire votre portion du plat principal!

Endives en ratatouille

Cette recette contient toute la Provence ; mettez du soleil dans votre assiette.

4 portions

1 c. à s. d'huile d'olive

250 ml (1 tasse) d'aubergine, en dés

60 ml (¼ tasse) de poivron vert, en dés

60 ml (¼ tasse) de poivron rouge, en dés

60 ml (¼ tasse) de courgette, en dés

1 échalote verte, en dés

2 gousses d'ail, hachées

1 tomate, hachée grossièrement

¼ c. à t. d'herbes de Provence

Sel et poivre

2 grosses endives

Dans une poêle à revêtement anti-adhésif, chauffer l'huile à feu moyen. Faire revenir l'aubergine et les poivrons environ 3 minutes. Ajouter la courgette, l'échalote et l'ail ; cuire 2 minutes. Ajouter la tomate, les herbes de Provence ; mélanger ; saler et poivrer. Poursuivre la cuisson 1 minute. Retirer du feu ; laisser tiédir.

Couper la base des endives ; séparer les feuilles ; farcir de ratatouille. Servir.

PAR PORTION — CALORIES (KCAL) : 82
Gras : 4 g = 38% des Kcal provenant du gras
Protéines : 3 g   Cholestérol : 0 mg
Sodium : 95 mg   Hydrates de carbone : 11 g

Céleri aux fromages

Il existe sur le marché du fromage cottage à 1% de m.g.

4 portions

4 branches de céleri

250 ml (1 tasse) de fromage cottage, léger

3 c. à s. de fromage à la crème, léger, ramolli

⅛ c. à t. de sauce Worcestershire

⅛ c. à t. de romarin, haché

Sel et poivre

1 c. à s. de fromage parmesan, râpé

Retirer les feuilles des branches de céleri. Réserver pour la garniture.

Couper chaque branche en trois ou quatre tronçons. Réserver.

Dans un bol, mélanger le fromage cottage, le fromage à la crème, la sauce Worcestershire et le romarin ; saler et poivrer.

À l'aide d'un sac à pâtisserie muni d'une douille cannelée, farcir les cavités des bâtonnets de céleri avec le mélange des fromages.

Parsemer de fromage parmesan. Décorer de feuilles de céleri. Servir.

PAR PORTION — CALORIES (KCAL) : 77
Gras : 3 g = 34% des Kcal provenant du gras
Protéines : 9 g   Cholestérol : 9 mg
Sodium : 389 mg   Hydrates de carbone : 4 g

Les entrées froides

Pamplemousses farcis au thon

Le pamplemousse est riche en fibres. Son apport calorique est pratiquement éliminé par la dépense énergétique nécessaire à sa digestion. Il contient aussi une quantité fort appréciable de vitamine C.

4 portions

2 pamplemousses
142 ml (5 oz) de thon à l'eau, en conserve, égoutté
2 c. à s. de yogourt nature, léger
1 branche de céleri, en dés
2 c. à s. de carotte, râpée
¼ c. à t. de poivre rose
Sel de mer

Couper en deux les pamplemousses. À l'aide d'un couteau à pamplemousse, retirer la pulpe; prendre soin de ne pas transpercer l'écorce. Réserver les écorces.

Dans un bol, déposer la pulpe; ajouter le reste des ingrédients; bien mélanger.

Farcir les écorces du mélange. Servir.

PAR PORTION — CALORIES (KCAL) : 87
Gras : <1g = 5% des Kcal provenant du gras
Protéines : 10g   Cholestérol : 11mg
Sodium : 194mg   Hydrates de carbone : 11g

Poires aux épinards

4 portions

500 ml (2 tasses) d'eau
125 ml (½ tasse) de vin rouge
1 feuille de laurier
3 clous de girofle
2 poires
80 ml (⅓ tasse) de fromage cottage, léger
2 c. à s. de yogourt nature, léger
180 ml (¾ tasse) d'épinards, équeutés et émincés
1 c. à s. d'oignon, haché
½ gousse d'ail, hachée
¼ c. à t. de sauce Worcestershire
Sel et poivre

Dans une casserole, porter à ébullition l'eau, le vin rouge, la feuille de laurier et les clous de girofle.

Peler les poires; couper en deux dans le sens de la hauteur.

Déposer les poires dans le liquide bouillant; faire pocher environ 8 minutes ou jusqu'à ce quelles soient tendres. Retirer de la casserole; égoutter. Laisser refroidir.

Entretemps, dans un bol, mélanger le reste des ingrédients.

À l'aide d'une cuillère parisienne, évider les poires, de façon à ce que les cavités puissent accueillir 60 ml (¼ tasse) de farce.

Farcir les poires du mélange. Placer au réfrigérateur 1 heure. Servir.

PAR PORTION — CALORIES (KCAL) : 118
Gras : 2g = 13% des Kcal provenant du gras
Protéines : 3g   Cholestérol : 1mg
Sodium : 164mg   Hydrates de carbone : 21g

Les épinards :

L'épinard a longtemps été considéré comme étant une bonne source de fer; il s'agit d'un mythe. Sa couleur verte lui vient d'une substance appelée la caroténoïde qui contient, entre autres, du bêta-carotène et de la vitamine A. Cet aliment est également riche en vitamine C, en potassium et en fibres, tout en étant faible en calories.

Saucisses de volaille aux fruits

Il faut toujours bien lire les étiquettes pour vérifier la teneur en gras des charcuteries.

4 portions

1 c. à t. d'huile d'olive
4 saucisses de volaille, légères, en dés
115 g (4 oz) de poitrine de poulet, émincée
4 pointes d'asperges, en dés
1 gousse d'ail, hachée
4 c. à s. d'oignon, haché
3 c. à s. de poivron rouge, haché grossièrement
8 fraises, émincées
1 carambole, tranchée
2 c. à s. de jus de citron
Sel et poivre
4 feuilles de laitue frisée

Dans une poêle à revêtement anti-adhésif, chauffer l'huile à feu moyen. Cuire les saucisses et le poulet 5 minutes, en remuant de temps à autre.

Ajouter les asperges, l'ail, l'oignon et le poivron; mélanger. Poursuivre la cuisson 5 minutes. Ajouter la carambole et les fraises; mélanger; ajouter le jus de citron; saler et poivrer. Laisser mijoter 1 minute, en remuant de temps à autre.

Retirer du feu. Laisser refroidir.

Tapisser un bol des feuilles de laitue; verser la préparation au centre. Servir.

PAR PORTION — CALORIES (KCAL) : 273
Gras : 13 g = 42 % des Kcal provenant du gras
Protéines : 14 g   Cholestérol : 60 mg
Sodium : 682 mg   Hydrates de carbone : 28 g

Préparation

Cuisson des artichauts

Couper la tige des artichauts. Retirer la première rangée de feuilles.

Faire une incision en croix d'environ 1,25 cm (½ po) de profondeur, à la base des artichauts. Dans une casserole d'eau bouillante, juste assez grande pour les accueillir, déposer les artichauts. S'assurer que le niveau d'eau bouillante soit au 3/4 des artichauts.

Rafraîchir sous l'eau froide. Couper en deux; retirer les poils qui garnissent le fond des artichauts.

Artichauts relevés

4 portions

4 artichauts
4 c. à s. de jus de citron
1 c. à t. de gros sel
4 c. à s. de yogourt nature, léger
1 c. à s. de sauce Chili
3 gouttes de sauce Tabasco
Sel et poivre

Dans une casserole d'eau bouillante additionnée de jus de citron et de gros sel, cuire les artichauts 15 minutes (technique ci-contre).

Entretemps, dans un bol, mélanger le reste des ingrédients. Réserver.

Rafraîchir les artichauts sous l'eau froide. Égoutter. Couper en deux. À l'aide d'une cuillère à pamplemousse, retirer les poils qui garnissent le fond de l'artichaut.

Napper de sauce les artichauts. Servir.

PAR PORTION — CALORIES (KCAL) : 73
Gras : <1 g = 2 % des Kcal provenant du gras
Protéines : 5 g   Cholestérol : 0 mg
Sodium : 647 mg   Hydrates de carbone : 16 g

Les entrées froides

Les entrées froides

Asperges au prosciutto

Le prosciutto, préalablement paré afin d'éviter l'excès de gras, doit être tranché finement; demandez-le ainsi à votre boucher.

4 portions

24 asperges
1 œuf
4 tranches de prosciutto
1 c. à t. d'huile d'olive, pressée à froid
½ c. à t. de vinaigre balsamique
Sel et poivre

Dans une casserole d'eau bouillante légèrement salée, cuire les asperges environ 8 minutes ou jusqu'à ce quelles soient tendres.

Dans une autre casserole d'eau bouillante, cuire l'œuf dans sa coque 10 minutes.

Rafraîchir sous l'eau froide les asperges et l'œuf. Égoutter.

Couper les tranches de prosciutto en deux, dans le sens de la longueur; enlever le plus de gras possible.

Enrouler trois à trois les asperges dans les demi-tranches de prosciutto.

Écaler et trancher l'œuf.

Sur une assiette, disposer les fagots d'asperges; arroser de quelques gouttes d'huile d'olive et de vinaigre balsamique; saler et poivrer. Garnir de tranches d'œuf. Servir.

Par portion — Calories (Kcal) : 130
Gras : 5 g = 32% des Kcal provenant du gras
Protéines : 14 g   Cholestérol : 65 mg
Sodium : 826 mg   Hydrates de carbone : 10 g

Asperges du Midi

L'asperge doit être très fraîche pour offrir un maximum de saveur et d'apport vitaminique.

4 portions

24 asperges
750 ml (3 tasses) d'eau
250 ml (1 tasse) de vin blanc
2 feuilles de laurier
1 tomate, hachée
2 gousses d'ail, hachées
1 échalote sèche, hachée
2 c. à t. d'herbes de Provence
Jus de 1 citron
Sel et poivre

Dans une casserole, porter à ébullition l'eau, le vin et les feuilles de laurier. Déposer les asperges dans le liquide bouillant; cuire environ 8 minutes ou jusqu'à ce quelles soient tendres. Rafraîchir sous l'eau froide.

Entretemps, dans un bol, mélanger le reste des ingrédients. Réserver.

Sur une assiette, déposer les asperges; napper du mélange de tomate aux herbes de Provence. Servir.

Par portion — Calories (Kcal) : 112
Gras : <1 g = 4% des Kcal provenant du gras
Protéines : 6 g   Cholestérol : 0 mg
Sodium : 61 mg   Hydrates de carbone : 17 g

Les entrées froides

Fenouil mariné

4 portions

2 bulbes de fenouil

125 ml (½ tasse) de concombre, haché grossièrement

125 ml (½ tasse) de yogourt nature, léger

Jus de 1 citron

¼ c. à t. de sauce Worcestershire

1 c. à s. d'aneth, haché

Sel et poivre

Feuilles de fenouil

Débarrasser les bulbes du feuillage ; réserver le feuillage pour la garniture. Couper les bulbes en quartiers.

Dans une casserole d'eau bouillante légèrement salée, faire blanchir les quartiers de fenouil 2 minutes. Rafraîchir sous l'eau froide. Égoutter.

Entretemps, dans un bol, mélanger le reste des ingrédients. Incorporer les quartiers de fenouil. Couvrir. Placer au réfrigérateur 24 heures.

Sur une assiette, déposer le mélange et les quartiers de fenouil, sans les égoutter. Garnir de feuilles de fenouil. Servir.

Par portion — Calories (Kcal) : 64
Gras : <1 g = 3% des Kcal provenant du gras
Protéines : 3 g   Cholestérol : 1 mg
Sodium : 122 mg   Hydrates de carbone : 15 g

Champignons marinés

Riche en minéraux, le champignon rehausse la saveur d'un plat tout en étant d'un apport calorique moindre.

4 portions

250 ml (1 tasse) de champignons de Paris

125 ml (½ tasse) de pleurotes

125 ml (½ tasse) de champignons Portabella

250 ml (1 tasse) de jus de tomates

2 c. à s. de vinaigre de vin

1 c. à s. d'huile d'olive, pressée à froid

1 c. à t. de graines de fenouil

⅛ c. à t. de poivre noir, moulu

2 pincées de sel de mer

Feuilles de laitue

Brosser tous les champignons. Couper en quartiers les champignons de Paris. Émincer les pleurotes et les champignons Portabella.

Dans un bol, mélanger tous les ingrédients, sauf la laitue. Couvrir. Placer au réfrigérateur 24 heures.

Déposer les champignons sur les feuilles de laitue, sans les égoutter. Servir.

Par portion — Calories (Kcal) : 54
Gras : 4 g = 55% des Kcal provenant du gras
Protéines : 2 g   Cholestérol : 0 mg
Sodium : 341 mg   Hydrates de carbone : 5 g

Taboulé

Le bulghur est préparé à partir de la semoule du blé qui a été pré-germé et précuit, puis séché et concassé.

6 portions

250 ml (1 tasse) d'eau bouillante
125 ml (½ tasse) de bulghur
250 ml (1 tasse) de persil frais, haché grossièrement
1 tomate, hachée grossièrement
2 oignons, hachés
3 gousses d'ail, hachées
3 c. à s. de jus de citron
1 c. à s. de jus de lime
1 c. à s. d'huile d'olive, pressée à froid
2 c. à s. de menthe, hachée
Sel et poivre
Crudités

Dans une casserole couverte, faire tremper le bulghur dans l'eau bouillante 30 minutes. Verser dans une passoire; égoutter 30 minutes, en remuant de temps à autre.

Mélanger tous les ingrédients.

Placer au réfrigérateur 12 heures. Servir, accompagné de crudités.

Par portion — Calories (Kcal) : 103
Gras : 3 g = 22% des Kcal provenant du gras
Protéines : 3 g   Cholestérol : 0 mg
Sodium : 131 mg   Hydrates de carbone : 18 g

Hummus

6 portions

500 ml (2 tasses) de pois chiches, en conserve
1 c. à s. de jus de citron
4 gousses d'ail, hachées
1 oignon, haché
2 c. à s. de persil, haché
3 c. à s. de bouillon de légumes
1 c. à s. de yogourt nature, léger
1 c. à s. d'huile d'olive, pressée à froid
¼ c. à t. d'huile de sésame
Sel et poivre
Pointes de pain pita, grillées

Au robot culinaire, réduire en purée tous les ingrédients, sauf les pointes de pita. Couvrir.

Placer au réfrigérateur 12 heures.

Servir, accompagné des pointes de pain pita, grillées.

Par portion — Calories (Kcal) : 225
Gras : 3 g = 14% des Kcal provenant du gras
Protéines : 8 g   Cholestérol : 0 mg
Sodium : 408 mg   Hydrates de carbone : 41 g

Aubergine à tartiner

6 portions

1 aubergine moyenne
1 oignon, grossièrement haché
2 gousses d'ail, hachées
2 c. à s. de jus de citron
2 c. à s. de yogourt nature, léger
3 c. à s. d'aneth, haché
⅛ c. à t. de sel de mer
⅛ c. à t. de paprika
Tranches de pain de seigle ou de pain noir

Préchauffer le four à 175 °C (350 °F).

À l'aide d'une fourchette, piquer l'aubergine une vingtaine de fois.

Dans une lèchefrite, cuire au four 40 minutes; retourner toutes les 10 minutes.

Couper l'aubergine en quatre, dans le sens de la longueur. À l'aide d'une cuillère, détacher la chair; mettre dans une passoire. Presser la chair pour en extraire le liquide.

Au robot culinaire, réduire en purée la chair et le reste des ingrédients.

Servir, accompagnée du pain de seigle ou du pain noir.

Par portion — Calories (Kcal) : 118
Gras : 1 g = 10% des Kcal provenant du gras
Protéines : 4 g   Cholestérol : 0 mg
Sodium : 260 mg   Hydrates de carbone : 23 g

Les entrées froides

Le Carpaccio est d'origine italienne. Il est fait avec de la viande exempte de gras, mais parfois un peu riche en sel. Nous recommandons de choisir une pièce de viande maigre qui, partiellement congelée, sera facile à trancher finement. Pour une solution rapide, utiliser de la viande à fondue chinoise!

Carpaccio

4 portions

225 g (8 oz) de filet
ou de faux-filet de bœuf

½ c. à t. d'huile d'olive,
pressée à froid

1 c. à s. de jus de lime

¼ c. à t. de poivre noir,
moulu

1 c. à s. de basilic, haché

Laitue ciselée

Faire couper le bœuf en tranches très fines chez le boucher ou congeler la pièce de viande 45 minutes et, à l'aide d'un couteau bien affûté, trancher finement.

Sur une assiette, déposer les tranches de bœuf. À l'aide d'un pinceau, badigeonner d'huile d'olive; humecter de jus de lime. Saupoudrer de poivre noir et de basilic haché.

Garnir de laitue ciselée. Servir.

PAR PORTION — CALORIES (KCAL) : 168
Gras : 14 g = 73% des Kcal provenant du gras
Protéines : 10 g   Cholestérol : 40 mg
Sodium : 28 mg   Hydrates de carbone : 1 g

Viande des Grisons et melons

La viande des Grisons peut provenir du mulet; elle est en général très maigre et d'un excellent apport en protéines.

4 portions

½ cantaloup

½ melon miel

1 c. à s. de vinaigre balsamique

165 g (6 oz) de viande des Grisons, tranchée

½ c. à t. de poivre rose

À l'aide de cuillères parisiennes de différents formats, prélever de petites boules de chacun des deux melons. Dans un bol, déposer les boules de melon; ajouter le vinaigre balsamique; mélanger.

Dans un plat de service, disposer les tranches de viande des Grisons; déposer les boules de cantaloup et de melon sur la viande.

Assaisonner de poivre rose. Servir.

PAR PORTION — CALORIES (KCAL) : 109
Gras : 2 g = 15% des Kcal provenant du gras
Protéines : 13 g   Cholestérol : 18 mg
Sodium : 1487 mg   Hydrates de carbone : 11 g

Les entrées froides

Bocconcini, tomates et herbes

4 portions

4 tomates italiennes
115 g (4 oz) fromage bocconcini
12 feuilles de basilic
12 petites tiges d'origan
12 petites tiges de persil italien
½ c. à t. d'huile d'olive, pressée à froid
Sel et poivre

Trancher les tomates. Couper le fromage bocconcini en tranches aussi fines que possible.

Sur une assiette, alterner les tranches de tomates, les tranches de bocconcini et les herbes fraîches.

Humecter d'huile d'olive; saler et poivrer. Servir.

Par portion — Calories (Kcal) : 93	
Gras : 2 g = 20 % des Kcal provenant du gras	
Protéines : 8 g	Cholestérol : 2 mg
Sodium : 220 mg	Hydrates de carbone : 13 g

Antipasto de légumes et de fruits

4 portions

125 ml (½ tasse) de carottes, tranchées
125 ml (½ tasse) de brocoli, en bouquets
125 ml (½ tasse) de chou-fleur, en bouquets
125 ml (½ tasse) de broco-fleur, en bouquets
1 gousse d'ail, hachée
1 échalote verte, hachée
4 c. à s. de vinaigre balsamique
1 c. à s. d'huile d'olive, pressée à froid
125 ml (½ tasse) de jus de légumes
Sel et poivre
125 ml (½ tasse) de melon miel, en parisienne
125 ml (½ tasse) de cantaloup, en parisienne
12 olives farcies

Dans une casserole d'eau bouillante légèrement salée, plonger les carottes; cuire 2 minutes. Ajouter les bouquets; laisser mijoter 45 secondes. Rafraîchir sous l'eau froide. Égoutter.

Dans un bol, mélanger l'ail, l'échalote, le vinaigre, l'huile et le jus de légumes; saler et poivrer. Ajouter les légumes égouttés; mélanger. Couvrir. Placer au réfrigérateur 12 heures; mélanger aux 2 heures.

Dans un grand bol, verser les légumes marinés. Ajouter les melons et les olives; mélanger. Servir.

Par portion — Calories (Kcal) : 105	
Gras : 6 g = 43 % des Kcal provenant du gras	
Protéines : 3 g	Cholestérol : 0 mg
Sodium : 387 mg	Hydrates de carbone : 13 g

La carotte et les légumes-fleurs :

A l'exception de la carotte, le brocoli, le chou-fleur et le broco-fleur ont été introduits beaucoup plus récemment dans notre alimentation. La carotte contient beaucoup de bêta-carotène et de vitamine A. Le brocoli, le choux-fleur et le broco-fleur contiennent tous de la vitamine A et beaucoup de vitamine C; ils sont faibles en calories et riches en fibres.

Les entrées froides

Mousse de foies légère

6 portions

165 g (6 oz) de foies de volaille
4 c. à s. de vermouth rouge
½ c. à t. d'huile d'olive
1 échalote verte, hachée
½ gousse d'ail, hachée
2 c. à t. de gélatine neutre
250 ml (1 tasse) de lait 2%, chaud
2 c. à s. de fromage à la crème, léger
1 c. à t. d'aneth, haché
Sel et poivre

Parer les foies de volaille en ne laissant aucun gras. Dans un bol, déposer les foies; arroser du vermouth rouge; mélanger. Laisser macérer au réfrigérateur 4 heures.

Dans une passoire, égoutter les foies; récupérer le vermouth.

À l'aide de papier absorbant, assécher les foies.

Dans une poêle à revêtement antiadhésif, chauffer l'huile. À feu vif, bien saisir les foies de tous les côtés. Ajouter l'échalote et l'ail; poursuivre la cuisson 1 minute, en remuant de temps à autre.

Déglacer avec la moitié du vermouth; laisser réduire presqu'à sec.

Entretemps, dissoudre la gélatine dans le lait chaud.

Dans le contenant du robot culinaire, transférer les foies, la gélatine et ajouter le reste des ingrédients; réduire en purée. Verser dans un bol; laisser tiédir.

Placer au réfrigérateur 3 heures. Servir en tartinade ou en tranches.

Par portion — Calories (Kcal) : 100
Gras : 3 g = 32% des Kcal provenant du gras
Protéines : 8 g   Cholestérol : 130 mg
Sodium : 110 mg   Hydrates de carbone : 7 g

Préparation

Démoulage aspics et mousses

Passer un petit couteau sur le pourtour intérieur du moule ou des ramequins.

Déposer le moule ou les ramequins dans l'eau très chaude, environ 30 secondes.

Renverser une assiette sur le dessus du moule; tourner le moule. Exercer un mouvement de haut en bas, de façon à faire délicatement tomber l'aspic dans l'assiette. Retirer le moule.

Mousseline de jambon

4 portions

2 c. à t. de gélatine neutre
2 c. à s. de vermouth blanc, chaud
115 g (4 oz) de jambon maigre, haché grossièrement
250 ml (1 tasse) de yogourt nature, léger
2 c. à t. de ciboulette, hachée grossièrement
1 gousse d'ail, hachée grossièrement
⅛ c. à t. de sauce Worcestershire
Sel et poivre

Dissoudre la gélatine dans le vermouth chaud.

Au robot culinaire, mélanger tous les ingrédients environ 30 secondes. Badigeonner d'huile un moule de 500 ml (2 tasses); y verser la préparation.

Laisser prendre au réfrigérateur 3 heures. Démouler. Servir.

Par portion — Calories (Kcal) : 92
Gras : 2 g = 17% des Kcal provenant du gras
Protéines : 9 g   Cholestérol : 14 mg
Sodium : 504 mg   Hydrates de carbone : 8 g

Les 3 parfums sur croûtons

Apparenté à l'oignon, le poireau est plus délicat. Sa partie verte est riche en vitamines.

4 portions

1 poireau
1 c. à t. de beurre, non salé
60 ml (¼ tasse) de vin blanc sec
1 c. à t. de vinaigre balsamique
¼ c. à t. d'huile d'olive, aromatisée aux piments forts
1 c. à t. de miel de trèfle
Sel et poivre
12 croûtons de pain, grillés

Émincer séparément le blanc et le vert du poireau.

Dans chacune de deux poêles à revêtement antiadhésif, faire fondre la moitié du beurre. À feu doux, faire suer le blanc dans l'une et le vert du poireau dans l'autre poêle, environ 3 minutes. Dans chacune des poêles, verser la moitié du vin blanc. Couvrir. Poursuivre la cuisson 3 minutes.

Dans un bol, transférer les ²/₃ du blanc de poireau; dans un autre bol, transférer les ²/₃ du vert. Dans un troisième bol, mélanger le restant du blanc et du vert.

Ajouter le vinaigre balsamique au vert de poireau; mélanger; saler et poivrer.

Ajouter l'huile de piments au blanc de poireau; mélanger; saler et poivrer.

Ajouter le miel de trèfle au mélange de poireau; mélanger; saler et poivrer.

Garnir les croûtons de pain, par groupe de quatre, de chacun des mélanges. Servir.

Par portion — Calories (Kcal) : 236
Gras : 4g = 16% des Kcal provenant du gras
Protéines : 6g   Cholestérol : 3mg
Sodium : 452mg   Hydrates de carbone : 41g

Céleri-rave à la grecque

Le céleri-rave est faible en calories et riche en fibres.

8 portions

1 céleri-rave
250 ml (1 tasse) de jus de tomates
1 c. à s. de jus de citron
¼ c. à t. de graines de fenouil
¼ c. à t. de graines de coriandre
1 c. à t. d'aneth, haché
Sel et poivre

Peler le céleri-rave. À l'aide d'une râpe à grandes ouvertures, râper.

Dans une casserole d'eau bouillante légèrement salée, blanchir le céleri-rave 30 secondes. Rafraîchir sous l'eau froide. Égoutter.

Dans un bol, mélanger tous les ingrédients.

Placer au réfrigérateur 1 heure. Servir.

Par portion — Calories (Kcal) : 15
Gras : <1g = 6% des Kcal provenant du gras
Protéines : 1g   Cholestérol : 0mg
Sodium : 179mg   Hydrates de carbone : 3g

Les entrées froides

Recettes illustrées, de gauche à droite : chou rouge aux amandes, betteraves, pommes et ciboulette.

Betteraves, pommes et ciboulette

4 portions

1 pomme Granny Smith
1 pomme Red Delicious
1 pomme poire
3 à 4 c. à s. de jus de citron
4 petites betteraves, cuites
6 c. à s. de yogourt nature, léger
½ c. à t. de vinaigre balsamique
1 c. à s. de gingembre, râpé
Sel et poivre
Brins de ciboulette

Evider les pommes. Trancher; couper en demi-lunes; déposer dans un bol d'eau fraîche additionnée de jus de citron. Réserver.

Trancher les betteraves. Réserver.

Dans un bol, mélanger le reste des ingrédients, sauf la ciboulette.

Dans une assiette, disposer d'un côté les tranches de pommes en éventail, en alternant les couleurs; de l'autre côté, former une fleur avec les tranches de betteraves. Verser le mélange de yogourt au centre, dans un petit bol.

Garnir de brins de ciboulette. Servir.

PAR PORTION — CALORIES (KCAL) : 81
Gras : <1 g = 5 % des Kcal provenant du gras
Protéines : 2 g   Cholestérol : 0 mg
Sodium : 62 mg   Hydrates de carbone : 19 g

Chou rouge aux amandes

Les noix sont très riches en vitamine E; l'huile d'amande est monoinsaturée, donc excellente.

4 portions

2 c. à t. de beurre, non salé
1 l (4 tasses) de chou rouge, émincé
1 gousse d'ail, hachée
½ oignon, haché
125 ml (½ tasse) de vermouth rouge
2 c. à s. de vinaigre de vin rouge
4 baies de genièvre
Sel et poivre
4 c. à s. d'amandes effilées, grillées (lexique)

Dans une casserole à revêtement antiadhésif, faire fondre le beurre. À feu moyen, faire revenir le chou 3 minutes; mélanger continuellement.

Ajouter l'ail et l'oignon; mélanger.

Poursuivre la cuisson 2 minutes.

Ajouter le reste des ingrédients, sauf les amandes; mélanger. Couvrir. À feu doux, laisser mijoter 15 minutes.

Retirer du feu. Laisser refroidir complètement.

Servir, garni d'amandes effilées, grillées.

PAR PORTION — CALORIES (KCAL) : 169
Gras : 10 g = 67 % des Kcal provenant du gras
Protéines : 3 g   Cholestérol : 16 mg
Sodium : 371 mg   Hydrates de carbone : 9 g

Les entrées froides

Cornets de dinde fumée

4 portions

1 œuf, cuit dur

2 c. à s. de yogourt nature, léger

1 c. à t. d'estragon, haché

Sel et poivre

125 ml (½ tasse) de poivron vert, en julienne

125 ml (½ tasse) de poivron rouge, en julienne

125 ml (½ tasse) de poivron jaune, en julienne

4 tranches de dinde fumée

Hacher l'œuf cuit. Dans un bol, mélanger l'œuf haché et le yogourt. Ajouter l'estragon; saler et poivrer. Placer au réfrigérateur 15 minutes.

Entretemps, dans une casserole d'eau bouillante légèrement salée, blanchir les poivrons 30 secondes. Rafraîchir sous l'eau froide. Égoutter.

Tartiner les tranches de dinde fumée du mélange d'œuf. Répartir également les poivrons à une extrémité de chaque tranche; rouler en cornets. Servir.

Par portion — Calories (Kcal) : 82
Gras : 3 g = 36 % des Kcal provenant du gras
Protéines : 10 g   Cholestérol : 67 mg
Sodium : 83 mg   Hydrates de carbone : 3 g

Bouchées de poulet épicées

4 portions

225 g (½ lb) de poitrine de poulet, hachée

125 ml (½ tasse) de chapelure de pain de blé entier

1 petit œuf, battu

1 gousse d'ail, hachée

3 c. à s. d'oignon, haché

1 c. à t. de fromage parmesan, râpé

1 trait de sauce Worcestershire

¼ c. à t. de piments séchés, broyés

Sel et poivre

1 c. à t. d'huile d'olive

Dans un bol, mélanger tous les ingrédients, sauf l'huile d'olive. Placer au réfrigérateur 15 minutes. Faire des boulettes.

Dans une poêle à revêtement antiadhésif, chauffer l'huile. À feu vif, saisir les boulettes de tous les côtés. Diminuer le feu; couvrir. Poursuivre la cuisson 7 minutes.

Laisser refroidir complètement. Servir, accompagnées de moutarde forte.

Par portion — Calories (Kcal) : 162
Gras : 6 g = 36 % des Kcal provenant du gras
Protéines : 14 g   Cholestérol : 73 mg
Sodium : 234 mg   Hydrates de carbone : 11 g

Demi-cailles aux raisins

4 portions

2 cailles

2 c. à s. de moutarde forte

1 c. à s. de miel de trèfle

Sel et poivre

2 c. à s. de raisins secs Sultana

2 c. à s. de raisins secs de Corinthe

125 ml (½ tasse) de jus d'orange

Raisins verts

Raisins rouges

Préchauffer le four à 205 °C (400 °F).

Couper les cailles en deux; déposer dans une lèchefrite.

Mélanger la moutarde forte et le miel de trèfle; saler et poivrer. À l'aide d'un pinceau, badigeonner les demi-cailles du mélange de moutarde.

Cuire au four 25 minutes.

Entretemps, faire tremper les raisins secs dans le jus d'orange.

Retirer les cailles du four. Laisser tiédir.

Verser les raisins secs et leur jus sur les cailles. Garnir de raisins verts et rouges. Servir.

Par portion — Calories (Kcal) : 767
Gras : 10 g = 11 % des Kcal provenant du gras
Protéines : 18 g   Cholestérol : 42 mg
Sodium : 188 mg   Hydrates de carbone : 178 g

Les entrées froides

Aspic et gélatine
La gélatine préserve la saveur de l'aspic et est très peu calorique. Délice pour l'œil et le palais, ces entrées sont idéales pour les menus santé, faibles en gras et en calories. En les préparant vous-même, vous évitez tous les additifs qui, dans l'industrie, assurent la conservation de ce type de plat.

Aspic du potager

Il est faux de croire que la gélatine durcit les ongles.

4 portions

1 carotte, en julienne

½ courgette, en julienne

80 ml (⅓ tasse) de brocoli, en petits bouquets

80 ml (⅓ tasse) de chou-fleur, en petits bouquets

375 ml (1½ tasse) de jus de tomates

2 c. à s. de jus de citron

2 c. à s. de gélatine neutre

Sel et poivre

4 tomates miniatures, en quartiers

Dans une casserole d'eau bouillante légèrement salée, faire blanchir à tour de rôle les carottes, la courgette, le brocoli et le chou-fleur. Rafraîchir sous l'eau froide. Égoutter.

Dans un bol, mélanger le reste des ingrédients, sauf les tomates. Faire tiédir au four à micro-ondes 15 secondes, à ÉLEVÉ.

Badigeonner d'huile un moule de 750 ml (3 tasses) ou quatre ramequins individuels; y déposer les légumes blanchis et les tomates miniatures. Recouvrir du mélange de jus de tomates. Placer au réfrigérateur 2 heures.

Servir directement dans les ramequins ou démouler (page 74).

PAR PORTION — CALORIES (KCAL) : 99
Gras : 1 g = 6 % des Kcal provenant du gras
Protéines : 4 g   Cholestérol : 0 mg
Sodium : 422 mg   Hydrates de carbone : 23 g

Gâteau-mousse aux herbes

4 portions

2 c. à s. de gélatine neutre

60 ml (¼ tasse) de vermouth blanc, chaud

375 ml (1½ tasse) de yogourt nature, léger

60 ml (¼ tasse) de fromage à la crème léger, ramolli

½ c. à t. de basilic, haché

½ c. à t. d'estragon, haché

1 c. à t. de cerfeuil, haché

1 gousse d'ail, hachée

Sel et poivre

4 feuilles de sauge

Dissoudre la gélatine dans le vermouth chaud. Laisser tiédir.

Au robot culinaire, avec la gélatine, réduire en purée tous les ingrédients, sauf les feuilles de sauge.

Dans un moule de 750 ml (3 tasses) ou dans quatre ramequins individuels, verser la purée. Placer au réfrigérateur 2 heures.

Servir directement dans les ramequins ou démouler (page 74). Garnir de feuilles de sauge.

PAR PORTION — CALORIES (KCAL) : 143
Gras : 3 g = 21 % des Kcal provenant du gras
Protéines : 7 g   Cholestérol : 9 mg
Sodium : 216 mg   Hydrates de carbone : 18 g

Les entrées froides

Huîtres fumées en gelée

L'huître est une excellente source de zinc et de fer.

4 portions

20 huîtres fumées

2 c. à s. de gélatine neutre

60 ml (¼ tasse) de fumet de poisson, chaud

250 ml (1 tasse) de bouillon de poulet

½ c. à t. de ciboulette, hachée

Sel et poivre

1 citron, en suprêmes

1 orange, en suprêmes

Rincer les huîtres fumées. Égoutter. Réserver.

Dans un bol, dissoudre la gélatine dans le fumet de poisson chaud. Ajouter le bouillon de poulet et la ciboulette; saler et poivrer.

Dans un moule de 750 ml (3 tasses) ou dans quatre ramequins individuels, déposer les suprêmes de citron et d'orange ainsi que les huîtres fumées. Recouvrir du mélange de bouillon de poulet. Placer au réfrigérateur 2 heures.

Servir directement dans les ramequins ou démouler (page 74).

Par portion — Calories (Kcal) : 108	
Gras : 3g = 22% des Kcal provenant du gras	
Protéines : 6g	Cholestérol : 36mg
Sodium : 542mg	Hydrates de carbone : 15g

Surprise de crevettes

4 portions

2 c. à s. de gélatine neutre

60 ml (¼ tasse) de vin blanc sec, chaud

375 ml (1½ tasse) de yogourt nature, léger

60 ml (¼ tasse) de fromage à la crème, léger, ramolli

1 c. à t. de persil, haché

1 gousse d'ail, hachée

Sel et poivre

125 ml (½ tasse) de crevettes de Matane

Dissoudre la gélatine dans le vin chaud. Laisser tiédir.

Au robot culinaire, mélanger la gélatine au reste des ingrédients, sauf les crevettes.

Répartir la moitié du mélange dans 4 ramequins individuels; déposer les crevettes; recouvrir du reste du mélange. Couvrir les ramequins. Placer au réfrigérateur 3 heures.

Servir directement dans les ramequins ou démouler (page 74).

Par portion — Calories (Kcal) : 153	
Gras : 3g = 19% des Kcal provenant du gras	
Protéines : 13g	Cholestérol : 67mg
Sodium : 278mg	Hydrates de carbone : 16g

Les crustacés :

Les crustacés à carapace molle, comme le crabe, la crevette ou le homard, contiennent des protéines de très haute qualité et leur chair demeure tout de même très faible en lipides. Cependant, la plupart des variétés contient une assez bonne quantité de cholestérol. Une étude récente a démontré que, même absorbés en grande quantité, ces crustacés ont peu d'effet sur le taux de cholestérol sanguin, probablement parce que leur viande est pauvre en gras saturés. Les crustacés sont également riches en vitamines, surtout du complexe B, ainsi qu'en minéraux.

Roulades de saumon fumé

4 portions

1 c. à t. de gélatine neutre
2 c. à s. de vin blanc sec
125 ml (½ tasse) de yogourt nature, léger
1 c. à s. de câpres, hachées
½ c. à t. de zeste de lime
1 c. à t. d'aneth, haché
Sel et poivre
6 tranches de saumon fumé

Diluer la gélatine dans le vin blanc. Faire tiédir au four à micro-ondes 15 secondes, à ÉLEVÉ. Laisser reposer 4 minutes.

Dans un bol, mélanger la gélatine au reste des ingrédients, sauf les tranches de saumon fumé.

Déposer les tranches de saumon bien à plat sur le plan de travail ; tartiner du mélange de yogourt ; rouler chaque tranche. Recouvrir de pellicule plastique. Placer au réfrigérateur 2 heures.

À l'aide d'un couteau bien affûté, trancher les rouleaux de saumon en petites portions. Servir.

Par portion — Calories (Kcal) : 77
Gras : 2 g = 24 % des Kcal provenant du gras
Protéines : 9 g   Cholestérol : 10 mg
Sodium : 419 mg   Hydrates de carbone : 4 g

Préparation

Pommes Neptune

Couper le dessus des pommes.

Évider de façon à ce que les cavités puissent accueillir 80 ml (⅓ tasse) de farce.

Après avoir fait pocher les pommes, les laisser tiédir dans leur jus de cuisson. Sur un linge ou sur du papier absorbant, déposer à l'envers de façon à bien égoutter.

Pommes Neptune

4 portions

750 ml (3 tasses) de jus de pamplemousse
¼ c. à t. de sel de mer
4 pommes
125 ml (½ tasse) de moules, cuites à la vapeur
8 crevettes moyennes, cuites et décortiquées
60 ml (¼ tasse) de crevettes de Matane, hachées grossièrement
125 ml (½ tasse) de chair de crabe
4 escargots, cuits à la vapeur
3 c. à s. de yogourt nature, léger
1 c. à s. de jus de pamplemousse
½ c. à t. de feuilles de fenouil, hachées
Sel et poivre

Dans une casserole, porter à ébullition le jus de pamplemousse. Ajouter le sel de mer. À feu doux, laisser frémir 5 minutes.

Entretemps, couper le dessus de chaque pomme. À l'aide d'une cuillère parisienne, évider de façon à ce que les cavités puissent accueillir environ 80 ml (⅓ tasse) de farce ; prendre soin de ne pas transpercer la pelure (technique ci-contre).

Dans le jus de pamplemousse, faire pocher les dessus et les pommes évidées, 10 minutes. Retirer du feu. Laisser tiédir. Égoutter.

Dans un bol, mélanger le reste des ingrédients. Répartir le mélange dans les pommes ; garnir du dessus des pommes. Servir.

Par portion — Calories (Kcal) : 222
Gras : 2 g = 7 % des Kcal provenant du gras
Protéines : 16 g   Cholestérol : 87 mg
Sodium : 370 mg   Hydrates de carbone : 39 g

Les entrées froides

Pétoncles aux agrumes

Les pétoncles sont une bonne source de protéines.

4 portions

1 pamplemousse
1 orange
1 citron
1 lime
24 pétoncles
1 c. à t. d'huile d'olive, pressée à froid
Sel et poivre

À l'aide d'un zesteur, prélever les zestes des agrumes ; réserver.

Peler le pamplemousse à vif. À l'aide d'un petit couteau bien affûté, retirer les suprêmes en coupant entre les petites membranes blanches (lexique) ; travailler au-dessus d'un bol pour recueillir le jus. Réserver les suprêmes et le jus séparément. Procéder de la même manière pour l'orange, le citron et la lime.

Dans un bol, verser tous les jus recueillis et l'huile d'olive. Ajouter les pétoncles ; mélanger bien ; saler et poivrer. Placer au réfrigérateur 2 heures ; mélanger de temps à autre.

Servir les pétoncles marinés, garnis des zestes et des suprêmes des quatre agrumes.

Par portion — Calories (Kcal) : 103
Gras : 2 g = 14 % des Kcal provenant du gras
Protéines : 11 g   Cholestérol : 20 mg
Sodium : 142 mg   Hydrates de carbone : 13 g

Ceviche de thon

4 portions

225 g (8 oz) de thon, cru
125 ml (½ tasse) de jus de pamplemousse
60 ml (¼ tasse) de jus de lime
1 c. à t. de miel de trèfle liquide
½ c. à t. de romarin, haché
Sel et poivre

Trancher le thon finement ; déposer dans un bol.

Dans un autre bol, mélanger le reste des ingrédients. Verser ce mélange sur le thon.

Placer au réfrigérateur 2 heures, en retournant les tranches de thon de temps à autre.

Par portion — Calories (Kcal) : 103
Gras : 3 g = 25 % des Kcal provenant du gras
Protéines : 14 g   Cholestérol : 22 mg
Sodium : 69 mg   Hydrates de carbone : 6 g

Les entrées froides

Recettes illustrées, de gauche à droite : ficelles de truite à l'oseille, moules froides au cari.

Moules froides au cari

Les moules qui ne s'ouvrent pas d'elles-mêmes à la cuisson ne doivent pas être consommées.

4 portions

250 ml (1 tasse) de bière blanche

1 échalote verte, hachée grossièrement

1 c. à t. de poudre de cari

32 moules, fraîches

60 ml (¼ tasse) de yogourt nature, léger

½ gousse d'ail, hachée

½ c. à t. de graines de coriandre

Sel et poivre

Dans une casserole, porter à ébullition la bière, l'échalote verte et la poudre de cari. Ajouter les moules ; mélanger. Couvrir. À feu moyen, cuire environ 4 minutes ou jusqu'à ce que les moules soient ouvertes. Réserver 3 c. à s. du jus de cuisson. Laisser refroidir 10 minutes.

Entretemps, dans un bol, mélanger le reste des ingrédients ; ajouter les 3 c. à s. du jus de cuisson.

Décortiquer les moules ; réserver la moitié des coquilles.

Dans le bol, incorporer les moules au reste du mélange. Garnir chaque coquille de deux moules et de la préparation. Servir.

Par portion — Calories (Kcal) : 223
Gras : 5 g = 22% des Kcal provenant du gras
Protéines : 29 g   Cholestérol : 64 mg
Sodium : 711 mg   Hydrates de carbone : 13 g

Ficelles de truite à l'oseille

4 portions

2 filets de truite d'environ 115 g (4 oz) chacun

2 c. à s. de purée d'oseille

1 c. à s. de yogourt nature, léger

Sel et poivre

Tranches de citron

Feuilles d'oseille

Couper chaque filet de truite en six lanières. Faire quatre petites tresses en utilisant trois lanières à la fois.

Dans une marmite à vapeur, cuire les tresses à l'étuvée (lexique), environ 5 minutes. À l'aide d'une écumoire, retirer ; déposer sur une assiette. Laisser refroidir complètement.

Entretemps, dans un bol, mélanger la purée d'oseille et le yogourt ; saler et poivrer.

Napper chaque tresse d'un peu de sauce. Garnir de tranches de citron et de feuilles d'oseille. Servir.

Par portion — Calories (Kcal) : 84
Gras : 3 g = 23% des Kcal provenant du gras
Protéines : 10 g   Cholestérol : 23 mg
Sodium : 74 mg   Hydrates de carbone : 12 g

Les entrées froides

Les entrées chaudes

*Riche en vitamine B, le riz contient des protéines.
Facile à digérer, il procure rapidement une sensation de satiété.
Le riz est donc un excellent choix pour les gens à la diète.
Il est préférable de ne pas le rincer avant sa cuisson afin
d'en conserver les substances nutritives.*

Croustillants de riz

4 portions

250 ml (1 tasse) de riz blanc, cuit

125 ml (½ tasse) de farine
de blé entier, tamisée

½ c. à t. de poudre à pâte

250 ml (1 tasse) de lait 2%

125 ml (½ tasse) de chapelure

½ c. à t. de paprika

Sel et poivre

1 c. à s. d'huile d'olive

Préchauffer le four à 175 °C (350 °F).

Dans un bol, mélanger bien le riz cuit, la farine et la poudre à pâte. Ajouter le lait en 4 temps, en mélangeant bien entre chaque addition. Laisser reposer 15 minutes.

Entretemps, dans une assiette, mélanger la chapelure et le paprika; saler et poivrer.

Avec le mélange de riz, faire huit galettes; enrober de chapelure.

Dans une poêle à revêtement antiadhésif, chauffer l'huile; dorer les galettes de chaque côté; déposer dans une lèchefrite. Cuire au four 10 minutes. Servir.

Par portion — Calories (Kcal) : 228	
Gras : 6 g = 23 % des Kcal provenant du gras	
Protéines : 7 g	Cholestérol : 5 mg
Sodium : 238 mg	Hydrates de carbone : 37 g

Risotto au vin rouge

4 portions

250 ml (1 tasse) de bouillon
de poulet

250 ml (1 tasse) de vin rouge

2 c. à t. d'huile d'olive

1 échalote verte, hachée

1 gousse d'ail, hachée

Sel et poivre

250 ml (1 tasse) de riz italien

¼ c. à t. de muscade moulue

½ c. à t. d'estragon, haché

Dans un bol, mélanger le bouillon de poulet et le vin rouge. Réserver.

Badigeonner d'huile une poêle à revêtement antiadhésif; à feu moyen, chauffer. Faire revenir l'échalote et l'ail environ 1 minute; saler et poivrer. Ajouter le tiers du riz; mélanger bien. Ajouter le reste du riz; faire rissoler 1 minute, en mélangeant continuellement.

Intégrer le liquide en 4 temps, en mélangeant bien entre chaque addition, jusqu'à absorption complète.

Assaisonner. Servir.

Par portion — Calories (Kcal) : 255	
Gras : 3 g = 14 % des Kcal provenant du gras	
Protéines : 4 g	Cholestérol : 1 mg
Sodium : 482 mg	Hydrates de carbone : 41 g

Trempette d'épinards, chaude

Le pain pita séparé et séché au four fait d'excellentes croustilles pour cette trempette.

4 portions

250 ml (1 tasse) d'épinards, cuits, hachés grossièrement
60 ml (¼ tasse) de fromage à la crème, léger, ramolli
80 ml (⅓ tasse) de yogourt nature, léger
¼ c. à t. de sauce Worcestershire
1 gousse d'ail, hachée
1 échalote verte, hachée
1 pincée de muscade
Sel et poivre
Pointes de pain pita, épicées (page 55)

Dans un bol, mélanger tous les ingrédients. Saler et poivrer.

Faire chauffer au four à micro-ondes 1 minute, à ÉLEVÉ.

Mélanger bien. Servir, avec des pointes de pain pita, épicées.

Par portion — Calories (Kcal) : 237	
Gras : 4 g = 16% des Kcal provenant du gras	
Protéines : 11 g	Cholestérol : 8 mg
Sodium : 520 mg	Hydrates de carbone : 42 g

Purée d'artichauts

4 portions

125 ml (½ tasse) de cœurs d'artichauts, en conserve
125 ml (½ tasse) de fonds d'artichauts, en conserve
60 ml (¼ tasse) de fromage cottage, léger
80 ml (⅓ tasse) de yogourt nature, léger
¼ c. à t. de sauce Worcestershire
1 gousse d'ail, hachée
1 échalote verte, hachée
1 pincée de poivre de cayenne
Sel et poivre
Crudités et feuilles de laitue

À l'eau froide, rincer bien les coeurs et les fonds d'artichauts. Égoutter. À l'aide de papier absorbant, assécher. Hacher grossièrement.

Dans un bol, mélanger tous les ingrédients, sauf les crudités et les feuilles de laitue.

Faire chauffer au four à micro-ondes 1 minute, à ÉLEVÉ.

Mélanger. Servir, accompagnée de crudités, sur un nid de feuilles de laitue.

Par portion — Calories (Kcal) : 76	
Gras : 3 g = 30% des Kcal provenant du gras	
Protéines : 5 g	Cholestérol : 8 mg
Sodium : 185 mg	Hydrates de carbone : 10 g

Les artichauts :

L'artichaut est faible en calories mais riche en fibres et en vitamines. Acheté frais, on le consomme cuit à l'eau bouillante ou à la vapeur sous couvert. On le sert entier, une fois tiédi, avec une sauce ou une vinaigrette, et il se mange avec les doigts en détachant les feuilles, une à une, jusqu'au coeur. La base des feuilles et le coeur sont les parties comestibles. Prendre garde au «foin», cette partie rêche et fibreuse, au centre du coeur et qu'on doit retirer avant de le consommer.

Les entrées chaudes

Quiche au riz et aux légumes verts

8 portions

500 ml (2 tasses) de riz, cuit

60 ml (¼ tasse) de fromage à la crème, léger, ramolli

1 blanc d'œuf

250 ml (1 tasse) de brocoli, en bouquets

125 ml (½ tasse) de courgette, en julienne

125 ml (½ tasse) de poivron vert, en dés

250 ml (1 tasse) de lait 1%

2 œufs, battus

2 blancs d'œufs, battus légèrement

2 c. à s. de fromage parmesan, râpé

1 pincée de muscade

Préchauffer le four à 205 °C (400 °F).

Dans un bol, mélanger le riz, le fromage à la crème et un blanc d'œuf; au fond et sur le côté d'un moule à quiche de 23 cm (9 po) de diamètre, presser ce mélange de façon à obtenir une croûte. Cuire au four 10 minutes.

Entretemps, dans un bol, mélanger le reste des ingrédients.

Verser ce mélange dans la croûte de riz précuite. Cuire au four environ 25 minutes ou jusqu'à ce qu'une lame de couteau insérée au centre en ressorte propre. Servir.

Par portion — Calories (Kcal) : 126
Gras : 3 g = 23% des Kcal provenant du gras
Protéines : 7 g   Cholestérol : 51 mg
Sodium : 117 mg   Hydrates de carbone : 17 g

Quiche de la mer sans croûte

8 portions

2 œufs, battus

2 blancs d'œufs, battus légèrement

300 ml (1¼ tasse) de lait 1%

125 ml (½ tasse) de pétoncles, émincés

125 ml (½ tasse) de chair de crabe, hachée grossièrement

125 ml (½ tasse) de sole, hachée grossièrement

¼ c. à t. de graines de fenouil

1 c. à s. de persil, haché

1 gousse d'ail, hachée

1 pincée de paprika

Sel et poivre

Préchauffer le four à 350 °C (175 °F).

Dans un bol, mélanger tous les ingrédients.

Badigeonner d'huile un moule à quiche; y verser la préparation. Cuire au four environ 30 minutes ou jusqu'à ce qu'une lame de couteau insérée au centre en ressorte propre. Servir.

Par portion — Calories (Kcal) : 64
Gras : 2 g = 26% des Kcal provenant du gras
Protéines : 9 g   Cholestérol : 60 mg
Sodium : 115 mg   Hydrates de carbone : 2 g

Tarte Normande

6 portions

1 c. à t. d'huile d'olive

2 pommes de terre, émincées très finement

60 ml (¼ tasse) de fromage à la crème, léger, ramolli

180 ml (¾ tasse) de lait 1%

375 ml (1½ tasse) de pommes de terre, cuites, en dés

1 œuf, battu

2 blancs d'œufs, battus légèrement

1 pincée de muscade

1 pincée de clous de girofle

Préchauffer le four à 205 °C (400 °F).

À l'aide d'un pinceau, badigeonner entièrement d'huile les tranches de pommes de terre. Dans un moule à quiche de 20,5 cm (8 po) de diamètre ou six ramequins individuels, disposer les tranches de pommes de terre en les faisant se chevaucher, de façon à obtenir une croûte sans fissure. Cuire au four 5 minutes.

Entretemps, dans un bol, mélanger le reste des ingrédients.

Verser le mélange dans la croûte précuite. Cuire au four environ 25 minutes, 15 minutes si vous utilisez des ramequins, ou jusqu'à ce qu'une lame de couteau insérée au centre en ressorte propre. Servir.

Par portion — Calories (Kcal) : 164
Gras : 4 g = 20% des Kcal provenant du gras
Protéines : 7 g   Cholestérol : 37 mg
Sodium : 104 mg   Hydrates de carbone : 27 g

Recettes illustrées, de haut en bas : quiche au riz et aux légumes verts, tarte Normande

Les entrées chaudes

Crêpes de chez Parmentier

La pomme de terre est faible en calories si on évite de la frire ou de la manger avec du beurre.

4 portions

1 œuf, battu

375 ml (1 1/2 tasse) de lait 1 %

160 ml (2/3 tasse) de farine de pommes de terre

125 ml (1/2 tasse) de vin blanc sec

250 ml (1 tasse) de poireaux, émincés

60 ml (1/4 tasse) de pommes de terre, râpées

1 échalote verte, hachée

1 gousse d'ail, hachée

Sel et poivre

Dans un bol, à l'aide d'un fouet, mélanger bien l'œuf, le lait et la farine. Laisser reposer 1 heure.

Entretemps, mélanger le reste des ingrédients. Dans une casserole couverte à demi, à feu doux, faire chauffer environ 15 minutes, en remuant de temps à autre. Retirer du feu.

Badigeonner d'huile une poêle à revêtement antiadhésif; à feu moyen, chauffer. Réserver. Verser 3 à 4 c. à s. du mélange à crêpes. Cuire 90 secondes de chaque côté. Répéter l'opération pour obtenir huit crêpes.

Sur chaque crêpe, déposer une petite quantité du mélange de poireaux; rouler comme des cigares.

Réchauffer au four à micro-ondes 30 secondes, à ÉLEVÉ. Servir.

Par portion — Calories (Kcal) : 207	
Gras : 2 g = 11 % des Kcal provenant du gras	
Protéines : 8 g	Cholestérol : 49 mg
Sodium : 125 mg	Hydrates de carbone : 35 g

Crêpes aux carottes

4 portions

1 œuf, battu

375 ml (1 1/2 tasse) de lait 1 %

80 ml (1/3 tasse) de farine de sarrasin

80 ml (1/3 tasse) de farine de blé entier

1 c. à t. de persil, haché

2 c. à s. de sauce Chili

375 ml (1 1/2 tasse) de carottes, en julienne

125 ml (1/2 tasse) de bouillon de légumes

3 c. à s. de moutarde à l'ancienne

1 c. à t. de ciboulette, hachée

1 gousse d'ail, hachée

Sel et poivre

Dans un bol, à l'aide d'un fouet, bien mélanger l'œuf, le lait, les farines, le persil et la sauce Chili. Laisser reposer 1 heure.

Entretemps, mélanger le reste des ingrédients. Dans une casserole couverte à demi, à feu doux, faire chauffer environ 15 minutes, en remuant de temps à autre. Retirer du feu. Réserver.

Badigeonner d'huile une poêle à revêtement antiadhésif; à feu moyen, chauffer. Verser 3 à 4 c. à s. du mélange à crêpes. Cuire 90 secondes de chaque côté. Répéter l'opération pour obtenir huit crêpes.

Couper chaque crêpe en deux. Sur chaque demi-crêpe, déposer une petite quantité de la préparation de carottes à une seule extrémité; replier la crêpe en portefeuille. Réchauffer au four à micro-ondes 30 secondes, à ÉLEVÉ. Servir.

Par portion — Calories (Kcal) : 170	
Gras : 4 g = 18 % des Kcal provenant du gras	
Protéines : 9 g	Cholestérol : 49 mg
Sodium : 469 mg	Hydrates de carbone : 27 g

Les entrées chaudes

Recettes illustrées, de gauche à droite : friand de betteraves, cigares florentins

Cigares florentins

4 portions

1 œuf, battu

375 ml (1½ tasse) de lait 1 %

160 ml (⅔ tasse) de farine de blé entier

1 c. à t. de cerfeuil, haché

2 c. à s. de pesto

750 ml (3 tasses) d'épinards, équeutés

125 ml (½ tasse) de bouillon de poulet

1 oignon, haché grossièrement

1 gousse d'ail, hachée

Sel et poivre

Dans un bol, à l'aide d'un fouet, bien mélanger l'œuf, le lait, la farine, le cerfeuil et le pesto. Laisser reposer 1 heure.

Entretemps, mélanger le reste des ingrédients. Dans une casserole couverte à demi, à feu doux, faire chauffer environ 10 minutes, en remuant de temps à autre. Retirer du feu. Réserver.

Badigeonner d'huile une poêle à revêtement antiadhésif; à feu moyen, chauffer. Verser 3 à 4 c. à s. du mélange à crêpes. Cuire 90 secondes de chaque côté. Répéter l'opération pour obtenir huit crêpes.

Tartiner chaque crêpe du mélange d'épinards; rouler comme des cigares; couper chaque cigare en deux. Réchauffer au four à micro-ondes 30 secondes, à ÉLEVÉ. Servir.

Par portion — Calories (Kcal) : 187	
Gras : 6 g = 30 % des Kcal provenant du gras	
Protéines : 10 g	Cholestérol : 51 mg
Sodium : 378 mg	Hydrates de carbone : 24 g

Friand de betteraves

4 portions

1 œuf, battu

375 ml (1½ tasse) de lait 1 %

160 ml (⅔ tasse) de farine de blé entier

1 c. à s. de feuilles de betteraves, hachées

1 c. à t. de persil, haché

375 ml (1½ tasse) de betteraves, cuites, en dés

60 ml (¼ tasse) de yogourt nature, léger

½ c. à t. d'huile d'olive, pressée à froid

½ c. à t. de jus de citron

Dans un bol, à l'aide d'un fouet, bien mélanger l'œuf, le lait, la farine, les feuilles de betteraves et le persil. Laisser reposer 1 heure.

Entretemps, dans un bol, mélanger le reste des ingrédients. Réserver.

Badigeonner d'huile une poêle à revêtement antiadhésif; à feu moyen, chauffer. Verser 3 à 4 c. à s. du mélange à crêpes. Cuire 90 secondes de chaque côté. Répéter l'opération pour obtenir huit crêpes.

Couper les crêpes en julienne. Sur de petites assiettes de service, disposer les crêpes en forme de couronne. Verser le mélange de betteraves au centre des couronnes. Réchauffer au four à micro-ondes 1 minute, à ÉLEVÉ. Servir.

Par portion — Calories (Kcal) : 162	
Gras : 3 g = 17 % des Kcal provenant du gras	
Protéines : 9 g	Cholestérol : 49 mg
Sodium : 122 mg	Hydrates de carbone : 26 g

Les entrées chaudes

Roulés aux champignons

4 portions

1 c. à t. de beurre

500 ml (2 tasses) de champignons de Paris, hachés grossièrement

1 oignon, haché

1 c. à s. de ciboulette, hachée

3 c. à s. de farine de blé entier

180 ml (¾ tasse) de lait 2%

Sel et poivre

8 tranches de pain à la farine de pommes de terre

Préchauffer le four à 175 °C (350 °F).

Dans une poêle à revêtement anti-adhésif, faire fondre le beurre. À feu moyen, faire revenir les champignons 5 minutes, en remuant de temps à autre. Ajouter l'oignon et la ciboulette. Poursuivre la cuisson 3 minutes. Ajouter la farine; bien mélanger. Ajouter le lait en remuant constamment. Poursuivre la cuisson 3 minutes. Assaisonner. À feu doux, laisser mijoter jusqu'à épaississement, en remuant continuellement. Retirer du feu. Laisser tiédir.

Retirer les croûtes des tranches de pain; les aplatir, à l'aide d'un rouleau à pâtisserie.

Sur chaque tranche, étendre également le mélange de champignons; rouler comme des cigares.

Dans une lèchefrite, déposer les roulés, le joint en dessous. Cuire au four 15 minutes.

Servir entier, coupés en deux ou en petites portions.

Par portion — Calories (Kcal) : 201
Gras : 4g = 18% des Kcal provenant du gras
Protéines : 9g   Cholestérol : 6mg
Sodium : 354mg   Hydrates de carbone : 35g

Préparation

Roulés

Retirer les croûtes des tranches de pain. À l'aide d'un rouleau à pâtisserie, aplatir les tranches.

Étendre le mélange sur les tranches de pain. Rouler.

Dans une lèchefrite, déposer les roulés, le joint en dessous.

Witloof roulés

4 portions

1 c. à t. de beurre

500 ml (2 tasses) d'endives, émincées

3 échalotes vertes, hachées

1 c. à s. de cerfeuil, haché

3 c. à s. de farine de blé entier

180 ml (¾ tasse) de lait 2%

Sel et poivre

8 tranches de pain de blé entier

Préchauffer le four à 175 °C (350 °F).

Dans une poêle à revêtement anti-adhésif, faire fondre le beurre. À feu moyen, faire revenir les endives 5 minutes, en remuant de temps à autre. Ajouter l'échalote et le cerfeuil. Poursuivre la cuisson 3 minutes. Ajouter la farine; bien mélanger. Ajouter le lait en remuant constamment. Saler et poivrer. À feu doux, laisser mijoter jusqu'à épaississement, en remuant continuellement. Retirer du feu. Laisser tiédir.

Retirer les croûtes des tranches de pain. À l'aide d'un rouleau à pâtisserie, les aplatir.

Sur chaque tranche, étendre également le mélange d'endives; rouler comme des cigares.

Dans une lèchefrite, déposer les roulés, le joint en dessous. Cuire au four 15 minutes.

Servir entier, coupés en deux ou en petites portions.

Par portion — Calories (Kcal) : 296
Gras : 6g = 16% des Kcal provenant du gras
Protéines : 13g   Cholestérol : 6mg
Sodium : 529mg   Hydrates de carbone : 54g

Les entrées chaudes

Pain aux carottes et aux amandes

10 portions

750 ml (3 tasses) de carottes, râpées
1 oignon, haché grossièrement
2 gousses d'ail, hachées
1 œuf
2 blancs d'œufs
½ c. à t. de poudre de cari
½ c. à t. de paprika
1 c. à s. d'estragon, haché
¼ c. à t. de sel de mer
⅛ c. à t. de poivre noir
180 ml (¾ tasse) de chapelure, assaisonnée
375 ml (1½ tasse) d'amandes, effilées
Crudités

Préchauffer le four à 175 °C (350 °F).

Au robot culinaire, réduire en purée tous les ingrédients, sauf la chapelure, les amandes et les crudités, 1 minute. Ajouter la chapelure et les amandes; mélanger 10 secondes. Laisser reposer 10 minutes.

Dans un moule à pain légèrement huilé, verser le mélange. Cuire au four 50 minutes.

Laisser tiédir. Démouler. Trancher à l'aide d'un couteau dentelé.

Servir, accompagné de crudités.

Par portion — Calories (Kcal) : 161
Gras : 10 g = 52 % des Kcal provenant du gras
Protéines : 6 g   Cholestérol : 18 mg
Sodium : 304 mg   Hydrates de carbone : 14 g

Boulettes de pommes de terre au vert

6 portions

750 ml (3 tasses) de pommes de terre, cuites, en dés,
375 ml (1½ tasse) d'épinards, cuits
125 ml (½ tasse) de chapelure, assaisonnée
2 blancs d'œufs
2 pincées de muscade
1 c. à t. de ciboulette
Sel et poivre
1 c. à s. d'huile d'olive

Préchauffer le four à 175 °C (350 °F).

Au robot culinaire, réduire en purée tous les ingrédients, sauf l'huile d'olive, environ 1 minute. Laisser reposer 10 minutes.

À l'aide d'une cuillère à crème glacée, former des boulettes de purée.

Badigeonner d'huile une poêle à revêtement antiadhésif; à feu moyen, chauffer. Faire revenir les boulettes jusqu'à ce qu'elles commencent à dorer. Dans une lèchefrite, déposer les boulettes. Poursuivre la cuisson au four 10 minutes. Servir.

Par portion — Calories (Kcal) : 144
Gras : 3 g = 17 % des Kcal provenant du gras
Protéines : 6 g   Cholestérol : 0 mg
Sodium : 350 mg   Hydrates de carbone : 25 g

Légumes à la mexicaine

4 portions

250 ml (1 tasse) de haricots rouges, en conserve
1 c. à t. d'huile d'olive
1 poivron rouge, en dés
1 carotte, en julienne
1 oignon, haché grossièrement
1 courgette, émincée
½ aubergine, en dés
2 gousses d'ail, hachées
6 tomates, hachées grossièrement
½ c. à t. de poudre de Chili
1 c. à t. de coriandre, hachée
Sel et poivre

À l'eau froide, bien rincer les haricots. Égoutter. Réserver.

Badigeonner d'huile une poêle à revêtement antiadhésif; à feu moyen, chauffer. Faire revenir le poivron, la carotte, l'oignon, la courgette et l'aubergine environ 5 minutes, en remuant continuellement. Ajouter les haricots rouges, l'ail, les tomates, la poudre de Chili et la coriandre; saler et poivrer. Couvrir la poêle à demi; cuire à feu doux 15 minutes, en remuant de temps à autre. Servir.

Par portion — Calories (Kcal) : 228
Gras : 4 g = 15 % des Kcal provenant du gras
Protéines : 13 g   Cholestérol : 0 mg
Sodium : 68 mg   Hydrates de carbone : 38 g

Les entrées chaudes

On croit, à tort, que les pâtes alimentaires sont engraissantes. Les calories proviennent surtout des sauces trop riches qui les accompagnent. Enrichies, elles sont un excellent choix en raison de la vitamine B et des minéraux qu'elles contiennent. N'oubliez pas les sauces plus légères !

Vermicelles de riz aux légumes

4 portions

115 g (4 oz) de vermicelles de riz

¼ c. à t. d'huile de sésame

125 ml (½ tasse) de carotte, en julienne

125 ml (½ tasse) de courgette, en julienne

125 ml (½ tasse) de navet, en julienne

125 ml (½ tasse) de tomates, en julienne

60 ml (¼ tasse) de bouillon de poulet

Sel et poivre

Dans une casserole d'eau bouillante, cuire les vermicelles selon la méthode suggérée sur l'emballage. Égoutter. Jeter l'eau.

Remettre les vermicelles dans la casserole ; ajouter le reste des ingrédients. Mélanger. À feu doux, cuire 5 minutes, en remuant continuellement ou jusqu'à ce que tous les ingrédients soient bien chauds. Servir.

PAR PORTION — CALORIES (KCAL) : 130
Gras : 1g = 5% des Kcal provenant du gras
Protéines : 3g   Cholestérol : 0mg
Sodium : 151mg   Hydrates de carbone : 28g

Cheveux d'ange au chou chinois

Le chou chinois est riche en calcium et en vitamines A et C.

4 portions

115 g (4 oz) de vermicelles ou de capellini

375 ml (1½ tasse) de chou chinois, émincé

60 ml (¼ tasse) de cresson, haché

1 c. à t. de piments séchés, broyés

½ c. à t. d'huile d'olive

60 ml (½ tasse) de bouillon de légumes

Sel et poivre

Dans une casserole d'eau bouillante, cuire les vermicelles selon la méthode suggérée sur l'emballage. Égoutter. Jeter l'eau.

Remettre les vermicelles dans la casserole ; ajouter le reste des ingrédients. Mélanger. À feu doux, cuire 5 minutes, en remuant continuellement ou jusqu'à ce que tous les ingrédients soient bien chauds. Servir.

PAR PORTION — CALORIES (KCAL) : 131
Gras : 1g = 8% des Kcal provenant du gras
Protéines : 4g   Cholestérol : 0mg
Sodium : 261mg   Hydrates de carbone : 26g

Fettuccine verde

On peut aussi colorer les pâtes avec du jus de carottes ou de l'encre de seiche.

4 portions

115 g (4 oz)
de fettuccine aux épinards

80 ml (⅓ tasse)
de brocoli, en petits bouquets

80 ml (⅓ tasse)
de courgettes, émincées

125 ml (½ tasse)
de choux de Bruxelles, cuits

3 c. à s. de yogourt nature, léger

1 gousse d'ail, hachée

1 c. à t. de pesto

Sel et poivre

Dans une casserole d'eau bouillante, cuire les fettuccine selon la méthode suggérée sur l'emballage. Égoutter. Jeter l'eau.

Remettre les fettuccine dans la casserole; ajouter le reste des ingrédients. Mélanger. À feu doux, cuire 5 minutes, en remuant continuellement ou jusqu'à ce que tous les ingrédients soient bien chauds. Servir.

PAR PORTION — CALORIES (KCAL) : 121
Gras : 3 g = 18% des Kcal provenant du gras
Protéines : 6 g   Cholestérol : 22 mg
Sodium : 93 mg   Hydrates de carbone : 20 g

Penne alla arrabbiata

4 portions

½ c. à t. d'huile d'olive

1 oignon, haché

1 gousse d'ail, hachée

1 petit piment fort, haché
ou 1 c. à s. de piments séchés, broyés

6 tomates italiennes, hachées grossièrement

60 g (2 oz) de jambon maigre cuit, en dés

½ c. à t. d'origan, haché

Sel et poivre

115 g (4 oz) de penne

Dans une casserole, à feu moyen, chauffer l'huile. Faire revenir l'oignon et l'ail 2 minutes. Ajouter le piment fort et les tomates; mélanger. À feu doux, laisser mijoter 10 minutes, en remuant de temps à autre. Ajouter le jambon et l'origan; saler et poivrer; mélanger. Réserver.

Cuire les penne selon la méthode suggérée sur l'emballage. Égoutter.

Dans un bol, verser la sauce; ajouter les pâtes; mélanger. Servir.

PAR PORTION — CALORIES (KCAL) : 78
Gras : 2 g = 20% des Kcal provenant du gras
Protéines : 5 g   Cholestérol : 7 mg
Sodium : 264 mg   Hydrates de carbone : 12 g

Le piment :

La sensation piquante qu'il confère vient d'une substance nommée capsaicinoïde, contenue dans la chair blanche et les graines; si on prend soin de les retirer, le piment gardera son goût mais sera beaucoup moins fort. Tous les piments sont une excellente source de vitamines A et C.

Les entrées chaudes

Cannelloni

Contrairement à la croyance populaire, les pâtes alimentaires faites de semoule de blé sont faibles en calories. C'est la sauce qui, parfois, augmentera l'apport calorique de façon importante.

4 portions

8 cannelloni

180 ml (¾ tasse) de fromage ricotta, léger

250 ml (1 tasse) d'épinards, cuits, hachés grossièrement

1 gousse d'ail, hachée

1 c. à s. de basilic, haché

Sel et poivre

250 ml (1 tasse) de tomates, broyées

3 c. à s. de lait écrémé, évaporé

1 c. à s. de fromage parmesan, râpé

Préparation

Cannelloni

Cuire les pâtes al dente. À l'aide d'une écumoire ou d'une cuillère trouée, retirer les cannelloni. Égoutter sur un linge.

À l'aide d'un sac à pâtisserie muni d'une douille unie, farcir les cannelloni.

Sur un plat de service, déposer les cannelloni nappés de sauce.

Lasagne roulée

4 portions

250 ml (1 tasse) de tomates italiennes, broyées

2 gousses d'ail, hachées grossièrement

1 échalote verte, hachée grossièrement

4 lasagnes, cuites

250 ml (1 tasse) d'épinards, équeutés, cuits

180 ml (¾ tasse) de fromage cottage, léger

250 ml (1 tasse) de poulet, émincé, cuit

125 ml (½ tasse) de champignons de Paris, en quartiers

Sel et poivre

⅛ c. à t. de muscade, moulue

125 ml (½ tasse) de fromage mozzarella, léger, râpé

Préchauffer le four à 175 °C (350 °F).

Cuire les cannelloni, al dente. Égoutter. Réserver (technique ci-contre).

Entretemps, dans un bol, mélanger le fromage ricotta, les épinards, l'ail, le basilic; saler et poivrer. Réserver.

Au robot culinaire, réduire en purée les tomates broyées avec le lait évaporé, environ 1 minute; passer au tamis; verser dans une assiette creuse allant au four.

À l'aide d'un sac à pâtisserie muni d'une douille unie, farcir les pâtes cuites du mélange de ricotta; déposer dans l'assiette de sauce. Couvrir de fromage parmesan.

Cuire au four environ 12 minutes ou jusqu'à ce que les cannelloni soient bien tendres.

Servir, nappés de sauce.

Par portion — Calories (Kcal): 318
Gras: 5 g = 15 % des Kcal provenant du gras
Protéines: 16 g   Cholestérol: 16 mg
Sodium: 185 mg   Hydrates de carbone: 52 g

Préchauffer le four à 175 °C (350 °F).

Au robot culinaire, réduire en purée les tomates broyées, l'ail et l'échalote.

Sur le plan de travail, étaler les lasagnes. Tartiner chaque pâte de 2 c. à s. de purée de tomates; ajouter, en couches successives, les épinards, le fromage, le poulet et les champignons; terminer par le reste de purée de tomates; saler et poivrer; saupoudrer de muscade.

Rouler chaque pâte comme un cigare.

Dans une lèchefrite, déposer les rouleaux, le joint en dessous. Parsemer de mozzarella. Cuire au four 15 minutes ou jusqu'à ce que le fromage soit bien coloré. Servir.

Par portion — Calories (Kcal): 327
Gras: 5 g = 13 % des Kcal provenant du gras
Protéines: 30 g   Cholestérol: 42 mg
Sodium: 620 mg   Hydrates de carbone: 41 g

Les entrées chaudes

Tofu aux arachides

Le tofu est issu du soja; il contient des protéines et peut remplacer le bœuf.

4 portions

1 c. à t. d'huile d'olive

1/8 c. à t. d'huile de sésame

500 ml (2 tasses) de tofu, en dés

1 c. à s. de sauce tamari, légère

125 ml (1/2 tasse) de bouillon de légumes

2 c. à s. de beurre d'arachides, léger

1 c. à s. de fécule de maïs, délayée dans 3 c. à s. d'eau

125 ml (1/2 tasse) de fèves germées

60 ml (1/4 tasse) de poivron rouge, émincé

60 ml (1/4 tasse) d'oignon, haché

Sel et poivre

Dans une poêle à revêtement anti-adhésif, à feu moyen, chauffer les huiles. Faire revenir le tofu 1 minute, en remuant de temps à autre. Ajouter la sauce tamari; mélanger; ajouter le bouillon. Porter à ébullition.

À la première ébullition, incorporer le beurre d'arachides et la fécule de maïs, en remuant continuellement.

Ajouter les légumes; saler et poivrer. Couvrir la poêle à demi; à feu doux, poursuivre la cuisson 5 minutes, en remuant de temps à autre. Servir.

PAR PORTION — CALORIES (KCAL) : 193
Gras : 12g = 52% des Kcal provenant du gras
Protéines : 14g   Cholestérol : 0mg
Sodium : 551mg   Hydrates de carbone : 10g

Frit-o-tofu

4 portions

500 ml (2 tasses) de tofu, en bâtonnets

3 c. à s. de sauce tamari, légère

1/2 c. à t. d'huile d'olive

1 c. à t. de paprika

1 c. à t. de poudre d'oignon

1 c. à t. de poudre d'ail

1/4 c. à t. de sel de céleri

1/8 c. à t. de poivre blanc

Crudités

Préchauffer le four à 205 °C (400 °F).

Sur une assiette, déposer les bâtonnets de tofu; arroser de sauce tamari et d'huile. Laisser reposer 5 minutes.

Dans un bol, mélanger le reste des ingrédients.

Enrober les bâtonnets de tofu du mélange d'épices; déposer dans une lèchefrite badigeonnée d'huile.

Cuire au four environ 20 minutes ou jusqu'à ce que les bâtonnets commencent à durcir légèrement.

Servir les bâtonnets, seuls ou accompagnés de crudités.

PAR PORTION — CALORIES (KCAL) : 108
Gras : 6g = 41% des Kcal provenant du gras
Protéines : 11g   Cholestérol : 0mg
Sodium : 874mg   Hydrates de carbone : 6g

Les entrées chaudes

Recettes illustrées, de gauche à droite : végépâté, galettes de tofu au safran.

Galettes de tofu au safran

Le tofu est un aliment fragile. Il se conserve 3 à 4 jours dans l'eau fraîche.

4 à 6 portions

250 ml (1 tasse) de tofu, émietté

250 ml (1 tasse) de pommes de terre, cuites, en dés

125 ml (½ tasse) de flocons d'avoine

125 ml (½ tasse) de tomates, broyées

60 ml (¼ tasse) de chapelure, assaisonnée

¼ c. à t. de safran

⅛ c. à t. de cari

⅛ c. à t. de sel de mer

⅛ c. à t. de poivre noir

1 c. à t. d'huile d'olive

2 c. à s. de yogourt nature

Préchauffer le four à 175 °C (350 °F).

Au robot culinaire, mélanger tous les ingrédients, sauf l'huile et le yogourt, 10 secondes tout au plus, de façon à ce que le mélange ne devienne pas lisse.

Avec le mélange, former de petites boules ; aplatir en galettes.

Badigeonner d'huile une poêle à revêtement antiadhésif ; à feu moyen, chauffer. Dorer les galettes d'un côté seulement. Dans une lèchefrite badigeonnée d'huile, déposer les galettes, la face colorée vers le haut. Cuire au four 20 minutes.

Servir, accompagnées de yogourt nature.

Par portion — Calories (Kcal) : 103
Gras : 3 g = 26 % des Kcal provenant du gras
Protéines : 6 g   Cholestérol : 1 mg
Sodium : 216 mg   Hydrates de carbone : 14 g

Végépâté

10 portions

125 ml (½ tasse) de germe de blé

125 ml (½ tasse) de flocons d'avoine

125 ml (½ tasse) d'amandes, en poudre

500 ml (2 tasses) de tofu, émietté

1 œuf

375 ml (1½ tasse) de jus de tomates

4 c. à s. de sauce tamari, légère

¼ c. à t. de sel de mer

⅛ c. à t. de poivre noir

2 gousses d'ail, hachées

2 échalotes vertes, hachées

125 ml (½ tasse) de brocoli, en bouquets

125 ml (½ tasse) de chou-fleur, en bouquets

60 ml (¼ tasse) de tomate, en julienne

Crudités

Préchauffer le four à 175 °C (350 °F).

Au robot culinaire, réduire en purée tous les ingrédients, sauf le brocoli, le chou-fleur, la tomate et les crudités, 15 secondes tout au plus, de façon à ce que le mélange ne devienne pas lisse.

Dans un moule à pain badigeonné d'huile, verser la moitié du mélange ; bien tasser au fond du moule. Déposer, en alternance, les bouquets de brocoli et de chou-fleur et les juliennes de tomate. Recouvrir du reste de la purée.

Cuire au four 40 minutes ou jusqu'à ce que la lame d'un couteau insérée au centre du pâté en ressorte propre.

Retirer du four. Laisser reposer 5 minutes. Démouler. À l'aide d'un couteau dentelé, trancher.

Servir tiède, accompagné de crudités.

Par portion — Calories (Kcal) : 141
Gras : 5 g = 28 % des Kcal provenant du gras
Protéines : 12 g   Cholestérol : 18 mg
Sodium : 630 mg   Hydrates de carbone : 15 g

Pointes d'omelette

Les œufs ne sont pas à bannir; on peut à l'occasion les substituer à la viande.

4 portions

2 œufs

2 blancs d'œufs

80 ml (1/3 tasse) de lait 1%

1/2 c. à t. de poudre à pâte

250 ml (1 tasse) de poireaux, hachés grossièrement

1 c. à t. de persil, haché

1/4 c. à t. de paprika

1 gousse d'ail, hachée

Sel et poivre

1 c. à t. d'huile d'olive

Dans un bol, mélanger tous les ingrédients, sauf l'huile. Laisser reposer 10 minutes.

Badigeonner d'huile une poêle à revêtement antiadhésif; à feu moyen, chauffer. Verser le mélange; cuire 8 minutes, en remuant la poêle de temps à autre. Servir en pointes.

PAR PORTION — CALORIES (KCAL) : 68
Gras : 4 g = 47% des Kcal provenant du gras
Protéines : 5 g   Cholestérol : 92 mg
Sodium : 113 mg   Hydrates de carbone : 3 g

Fritata

4 portions

1 gousse d'ail, hachée

1 échalote sèche, hachée

250 ml (1 tasse) de poivrons vert, rouge et orange mélangés, en dés

1 petite courgette, en dés

2 œufs

2 blancs d'œufs

60 ml (1/4 tasse) de lait 1%

Sel et poivre

1 c. à t. d'huile d'olive

1 c. à s. de fromage parmesan, râpé

60 ml (1/4 tasse) de fromage mozzarella, léger, râpé

Préchauffer le four à GRIL (BROIL).

Dans un bol, mélanger tous les ingrédients, sauf l'huile et les fromages. Laisser reposer 10 minutes.

Badigeonner d'huile une poêle allant au four, en n'oubliant pas le pourtour intérieur. À feu moyen, chauffer. Verser le mélange. Cuire 5 minutes, en remuant la poêle de temps à autre.

Retirer du feu; parsemer de fromages. Faire griller au four 2 minutes. Servir.

PAR PORTION — CALORIES (KCAL) : 102
Gras : 5 g = 44% des Kcal provenant du gras
Protéines : 8 g   Cholestérol : 97 mg
Sodium : 169 mg   Hydrates de carbone : 6 g

Soufflé aux fromages

4 portions

125 ml (1/2 tasse) de fromage cottage, léger

1 c. à s. de fromage parmesan, râpé

2 c. à s. de fromage mozzarella, léger, râpé

1 jaune d'œuf

1 pincée de muscade, moulue

Sel et poivre

4 blancs d'œufs

1 pincée de crème de tartre

Préchauffer le four à 175 °C (350 °F).

Dans un bol, mélanger les fromages, le jaune d'œuf et la muscade; saler et poivrer.

Dans un autre bol, monter les blancs d'œufs et la crème de tartre, en neige ferme. Incorporer délicatement le mélange de fromages.

Dans un moule à soufflé de 750 ml (3 tasses), verser la préparation. Cuire au four 30 minutes ou jusqu'à ce que le soufflé soit bien gonflé et commence à dorer. Servir.

PAR PORTION — CALORIES (KCAL) : 69
Gras : 3 g = 36% des Kcal provenant du gras
Protéines : 9 g   Cholestérol : 58 mg
Sodium : 264 mg   Hydrates de carbone : 1 g

Recettes illustrées, de haut en bas : fritata, pointes d'omelette.

*Recettes illustrées, de gauche à droite :
bouchées de requin, escalopes d'espadon aux herbes,
sole à l'orange.*

*Tous connaissent la sole mais moins la chair de requin et d'espadon.
Leur texture ressemble beaucoup à celle du veau et du poulet.
Pour faire des brochettes et des grillades, substituez-les à la viande !*

Escalopes d'espadon aux herbes

4 portions

4 escalopes d'espadon de
60 g (2 oz) chacune

Sel et poivre

2 c. à s. de persil, haché

2 c. à s. de basilic, haché

2 c. à s. de cerfeuil, haché

1 carambole, tranchée

Bouquets de persil, feuilles
de basilic et de cerfeuil

Badigeonner d'huile une poêle à fond cannelé ; à feu moyen, chauffer. Griller le premier côté des escalopes d'espadon 1 minute, en pivotant d'un quart de tour à mi-cuisson, de façon à carreler la surface des escalopes. Saler et poivrer.

Retourner les escalopes ; cuire le deuxième côté 90 secondes. Retirer de la poêle. Laisser reposer 2 minutes.

Entretemps, dans une assiette, mélanger le persil, le basilic et le cerfeuil hachés.

Enrober les escalopes du mélange d'herbes hachées.

Garnir de tranches de carambole et d'herbes fraîches. Servir.

PAR PORTION — CALORIES (KCAL) : 83
Gras : 2 g = 27 % des Kcal provenant du gras
Protéines : 12 g   Cholestérol : 22 mg
Sodium : 101 mg   Hydrates de carbone : 3 g

Bouchées de requin

4 portions

250 ml (1 tasse) de jus d'ananas

1 gousse d'ail, hachée

½ c. à t. de ciboulette, hachée

225 g (8 oz) de requin,
en cubes

2 tranches d'ananas frais,
avec l'écorce

Sel et poivre

Dans une casserole, porter à ébullition le jus d'ananas, l'ail et la ciboulette. Laisser bouillir 2 minutes.

Ajouter les cubes de requin ; remuer. Cuire 3 minutes. Retirer du feu. Laisser reposer 3 minutes.

Entretemps, couper les tranches d'ananas en petites pointes.

Égoutter les cubes de requin, les déposer au centre d'une assiette. Entourer de pointes d'ananas. Saler et poivrer. Servir.

PAR PORTION — CALORIES (KCAL) : 306
Gras : 4 g = 12 % des Kcal provenant du gras
Protéines : 14 g   Cholestérol : 29 mg
Sodium : 94 mg   Hydrates de carbone : 59 g

Brochettes de lotte

4 portions

225 g (8 oz) de lotte
1 petite courgette
1 citron, en quartiers
8 champignons de Paris
8 tomates miniatures
1 c. à t. d'huile d'olive
1/8 c. à t. de paprika
Sel et poivre
4 c. à s. de yogourt nature, léger

Préchauffer le four à GRIL (BROIL).

Couper la lotte en cubes de 15 g (1/2 oz). Réserver.

Couper la courgette en 8 rondelles de 1,25 cm (1/2 po) d'épaisseur. Réserver.

Couper les quartiers du citron en deux. Réserver.

Sur une brochette, enfiler un champignon, un cube de lotte, une tomate miniature, un cube de lotte, un morceau de citron et une rondelle de courgette. Répéter.

À l'aide d'un pinceau, badigeonner d'huile. Saupoudrer de paprika; saler et poivrer.

Faire griller au four 90 secondes de chaque côté, en retournant les brochettes 3 fois au cours de la cuisson.

Servir, accompagnées de yogourt nature.

Par portion — Calories (Kcal) : 148
Gras : 3 g = 18% des Kcal provenant du gras
Protéines : 13 g   Cholestérol : 14 mg
Sodium : 98 mg   Hydrates de carbone : 22 g

Le poisson :

Tous les poissons contiennent des protéines de haute qualité et beaucoup de sels minéraux. Certains sont riches en vitamine A et, plus le poisson est gras, plus il contiendra des acides gras de type *oméga*-3.

Une récente étude américaine démontre qu'une augmentation de la consommation de poisson se traduirait par une diminution du risque d'infarctus du myocarde, de l'ordre de 40%, chez les gens consommant plus de 35 grammes de poisson par jour.

Sole à l'orange

4 portions

1 orange
1 orange sanguine
2 filets de sole
Sel et poivre

Préparer une marmite à vapeur (lexique).

Prélever les suprêmes d'oranges (lexique). Réserver.

Couper les filets de sole en lanière d'environ 2,5 cm (1 po) de largeur et 7,5 à 10 cm (3 à 4 po) de longueur.

Déposer un suprême d'orange à une extrémité de chaque lanière; saler et poivrer. Rouler. Dans la marmite à vapeur, déposer les filets en rouleaux, le joint en dessous. Cuire 4 minutes.

Servir la sole, accompagnée du reste des suprêmes d'oranges.

Par portion — Calories (Kcal) : 57
Gras : <1 g = 5% des Kcal provenant du gras
Protéines : 8 g   Cholestérol : 0 mg
Sodium : 72 mg   Hydrates de carbone : 6 g

Huîtres des îles

4 portions

16 huîtres moyennes ou 8 grosses

2 c. à s. de poivron vert, haché grossièrement

2 c. à s. de poivron rouge, haché grossièrement

2 c. à s. de poivron jaune, haché grossièrement

1 c. à t. de piments séchés, broyés

3 c. à s. de noix de coco, râpée

Sel et poivre

Gros sel

Persil, haché

Préchauffer le four à GRIL (BROIL).

À la vapeur (technique ci-contre), ou à l'aide d'un couteau à huître, ouvrir les huîtres ; jeter les coquilles du dessus. Réserver.

Dans un bol, mélanger le reste des ingrédients, sauf le gros sel et le persil.

Dans une assiette allant au four, étendre une couche épaisse de gros sel. Farcir chaque huître du mélange. Caler les huîtres dans le gros sel, de façon à ce que leur jus ne coule pas.

Faire griller au four 3 minutes, si vous avez ouvert les huîtres au couteau, ou 90 secondes, si vous les avez ouvertes à la vapeur.

Garnir de persil haché. Servir.

Par portion — Calories (Kcal) : 96
Gras : 4 g = 34 % des Kcal provenant du gras
Protéines : 10 g   Cholestérol : 50 mg
Sodium : 151 mg   Hydrates de carbone : 6 g

Préparation

Huîtres des îles

Dans une marmite à vapeur, faire cuire les huîtres à l'étuvée en les disposant, sans les empiler, de façon à ce qu'elles puissent s'ouvrir librement.

Jeter les coquilles du dessus.

Caler les huîtres dans le gros sel de façon à ce que leur jus ne coule pas durant la cuisson.

Salade tiède de poissons fumés

Trois repas de poisson par semaine nous fournissent une provision suffisante d'oméga-3. On les a associés à la diminution du risque de maladies cardiovasculaires.

4 portions

1 c. à t. d'huile d'olive, pressée à froid

115 g (4 oz) de truite fumée, émincée

115 g (4 oz) de saumon fumé, émincé

115 g (4 oz) d'esturgeon fumé, émincé

2 c. à s. de Pernod

2 c. à s. de jus d'orange

1 laitue frisée, déchiquetée

1 c. à s. de yogourt nature, léger

Zestes d'orange

Sel et poivre

Badigeonner d'huile une poêle ; à feu doux, faire tiédir. Ajouter les poissons fumés ; remuer pour bien enduire d'huile.

Ajouter le Pernod et le jus d'orange. Poursuivre la cuisson sans faire bouillir, jusqu'à ce que le tout soit tiède. Retirer du feu.

Dans un grand bol, bien mélanger la laitue et les poissons tièdes. Ajouter le yogourt et les zestes d'orange ; saler et poivrer ; mélanger. Servir.

Par portion — Calories (Kcal) : 161
Gras : 4 g = 25 % des Kcal provenant du gras
Protéines : 21 g   Cholestérol : 45 mg
Sodium : 697 mg   Hydrates de carbone : 5 g

109
Les entrées chaudes

Les soupes et potages

Rien ne remplace un «bouillon-maison», pour une bonne soupe, une sauce savoureuse ou...! Dégraissé, il contient peu de calories. Utilisez des os d'agneau, de veau, de poulet ou autres; la cuisson à feu doux en concentrera toute la saveur.

Bouillon de bœuf

Ces bouillons sont une excellente source de vitamine A, d'acide folique et de vitamine C.

environ 1 litre (4 tasses)

675 g (1 1/2 lb) d'os de bœuf

4 c. à s. de pâte de tomates

1 c. à t. d'huile d'olive

1 oignon, haché grossièrement

3 branches de céleri, hachées grossièrement

2 carottes, hachées grossièrement

2 gousses d'ail, hachées

2 feuilles de laurier

1 brin de thym

6 bouquets de persil

1/2 c. à t. de gros sel

8 grains de poivre noir

2 litres (8 tasses) d'eau

Préchauffer le four à 175 °C (350 °F).

Placer les os dans une lèchefrite. À l'aide d'un pinceau, badigeonner les os de pâte de tomates, de chaque côté. Cuire au four 20 minutes.

Entretemps, dans une grande casserole, chauffer l'huile à feu moyen; faire revenir 5 minutes, l'oignon, le céleri et les carottes, en remuant de temps à autre.

Ajouter le reste des ingrédients et les os grillés; porter à ébullition. À feu doux, en couvrant à demi, laisser mijoter 3 heures. Au besoin, ajouter un peu d'eau au cours de la cuisson.

Transférer dans une passoire. Récupérer le bouillon seulement; laisser refroidir.

Placer au réfrigérateur 4 heures. Dégraisser parfaitement.

PAR PORTION — CALORIES (KCAL) : 105
Gras : 6 g = 51 % des Kcal provenant du gras
Protéines : 7 g   Cholestérol : 17 mg
Sodium : 37 mg   Hydrates de carbone : 7 g

Bouillon de poulet

environ 1 litre (4 tasses)

1 c. à t. d'huile d'olive

1 oignon, haché grossièrement

3 branches de céleri, hachées grossièrement

2 carottes, hachées grossièrement

2 gousses d'ail, hachées

1 carcasse de poulet

2 feuilles de laurier

1 brin de thym

6 bouquets de persil

1/2 c. à t. de gros sel

8 grains de poivre noir

2 litres (8 tasses) d'eau

Dans une grande casserole, à feu moyen, chauffer l'huile. Faire revenir les légumes 5 minutes, en remuant de temps à autre.

Ajouter le reste des ingrédients; porter à ébullition. À feu doux, en couvrant à demi, laisser mijoter 3 heures. Au besoin, ajouter un peu d'eau au cours de la cuisson.

Transférer dans une passoire. Récupérer le bouillon; laisser refroidir.

Placer au réfrigérateur 4 heures. Dégraisser parfaitement.

PAR PORTION — CALORIES (KCAL) : 108
Gras : 3 g = 26 % des Kcal provenant du gras
Protéines : 9 g   Cholestérol : 24 mg
Sodium : 59 mg   Hydrates de carbone : 13 g

Bouillon de légumes

environ 1 litre (4 tasses)

1 c. à s. d'huile d'olive
1 oignon, haché grossièrement
4 branches de céleri, hachées grossièrement
2 carottes, hachées grossièrement
1 poireau, haché grossièrement
125 ml (½ tasse) de navet, haché grossièrement
250 ml (1 tasse) de jus de tomates
2 gousses d'ail, hachées
2 feuilles de laurier
1 brin de thym
6 bouquets de persil
½ c. à t. de gros sel
8 grains de poivre noir
1 litre (4 tasses) d'eau

Dans une grande casserole, à feu moyen, chauffer l'huile. Faire revenir 5 minutes, l'oignon, le céleri, les carottes, le poireau et le navet, en remuant de temps à autre.

Ajouter le reste des ingrédients; porter à ébullition. À feu doux, en couvrant à demi, laisser mijoter 45 minutes. Au besoin, ajouter un peu d'eau au cours de la cuisson.

Transférer dans une passoire. Récupérer le bouillon seulement; laisser refroidir.

Placer au réfrigérateur 4 heures. Dégraisser parfaitement.

PAR PORTION — CALORIES (KCAL) : 97
Gras : 2 g = 16 % des Kcal provenant du gras
Protéines : 4 g   Cholestérol : 0 mg
Sodium : 500 mg   Hydrates de carbone : 21 g

Fumet de poisson

environ 1 litre (4 tasses)

1 c. à s. d'huile d'olive
1 oignon, haché grossièrement
2 branches de céleri, hachées grossièrement
450 g (1 lb) de parures de poisson
250 ml (1 tasse) de carapaces de crevettes
2 gousses d'ail, hachées
2 feuilles de laurier
1 brin de thym
¼ c. à t. de graines de fenouil
6 bouquets de persil
½ c. à t. de gros sel
8 grains de poivre noir
1.5 litres (6 tasses) d'eau

Dans une grande casserole, à feu moyen, chauffer l'huile. Faire revenir l'oignon et le céleri 5 minutes, en remuant de temps à autre.

Ajouter le reste des ingrédients; porter à ébullition. À feu doux, en couvrant à demi, laisser mijoter 30 minutes. Au besoin, ajouter un peu d'eau au cours de la cuisson.

Transférer dans une passoire. Récupérer le bouillon seulement; laisser refroidir.

Placer au réfrigérateur 4 heures. Dégraisser parfaitement.

PAR PORTION — CALORIES (KCAL) : 99
Gras : 5 g = 41 % des Kcal provenant du gras
Protéines : 3 g   Cholestérol : 2 mg
Sodium : 182 mg   Hydrates de carbone : 15 g

Bouquet garni :

Le bouquet garni est composé de branches de différentes plantes aromatiques qui, attachées ensemble, se retirent facilement du plat une fois qu'elles ont libéré leurs saveurs. Il permet d'éviter ou de diminuer le sel à la cuisson. Habituellement, une branche de céleri, quelques feuilles de laurier, une branche de thym, du persil, quelques grains de poivre entiers conviennent très bien ; on peut en varier la composition à volonté pourvu que les saveurs conviennent au plat.

Consommé de volaille en croûte dorée

La pâte filo est riche en gras, mais on en utilise très peu.

4 portions

750 ml (3 tasses) de bouillon de poulet

250 ml (1 tasse) de poulet cuit, haché

125 ml (½ tasse) de tomates, hachées

Sel et poivre

½ c. à t. d'huile d'olive

1 c. à s. d'eau

3 feuilles de pâte filo

Préchauffer le four à 175 °C (350 °F).

Dans une casserole, chauffer le bouillon ; retirer du feu à la première ébullition.

Ajouter le poulet cuit et les tomates ; saler et poivrer ; mélanger. Verser dans 4 bols à soupe allant au four. Réserver.

Dans un petit bol, mélanger l'huile et l'eau.

Sur un plan de travail, étendre les feuilles de pâte filo. À l'aide d'un pinceau, badigeonner du mélange d'huile, un seul côté. Empiler les feuilles les unes sur les autres. Tailler quatre cercles de pâte d'un diamètre de 1,25 cm (½ po) plus grand que le diamètre du bol à soupe.

Humecter d'eau la bordure du bol à soupe ; recouvrir d'un cercle de pâte, en la rabattant sur le contour du bol. Répéter l'opération pour les trois autres portions.

Cuire au four 5 minutes ou jusqu'à ce que ce soit bien dorée. Servir.

PAR PORTION — CALORIES (KCAL) : 207
Gras : 9 g = 37 % des Kcal provenant du gras
Protéines : 15 g   Cholestérol : 40 mg
Sodium : 180 mg   Hydrates de carbone : 19 g

Préparation

Croûte dorée

Étendre les feuilles de pâte filo sur un plan de travail. À l'aide d'un pinceau, badigeonner du mélange d'huile, un seul côté. Empiler les feuilles les unes sur les autres.

Note : Pour travailler la pâte filo plus facilement, la conserver dans un linge humide bien essoré, jusqu'au moment de son utilisation. Cette pâte sèche très rapidement, devenant inutilisable.

Tailler quatre cercles de pâte d'un diamètre de 1,25 cm (½ po) plus grand que le diamètre du bol à soupe.

Humecter d'eau la bordure du bol à soupe ; recouvrir d'un cercle de pâte, en la rabattant sur le contour du bol.

Consommé de bœuf garni

4 portions

1 litre (4 tasses) de bouillon de bœuf

125 ml (½ tasse) de porto

4 c. à s. de poivron vert, en brunoise

4 c. à s. de poivron rouge, en brunoise

4 c. à s. de poivron jaune, en brunoise

4 c. à s. de carotte, en brunoise

Sel et poivre

Dans une casserole, porter à ébullition tous les ingrédients. À feu doux, laisser mijoter 10 minutes. Servir.

PAR PORTION — CALORIES (KCAL) : 158
Gras : 6 g = 43 % des Kcal provenant du gras
Protéines : 7 g   Cholestérol : 15 mg
Sodium : 88 mg   Hydrates de carbone : 12 g

Les soupes et potages

Potage aux tomates, courgettes et riz

Les courgettes sont riches en vitamines A et C. Il ne faut pas les peler.

4 portions

750 ml (3 tasses) de bouillon de poulet

125 ml (½ tasse) de jus de tomates

125 ml (½ tasse) de tomates, broyées

4 c. à s. de riz à cuisson rapide

Sel et poivre

125 ml (½ tasse) de courgettes, tranchées en demi-lunes

Dans une casserole, porter à ébullition tous les ingrédients, sauf les tranches de courgettes. À feu doux, laisser mijoter 20 minutes.

Ajouter les tranches de courgettes. Poursuivre la cuisson 5 minutes. Servir.

PAR PORTION — CALORIES (KCAL) : 99
Gras : 3 g = 28 % des Kcal provenant du gras
Protéines : 4 g   Cholestérol : 10 mg
Sodium : 151 mg   Hydrates de carbone : 16 g

Potage au bœuf et aux champignons

4 portions

½ c. à t. d'huile d'olive

1 gousse d'ail, hachée

250 ml (1 tasse) de champignons de Paris, émincés

125 ml (½ tasse) de pleurotes, émincés

1 litre (4 tasses) de bouillon de bœuf

1 c. à s. de fécule de maïs

2 c. à s. d'eau

Sel et poivre

Dans une casserole, à feu moyen, chauffer l'huile. Faire revenir l'ail, les champignons de Paris et les pleurotes 5 minutes, en remuant de temps à autre.

Ajouter le bouillon ; porter à ébullition. À feu doux, laisser mijoter 20 minutes.

Ajouter la fécule délayée dans l'eau ; lier en remuant bien. Poursuivre la cuisson 5 minutes, en remuant de temps à autre. Servir.

PAR PORTION — CALORIES (KCAL) : 124
Gras : 7 g = 48 % des Kcal provenant du gras
Protéines : 7 g   Cholestérol : 15 mg
Sodium : 86 mg   Hydrates de carbone : 10 g

Potage de légumes

4 portions

750 ml (3 tasses)
de bouillon de légumes

250 ml (1 tasse)
de bouillon de poulet

60 ml (¼ tasse)
de carotte, en dés

60 ml (¼ tasse)
de navet, en dés

60 ml (¼ tasse)
de pomme de terre, en dés

60 ml (¼ tasse)
de tomate, en dés

1 c. à s. de persil, haché

Sel et poivre

Dans une casserole, porter à ébullition tous les ingrédients. À feu doux, laisser mijoter 20 minutes. Servir.

Par portion — Calories (Kcal) : 108
Gras : 2 g = 13 % des Kcal provenant du gras
Protéines : 6 g   Cholestérol : 4 mg
Sodium : 250 mg   Hydrates de carbone : 28 g

Potage des mers

Une bonne occasion de consommer des acides gras de type oméga-3, ainsi que des vitamines A, D et K.

4 à 6 portions

500 ml (2 tasses)
de fumet de poissons

250 ml (1 tasse)
de bouillon de poulet

250 ml (1 tasse)
de bouillon de légumes

60 ml (¼ tasse) de pâtes en forme
de petites coquilles, cuites

125 ml (½ tasse)
de chair de crabe

125 ml (½ tasse)
de moules, cuites

Sel et poivre

60 ml (¼ tasse)
de tomates, en julienne

Dans une casserole, porter à ébullition tous les ingrédients, sauf les tomates. À feu doux, laisser mijoter 10 minutes.

Ajouter les tomates ; mélanger. Servir.

Par portion — Calories (Kcal) : 115
Gras : 4 g = 32 % des Kcal provenant du gras
Protéines : 7 g   Cholestérol : 25 mg
Sodium : 278 mg   Hydrates de carbone : 12 g

Soupe aux vermicelles et aux haricots rouges

Les soupes sont bien nourrissantes et de digestion facile. Repas idéal lorsque l'on souffre de maux de gorge ou pour apaiser les symptômes du rhume.

4 portions

375 ml (1½ tasse)
de bouillon de bœuf

375 ml (1½ tasse)
de bouillon de poulet

90 g (3 oz) de vermicelles

1 gousse d'ail, hachée

4 c. à s. d'oignon, haché

1 c. à t. de graines de coriandre

Sel et poivre

250 ml (1 tasse)
de haricots rouges, cuits

Dans une casserole, porter à ébullition tous les ingrédients, sauf les haricots rouges. À feu doux, laisser mijoter 20 minutes.

Ajouter les haricots rouges; mélanger. Poursuivre la cuisson 10 minutes. Servir.

PAR PORTION — CALORIES (KCAL) : 212
Gras : 4 g = 18 % des Kcal provenant du gras
Protéines : 10 g   Cholestérol : 10 mg
Sodium : 80 mg   Hydrates de carbone : 35 g

Soupe aux tomates et gingembre

4 à 6 portions

250 ml (1 tasse)
de bouillon de légumes

250 ml (1 tasse)
de bouillon de poulet

500 ml (2 tasses)
de jus de tomates

250 ml (1 tasse)
de tomates, broyées

4 c. à s. d'oignon rouge, haché

1 gousse d'ail, hachée

80 ml (⅓ tasse)
de riz à cuisson rapide

Sel et poivre

3 c. à s. de gingembre, râpé

60 ml (¼ tasse)
de tomates, en julienne

Dans une casserole, porter à ébullition tous les ingrédients, sauf le gingembre et les tomates en julienne. À feu doux, laisser mijoter 25 minutes.

Retirer du feu. À l'aide d'un mélangeur électrique, réduire en purée lisse.

Incorporer le reste des ingrédients.

Remettre sur le feu; poursuivre la cuisson 5 minutes. Servir.

PAR PORTION — CALORIES (KCAL) : 84
Gras : 1 g = 12 % des Kcal provenant du gras
Protéines : 4 g   Cholestérol : 3 mg
Sodium : 453 mg   Hydrates de carbone : 19 g

Soupe bouquets

4 à 6 portions

1 c. à t. d'huile d'olive

250 ml (1 tasse)
de tiges de brocoli, émincées

250 ml (1 tasse)
de tiges de chou-fleur, émincées

1 gousse d'ail, hachée

1 oignon, haché

500 ml (2 tasses)
de bouillon de poulet

250 ml (1 tasse)
de bouillon de légumes

125 ml (½ tasse)
de pommes de terre, râpées

1 c. à s. de cerfeuil, haché

Sel et poivre

125 ml (½ tasse)
de brocoli, en petits bouquets

125 ml (½ tasse)
de chou-fleur, en petits bouquets

Dans une casserole, chauffer l'huile; faire revenir les tiges de brocoli et de chou-fleur 5 minutes, en remuant de temps à autre. Incorporer l'ail et l'oignon. Poursuivre la cuisson 2 minutes.

Ajouter le reste des ingrédients, sauf les bouquets. Porter à ébullition. À feu doux, laisser mijoter 20 minutes.

Retirer du feu. À l'aide d'un mélangeur électrique, réduire en purée lisse.

Incorporer les bouquets. Remettre sur le feu; poursuivre la cuisson 5 minutes. Servir.

PAR PORTION — CALORIES (KCAL) : 84
Gras : 3 g = 23 % des Kcal provenant du gras
Protéines : 4 g   Cholestérol : 4 mg
Sodium : 70 mg   Hydrates de carbone : 16 g

Recettes illustrées, de haut en bas : soupe aux tomates et gingembre, soupe bouquets

Les soupes et potages

*Recettes illustrées, de gauche à droite :
velouté de carottes à l'orange, velouté d'épinards aux brocolis,
velouté de poivrons rouges.*

*Le bêta-carotène se retrouve principalement dans les légumes
et les fruits jaunes, orangés et vert foncé. Une partie
du bêta-carotène est transformée par l'organisme en vitamine A.*

Velouté d'épinards aux brocolis

4 à 6 portions

1 c. à t. d'huile d'olive

250 ml (1 tasse)
de tiges de brocoli, émincées

250 ml (1 tasse) de feuilles
d'épinards, hachées

1 gousse d'ail, hachée

1 oignon, haché

750 ml (3 tasses)
de bouillon de poulet

1 c. à s. de persil, haché

Sel et poivre

1 c. à s. de fécule de maïs

2 c. à s. d'eau

125 ml (½ tasse)
de brocoli, en petits bouquets

60 ml (¼ tasse) de feuilles
d'épinards, ciselés

Dans une casserole, à feu moyen, chauffer l'huile. Faire revenir les tiges de brocoli et les feuilles d'épinards 5 minutes, en remuant de temps à autre. Incorporer l'ail et l'oignon. Poursuivre la cuisson 2 minutes.

Ajouter le bouillon et le persil ; saler et poivrer ; porter à ébullition. À feu doux, laisser mijoter 20 minutes.

Ajouter la fécule délayée dans l'eau ; lier en remuant bien. Poursuivre la cuisson 2 minutes.

Retirer du feu. À l'aide d'un mélangeur électrique, réduire en purée lisse.

Incorporer le reste des ingrédients. Remettre sur le feu ; poursuivre la cuisson 2 minutes. Servir.

PAR PORTION — CALORIES (KCAL) : 73
Gras : 3 g = 34 % des Kcal provenant du gras
Protéines : 3 g   Cholestérol : 6 mg
Sodium : 160 mg   Hydrates de carbone : 10 g

Velouté de carottes à l'orange

Bonne source de bêta-carotène.

4 à 6 portions

1 litre (4 tasses)
de bouillon de poulet

125 ml (½ tasse)
de jus d'orange

250 ml (1 tasse)
de carottes, râpées

125 ml (½ tasse)
de riz à cuisson rapide

1 gousse d'ail, hachée

Sel et poivre

2 c. à s. de zestes d'orange

Dans une casserole, porter à ébullition tous les ingrédients, sauf les zestes d'orange. À feu doux, laisser mijoter 25 minutes.

Retirer du feu. À l'aide d'un mélangeur électrique, réduire en purée lisse.

Incorporer les zestes d'orange. Remettre sur le feu ; poursuivre la cuisson 2 minutes. Servir.

PAR PORTION — CALORIES (KCAL) : 98
Gras : 3 g = 26 % des Kcal provenant du gras
Protéines : 3 g   Cholestérol : 9 mg
Sodium : 69 mg   Hydrates de carbone : 16 g

Velouté de poivrons rouges

4 à 6 portions

500 ml (2 tasses)
de bouillon de légumes

500 ml (2 tasses)
de bouillon de poulet

375 ml (1½ tasse) de poivrons
rouges, hachés grossièrement

1 gousse d'ail, hachée

1 oignon rouge, haché

4 c. à s. de lait évaporé écrémé

¼ c. à t. de paprika

Sel et poivre

1 c. à s. de fécule de maïs

2 c. à s. d'eau

3 c. à s. de poivron rouge,
en julienne

Dans une casserole, porter à ébullition tous les ingrédients, sauf la fécule de maïs, l'eau et les poivrons en julienne. À feu doux, laisser mijoter 20 minutes.

Ajouter la fécule délayée dans l'eau; lier. Poursuivre la cuisson 10 minutes, en remuant de temps à autre.

Retirer du feu. À l'aide d'un mélangeur électrique, réduire en purée lisse.

Incorporer les poivrons en julienne. Remettre sur le feu; poursuivre la cuisson 2 minutes. Servir.

PAR PORTION — CALORIES (KCAL) : 89
Gras : 2g = 16% des Kcal provenant du gras
Protéines : 5g   Cholestérol : 5mg
Sodium : 142mg   Hydrates de carbone : 19g

Velouté d'asperges au fenouil

Le fenouil complète bien ce plat car il contient beaucoup de vitamines A et C, du potassium, du fer et du calcium.

4 à 6 portions

500 ml (2 tasses)
de bouillon de légumes

500 ml (2 tasses)
de bouillon de poulet

250 (1 tasse) de tiges d'asperges,
hachées grossièrement

1 bulbe de fenouil, haché
grossièrement

1 gousse d'ail, hachée

1 oignon, haché

Sel et poivre

1 c. à s. de fécule de maïs

2 c. à s. d'eau

Dans une casserole, porter à ébullition tous les ingrédients, sauf la fécule de maïs et l'eau. À feu doux, laisser mijoter 25 minutes.

Ajouter la fécule délayée dans l'eau; lier. Poursuivre la cuisson 3 minutes.

Retirer du feu. À l'aide d'un mélangeur électrique, réduire en purée lisse.

Remettre sur le feu; poursuivre la cuisson 2 minutes. Servir.

PAR PORTION — CALORIES (KCAL) : 82
Gras : 2g = 17% des Kcal provenant du gras
Protéines : 4g   Cholestérol : 5mg
Sodium : 235mg   Hydrates de carbone : 18g

Les asperges et le fenouil :

Lorsque vous préparez vos asperges, pliez la queue; elles se casseront ainsi au bon endroit, en isolant la partie comestible peu fibreuse. Conservez les queues pour faire un velouté savoureux. Par ailleurs, le goût légèrement anisé du fenouil se marie bien à celui de l'asperge et rehausse particulièrement bien les plats de poisson. La graine, les feuilles et le bulbe du fenouil sont comestibles.

Les soupes et potages

Crème de champignons aux amandes

L'amande comestible est sucrée; l'autre est amère. Cette noix est riche en calcium.

4 à 6 portions

1 litre (4 tasses)
de bouillon de bœuf

500 ml (2 tasses) de champignons
de Paris, en quartiers

125 ml (½ tasse)
de lait évaporé écrémé

1 gousse d'ail, hachée

⅛ c. à t. de muscade, moulue

Sel et poivre

60 ml (¼ tasse) de champignons
de Paris, émincés

3 c. à s. d'amandes effilées,
grillées

Dans une casserole, porter à ébullition tous les ingrédients, sauf les champignons émincés et les amandes. À feu doux, laisser mijoter 25 minutes.

Retirer du feu. À l'aide d'un mélangeur électrique, réduire en purée lisse.

Incorporer le reste des ingrédients. Remettre sur le feu; poursuivre la cuisson 2 minutes. Servir.

PAR PORTION — CALORIES (KCAL) : 120
Gras : 7 g = 47 % des Kcal provenant du gras
Protéines : 7 g   Cholestérol : 11 mg
Sodium : 82 mg   Hydrates de carbone : 9 g

Crème aux deux haricots

4 à 6 portions

1 litre (4 tasses)
de bouillon de poulet

250 ml (1 tasse) de haricots verts,
hachés grossièrement

250 ml (1 tasse) de haricots
jaunes, hachés grossièrement

125 ml (½ tasse)
de lait évaporé écrémé

1 gousse d'ail, hachée

½ c. à t. d'estragon, haché

Sel et poivre

Dans une casserole, porter à ébullition tous les ingrédients. À feu doux, laisser mijoter 25 minutes.

Retirer du feu. À l'aide d'un mélangeur électrique, réduire en purée lisse.

Remettre sur le feu; poursuivre la cuisson 2 minutes. Servir.

PAR PORTION — CALORIES (KCAL) : 198
Gras : 4 g = 16 % des Kcal provenant du gras
Protéines : 12 g   Cholestérol : 9 mg
Sodium : 92 mg   Hydrates de carbone : 32 g

Crème de poulet aux crosses de fougère

Les crosses de fougère ou «têtes de violon» devraient être consommées cuites.

4 à 6 portions

1 litre (4 tasses)
de bouillon de poulet

250 ml (1 tasse)
de poulet cuit, haché

125 ml (½ tasse)
de lait évaporé écrémé

1 gousse d'ail, hachée

½ c. à t. de persil, haché

Sel et poivre

250 ml (1 tasse)
de crosses de fougère

Dans une casserole, porter à ébullition tous les ingrédients, sauf les crosses de fougère. À feu doux, laisser mijoter 15 minutes.

Retirer du feu. À l'aide d'un mélangeur électrique, réduire en purée lisse.

Incorporer les crosses de fougère. Remettre sur le feu; poursuivre la cuisson 6 minutes. Servir.

PAR PORTION — CALORIES (KCAL) : 137
Gras : 5 g = 35 % des Kcal provenant du gras
Protéines : 12 g   Cholestérol : 29 mg
Sodium : 108 mg   Hydrates de carbone : 11 g

Soupe aux endives et au jambon

4 à 6 portions

1 c. à t. d'huile d'olive

2 endives, émincées

1 gousse d'ail, hachée

1 litre (4 tasses) de bouillon de poulet

1 c. à s. de cerfeuil, haché

1 c. à s. de persil, haché

Sel et poivre

125 ml (½ tasse) de jambon cuit, en julienne

Dans une casserole, à feu moyen, chauffer l'huile. Faire revenir les endives et l'ail 5 minutes, en remuant de temps à autre.

Ajouter le bouillon; porter à ébullition. À feu doux, laisser mijoter 10 minutes.

Incorporer le reste des ingrédients. Poursuivre la cuisson 5 minutes. Servir.

PAR PORTION — CALORIES (KCAL) : 118
Gras : 5 g = 36 % des Kcal provenant du gras
Protéines : 7 g   Cholestérol : 15 mg
Sodium : 252 mg   Hydrates de carbone : 14 g

Soupe de foies de volaille

Le foie de poulet paré est faible en gras et riche en fer.

4 à 6 portions

1 c. à t. d'huile d'olive

225 g (8 oz) de foies de poulet, parés

4 c. à s. d'oignon, haché

1 gousse d'ail, hachée

1 litre (4 tasses) de bouillon de poulet

¼ c. à t. de poudre de cari

1 c. à t. de menthe, ciselée

1 c. à s. de noix de Grenoble, concassées

Sel et poivre

Dans une casserole, à feu moyen, chauffer l'huile. Faire revenir les foies 2 minutes, en remuant de temps à autre. Ajouter l'oignon et l'ail; mélanger. Poursuivre la cuisson 2 minutes.

Ajouter le bouillon; porter à ébullition. À feu doux, laisser mijoter 10 minutes.

Incorporer le reste des ingrédients. Poursuivre la cuisson 5 minutes. Servir.

PAR PORTION — CALORIES (KCAL) : 120
Gras : 5 g = 38 % des Kcal provenant du gras
Protéines : 9 g   Cholestérol : 175 mg
Sodium : 118 mg   Hydrates de carbone : 10 g

Recettes illustrées: bouillabaisse

Bouillabaisse

6 portions

1 c. à t. d'huile d'olive

250 ml (1 tasse) de poireaux, émincés

2 gousses d'ail, hachées

500 ml (2 tasses) de fumet de poissons

250 ml (1 tasse) de bouillon de poulet

250 ml (1 tasse) de bouillon de légumes

12 moules

6 petites palourdes

60 ml (¼ tasse) de pétoncles, émincés

60 ml (¼ tasse) de filet de sole, émincé

1 tomate, en dés

Sel et poivre

Dans une casserole, à feu moyen, chauffer l'huile. Faire revenir les poireaux 5 minutes, en remuant de temps à autre. Ajouter l'ail; mélanger. Poursuivre la cuisson 2 minutes.

Ajouter le fumet et les bouillons; porter à ébullition. À feu doux, laisser mijoter 10 minutes.

Incorporer le reste des ingrédients. Poursuivre la cuisson 5 minutes. Servir.

Par portion — Calories (Kcal) : 143
Gras : 5 g = 30 % des Kcal provenant du gras
Protéines : 12 g   Cholestérol : 26 mg
Sodium : 281 mg   Hydrates de carbone : 13 g

Chaudrée d'huîtres

4 portions

2 c. à t. d'huile d'olive

4 c. à s. d'oignon, haché

3 c. à s. de carotte, râpée

1 gousse d'ail, hachée

2 c. à s. de farine

500 ml (2 tasses) de fumet de poissons

250 ml (1 tasse) de lait 1 %

250 ml (1 tasse) d'huîtres, décortiquées, dans leur jus

1 pincée de muscade

⅛ c. à t. de paprika

1 c. à s. de persil, haché

Sel et poivre

Dans une casserole, à feu moyen, chauffer l'huile. Faire revenir l'oignon, la carotte et l'ail 3 minutes, en remuant de temps à autre.

Saupoudrer de farine; bien mélanger. Verser, en quatre temps, le fumet de poissons et le lait, en mélangeant bien entre chaque addition. Poursuivre la cuisson jusqu'à ébullition.

À feu doux, laisser mijoter 15 minutes.

Incorporer le reste des ingrédients. Poursuivre la cuisson 5 minutes. Servir.

Par portion — Calories (Kcal) : 119
Gras : 6 g = 52 % des Kcal provenant du gras
Protéines : 3 g   Cholestérol : 12 mg
Sodium : 366 mg   Hydrates de carbone : 9 g

Soupe de Pékin

La sauce tamari est généralement moins salée que la sauce soja.

6 portions

500 ml (2 tasses)
de bouillon de poulet

250 ml (1 tasse)
de bouillon de légumes

125 ml (½ tasse) de tofu, en dés

125 ml (½ tasse)
de champignons Enokis

8 tomates miniatures, en quartiers

2 échalotes vertes,
hachées grossièrement

1 gousse d'ail, hachée

2 c. à s. de vinaigre de riz

2 c. à s. de sauce tamari

1 c. à t. de pâte de piments

Sel et poivre

6 crevettes, décortiquées

Dans une casserole, porter à ébullition tous les ingrédients, sauf les crevettes. À feu doux, laisser mijoter 15 minutes.

Incorporer les crevettes. Poursuivre la cuisson 3 minutes. Servir.

PAR PORTION — CALORIES (KCAL) : 212
Gras : 5 g = 19 % des Kcal provenant du gras
Protéines : 14 g   Cholestérol : 35 mg
Sodium : 702 mg   Hydrates de carbone : 37 g

Bouillon nippon

6 portions

500 ml (2 tasses)
de bouillon de poulet

250 ml (1 tasse)
de bouillon de bœuf

250 ml (1 tasse)
de fumet de poissons

2 c. a s. de sauce tamari

250 ml (1 tasse)
d'épinards, déchiquetés

60 ml (¼ tasse)
de tofu, en petits dés

2 radis, en allumette

1 c. à t. de ciboulette, hachée

Sel et poivre

Dans une casserole, porter à ébullition les bouillons, le fumet et la sauce tamari. À feu doux, laisser mijoter 15 minutes.

Incorporer le reste des ingrédients. Poursuivre la cuisson 3 minutes. Servir.

PAR PORTION — CALORIES (KCAL) : 70
Gras : 3 g = 36 % des Kcal provenant du gras
Protéines : 5 g   Cholestérol : 7 mg
Sodium : 397 mg   Hydrates de carbone : 7 g

Soupe repas aux vermicelles

La cuisine asiatique privilégie des temps de cuisson très courts, préservant ainsi les vitamines des aliments.

6 portions

500 ml (2 tasses)
de bouillon de poulet

1 litre (4 tasses)
de vermicelles de riz, cuits

250 ml (1 tasse)
de poulet cuit, émincé

2 échalotes vertes, hachées

1 gousse d'ail, hachée

180 ml (¾ tasse)
de fèves germées

1 tomate, en julienne

125 ml (½ tasse)
de chou chinois, émincé

Sel et poivre

Dans une casserole, porter à ébullition tous les ingrédients. À feu doux, laisser mijoter 5 minutes. Servir.

PAR PORTION — CALORIES (KCAL) : 297
Gras : 8 g = 22 % des Kcal provenant du gras
Protéines : 20 g   Cholestérol : 24 mg
Sodium : 376 mg   Hydrates de carbone : 42 g

127

Les soupes et potages

Straciatella

Normalement faite avec l'œuf complet, cette soupe est aussi délicieuse avec le blanc d'œuf seulement.

4 portions

1 litre (4 tasses)
de bouillon de poulet

1 gousse d'ail, hachée

1 pincée de muscade

125 ml (½ tasse)
d'épinards, ciselés

Sel et poivre

1 blanc d'œuf

1 pincée de farine de blé entier

Fromage parmesan, râpé

Dans une casserole, porter à ébullition le bouillon et l'ail. À feu doux, laisser mijoter 10 minutes.

Ajouter la muscade et les épinards; saler et poivrer. Poursuivre la cuisson 1 minute.

Entretemps, dans un bol, fouetter légèrement le blanc d'œuf et la farine; verser dans un tamis, au-dessus de la casserole de bouillon. Remuer le mélange, de façon à ce qu'il forme des flocons en tombant dans le bouillon.

À l'aide d'un tamis, verser le blanc d'œuf battu dans la casserole de bouillon; incorporer totalement.

Parsemer de fromage. Servir.

PAR PORTION — CALORIES (KCAL) : 107
Gras : 5 g = 37 % des Kcal provenant du gras
Protéines : 5 g   Cholestérol : 14 mg
Sodium : 142 mg   Hydrates de carbone : 13 g

Minestrone

6 portions

375 ml (1½ tasse)
de bouillon de poulet

375 ml (1½ tasse)
de bouillon de légumes

125 ml (½ tasse)
de pommes de terre, en dés

125 ml (½ tasse)
de céleri, coupé en biseau

125 ml (½ tasse)
de tomates, hachées

125 ml (½ tasse)
de haricots blancs, cuits

3 c. à s. de basilic, ciselé

Sel et poivre

1 c. à t. de fromage parmesan, râpé

Dans une casserole, porter à ébullition les bouillons. Ajouter les pommes de terre. À feu doux, laisser mijoter 15 minutes.

Incorporer le reste des ingrédients, sauf le fromage. Poursuivre la cuisson 5 minutes.

Parsemer de fromage. Servir.

PAR PORTION — CALORIES (KCAL) : 84
Gras : 2 g = 15 % des Kcal provenant du gras
Protéines : 5 g   Cholestérol : 4 mg
Sodium : 121 mg   Hydrates de carbone : 18 g

Recettes illustrées, de gauche à droite : minestrone, straciatella

Les soupes et potages

*Recettes illustrées, de gauche à droite :
soupe aux légumineuses,
soupe de vermicelles, épinards et basilic.*

Soupe de vermicelles, épinards et basilic

Excellente combinaison d'aliments antioxydants.

4 portions

750 ml (3 tasses) de bouillon de poulet

60 ml (¼ tasse) d'épinards, ciselés

2 c. à s. de basilic, ciselé

2 c. à s. de persil, haché

1 gousse d'ail, hachée

Sel et poivre

115 g (4 oz) de vermicelles

Dans une casserole, porter à ébullition tous les ingrédients, sauf les vermicelles. À feu doux, laisser mijoter 5 minutes.

Ajouter les vermicelles. Poursuivre la cuisson 12 minutes ou jusqu'à ce que les vermicelles soient tendres. Servir.

Par portion — Calories (Kcal) : 173
Gras : 3 g = 17 % des Kcal provenant du gras
Protéines : 5 g   Cholestérol : 10 mg
Sodium : 86 mg   Hydrates de carbone : 32 g

Soupe aux légumineuses

Les légumineuses sont la meilleure source de protéines végétales et de fibres solubles.

6 portions

2 c. à t. d'huile d'olive

2 gousses d'ail, hachées

4 c. à s. d'oignon, haché

125 ml (½ tasse) de haricots rouges, cuits

125 ml (½ tasse) de haricots blancs, cuits

125 ml (½ tasse) de pois chiches, cuits

125 ml (½ tasse) de lentilles, cuites

500 ml (2 tasses) de bouillon de poulet

250 ml (1 tasse) de bouillon de bœuf

Sel et poivre

Dans une casserole, à feu moyen, chauffer l'huile. Faire revenir l'ail, l'oignon, les haricots rouges, les haricots blancs, les pois chiches et les lentilles 5 minutes, en mélangeant de temps à autre.

Verser les bouillons ; saler et poivrer ; mélanger. Poursuivre la cuisson jusqu'à ébullition. Servir.

Par portion — Calories (Kcal) : 142
Gras : 4 g = 26 % des Kcal provenant du gras
Protéines : 8 g   Cholestérol : 7 mg
Sodium : 80 mg   Hydrates de carbone : 20 g

Les soupes et potages

Soupe aux deux melons

Tous les melons à chair orange sont riches en bêta-carotène.

6 portions

500 ml (2 tasses) de cantaloup, en dés
500 ml (2 tasses) de yogourt nature, léger
1 c. à t. de gingembre, râpé
¼ c. à t. de sauce Worcestershire
500 ml (2 tasses) de melon miel, en dés
1 c. à t. de menthe, hachée
Sel et poivre

Au robot culinaire, réduire en purée le cantaloup avec la moitié du yogourt; ajouter le gingembre et la sauce Worcestershire. Verser dans un pichet. Placer au réfrigérateur au moins 6 heures.

Répéter la même opération avec le melon miel, en substituant la menthe au gingembre. Verser dans un pichet.

Dans un bol ou une soupière, verser simultanément les deux purées de melons.

À l'aide d'un couteau, créer un motif, en mélangeant délicatement les deux purées. Servir.

Par portion — Calories (Kcal) : 62
Gras : <1 g = 4% des Kcal provenant du gras
Protéines : 5 g   Cholestérol : 1 mg
Sodium : 95 mg   Hydrates de carbone : 11 g

Préparation

Service de la soupe aux deux melons

Préparer un pichet de chaque purée.

Dans un bol ou une soupière, verser simultanément les deux purées de melons.

À l'aide d'un couteau, créer un motif, en mélangeant délicatement les deux purées.

Gaspacho de Sancho

Un concombre frais contient moins de 1 mg de sodium; un concombre mariné, plus de 3000 mg!

4 portions

2 concombres, pelés, épépinés
8 tomates italiennes
1 oignon rouge, émincé
1 poivron vert
2 gousses d'ail, hachées
3 c. à s. de pâte de tomates
2 c. à s. de vinaigre balsamique
250 ml (1 tasse) de chapelure assaisonnée
1 c. à t. d'huile d'olive
500 ml (2 tasses) de bouillon de poulet
Sel et poivre
Croûtons

Au robot culinaire, réduire en purée tous les ingrédients, sauf les croûtons.

Placer au réfrigérateur au moins 6 heures. Servir, garni de croûtons.

Par portion — Calories (Kcal) : 292
Gras : 7 g = 19% des Kcal provenant du gras
Protéines : 10 g   Cholestérol : 6 mg
Sodium : 402 mg   Hydrates de carbone : 54 g

*Recettes illustrées, de gauche à droite :
vichyssoise légère, soupe froide aux tomates et au citron,
soupe glacée au cresson et à l'oseille*

Soupe glacée au cresson et à l'oseille

Il faut laver soigneusement le cresson ; il contient parfois un parasite qui peut causer des malaises intestinaux.

4 portions

250 ml (1 tasse)
de feuilles de cresson

60 ml (¼ tasse)
de feuilles d'oseille

250 ml (1 tasse)
de yogourt nature, léger

2 gousses d'ail, hachées

1 échalote verte, hachée

250 ml (1 tasse) de lait 1 %

125 ml (½ tasse)
de bouillon de poulet

⅛ c. à t. de muscade

Sel et poivre

*Question de goût peut-être, il est préférable de préparer la vichyssoise
en lui donnant une texture consistante. Il s'agit d'un plat très nourrissant
qui peut, à lui seul, constituer un bon repas.*

Vichyssoise légère

6 portions

500 ml (2 tasses)
de bouillon de poulet

250 ml (1 tasse)
de poireaux, émincés

250 ml (1 tasse)
de pommes de terre, en dés

1 gousse d'ail, hachée

250 ml (1 tasse)
de lait évaporé écrémé

1 c. à s. de ciboulette, hachée

2 pincées de muscade

Sel et poivre

Dans une casserole, porter à ébullition tous les ingrédients. À feu doux, laisser mijoter 20 minutes.

Au robot culinaire, mélanger 15 secondes, sans réduire en purée.

Placer au réfrigérateur au moins 6 heures. Servir.

PAR PORTION — CALORIES (KCAL) : 93
Gras : 2 g = 15 % des Kcal provenant du gras
Protéines : 5 g   Cholestérol : 6 mg
Sodium : 98 mg   Hydrates de carbone : 16 g

Au robot culinaire, mélanger tous les ingrédients 15 secondes, sans réduire en purée.

Placer au réfrigérateur au moins 6 heures. Servir.

PAR PORTION — CALORIES (KCAL) : 89
Gras : 1 g = 13 % des Kcal provenant du gras
Protéines : 8 g   Cholestérol : 5 mg
Sodium : 155 mg   Hydrates de carbone : 13 g

Soupe froide aux tomates et au citron

Merveilleuse recette, puisque toutes les vitamines y sont préservées.

4 portions

6 tomates, broyées
1 branche de céleri, hachée grossièrement
½ poivron vert, haché grossièrement
1 gousse d'ail, hachée
2 échalotes vertes, hachées
2 c. à s. de jus de citron
Sel et poivre
1 c. à t. de persil, haché
¼ c. à t. de paprika
1 c. à s. de zestes de citron

Au robot culinaire, réduire en purée tous les ingrédients, sauf le persil, le paprika et les zestes de citron.

Placer au réfrigérateur au moins 6 heures.

Servir, garni de persil, de paprika et de zestes de citron.

Par portion — Calories (Kcal) : 85	
Gras : 1 g = 5 % des Kcal provenant du gras	
Protéines : 3 g	Cholestérol : 0 mg
Sodium : 75 mg	Hydrates de carbone : 20 g

Soupe d'été aux asperges et à l'avocat

6 portions

500 ml (2 tasses) d'asperges cuites, hachées grossièrement
1 avocat, pelé, dénoyauté
250 ml (1 tasse) de bouillon de poulet
250 ml (1 tasse) de yogourt nature, léger
1 gousse d'ail, hachée
3 c. à s. d'oignon, haché
1 c. à t. d'estragon, hachée
1 c. à s. de jus de lime
Sel et poivre

Au robot culinaire, réduire en purée tous les ingrédients.

Placer au réfrigérateur au moins 6 heures. Servir.

Par portion — Calories (Kcal) : 95	
Gras : 5 g = 44 % des Kcal provenant du gras	
Protéines : 5 g	Cholestérol : 3 mg
Sodium : 90 mg	Hydrates de carbone : 10 g

L'avocat :

Ce fruit nous vient de l'Amérique centrale et du Mexique. Il contient des protéines mais il est riche en calories.

Un avocat de 120 grammes contient environ 15 grammes de gras de type monoinsaturé. L'avocat contient des vitamines et du potassium.

Les entremets

Trait d'union parfait entre deux plats plus consistants, l'entremets composé de saveurs subtiles est un véritable délice. De plus, ralentissant le rythme du déroulement du repas, il favorise la digestion.

Sorbet au vermouth blanc

10 à 12 portions

180 ml (¾ tasse) de jus de pamplemousse

180 ml (¾ tasse) de limonade

180 ml (¾ tasse) de vermouth blanc

60 ml (¼ tasse) de sucre

1 blanc d'œuf

1 c. à t. de cerfeuil, haché

Zestes de citron

Suprêmes de citron

Dans un bol, mélanger le jus de pamplemousse, la limonade, le vermouth et le sucre. Couvrir.

Placer au congélateur 4 heures ou jusqu'à ce que le mélange soit presque ferme. Au robot culinaire, battre la préparation, jusqu'à consistance granuleuse. Replacer au congélateur 2 heures

Entretemps, battre le blanc d'œuf en neige ferme. Incorporer le cerfeuil. Placer au réfrigérateur.

Au robot culinaire, fouetter à nouveau la première préparation, jusqu'à ce qu'elle devienne presque lisse. À l'aide d'une cuillère, incorporer délicatement le blanc d'œuf. Remettre au congélateur au moins 2 heures.

Retirer du congélateur 10 minutes avant de servir, garni de zestes et de suprêmes de citron.

PAR PORTION — CALORIES (KCAL) : 48
Gras : <1g = 1% des Kcal provenant du gras
Protéines : 1g   Cholestérol : 0mg
Sodium : 10mg   Hydrates de carbone : 8g

Sorbet aux pamplemousses et au poivre rose

10 à 12 portions

500 ml (2 tasses) de jus de pamplemousse rose

125 ml (½ tasse) de jus d'orange

60 ml (2 oz) de vodka

2 c. à s. de sucre

1 c. à t. de poivre rose

10 à 12 quartiers de pamplemousse rose

Dans un bol, mélanger le jus de pamplemousse, le jus d'orange, la vodka et le sucre. Couvrir.

Placer au congélateur 4 heures ou jusqu'à ce que le mélange soit presque ferme.

Au robot culinaire, battre jusqu'à consistance granuleuse. Replacer au congélateur 2 heures.

Au robot culinaire, battre à nouveau la préparation, jusqu'à ce qu'elle devienne presque lisse. Ajouter le poivre rose. Remettre au congélateur 2 heures.

Retirer du congélateur 10 minutes avant de servir, garni de quartiers de pamplemousse rose.

PAR PORTION — CALORIES (KCAL) : 52
Gras : <1g = 2% des Kcal provenant du gras
Protéines : 1g   Cholestérol : 0mg
Sodium : 1mg   Hydrates de carbone : 10g

Granité Normand

10 à 12 portions

625 ml (2½ tasses) de jus de pomme
60 ml (2 oz) de calvados
125 ml (½ tasse) de pommes, en dés
2 c. à s. de jus de citron

Dans un bol, mélanger le jus de pomme et le calvados. Couvrir.

Placer au congélateur 4 heures ou jusqu'à ce que le mélange soit presque ferme.

Dans un petit bol, mélanger les dés de pommes et le jus de citron. Réserver.

Au robot culinaire, battre la première préparation jusqu'à consistance granuleuse. Replacer au congélateur 4 heures.

Au robot culinaire, battre à nouveau la préparation jusqu'à consistance granuleuse. À l'aide d'une cuillère, incorporer les dés de pommes. Remettre au congélateur au moins 2 heures.

Retirer du congélateur 10 minutes avant de servir.

Par portion — Calories (Kcal) : 38	
Gras : <1 g = 2% des Kcal provenant du gras	
Protéines : 0 g	Cholestérol : 0 mg
Sodium : 2 mg	Hydrates de carbone : 7 g

Granité de poires à l'eau de vie

10 à 12 portions

500 ml (2 tasses) de nectar de poire
125 ml (½ tasse) de jus d'orange
60 ml (2 oz) d'eau de vie de poire
10 à 12 petites tranches de poires

Dans un bol, mélanger le nectar de poire, le jus d'orange et l'eau de vie. Couvrir.

Placer au congélateur 4 heures ou jusqu'à ce que le mélange soit presque ferme.

Au robot culinaire, battre jusqu'à consistance granuleuse.

Replacer au congélateur 4 heures.

Au robot culinaire, battre à nouveau la préparation jusqu'à consistance granuleuse. Replacer au congélateur au moins 2 heures.

Retirer du congélateur 10 minutes avant de servir. Garnir de petites tranches de poire.

Par portion — Calories (Kcal) : 51	
Gras : <1 g = 2% des Kcal provenant du gras	
Protéines : 0 g	Cholestérol : 0 mg
Sodium : 2 mg	Hydrates de carbone : 10 g

L'alcool :

L'éthanol est l'ingrédient principal de toutes boissons alcooliques. Il vient de la fermentation des sucres contenus dans différents aliments. L'alcool n'est pas digéré ; il est absorbé tel quel et doit être métabolisé par le foie. Certains alcools ont des propriétés digestives d'où leur utilisation en milieu de repas, dans une glace ou un sorbet, pour déglacer le palais... et, selon certains, dégager l'estomac et faciliter le passage aux étapes suivantes du repas. Agréable et rafraîchissante pause, en tout cas !

Les deux gelées de porto aux herbes

La consommation régulière d'une petite quantité d'alcool réduit les risques de maladie cardiaque. Le porto, potion cordiale fort appréciée déjà au siècle dernier, retrouve donc sa popularité méritée.

6 à 8 portions

2 c. à s. de gélatine neutre
6 c. à s. d'eau froide
250 ml (1 tasse) de bouillon de poulet
80 ml (⅓ tasse) de porto blanc
½ c. à t. d'origan, ciselé
250 ml (1 tasse) de bouillon de bœuf
80 ml (⅓ tasse) de porto rouge
Feuilles de menthe

Diluer la gélatine dans l'eau. Faire tiédir au four à micro-ondes 15 secondes à ÉLEVÉ. Remuer. Réserver.

Dans un bol, mélanger le bouillon de poulet, le porto blanc et l'origan.

Dans un autre bol, mélanger le bouillon de bœuf et le porto rouge.

Dans chacun des bols, verser la moitié de la gélatine diluée; bien mélanger. Placer au réfrigérateur 2 heures.

À l'aide d'une fourchette, remuer les gelées de façon à ce qu'elles ne restent pas trop figées. Verser les deux gelées, séparément ou combinées, dans des coupes.

Servir, garnies de feuilles de menthe.

PAR PORTION — CALORIES (KCAL) : 73
Gras : 1g = 22% des Kcal provenant du gras
Protéines : 2g   Cholestérol : 4mg
Sodium : 23mg   Hydrates de carbone : 9g

Préparation

Orange à la russe

Couper le dessus des oranges en taillant en dents de loup.

À l'aide d'un couteau à pamplemousse, détacher la pulpe des oranges de l'écorce. Tailler la pulpe dans tous les sens.

Arroser chaque orange de vodka; saupoudrer de sucre glace; parsemer des deux poivres et du basilic.

Orange à la russe

De tous les alcools, la vodka est probablement celui qui cause le moins d'effets secondaires sur le système digestif.

4 portions

4 oranges
90 ml (3 oz) de vodka
1 c. à t. de sucre glace
½ c. à t. de poivre rose
¼ c. à t. de grains de poivre noir
½ c. à t. de basilic, haché

Couper le dessus des oranges en taillant en dents de loup.

À l'aide d'un couteau à pamplemousse, détacher la pulpe des oranges de l'écorce. Tailler la pulpe dans tous les sens.

Arroser chaque orange de vodka; saupoudrer de sucre glace; parsemer des deux poivres et du basilic.

Placer au réfrigérateur 1 heure. Servir.

PAR PORTION — CALORIES (KCAL) : 104
Gras : <1g = 5% des Kcal provenant du gras
Protéines : 1g   Cholestérol : 0mg
Sodium : 3mg   Hydrates de carbone : 15g

139
Les entremets

Litchis en saké tiède

Les fruits, particulièrement les agrumes, constituent une bonne source de vitamine C. Voici donc d'excellentes façons d'en tirer parti.

4 portions

28 litchis, frais ou en conserve
250 ml (1 tasse) de vin de riz (saké)
12 tiges de ciboulette asiatique ou, à défaut, de ciboulette

Peler les litchis frais ou, sous l'eau froide, rincer les litchis en conserve.

Répartir dans quatre coupes.

Tiédir le saké au four à micro-ondes 30 secondes, à ÉLEVÉ.

Verser 60 ml (1/4 tasse) de saké tiède dans chacune des coupes.

Servir, garnis de ciboulette.

PAR PORTION — CALORIES (KCAL) : 88
Gras : <1 g = 2% des Kcal provenant du gras
Protéines : 0g   Cholestérol : 0mg
Sodium : 1mg   Hydrates de carbone : 5g

Perles de melons à la noix de coco

4 portions

60 ml (1/4 tasse) noix de coco, râpée
125 ml (1/2 tasse) de lait 1%
60 ml (1/4 tasse) de rhum
250 ml (1 tasse) de cantaloup, en parisienne
250 ml (1 tasse) de melon miel, en parisienne

Au robot culinaire, mélanger la noix de coco, le lait et le rhum, jusqu'à l'obtention d'une purée lisse.

Répartir les parisiennes dans quatre coupes; arroser du mélange.

Placer au réfrigérateur 1 heure. Servir.

PAR PORTION — CALORIES (KCAL) : 89
Gras : <1 g = 38% des Kcal provenant du gras
Protéines : 0g   Cholestérol : 1mg
Sodium : 35mg   Hydrates de carbone : 8g

Petits agrumes grillés

4 portions

1 orange
1/2 pamplemousse jaune
1/2 pamplemousse rose
2 c. à s. de cassonade
1 pincée de muscade
1 pincée de cannelle

Préchauffer le four à GRIL (BROIL).

Couper l'orange en huit quartiers. Couper chaque demi-pamplemousse en quatre.

Déposer les quartiers dans une lèche-frite; saupoudrer de cassonade, de muscade et de cannelle.

Faire griller au four 4 minutes ou jusqu'à ce que la cassonade commence à caraméliser. Servir.

PAR PORTION — CALORIES (KCAL) : 61
Gras : <1 g = 2% des Kcal provenant du gras
Protéines : 1g   Cholestérol : 0mg
Sodium : 3mg   Hydrates de carbone : 16g

141

Les entremets

Les volailles

Le poulet est la viande santé par excellence. Il devrait toujours être favorisé dans un programme d'alimentation varié. Pauvre en gras et riche en protéines de haute qualité, cette viande est facile à apprêter.

Poitrines de poulet aux épinards

L'épinard contient de l'acide folique, une substance qui protège contre certaines cardiopathies.

4 portions

4 demi-poitrines de poulet de 115 g (4 oz) chacune
60 ml (¼ tasse) de jus de citron
Sel et poivre
1 échalote verte, hachée
1 c. à t. de persil, haché
500 ml (2 tasses) de feuilles d'épinards
1 c. à s. de zestes de citron

Préparer une marmite à vapeur.

Retirer la peau et le gras visible des demi-poitrines de poulet. À l'aide d'un pinceau, les badigeonner de jus de citron; saler et poivrer.

Déposer les poitrines dans la marmite; parsemer d'échalote et de persil; cuire à l'étuvée 12 minutes.

Retirer les poitrines de la marmite. Envelopper de papier d'aluminium. Laisser reposer 5 minutes.

Entretemps, dans la marmite à vapeur, cuire les épinards à l'étuvée 5 minutes.

Les retirer et les déposer sur une assiette.

Couper chaque demi-poitrine en trois; les déposer sur les épinards; arroser du reste de jus de citron.

Servir, garnies de zestes de citron.

PAR PORTION — CALORIES (KCAL) : 145
Gras : 2 g = 10 % des Kcal provenant du gras
Protéines : 27 g   Cholestérol : 65 mg
Sodium : 141 mg   Hydrates de carbone : 5 g

Suprêmes aux pêches

4 portions

3 pêches
4 demi-poitrines de poulet de 115 g (4 oz) chacune
Sel et poivre
125 ml (½ tasse) de bouillon de poulet
¼ c. à t. d'essence d'amande
1 c. à s. d'amandes effilées, grillées

Peler et dénoyauter deux pêches. Réserver. Couper la troisième pêche en deux; dénoyauter; trancher. Réserver.

Retirer la peau et le gras des demi-poitrines de poulet.

Badigeonner d'huile une poêle à fond cannelé. À feu moyen, chauffer. Cuire les poitrines 5 minutes de chaque côté; saler et poivrer. Retirer de la poêle. Envelopper de papier d'aluminium. Laisser reposer 5 minutes.

Entretemps, dans une casserole, porter à ébullition le bouillon de poulet, les demi-pêches et l'essence d'amande; saler et poivrer. À feu doux, laisser mijoter 5 minutes. Au robot culinaire, réduire en purée. Servir, garnis de tranches de pêches et nappées de sauce.

PAR PORTION — CALORIES (KCAL) : 167
Gras : 3 g = 16 % des Kcal provenant du gras
Protéines : 27 g   Cholestérol : 67 mg
Sodium : 124 mg   Hydrates de carbone : 7 g

Blancs de poulet aux graines de sésame

4 portions

4 demi-poitrines de poulet de 115 g (4 oz) chacune

1 c. à t. de miel liquide, chaud

2 c. à s. de moutarde à l'ancienne

Sel et poivre

4 c. à s. de graines de sésame

1 c. à s. de paprika

250 ml (1 tasse) de bouillon de poulet

2 c. à s. de ciboulette, hachée

1 c. à s. de fécule de maïs

2 c. à s. d'eau fraîche

Préchauffer le four à 175°C (350°F).

Retirer la peau et le gras des demi-poitrines de poulet. À l'aide d'un pinceau, badigeonner de miel et de moutarde à l'ancienne. Saler et poivrer. Déposer les poitrines dans une lèchefrite badigeonnée d'huile. Cuire au four 10 minutes.

Retirer les demi-poitrines du four. Enrober de graines de sésame; saupoudrer de paprika. Remettre au four et poursuivre la cuisson 10 minutes.

Entretemps, dans une casserole, porter à ébullition le bouillon de poulet et la ciboulette. À feu doux, laisser mijoter 5 minutes. Ajouter la fécule délayée dans l'eau; saler et poivrer; lier. Poursuivre la cuisson 3 minutes, en remuant de temps à autre. Retirer du feu, couvrir.

Retirer les poitrines du four. Envelopper de papier d'aluminum. Laisser reposer 5 minutes. Émincer les demi-poitrines. Servir, nappées de sauce.

PAR PORTION — CALORIES (KCAL) : 222
Gras : 7 g = 30 % des Kcal provenant du gras
Protéines : 29 g   Cholestérol : 68 mg
Sodium : 226 mg   Hydrates de carbone : 10 g

Poitrines de poulet grillées à la sauce piquante

Toujours choisir du poulet très frais et prendre la précaution de bien le laver pour le débarrasser de toute source de contamination; les ustensiles et le plan de travail doivent aussi être lavés avant d'être utilisés pour d'autres préparations.

4 portions

4 demi-poitrines de poulet de 115 g (4 oz) chacune

60 (¼ tasse) de sauce Chili

3 c. à s. de moutarde forte

¼ c. à t. de sauce Worcestershire

1 gousse d'ail, hachée

1 échalote verte, hachée

1 pincée de poivre de cayenne

⅛ c. à t. de sel de mer

Préchauffer le four à 205°C (400°F).

Retirer la peau et le gras des demi-poitrines de poulet; les déposer sur la grille d'une rôtissoire.

Dans un bol, mélanger le reste des ingrédients. Verser la moitié du mélange sur les demi-poitrines. Cuire au four 8 minutes. Retourner les poitrines; napper du reste du mélange. Poursuivre la cuisson 10 minutes.

Retirer la rôtissoire du four. Couvrir de papier d'aluminium. Laisser reposer 5 minutes.

Servir les poitrines, accompagnées d'une salade verte, si désiré.

PAR PORTION — CALORIES (KCAL) : 148
Gras : 2 g = 12 % des Kcal provenant du gras
Protéines : 27 g   Cholestérol : 65 mg
Sodium : 285 mg   Hydrates de carbone : 4 g

La volaille :

La volaille est généralement vendue avec sa peau et les manipulations nécessaires à sa préparation peuvent favoriser la présence de contaminants. Or, on sait que la volaille est particulièrement fragile. Il est nécessaire de l'acheter fraîche, de bien rincer sa peau à l'eau froide et de travailler avec des ustensiles et sur un plan de travail propres.

Escalopes roulées aux légumes

4 portions

250 ml (1 tasse) de carotte, poireau, poivron rouge et poivron jaune mélangés, en julienne

2 demi-poitrines de poulet de 165 g (6 oz) chacune, sans la peau

Sel et poivre

125 ml (½ tasse) de bouillon de légumes

125 ml (½ tasse) de jus de légumes épicé

1 c. à s. de basilic, haché

1 c. à s. de fécule de maïs

2 c. à s. d'eau fraîche

Préparer une marmite à vapeur.

Dans une casserole d'eau bouillante légèrement salée, blanchir les légumes 30 secondes. Rafraîchir sous l'eau froide; égoutter. Réserver.

Voir la technique ci-contre pour la préparation des poitrines.

Dans la marmite, déposer les escalopes, le joint en dessous. Cuire 8 minutes.

Entretemps, dans une casserole, porter à ébullition le bouillon de légumes, le jus de légumes et le basilic. À feu doux, laisser mijoter 5 minutes. Ajouter la fécule délayée dans l'eau; saler et poivrer; lier. Poursuivre la cuisson 2 minutes, en remuant de temps à autre. Retirer du feu; couvrir.

Retirer les escalopes de la marmite. Envelopper de papier d'aluminium. Laisser reposer 5 minutes. Servir, nappées de sauce.

PAR PORTION — CALORIES (KCAL) : 155
Gras : 2 g = 10 % des Kcal provenant du gras
Protéines : 27 g   Cholestérol : 65 mg
Sodium : 262 mg   Hydrates de carbone : 8 g

Préparation

Les escalopes

Trancher chaque demi-poitrine en quatre escalopes.

Déposer les escalopes sur du papier ciré, les recouvrir d'une autre feuille de papier ciré. À l'aide d'un attendrisseur, amincir légèrement les escalopes.

Déposer une petite quantité de julienne de légumes au centre; saler et poivrer. Enrouler.

Escalopes au romarin

Le fait de découper une viande en escalopes permet de réduire les portions de viande que nous consommons, ce qui est hautement recommandé pour les appétits nord-américains.

4 portions

2 c. à t. d'huile d'olive

12 petites escalopes de poulet de 45 g (1½ oz) chacune

Sel et poivre

1 gousse d'ail, hachée

125 ml (½ tasse) de vin blanc sec

180 ml (¾ tasse) de bouillon de poulet

1 c. à t. de persil, haché

¼ c. à t. de romarin, haché

1 c. à s. de fécule de maïs

2 c. à s. d'eau froide

Dans une poêle à revêtement antiadhésif, à feu moyen, chauffer l'huile. Faire revenir les escalopes 4 minutes de chaque côté; saler et poivrer. Retirer de la poêle. Envelopper de papier d'aluminium. Laisser reposer 5 minutes.

Remettre la poêle sur le feu; faire revenir l'ail 1 minute, en remuant de temps à autre. Déglacer la poêle avec le vin blanc; laisser réduire le vin de moitié. Ajouter le bouillon, le persil et le romarin. Poursuivre la cuisson 5 minutes.

Ajouter la fécule délayée dans l'eau; lier; saler et poivrer. Poursuivre la cuisson 2 minutes, en remuant de temps à autre. Retirer du feu.

Servir les escalopes, nappées de sauce.

PAR PORTION — CALORIES (KCAL) : 214
Gras : 5 g = 25 % des Kcal provenant du gras
Protéines : 31 g   Cholestérol : 76 mg
Sodium : 144 mg   Hydrates de carbone : 5 g

147
Les volailles

Blancs au thé

4 portions

4 demi-poitrines de poulet
de 115 g (4 oz) chacune

Sel et poivre

180 ml (¾ tasse)
de bouillon de poulet

1 échalote verte, hachée

3 c. à s. de tomate, hachée

½ gousse d'ail, hachée

1 sachet de thé noir

1 c. à s. de fécule de maïs

2 c. à s. d'eau

Préparer une marmite à vapeur.

Retirer la peau et le gras des demi-poitrines de poulet; les déposer dans le panier de la marmite; saler et poivrer. Cuire 12 minutes.

Entretemps, dans une casserole, porter à ébullition le bouillon, l'échalote, la tomate et l'ail. À feu doux, laisser mijoter 2 minutes.

Ajouter le sachet de thé, poursuivre la cuisson 5 minutes.

Retirer le sachet de thé; ajouter la fécule délayée dans l'eau; lier; saler et poivrer. Poursuivre la cuisson 2 minutes, en remuant de temps à autre.

Retirer du feu, couvrir. Retirer les poitrines de la marmite. Envelopper de papier d'aluminium. Laisser reposer 5 minutes.

Couper les demi-poitrines en petits cubes.

Servir, nappés de sauce au thé, accompagnés de légumes, si désiré.

Par portion — Calories (Kcal) : 167
Gras : 2 g = 13 % des Kcal provenant du gras
Protéines : 28 g   Cholestérol : 67 mg
Sodium : 180 mg   Hydrates de carbone : 8 g

Poitrines marinées

4 portions

250 ml (1 tasse) de bière blonde

6 c. à s. de sauce tamari

125 ml (½ tasse)
de bouillon de légumes

4 demi-poitrines de poulet
de 115 g (4 oz) chacune

Sel et poivre

80 ml (⅓ tasse)
de yogourt nature, léger

1 gousse d'ail, hachée

Dans un bol de verre, mélanger la bière, 4 c. à s. de sauce tamari et le bouillon de légumes. Retirer la peau et le gras des demi-poitrines de poulet. Déposer dans cette marinade; couvrir. Placer au réfrigérateur 6 heures.

Retirer les poitrines de la marinade; bien les assécher.

Badigeonner d'huile une poêle à fond cannelé; chauffer. Cuire les poitrines 5 minutes de chaque côté; saler et poivrer. Retirer de la poêle. Envelopper de papier d'aluminium. Laisser reposer 5 minutes.

Entretemps, dans un bol, mélanger le reste de la sauce tamari, le yogourt et l'ail; saler et poivrer. Servir, nappées de sauce, accompagnées de légumes, si désiré.

Par portion — Calories (Kcal) : 186
Gras : 2 g = 9 % des Kcal provenant du gras
Protéines : 31 g   Cholestérol : 65 mg
Sodium : 1674 mg   Hydrates de carbone : 9 g

Languettes de poulet «presque frites»

...une excellente alternative aux «doigts de poulet» du commerce qui contiennent beaucoup trop de gras et qui devraient être bannis de notre alimentation!

4 portions

450 g (1 lb) de blanc de poulet, en languettes
1 c. à t. d'huile d'olive
180 ml (¾ tasse) de chapelure assaisonnée
1 c. à t. de paprika
½ c. à t. de poudre d'oignon
½ c. à t. de poudre d'ail
⅛ c. à t. de sel de mer

Préchauffer le four à 175°C (350°F).

À l'aide d'un pinceau, badigeonner d'huile les languettes de poulet.

Dans un bol, mélanger le reste des ingrédients. Enrober les languettes de poulet du mélange de chapelure; les déposer dans une lèchefrite badigeonnée d'huile. Cuire au four 10 minutes. Retourner les languettes. Poursuivre la cuisson 6 minutes.

Servir, accompagnées d'une sauce de type ketchup maison, si désiré.

Par portion — Calories (Kcal) : 167
Gras : 3 g   16 % des Kcal provenant du gras
Protéines : 18 g   Cholestérol : 37 mg
Sodium : 698 mg   Hydrates de carbone : 17 g

Émincé de poulet aux haricots noirs

4 portions

2 c. à t. d'huile d'olive
3 gouttes d'huile de sésame
450 g (1 lb) de blanc de poulet, émincé
1 poivron rouge, émincé
1 poivron vert, émincé
125 ml (½ tasse) de haricots noirs, cuits
1 échalote verte, hachée
1 gousse d'ail, hachée
1 c. à t. de gingembre frais, râpé
Sel et poivre
180 ml (¾ tasse) de bouillon de poulet
1 c. à s. de fécule de maïs
2 c. à s. d'eau

Dans une casserole à revêtement antiadhésif, à feu moyen, chauffer les huiles. Faire revenir le poulet 4 minutes, en remuant de temps à autre. Ajouter les poivrons et les haricots; mélanger. Poursuivre la cuisson 3 minutes, en remuant de temps à autre.

Ajouter l'échalote, l'ail et le gingembre; saler et poivrer; mélanger. Poursuivre la cuisson 1 minute. Verser le bouillon. Poursuivre la cuisson jusqu'à ébullition.

Ajouter la fécule délayée dans l'eau; lier. Poursuivre la cuisson 2 minutes, en remuant de temps à autre. Retirer du feu.

Servir, accompagné de riz blanc cuit à la vapeur, si désiré.

Par portion — Calories (Kcal) : 162
Gras : 4 g   24 % des Kcal provenant du gras
Protéines : 18 g   Cholestérol : 39 mg
Sodium : 103 mg   Hydrates de carbone : 13 g

Les volailles

Pilons aux herbes

4 portions

900 g (2 lb) de pilons de poulet
2 c. à t. d'huile d'olive
180 ml (¾ tasse)
de chapelure assaisonnée
1 c. à t. de paprika, poudre
d'oignon et poudre d'ail
¼ c. à t. de sel et poivre
180 ml (¾ tasse)
de bouillon de poulet
3 c. à s. de riz à cuisson rapide
2 c. à t. de persil, estragon et
fenouil, hachés
½ c. à t. de gingembre, râpé

Préchauffer le four à 175°C (350°F).

Retirer la peau et le gras des pilons de poulet. Badigeonner d'huile.

Dans un bol, mélanger la chapelure assaisonnée, le paprika, la poudre d'oignon, la poudre d'ail, le sel et le poivre. Enrober les pilons du mélange de chapelure; les déposer dans une lèchefrite badigeonnée d'huile. Cuire au four 12 minutes. Retourner les pilons. Poursuivre la cuisson 10 minutes.

Dans une casserole, porter à ébullition le bouillon de poulet. Ajouter le riz. À feu doux, laisser mijoter 10 minutes. Retirer du feu. À l'aide d'un mélangeur électrique, réduire en purée lisse. Couvrir. Laisser reposer 10 minutes.

Retirer les pilons de poulet du four. Envelopper de papier d'aluminium. Laisser reposer 5 minutes.

Entretemps, dans un bol, mélanger les herbes et le gingembre; en saupoudrer les pilons. Servir.

PAR PORTION — CALORIES (KCAL) : 346
Gras : 10 g = 27 % des Kcal provenant du gras
Protéines : 38 g   Cholestérol : 135 mg
Sodium : 870 mg   Hydrates de carbone : 24 g

Cuisses aux câpres

4 portions

900 g (2 lb) de cuisses de poulet
2 c. à t. d'huile d'olive
125 ml (½ tasse) de vin blanc sec
250 ml (1 tasse)
de bouillon de poulet
2 c. à s. de câpres, hachées
1 c. à t. de persil, haché
Sel et poivre
1 c. à s. de fécule de maïs
2 c. à s. d'eau
4 radis, hachés

Retirer la peau et le gras des cuisses de poulet; les couper en deux.

Dans une casserole à revêtement antiadhésif, à feu moyen, chauffer l'huile. Faire revenir le poulet 4 minutes de chaque côté. Déglacer la casserole avec le vin blanc; laisser réduire le vin de moitié. Ajouter le bouillon, les câpres et le persil; mélanger. Poursuivre la cuisson jusqu'à ébullition. À feu doux, laisser mijoter 5 minutes.

Ajouter la fécule délayée dans l'eau; lier. Poursuivre la cuisson 2 minutes, en remuant. Retirer du feu. Laisser reposer 5 minutes. Servir, garnies de radis hachés.

PAR PORTION — CALORIES (KCAL) : 287
Gras : 10 g = 36 % des Kcal provenant du gras
Protéines : 36 g   Cholestérol : 152 mg
Sodium : 254 mg   Hydrates de carbone : 5 g

Hauts de cuisses aux moutardes

4 portions

900 g (2 lb) de hauts
de cuisses de poulet
2 c. à s. de moutarde forte
2 c. à s. de moutarde à l'ancienne
1 c. à s. de jus de tomates
Sel et poivre
180 ml (¾ tasse)
de bouillon de poulet
4 c. à s. de tomates broyées
½ c. à t. de vinaigre balsamique
1 c. à s. de fécule de maïs
2 c. à s. d'eau

Préchauffer le four à 175°C (350°F).

Retirer la peau et le gras des hauts de cuisses de poulet.

Dans un bol, incorporer les moutardes et le jus de tomates. À l'aide d'un pinceau, napper le poulet de cette sauce; saler et poivrer; déposer dans une lèchefrite. Cuire au four 10 minutes. Retourner le poulet. Poursuivre la cuisson 10 minutes.

Entretemps, dans une casserole, porter à ébullition le bouillon de poulet, les tomates broyées et le vinaigre balsamique. À feu doux, laisser mijoter 5 minutes.

Ajouter la fécule délayée dans l'eau; lier. Poursuivre la cuisson 2 minutes, en remuant de temps à autre. Retirer du feu.

Retirer les hauts de cuisses de poulet du four. Envelopper de papier d'aluminium. Laisser reposer 5 minutes.

Servir, nappées de sauce.

PAR PORTION — CALORIES (KCAL) : 257
Gras : 9 g = 30 % des Kcal provenant du gras
Protéines : 37 g   Cholestérol : 151 mg
Sodium : 459 mg   Hydrates de carbone : 7 g

L'odeur d'un bon repas cuisiné qui se répand dans la maison éveille l'appétit et joue un rôle efficace dans la digestion, en stimulant la fabrication de sucs gastriques essentiels à celle-ci.

Poulet en papillotes

4 portions

2 c. à t. d'huile d'olive

350 g (³/₄ lb) de poulet, en dés

1 oignon, émincé

1 gousse d'ail, hachée

125 ml (½ tasse)
de poireau, haché

125 ml (½ tasse)
de bouillon de poulet

60 ml (¼ tasse)
de riz à cuisson rapide

Sel et poivre

3 feuilles de pâte filo (*)

1 c. à t. d'huile d'olive

1 c. à t. d'eau

Dans une poêle à revêtement anti-adhésif, à feu moyen, chauffer l'huile. Faire revenir le poulet 5 minutes, en remuant de temps à autre. Ajouter l'oignon, l'ail et le poireau; mélanger. Poursuivre la cuisson 1 minute. Ajouter le bouillon et le riz; saler et poivrer. Poursuivre la cuisson jusqu'à ébullition. À feu doux, laisser mijoter 5 minutes. Retirer du feu. Laisser tiédir.

Préchauffer le four à 175°C (350°F).

Étendre les feuilles de pâte filo sur le plan de travail. À l'aide d'un pinceau, badigeonner du mélange d'huile. Empiler les 3 feuilles les unes sur les autres. Tailler dans la pâte quatre cercles de 18 cm (7po) de diamètre. Tapisser de pâte filo quatre grands moules à muffins.

Répartir la préparation au poulet dans les moules. Refermer la pâte filo en forme de papillote.

Faire cuire au four 10 minutes. Si, toutefois, le dessus des papillotes colorent trop rapidement, recouvrir d'une feuille de papier d'aluminium.

Servir, accompagnées de légumes, si désiré.

*Note : Pour travailler la pâte filo plus facilement, la conserver dans un linge humide bien essoré, jusqu'au moment de son utilisation. Cette pâte sèche très rapidement, devenant inutilisable.

Par portion — Calories (Kcal) : 337
Gras : 22g = 59% des Kcal provenant du gras
Protéines : 17g   Cholestérol : 62mg
Sodium : 319mg   Hydrates de carbone : 16g

Poulet en coquille

4 portions

2 c. à t. d'huile d'olive

350 g (³/₄ lb) de poulet, en dés

4 c. à s. de carottes, en dés

60 ml (¼ tasse)
de champignons, en quartiers

2 c. à s. d'oignon, haché

1 gousse d'ail, hachée

60 ml (¼ tasse)
de poivron rouge, en dés

1 c. à s. de farine de blé entier

125 ml (½ tasse) de lait 1%

Sel et poivre

4 pommes de terre,
cuites au four, évidées, chaudes

Pincées de muscade et de paprika

1 c. à t. de persil, haché

Préchauffer le four à 175°C (350°F). Dans une casserole, à feu moyen, chauffer l'huile. Faire revenir le poulet, les carottes, les champignons, l'oignon, l'ail et le poivron 5 minutes. Ajouter la farine, puis le lait ; lier; saler et poivrer. Poursuivre la cuisson jusqu'à épaississement, en remuant continuellement.

Verser la préparation dans les pommes de terre évidées. Saupoudrer de muscade et de paprika. Servir, garni de persil.

Par portion — Calories (Kcal) : 479
Gras : 20g = 38% des Kcal provenant du gras
Protéines : 22g   Cholestérol : 62mg
Sodium : 159mg   Hydrates de carbone : 53g

Les plats principaux

Fricassée aux poivres et poivrons

4 portions

2 c. à t. d'huile d'olive

450 g (1 lb) de poulet, en dés

60 ml (¼ tasse) de poivrons rouges, en dés

60 ml (¼ tasse) de poivrons verts, en dés

60 ml (¼ tasse) de poivrons jaunes, en dés

½ oignon rouge, émincé

1 gousse d'ail, hachée

250 ml (1 tasse) de bouillon de poulet

1 c. à s. de fécule de maïs

2 c. à s. d'eau

Sel de mer

2 pincées de poivre noir, moulu

2 pincées de poivre vert, moulu

2 pincées de poivre rose, moulu

Dans une casserole à revêtement antiadhésif, à feu moyen, chauffer l'huile. Faire revenir le poulet, les poivrons, l'oignon et l'ail 5 minutes, en remuant de temps à autre.

Verser le bouillon. Poursuivre la cuisson jusqu'à ébullition. À feu doux, laisser mijoter 8 minutes.

Ajouter la fécule délayée dans l'eau; lier. Poursuivre la cuisson 2 minutes, en mélangeant de temps à autre.

Retirer du feu. Laisser reposer 5 minutes.

Saupoudrer des trois poivres. Servir.

Par portion — Calories (Kcal) : 356
Gras : 26 g = 67 % des Kcal provenant du gras
Protéines : 21 g   Cholestérol : 84 mg
Sodium : 124 mg   Hydrates de carbone : 8 g

Petit braisé aux oignons rouges

4 portions

1 c. à t. d'huile d'olive

450 g (1 lb) de poulet, en dés

2 oignons rouges, émincés

1 gousse d'ail, hachée

125 ml (½ tasse) de bouillon de poulet

125 ml (½ tasse) de bouillon de légumes

Sel et poivre

Dans une casserole à revêtement antiadhésif, à feu moyen, chauffer l'huile. Faire revenir le poulet, l'oignon et l'ail 2 minutes, en remuant de temps à autre.

Ajouter les bouillons; saler et poivrer. Poursuivre la cuisson jusqu'à ébullition. Couvrir.

À feu doux, laisser mijoter 12 minutes.

Retirer du feu. Laisser reposer 5 minutes.

Servir, accompagné de riz cuit à la vapeur, si désiré.

Par portion — Calories (Kcal) : 353
Gras : 25 g = 62 % des Kcal provenant du gras
Protéines : 22 g   Cholestérol : 82 mg
Sodium : 164 mg   Hydrates de carbone : 11 g

L'oignon et l'ail :

Ils sont, avec le poireau, l'échalotte et la ciboulette, issus de la même famille, celle des liliacées. On leur attribue, à l'ail notamment, la propriété de favoriser l'abaissement du taux de cholestérol sanguin et la diminution de l'hypertension artérielle, mais la preuve scientifique de cette affirmation n'a pas encore été faite. À consommer frais de préférence, pour le goût et la préservation de leurs propriétés.

Poulet à la mode du sud

La chair délicate du poulet se marie bien aux fruits; ils sont aussi un bon mariage de protéines et de vitamine C.

4 portions

4 cuisses de poulet de 165 g (6 oz) chacune

125 ml (½ tasse) de jus d'orange

125 ml (½ tasse) de jus d'ananas

125 ml (½ tasse) d'ananas, broyés

⅛ c. à t. de cumin

⅛ c. à t. de poudre de Chili

¼ c. à t. de graines de coriandre, moulues

1 c. à t. de zestes de lime, hachés

5 gouttes de sauce Tabasco

Sel et poivre

500 ml (2 tasses) de riz blanc, chaud

250 ml (1 tasse) de tomates, broyées, chaudes

Préchauffer le four à 175°C (350°F).

Retirer la peau et le gras des cuisses de poulet.

Dans un bol, mélanger le reste des ingrédients, sauf le riz et les tomates.

Déposer le poulet dans un plat à gratin. Couvrir de la préparation. Cuire au four 30 minutes, en arrosant du liquide de la préparation à toutes les 5 minutes.

Retirer du four, couvrir. Laisser reposer 5 minutes.

Servir sur un nid de riz blanc, accompagné de tomates broyées.

> **Par portion — Calories (Kcal) : 399**
> Gras : 8 g = 18% des Kcal provenant du gras
> Protéines : 39 g   Cholestérol : 149 mg
> Sodium : 208 mg   Hydrates de carbone : 42 g

Poulet flambé

La noix de coco contient du fer et des fibres, mais elle est riche en gras végétaux saturés. Heureusement, un soupçon suffit!

4 portions

1 c. à t. d'huile d'olive

4 hauts de cuisses de poulet

4 pilons de poulet

Sel et poivre

60 ml (2 oz) de rhum brun

2 c. à s. de noix de coco, râpée

2 bananes mures, écrasées

4 c. à s. de yogourt nature, léger

Zestes de lime

Dans une casserole à revêtement antiadhésif, à feu moyen, faire chauffer l'huile. Faire revenir les hauts de cuisses et les pilons de poulet 6 minutes ce chaque côté. Saler et poivrer.

Flamber le poulet au rhum; diminuer le feu. Ajouter la noix de coco, les bananes et le yogourt. Poursuivre la cuisson 3 minutes, en mélangeant continuellement.

Retirer du feu. Couvrir. Laisser reposer 5 minutes.

Servir, garni de zestes de lime.

> **Par portion — Calories (Kcal) : 283**
> Gras : 8 g = 27% des Kcal provenant du gras
> Protéines : 30 g   Cholestérol : 114 mg
> Sodium : 185 mg   Hydrates de carbone : 17 g

Recettes illustrées, de gauche à droite : poulet flambé, poulet à la mode du sud.

Recettes illustrées, de gauche à droite : coq au vin, cacciatore.

Cacciatore

4 portions

1 poulet de 1,4 kg (3 lb), en morceaux
2 c. à t. d'huile d'olive
500 ml (2 tasses) de tomates, broyées
2 oignons rouges, émincés
½ poivron vert, en dés
2 gousses d'ail, hachées
125 ml (½ tasse) de vin rouge
60 ml (¼ tasse) de bouillon de poulet
¼ c. à t. d'origan, haché
¼ c. à t. de thym, haché
½ c. à t. de paprika
Sel et poivre
Pâtes, cuites

Retirer la peau et le gras du poulet.

Dans une casserole à revêtement antiadhésif, à feu moyen, chauffer l'huile. Faire revenir les morceaux de poulet 4 minutes de chaque côté.

Ajouter le reste des ingrédients, sauf les pâtes ; mélanger. Couvrir la casserole à demi. À feu doux, poursuivre la cuisson 30 minutes, en mélangeant de temps à autre.

Servir sur un nid de pâtes.

PAR PORTION — CALORIES (KCAL) : 502
Gras : 12 g = 23 % des Kcal provenant du gras
Protéines : 61 g   Cholestérol : 191 mg
Sodium : 288 mg   Hydrates de carbone : 30 g

Coq au vin

4 portions

1 poulet de 1,4 kg (3 lb), en morceaux
2 c. à t. d'huile d'olive
60 ml (¼ tasse) de petits oignons
125 ml (½ tasse) de champignons de Paris, en quartiers
60 ml (¼ tasse) de céleri, émincé
60 ml (¼ tasse) de jambon maigre, cuit, en dés
160 ml (⅔ tasse) de bouillon de poulet
80 ml (⅓ tasse) de bouillon de bœuf
180 ml (¾ tasse) de vin rouge sec
1 c. à s. de persil, haché
Sel et poivre

Retirer la peau et le gras du poulet.

Dans une casserole à revêtement antiadhésif, à feu doux, chauffer l'huile. Faire revenir les morceaux de poulet 4 minutes de chaque côté.

Ajouter les oignons, les champignons, le céleri et le jambon ; mélanger. Poursuivre la cuisson 1 minute.

Ajouter le reste des ingrédients ; mélanger. Poursuivre la cuisson 5 minutes. Couvrir la casserole à demi. À feu doux, poursuivre la cuisson 30 minutes, en mélangeant de temps à autre. Servir.

PAR PORTION — CALORIES (KCAL) : 413
Gras : 13 g = 31 % des Kcal provenant du gras
Protéines : 59 g   Cholestérol : 198 mg
Sodium : 429 mg   Hydrates de carbone : 5 g

Demi-poulets Tandoori

Encore du poulet ! Aux saveurs de l'orient et avec toutes sauces, il demeure un excellent choix santé.

4 portions

1 poulet de 1,4 kg (3 lb), coupé en deux
2 c. à s. de cari
2 c. à s. de paprika
¼ c. à t. de cannelle
250 ml (1 tasse) de yogourt nature, léger
Sel et poivre
1 c. à t. d'huile d'olive

Retirer la peau et le gras des demi-poulets.

Dans un grand bol, mélanger le cari, le paprika et la cannelle. Enrober le poulet de la préparation d'épices. Couvrir. Placer au réfrigérateur 3 heures.

Retirer du réfrigérateur. Ajouter le yogourt ; saler et poivrer ; mélanger. Couvrir. Replacer au réfrigérateur 2 heures.

Préchauffer le four à 190 °C (375°F).

Dans une poêle allant au four, à feu moyen, chauffer l'huile. Sans égoutter les demi-poulets, cuir au four 50 minutes, en arrosant du jus de cuisson à toutes les 10 minutes.

Servir, accompagnés de légumes, si désiré.

PAR PORTION — CALORIES (KCAL) : 381
Gras : 11 g = 27 % des Kcal provenant du gras
Protéines : 60 g   Cholestérol : 192 mg
Sodium : 299 mg   Hydrates de carbone : 8 g

Préparation

Poulet Tandoori

Dans un grand bol, mélanger le cari, le paprika et la cannelle. Enrober le poulet de la préparation d'épices. Placer au réfrigérateur 3 heures.

Ajouter le yogourt ; saler et poivrer ; mélanger.

Dans une poêle, cuire au four les demi-poulets, sans les égoutter au préalable.

Poulet rôti en croûte de moutarde

...beaucoup moins gras que le poulet pané traditionnel et tellement plus savoureux !

4 portions

1 poulet de 1,4 kg (3 lb), coupé en deux
4 c. à s. de moutarde forte
1 c. à s. de miel liquide
Sel et poivre

Préchauffer le four à 190°C (375°F).

Retirer la peau et le gras des demi-poulets.

Dans un bol, mélanger la moutarde et le miel.

Dans une rôtissoire, déposer les demi-poulets. À l'aide d'un pinceau, badigeonner du mélange moutarde et miel ; saler et poivrer. Cuire au four 50 minutes, en arrosant du jus de cuisson à toutes les 10 minutes.

Servir, accompagné de légumes, si désiré.

PAR PORTION — CALORIES (KCAL) : 347
Gras : 10 g = 26 % des Kcal provenant du gras
Protéines : 57 g   Cholestérol : 191 mg
Sodium : 441 mg   Hydrates de carbone : 5 g

Les volailles

*Fait avec du blé durum, le couscous mérite qu'on l'adopte.
Il est une excellente source de vitamine B, de fer, de calcium et de fibres.*

Couscous de poulet

4 portions

350 g (3/4 lb) de couscous

250 ml (1 tasse)
de bouillon de légumes

2 c. à t. d'huile d'olive

450 g (1 lb) de poulet, en dés

60 ml (1/4 tasse) de pomme
de terre, en parisienne

250 ml (1 tasse)
de courgette, carotte et navet,
en parisienne et de poivrons
rouge et vert mélangés, en dés

1 gousse d'ail, hachée

1 oignon haché

1 c. à t. de cari

1 pincée de poivre de cayenne

1/4 c. à t. de sel de mer

Dans un bol, faire tremper le couscous dans le bouillon, 30 minutes. Transvider dans une casserole. Couvrir. À feu doux, cuire 10 minutes, en remuant de temps à autre.

Entretemps, dans une poêle à revêtement antiadhésif, à feu moyen, chauffer l'huile. Faire revenir le poulet 4 minutes. Ajouter les parisiennes, les poivrons, l'ail et l'oignon ; mélanger. Poursuivre la cuisson 5 minutes, en remuant de temps à autre.

Dans la casserole, verser le contenu de la poêle. Incorporer le reste des ingrédients. Mélanger. Couvrir. Poursuivre la cuisson 10 minutes. Servir.

PAR PORTION — CALORIES (KCAL) : 489
Gras : 26 g = 47% des Kcal provenant du gras
Protéines : 27 g   Cholestérol : 81 mg
Sodium : 405 mg   Hydrates de carbone : 39 g

Cari aux épinards

4 portions

450 g (1 lb) de poulet, en dés

125 ml (1/2 tasse)
de yogourt nature, léger

2 c. à s. de coriandre, hachée

2 gousses d'ail, hachées

1/2 oignon, émincé

1/2 c. à t. de gingembre, râpé

1/2 c. à t. de cari

Sel et poivre

1/2 c. à t. d'huile d'olive

250 ml (1 tasse)
de courgettes, en rondelles

250 ml (1 tasse)
de bulbes de fenouil, émincés

125 ml (1/2 tasse) d'épinards

Dans un bol, mélanger les huit premiers ingrédients ; saler et poivrer. Placer au réfrigérateur 2 heures.

Dans une poêle à revêtement antiadhésif, à feu moyen, chauffer l'huile. Sans l'égoutter, cuire le poulet 4 minutes, en remuant continuellement.

Ajouter le reste des ingrédients. Poursuivre la cuisson 5 minutes. Couvrir. À feu doux, laisser mijoter 10 minutes. Servir.

PAR PORTION — CALORIES (KCAL) : 338
Gras : 24 g = 64% des Kcal provenant du gras
Protéines : 23 g   Cholestérol : 81 mg
Sodium : 230 mg   Hydrates de carbone : 7 g

Brochettes de poulet

Le poulet ainsi préparé est parfaitement dégraissé ; cette préparation et ce mode de cuisson sont irréprochables !

4 portions

8 champignons de Paris
60 ml (¼ tasse) de jus de légumes
16 cubes de poulet de 30 g (1 oz) chacun
1 courgette, en rondelles
½ carotte, en rondelles
12 tomates miniatures
8 épis de maïs miniatures, coupés en deux
Sel et poivre
1 c. à t. d'huile d'olive

Dans un bol, mélanger les champignons et le jus de légumes. Laisser reposer 10 minutes.

Préchauffer le four à GRIL (BROIL).

Répartir les cubes de poulet et les légumes sur huit brochettes de bois. Saler et poivrer. À l'aide d'un pinceau, badigeonner.

Déposer les brochettes dans une lèchefrite. Faire griller au four 10 minutes, en retournant les brochettes de temps à autre.

Servir, accompagnées de riz aux herbes et aux champignons, si désiré.

PAR PORTION — CALORIES (KCAL) : 296
Gras : 4 g = 12 % des Kcal provenant du gras
Protéines : 28 g   Cholestérol : 36 mg
Sodium : 225 mg   Hydrates de carbone : 41 g

Super burger au poulet

Quand on pense ...burger, on pense d'abord au boeuf ; le poulet ou la dinde sont pourtant d'excellentes alternatives santé ; il suffit d'essayer pour les adopter.

4 portions

350 g (12 oz) de poulet, haché
1 blanc d'œuf
½ gousse d'ail, hachée
1 c. à t. de fromage parmesan, râpé
1 c. à t. de ciboulette, hachée
Sel et poivre
1 c. à t. d'huile d'olive
4 petits pains « kaiser », coupés en deux
1 c. à s. de moutarde forte
3 c. à s. de yogourt nature, léger
1 c. à t. de sauce tamari
1 tomate, tranchée
4 petites feuilles de laitue

Préchauffer le four à GRIL (BROIL).

Dans un bol, mélanger le poulet, le blanc d'œuf, l'ail, le parmesan et la ciboulette ; saler et poivrer. Faire quatre boulettes ; les aplatir en galettes.

Dans une poêle à revêtement anti-adhésif, à feu moyen, chauffer l'huile. Dorer les galettes, 4 minutes de chaque côté. Entretemps, au four, faire griller les moitiés de pain « kaiser ».

Dans un bol, mélanger la moutarde, le yogourt et la sauce tamari. Tartiner de la sauce les pains grillés. Déposer les galettes de poulet sur une moitié des pains ; garnir de tomates et de laitue ; recouvrir de l'autre moitié des pains. Servir.

PAR PORTION — CALORIES (KCAL) : 348
Gras : 11 g = 29 % des Kcal provenant du gras
Protéines : 32 g   Cholestérol : 81 mg
Sodium : 549 mg   Hydrates de carbone : 28 g

Le poulet :

De tous les types de volailles, la viande du poulet et de la dinde est la moins grasse et la moins calorique : environ 1 gr de gras et 45 calories par 30 gr de viande. De plus, leur graisse est bien visible et facile à enlever avant la cuisson. Le poulet et la dinde contiennent peu de cholestérol : 25 mg par 30 gr de viande environ. Leur viande demande à être bien cuite, certes, mais pas au point d'être asséchée. La cuisson à l'étuvée, entre autres, leur conserve une texture tendre et moelleuse.

Poitrines de dinde fumée sur chou tiède

Le pot-au-feu est une tradition culinaire qui se perd puisqu'il implique une longue et lente cuisson. Pourtant, cette méthode de cuisson anoblie les viandes les plus «ordinaires», comme la dinde. Voici une recette où, la dinde étant émincée, on a écourté son temps de cuisson.

4 portions

1 c. à s. d'huile d'olive

450 g (1 lb) de poitrine de dinde fumée, émincée

1 gousse d'ail, hachée

1 échalote verte, hachée

125 ml (½ tasse) de vermouth blanc

1,5 l (6 tasses) de chou chinois, émincé

250 ml (1 tasse) de haricots verts, émincés

Sel et poivre

Dans une casserole, à feu doux, chauffer l'huile. Faire revenir la dinde fumée 3 minutes, en remuant continuellement. Ajouter l'ail et l'échalote; mélanger. Poursuivre la cuisson 3 minutes, en remuant de temps à autre. Verser le vermouth. Poursuivre la cuisson 1 minute.

Retirer la dinde de la casserole. Garder au chaud. Dans la casserole, incorporer le chou et les haricots. Poursuivre la cuisson jusqu'à ce que le chou et les haricots soient tendres.

Retirer du feu. Laisser tiédir.

Servir la dinde sur un lit de chou tiède.

PAR PORTION — CALORIES (KCAL) : 305
Gras : 11 g = 38 % des Kcal provenant du gras
Protéines : 33 g   Cholestérol : 77 mg
Sodium : 142 mg   Hydrates de carbone : 8 g

Dinde rôtie au paprika

Ne choisissez pas une dinde injectée d'huile sous prétexte qu'elle sera plus tendre; son arrosage fréquent en cours de cuisson la rendra tout aussi tendre.

10 à 12 portions

1 dinde de 4,5 kg (10 lb)

2 c. à s. de paprika

½ c. à t. de sel de mer

2 c. à s. de miel liquide

Préchauffer le four à 190°C (375°F).

Retirer la peau et le gras de la dinde.

Dans un bol, mélanger le paprika, le sel de mer et le miel liquide.

Dans une rôtissoire, déposer la dinde. À l'aide d'un pinceau, badigeonner du mélange de miel.

Cuire au four 3 heures, en arrosant du jus de cuisson à toutes les 20 minutes.

Retirer du four. Couvrir la rôtissoire. Laisser reposer 10 minutes. Servir.

PAR PORTION — CALORIES (KCAL) : 315
Gras : 7 g = 22 % des Kcal provenant du gras
Protéines : 55 g   Cholestérol : 165 mg
Sodium : 256 mg   Hydrates de carbone : 3 g

Demi-dinde braisée aux nectarines

La dinde est souvent plus économique que le poulet qui, déjà, n'est pas coûteux. On a pourtant l'habitude de la réserver aux repas de fêtes. Préparée selon la recette qui suit, elle mérite d'être servie plus fréquemment à l'occasion de nos repas de famille.

5 à 6 portions

1 demi-dinde de 2,2 kg (5 lb)

6 nectarines, bien mûres

250 ml (1 tasse) de jus d'orange

1 gousse d'ail, hachée

1 pincée de muscade

1 pincée de cannelle

Sel et poivre

Préchauffer le four à 190°C (375°F).

Retirer la peau et le gras de la demi-dinde.

Trancher deux nectarines. Réserver pour la garniture.

Peler le reste des nectarines; couper en deux; dénoyauter. Au robot culinaire, mélanger les nectarines et le reste des ingrédients jusqu'à l'obtention d'une purée lisse. Réserver.

Dans un plat à gratin; cuire la dinde au four 20 minutes. Arroser du mélange de jus de nectarines. Poursuivre la cuisson 1 heure, en arrosant du jus de cuisson à toutes les 15 minutes.

Retirer du four. Couvrir. Laisser reposer 10 minutes.

Servir, nappée de sauce et garnie des tranches de nectarines.

PAR PORTION — CALORIES (KCAL) : 382
Gras : 8 g = 19 % des Kcal provenant du gras
Protéines : 57 g   Cholestérol : 165 mg
Sodium : 208 mg   Hydrates de carbone : 19 g

Recettes illustrées, de haut en bas : demi-dinde braisée aux nectarines, poitrines de dinde fumée sur chou tiède.

161
Les volailles

Piccatas aux artichauts

L'escalope de dinde est une viande très maigre, facilement digestible. Passer la chapelure au tamis pour la rendre plus fine, de façon à ce qu'elle absorbe moins d'huile lors de la cuisson

4 portions

125 ml (½ tasse) de chapelure assaisonnée

1 c. à t. de paprika

Sel et poivre

8 escalopes de dinde de 60 g (2 oz) chacune

2 c. à t. d'huile d'olive

3 c. à s. de jus de lime

60 ml (¼ tasse) de yogourt nature, léger

60 ml (¼ tasse) de cœurs d'artichauts, hachés grossièrement

1 c. à s. de ciboulette, hachée

⅛ c. à t. de sauce Worcestershire

8 tranches de limes

Dans un bol, mélanger la chapelure et le paprika; saler et poivrer.

Enrober les escalopes du mélange de chapelure.

Dans une poêle à revêtement anti-adhésif, à feu moyen, chauffer l'huile. Faire revenir les escalopes 4 minutes de chaque côté.

Entretemps, dans un bol, mélanger le reste des ingrédients; saler et poivrer.

Servir les picattas garnies de tranches de lime et nappées de sauce aux artichauts.

Par portion — Calories (Kcal) : 252	
Gras : 5 g = 16 % des Kcal provenant du gras	
Protéines : 30 g	Cholestérol : 47 mg
Sodium : 467 mg	Hydrates de carbone : 26 g

Médaillons aux endives

4 portions

450 g (1 lb) de dinde, en petits médaillons

Sel et poivre

1 c. à t. d'huile d'olive

2 endives, émincées

60 ml (¼ tasse) de bouillon de dinde

1 c. à s. de jus de citron

2 pincées de muscade

1 c. à t. de fécule de maïs

2 c. à t. d'eau

Badigeonner d'huile une poêle à fond cannelée. A feu moyen, chauffer. Faire revenir les médaillons de dinde 3 minutes de chaque côté; saler et poivrer. Retirer du feu. Laisser reposer 5 minutes.

Entretemps, dans une poêle à revêtement antiadhésif, à feu moyen, chauffer l'huile. Faire revenir les endives 2 minutes, en remuant continuellement. Ajouter le bouillon, le jus de citron et la muscade; saler et poivrer; mélanger. Poursuivre la cuisson 2 minutes.

Ajouter la fécule délayée dans l'eau; lier. Poursuivre la cuisson 2 minutes, en remuant de temps à autre. Servir les médaillons, recouverts d'endives braisées.

Par portion — Calories (Kcal) : 156	
Gras : 3 g = 18 % des Kcal provenant du gras	
Protéines : 22 g	Cholestérol : 49 mg
Sodium : 147 mg	Hydrates de carbone : 11 g

Les plats principaux

Recettes illustrées, de gauche à droite : boulettes aux asperges, émincé de dinde à la ciboulette.

Émincé de dinde à la ciboulette

Comme toute volaille, la dinde doit être initialement bien lavée. Le plan de travail doit aussi être propre avant et bien nettoyé après la préparation de la volaille.

4 portions

2 c. à t. d'huile d'olive
450 g (1 lb) de dinde, émincée
60 ml (¼ tasse) de vin blanc sec
180 ml (¾ tasse) de bouillon de poulet
2 c. à s. de ciboulette, hachée
1 c. à s. de tomates, hachées
Sel et poivre
1 c. à s. de fécule de maïs
2 c. à s. d'eau

Dans une poêle à revêtement antiadhésif, à feu moyen, chauffer l'huile. Faire revenir la dinde 4 minutes, en remuant continuellement. Ajouter le vin blanc. Laisser réduire le vin de moitié. Ajouter le bouillon, la ciboulette et les tomates; saler et poivrer. Poursuivre la cuisson 3 minutes, en remuant de temps à autre.

Ajouter la fécule délayée dans l'eau; lier. Poursuivre la cuisson 2 minutes, en remuant de temps à autre.

Servir, accompagné de purée de pommes de terre, si désiré.

Par portion — Calories (Kcal) : 150
Gras : 4 g = 29% des Kcal provenant du gras
Protéines : 20 g   Cholestérol : 51 mg
Sodium : 121 mg   Hydrates de carbone : 5 g

Boulettes aux asperges

Il est important de se laver méticuleusement les mains avant et après la manipulation de la volaille; il convient même de se frotter les doigts avec du jus de citron lors de sa préparation.

4 portions

350 g (¾ lb) de dinde, hachée
250 ml (1 tasse) de tiges d'asperges, hachées
125 ml (½ tasse) de chapelure assaisonnée
1 blanc d'œuf
Sel et poivre
2 c. à t. d'huile d'olive
180 ml (¾ tasse) de bouillon de poulet
2 c. à s. de tomate, hachée
125 ml (½ tasse) de pointes d'asperges
1 c. à s. de fécule de maïs
2 c. à s. d'eau

Dans un bol, mélanger la dinde hachée, les tiges d'asperges, la chapelure et le blanc d'œuf; saler et poivrer. Faire de petites boulettes.

Dans une poêle à revêtement antiadhésif, à feu moyen, chauffer l'huile. Dorer les boulettes de tous les côtés, 8 minutes.

Ajouter le bouillon, la tomate et les pointes d'asperges; mélanger. Poursuivre la cuisson 2 minutes.

Ajouter la fécule délayée dans l'eau; lier. Poursuivre la cuisson 2 minutes, en remuant de temps à autre.

Servir, sur un nid de riz aux tomates, si désiré.

Par portion — Calories (Kcal) : 247
Gras : 11 g = 39% des Kcal provenant du gras
Protéines : 20 g   Cholestérol : 70 mg
Sodium : 578 mg   Hydrates de carbone : 18 g

Faisan des bois

4 portions

1 faisan de 1,8 kg (4 lb), en morceaux
1 c. à s. d'huile d'olive
60 ml (¼ tasse) de gin
500 ml (2 tasses) de champignons de Paris, émincés
125 ml (½ tasse) de petits oignons
2 gousses d'ail, hachées
1 c. à t. de baies de genièvre
Sel et poivre
125 ml (½ tasse) de bouillon de poulet
125 ml (½ tasse) de bouillon de bœuf
½ c. à t. de romarin, haché
½ c. à t. de sarriette, hachée
1 c. à s. de fécule de maïs
2 c. à s. d'eau

Retirer la peau et le gras des morceaux de faisan.

Dans une poêle à revêtement anti-adhésif, à feu moyen, chauffer l'huile. Faire revenir le faisan 4 minutes de chaque côté. Déglacer la poêle avec le gin. Poursuivre la cuisson 30 secondes.

Ajouter les champignons, les oignons, l'ail et les baies de genièvre; saler et poivrer. Poursuivre la cuisson 3 minutes, en remuant de temps à autre.

Incorporer les bouillons, le romarin et la sarriette. Poursuivre la cuisson 5 minutes, en remuant de temps à autre.

Ajouter la fécule délayée dans l'eau; lier. Poursuivre la cuisson 2 minutes, en remuant de temps à autre. Servir.

PAR PORTION — CALORIES (KCAL) : 515
Gras : 16 g = 31 % des Kcal provenant du gras
Protéines : 74 g   Cholestérol : 203 mg
Sodium : 227 mg   Hydrates de carbone : 8 g

Aiguillettes de canard aux framboises

Le magret de canard est plus gras que le poulet, mais moins gras que le bœuf.

4 portions

2 magrets de canard de 225 g (8 oz) chacun
2 c. à t. d'huile d'olive
2 c. à s. de vinaigre de framboises
180 ml (¾ tasse) de bouillon de poulet
Sel et poivre
1 c. à s. de fécule de maïs
2 c. à s. d'eau
Framboises fraîches

Retirer la peau et le gras du canard.

Dans une poêle à revêtement anti-adhésif, à feu moyen, chauffer l'huile. Faire revenir le canard 4 minutes de chaque côté. Déglacer la poêle avec le vinaigre de framboises. Poursuivre la cuisson 30 secondes. Ajouter le bouillon; saler et poivrer. Poursuivre la cuisson 2 minutes, en remuant.

Ajouter la fécule délayée dans l'eau; lier. Poursuivre la cuisson 2 minutes, en remuant de temps à autre.

Servir, garnies de framboises.

PAR PORTION — CALORIES (KCAL) : 225
Gras : 10 g = 41 % des Kcal provenant du gras
Protéines : 22 g   Cholestérol : 90 mg
Sodium : 138 mg   Hydrates de carbone : 11 g

Émincé de canard aux champignons

4 portions

2 c. à t. d'huile d'olive
450 g (1 lb) de canard, émincé, sans peau
1 gousse d'ail, hachée
1 échalote sèche, hachée
375 ml (1½ tasse) de champignons de Paris, émincés
125 ml (½ tasse) de pleurotes, émincés
Sel et poivre
125 ml (½ tasse) de bouillon de poulet
125 ml (½ tasse) de bouillon de bœuf
1 c. à t. d'estragon, haché
1 c. à s. de fécule de maïs
2 c. à s. d'eau

Dans une poêle à revêtement anti-adhésif, à feu moyen, chauffer l'huile. Faire revenir le canard 4 minutes de chaque côté, en remuant de temps à autre. Ajouter l'ail, l'échalote, les champignons de Paris et les pleurotes; saler et poivrer; mélanger. Poursuivre la cuisson 2 minutes, en remuant de temps à autre.

Ajouter les bouillons et l'estragon. Poursuivre la cuisson 3 minutes, en remuant de temps à autre.

Ajouter la fécule délayée dans l'eau; lier. Poursuivre la cuisson 2 minutes, en remuant de temps à autre.

Servir, accompagné de chou rouge, si désiré.

PAR PORTION — CALORIES (KCAL) : 205
Gras : 10 g = 44 % des Kcal provenant du gras
Protéines : 23 g   Cholestérol : 89 mg
Sodium : 136 mg   Hydrates de carbone : 5 g

Recettes illustrées, de haut en bas : aiguillettes de canard aux framboises, émincé de canard aux champignons.

165

Les volailles

Les viandes

On a malheureusement fait mauvaise réputation au bœuf que l'on croit trop gras. À tort, puisque plusieurs coupes sont plutôt maigres. Il s'agit de bien choisir! Le Canadien en consomme, en moyenne, une cinquantaine de livres par année.

Tournedos du bistrot

Le tournedos provient en général de l'intérieur de la ronde (l'œil); c'est une partie maigre que le boucher attendrit à l'aiguille et barde de gras de porc.

4 portions

4 tournedos de bœuf
de 140 g (5 oz) chacun

1 tranche de jambon maigre, cuit

1 c. à t. d'huile d'olive

Sel et poivre

8 tiges de ciboulette

4 c. à s. de moutarde forte

Retirer la ficelle des tournedos; jeter la bande de gras ou de bacon qui les entoure.

Couper la tranche de jambon en quatre lanières. Ceinturer chaque tournedos d'une lanière de jambon; ficeler.

Dans une poêle à revêtement antiadhésif, à feu moyen-vif, chauffer l'huile. Saisir les tournedos environ 4 minutes de chaque côté ou jusqu'à la cuisson désirée. Saler et poivrer.

Retirer de la poêle; déposer dans un plat. Couvrir de papier d'aluminium. Laisser reposer 4 minutes.

Garnir de ciboulette. Servir, accompagnés de moutarde forte et de petits légumes, si désiré.

PAR PORTION — CALORIES (KCAL.) : 265
Gras : 10 g = 37% des Kcal provenant du gras
Protéines : 39 g   Cholestérol : 99 mg
Sodium : 813 mg   Hydrates de carbone : 2 g

Filets de bœuf à la Gascogne

4 portions

1 c. à t. d'huile d'olive

4 tranches de filet de bœuf
de 115 g (4 oz) chacun

1 c. à t. de farine

3 c. à s. de lait 1%

3 c. à s. de lait évaporé, écrémé

Sel et poivre

2 pincées de muscade

1 pincée de cannelle

3 c. à s. de noix de Grenoble, en morceaux

4 tranches de pomme

Dans une poêle à revêtement antiadhésif, à feu moyen-vif, chauffer l'huile. Saisir les tranches de filet environ 3 minutes de chaque côté ou jusqu'à la cuisson désirée.

Retirer de la poêle; déposer dans un plat. Couvrir de papier d'aluminium. Laisser reposer 4 minutes.

Entretemps, dans la poêle, à feu moyen, ajouter la farine. Incorporer le reste des ingrédients, sauf les pommes. Poursuivre la cuisson 4 minutes, en remuant constamment.

Garnir les filets de tranches de pomme; napper de sauce. Servir, accompagnés de légumes, si désiré.

PAR PORTION — CALORIES (KCAL.) : 252
Gras : 8 g = 29% des Kcal provenant du gras
Protéines : 27 g   Cholestérol : 67 mg
Sodium : 129 mg   Hydrates de carbone : 18 g

Brochettes de filet mignon

4 portions

8 champignons de Paris
60 ml (¼ tasse) de bière
1 c. à s. de sauce Worcestershire
16 cubes de filet de bœuf de 30 g (1 oz) chacun
1 courgette, en rondelles
½ carotte, en rondelles
8 tomates miniatures
1 poivron vert, épépiné, coupé en morceaux
Sel et poivre
1 c. à t. d'huile d'olive

Dans un bol, mélanger les champignons, la bière et la sauce Worcestershire. Ajouter les cubes de bœuf; bien mélanger. Laisser reposer 15 minutes.

Préchauffer le four à GRIL (BROIL).

Sur chacune des huit brochettes de bois, enfiler, en alternance, deux cubes de bœuf, une rondelle de courgette et une de carotte, une tomate et un morceau de poivron. Répéter l'opération pour les autres brochettes. Saler et poivrer.

Déposer dans une lèchefrite. À l'aide d'un pinceau, badigeonner d'huile. Faire griller 10 minutes au four, en retournant les brochettes de temps à autre.

Servir, accompagnées de riz aux tomates, si désiré.

PAR PORTION — CALORIES (KCAL) : 349
Gras : 27 g = 71 % des Kcal provenant du gras
Protéines : 21 g   Cholestérol : 80 mg
Sodium : 62 mg   Hydrates de carbone : 5 g

Mignons grillés à la dijonnaise

4 portions

3 c. à s. de yogourt nature, léger
2 c. à s. de moutarde forte
⅛ c. à t. de sauce Worcestershire
½ gousse d'ail, hachée
Sel et poivre
¼ c. à t. d'huile d'olive
16 petits médaillons de filet de bœuf de 30 g (1 oz) chacun
¼ c. à t. d'épices à bifteck, non-salées

Dans un bol, mélanger le yogourt, la moutarde, la sauce Worcestershire et l'ail. Saler et poivrer. Réserver.

Badigeonner d'huile une poêle à fond cannelé ; à feu vif, chauffer.

Saisir les médaillons 2 minutes de chaque côté ou jusqu'à la cuisson désirée. Parsemer d'épices à bifteck.

Napper les médaillons de sauce. Servir, accompagnés d'une pomme de terre en robe des champs, si désiré.

PAR PORTION — CALORIES (KCAL) : 448
Gras : 7 g = 37 % des Kcal provenant du gras
Protéines : 26 g   Cholestérol : 68 mg
Sodium : 128 mg   Hydrates de carbone : 3 g

Les viandes :

Les viandes sont une source importante de protéines complètes et contiennent tous les acides aminés essentiels. Elles doivent faire partie d'un régime alimentaire, surtout durant la croissance et la grossesse. Elles sont, de plus, d'excellentes sources de fer assimilable, de vitamine B 12, de niacine et de thiamine. Leur teneur en acides gras saturés nous fera choisir des pièces maigres, en portions réduites et cuites avec un minimum de gras.

Petit rôti farci

Parer une pièce de viande consiste à en retirer le gras visible; c'est une bonne habitude à prendre.

8 portions

125 ml (½ tasse)
de chapelure assaisonnée

1 blanc d'œuf, légèrement battu

1 tomate, hachée

Sel et poivre

1 tranche de surlonge de bœuf
de 1 kg (2¼ lb), sans gras

250 ml (1 tasse)
de feuilles d'épinards

4 échalotes vertes,
coupées en quatre

3 c. à s. de moutarde forte

375 ml (1½ tasse) d'eau

Préchauffer le four à 190 °C (375 °F).

Dans un bol, mélanger la chapelure, le blanc d'œuf et la tomate. Saler et poivrer. Sur le plan de travail, déposer la tranche de bœuf. Recouvrir de feuilles d'épinards, de chapelure et d'échalotes.

Enrouler la tranche de bœuf comme un gros cigare; ficeler (technique ci-contre).

À l'aide d'un pinceau, badigeonner de moutarde. Déposer dans une rôtissoire. Cuire au four environ 40 minutes.

Retirer de la rôtissoire; déposer dans un plat. Saler et poivrer. Couvrir de papier d'aluminium. Laisser reposer 10 minutes avant le découpage.

Entretemps, verser l'eau dans la rôtissoire. À feu vif, chauffer environ 5 minutes, en remuant constamment.

Trancher le rôti. Verser le jus de cuisson dans une saucière. Servir.

Par portion — Calories (Kcal) : 217
Gras : 7 g = 29 % des Kcal provenant du gras
Protéines : 29 g   Cholestérol : 78 mg
Sodium : 379 mg   Hydrates de carbone : 8 g

Préparation

Confection du rôti

Déposer le bœuf bien à plat; recouvrir d'épinards, de chapelure et d'échalotes; rouler la tranche de bœuf et la ficeler comme suit.

Faire un premier tour de ficelle à l'extrémité du rôti; nouer solidement. Ficeler la pièce en croisant la ficelle à angle droit après chaque tour complet. Répéter quatre ou cinq fois en espaçant la ficelle de façon régulière.

Au dernier tour, passer la ficelle sous la pièce, dans le sens de sa longueur. Nouer solidement les bouts de ficelle du premier et du dernier tours.

Rosbif piquant

8 portions

1 c. à t. d'huile d'olive

1 rôti de contre-filet de bœuf
de 1,8 kg (4 lb), sans gras

Sel et poivre

1 poivron rouge, émincé

1 poivron vert, émincé

1 poivron jaune, émincé

3 petits piments, hachés

1 gousse d'ail, hachée

250 ml (1 tasse)
de bouillon de bœuf

Préchauffer le four à 190 °C (375 °F).

Dans une casserole, à feu moyen-vif, chauffer l'huile. Bien saisir le rôti de tous les côtés.

Transférer dans une rôtissoire. Saler et poivrer. Cuire au four environ 40 minutes ou jusqu'à la cuisson désirée.

Ajouter le reste des ingrédients dans la rôtissoire. Poursuivre la cuisson 10 minutes.

Retirer du four. Couvrir. Laisser reposer 10 minutes.

Trancher le rosbif. Dans un plat de service, déposer les tranches de rosbif. Entourer de légumes cuits. Verser le jus de cuisson dans une saucière.

Servir.

Par portion — Calories (Kcal) : 343
Gras : 13 g = 34 % des Kcal provenant du gras
Protéines : 51 g   Cholestérol : 134 mg
Sodium : 158 mg   Hydrates de carbone : 4 g

171

Le bœuf

Faux-filets aux pistaches

Laisser reposer une viande après la cuisson permet aux fibres musculaires de se détendre et au sang de se répartir à nouveau; on obtient ainsi une viande plus tendre.

4 portions

1 c. à t. d'huile d'olive

4 tranches de faux-filet de 140 g (5 oz) chacune, sans gras

Sel et poivre

125 ml (½ tasse) de bouillon de bœuf

2 c. à s. de moutarde à l'ancienne

3 c. à s. de lait évaporé, écrémé

1 c. à s. de pistaches, écalées

1 c. à t. de fécule de maïs

2 c. à t. d'eau

Dans une poêle à revêtement anti-adhésif, à feu moyen-vif, chauffer l'huile. Saisir les tranches de filet environ 3 minutes de chaque côté ou jusqu'à la cuisson désirée. Saler et poivrer.

Retirer de la poêle; déposer dans un plat. Couvrir de papier d'aluminium. Laisser reposer 4 minutes.

Dans la poêle, ajouter le bouillon de bœuf, la moutarde, le lait évaporé et les pistaches; bien mélanger. À feu moyen, poursuivre la cuisson 2 minutes, en remuant continuellement.

Ajouter la fécule délayée dans l'eau; lier. Saler et poivrer. Poursuivre la cuisson 2 minutes, en remuant constamment.

Napper les faux-filets de sauce. Servir.

Par portion — Calories (Kcal) : 247
Gras : 10 g = 36% des Kcal provenant du gras
Protéines : 34 g   Cholestérol : 85 mg
Sodium : 238 mg   Hydrates de carbone : 5 g

Biftecks de surlonge aux tomates

4 portions

¼ c. à t. d'huile d'olive

4 tranches de pointe de surlonge de bœuf de 140 g (5 oz) chacune, sans gras

Sel et poivre

250 ml (1 tasse) de tomates, broyées

12 petits oignons, coupés en deux

60 ml (¼ tasse) de bouillon de bœuf

1 gousse d'ail, hachée

Badigeonner d'huile une poêle à fond cannelé; à feu vif, chauffer.

Saisir le bœuf 3 minutes de chaque côté ou jusqu'à la cuisson désirée. Saler et poivrer.

Retirer de la poêle; déposer dans un plat. Couvrir de papier d'aluminium. Laisser reposer 3 minutes.

Entretemps, dans une petite casserole, porter à ébullition le reste des ingrédients. À feu doux, laisser mijoter 3 minutes, en remuant de temps à autre.

Napper les biftecks de sauce. Servir, accompagnés de petits légumes, si désiré.

Par portion — Calories (Kcal) : 384
Gras : 22 g = 50% des Kcal provenant du gras
Protéines : 29 g   Cholestérol : 91 mg
Sodium : 723 mg   Hydrates de carbone : 19 g

Entrecôtes sauce au fenouil

Une bonne source de protéines de haute qualité avec un légume riche en fibres et antioxydants : ...un mariage parfait.

4 portions

1 c. à t. d'huile d'olive

4 entrecôtes de bœuf
de 140 g (5 oz) chacune, sans gras

Sel et poivre

1 bulbe de fenouil, émincé

1 gousse d'ail, hachée

1 échalote verte, émincée

80 ml (⅓ tasse)
de bouillon de bœuf

80 ml (⅓ tasse)
de bouillon de poulet

1 c. à t. de fécule de maïs

2 c. à t. d'eau

Dans une poêle à revêtement anti-adhésif, à feu moyen-vif, chauffer l'huile. Saisir les entrecôtes environ 3 minutes de chaque côté ou jusqu'à la cuisson désirée. Saler et poivrer.

Retirer de la poêle; déposer dans un plat. Couvrir de papier d'aluminium. Laisser reposer 4 minutes.

Entretemps, dans la poêle, faire revenir le fenouil, l'ail et l'échalote 2 minutes, en remuant constamment. Verser les bouillons. À feu moyen, poursuivre la cuisson 2 minutes, en remuant continuellement. Ajouter la fécule de maïs; lier. Saler et poivrer. Poursuivre la cuisson 2 minutes, en remuant continuellement.

Napper les entrecôtes de sauce. Servir, accompagnées de fenouil braisé.

Par portion — Calories (Kcal) : 243
Gras : 9 g = 34 % des Kcal provenant du gras
Protéines : 33 g   Cholestérol : 85 mg
Sodium : 156 mg   Hydrates de carbone : 6 g

Bavettes à l'espagnole

Longtemps appréciée par les Européens, la bavette se fait peu à peu des adeptes, ici. Elle provient des muscles internes du flanc de l'animal. Elle est très maigre; il est donc préférable de ne pas trop la cuire.

4 portions

1 c. à t. d'huile d'olive

4 bavettes de bœuf
de 140 g (5 oz) chacune

Sel et poivre

125 ml (½ tasse)
de champignons de Paris,
en quartiers

1 échalote sèche, hachée

3 c. à s. de pâte de tomates

125 ml (½ tasse)
de bouillon de bœuf

1 tomate, en julienne

Dans une poêle à revêtement anti-adhésif, à feu moyen-vif, chauffer l'huile. Faire revenir les bavettes environ 3 minutes de chaque côté ou jusqu'à la cuisson désirée. Saler et poivrer.

Retirer de la poêle; déposer dans un plat. Couvrir de papier d'aluminium. Laisser reposer 4 minutes.

Entretemps, dans la poêle, faire revenir les champignons et l'échalote 2 minutes, en remuant constamment. Ajouter le reste des ingrédients. À feu moyen, poursuivre la cuisson 2 minutes, en remuant continuellement. Saler et poivrer.

Napper les bavettes de sauce. Servir, accompagnées de brocoli cuit à la vapeur, si désiré.

Par portion — Calories (Kcal) : 349
Gras : 22 g = 58 % des Kcal provenant du gras
Protéines : 30 g   Cholestérol : 88 mg
Sodium : 222 mg   Hydrates de carbone : 6 g

Ragoût aux champignons

Le découpage en cubes est une autre façon d'éliminer tout le gras visible d'une pièce de viande.

4 portions

4 c. à s. de farine de blé entier, grillée

2 c. à s. de paprika

450 g (1 lb) de bœuf, en cubes

2 c. à t. d'huile d'olive

500 ml (2 tasses) de champignons de Paris, en quartiers

1 gousse d'ail, hachée

2 échalotes sèches, hachées

375 ml (1 1/2 tasse) de bouillon de bœuf

1 c. à t. de fécule de maïs

2 c. à t. d'eau

Sel et poivre

Dans un bol, mélanger la farine et le paprika. Enrober les cubes de bœuf de cette préparation.

Dans une poêle à revêtement anti-adhésif, à feu moyen, chauffer l'huile. Saisir les cubes de bœuf de chaque côté. Ajouter les champignons, l'ail et les échalotes. Poursuivre la cuisson 2 minutes, en remuant de temps à autre.

Verser le bouillon. Porter à ébullition. À feu doux, laisser mijoter 4 minutes.

Ajouter la fécule délayée dans l'eau; lier. Saler et poivrer. Poursuivre la cuisson 3 minutes, en remuant de temps à autre. Servir.

PAR PORTION — CALORIES (KCAL) : 271
Gras : 11 g = 36% des Kcal provenant du gras
Protéines : 30 g   Cholestérol : 71 mg
Sodium : 128 mg   Hydrates de carbone : 14 g

Ragoût de bœuf au porto

4 portions

1 c. à t. d'huile d'olive

450 g (1 lb) de bœuf, en cubes

125 ml (1/2 tasse) de porto

250 ml (1 tasse) de bouillon de bœuf

1 bouquet garni (lexique)

250 ml (1 tasse) de raisins verts, sans pépins

2 c. à t. de fécule de maïs

4 c. à t. d'eau

Sel et poivre

Dans une casserole, à feu moyen, chauffer l'huile.

Saisir les cubes de bœuf de chaque côté. Ajouter le porto; laisser réduire de moitié. Ajouter le bouillon et le bouquet garni; mélanger. Porter à ébullition. À feu doux, laisser mijoter 10 minutes.

Retirer le bouquet garni. Ajouter les raisins et la fécule délayée dans l'eau; lier. Saler et poivrer. Poursuivre la cuisson 3 minutes, en remuant de temps à autre. Servir.

PAR PORTION — CALORIES (KCAL) : 270
Gras : 8 g = 32% des Kcal provenant du gras
Protéines : 27 g   Cholestérol : 70 mg
Sodium : 123 mg   Hydrates de carbone : 13 g

Bourguignon mignon

4 portions

1 c. à t. d'huile d'olive

125 ml (1/2 tasse) de carottes, en dés

125 ml (1/2 tasse) de céleri, coupé en biseau

125 ml (1/2 tasse) de tomates, en dés

2 oignons, émincés

250 ml (1 tasse) de bouillon de bœuf

125 ml (1/2 tasse) de vin rouge

1 bouquet garni (lexique)

1/4 c. à t. d'huile d'olive

450 g (1 lb) de bœuf, émincé

2 c. à t. de fécule de maïs

4 c. à t. d'eau

Sel et poivre

Dans une casserole, à feu moyen, chauffer 1 c. à t. d'huile. Faire revenir les carottes, le céleri, les tomates et les oignons 4 minutes, en remuant constamment.

Ajouter le bouillon, le vin et le bouquet garni. Porter à ébullition. À feu doux, laisser mijoter 10 minutes.

Entretemps, badigeonner une poêle à fond cannelé de 1/4 c. à t. d'huile; à feu moyen, chauffer. Cuire le bœuf 2 minutes de chaque côté.

Retirer le bouquet garni de la casserole; incorporer le bœuf. Ajouter la fécule délayée dans l'eau; lier. Saler et poivrer. Poursuivre la cuisson 3 minutes, en remuant de temps à autre. Servir.

PAR PORTION — CALORIES (KCAL) : 264
Gras : 9 g = 33% des Kcal provenant du gras
Protéines : 28 g   Cholestérol : 70 mg
Sodium : 160 mg   Hydrates de carbone : 13 g

Recettes illustrées, de gauche à droite : sauté de bœuf aux pois gourmands, bœuf Cacciatore et poêlée aux échalotes confites.

Vous constaterez qu'une fois refroidis, les plats mijotés laissent une couche de gras à la surface du bouillon ; il est alors facile et préférable de la retirer.

Bœuf Cacciatore

4 portions

1 c. à t. d'huile d'olive

450 g (1 lb) de bœuf, en cubes

125 ml (½ tasse) de céleri, coupé en biseaux

1 gousse d'ail, hachée

1 oignon, émincé

250 ml (1 tasse) de bouillon de bœuf

60 ml (¼ tasse) de pâte de tomates

1 bouquet garni (lexique)

1 c. à t. de fécule de maïs

2 c. à t. d'eau

Sel et poivre

1 tomate, en julienne

1 c. à s. de basilic, ciselé

Dans une casserole, à feu moyen, chauffer l'huile. Saisir les cubes de bœuf. Ajouter le céleri, l'ail et l'oignon. Poursuivre la cuisson 2 minutes, en remuant constamment.

Ajouter le bouillon, la pâte de tomates et le bouquet garni. Porter à ébullition. À feu doux, laisser mijoter 10 minutes.

Retirer le bouquet garni. Ajouter la fécule délayée dans l'eau ; lier. Saler et poivrer. Poursuivre la cuisson 2 minutes.

Ajouter la tomate et le basilic. Poursuivre la cuisson 1 minute. Servir.

Par portion — Calories (Kcal) : 225
Gras : 9 g = 34 % des Kcal provenant du gras
Protéines : 28 g   Cholestérol : 70 mg
Sodium : 266 mg   Hydrates de carbone : 9 g

Sauté de bœuf aux pois gourmands

4 portions

1 c. à t. d'huile d'olive

450 g (1 lb) de bœuf, émincé

250 ml (1 tasse) de pois gourmands, émincés

1 gousse d'ail, hachée

1 échalote sèche, hachée

250 ml (1 tasse) de bouillon de bœuf

1 bouquet garni (lexique)

2 c. à s. de moutarde à l'ancienne

Sel et poivre

1 c. à t. de fécule de maïs

2 c. à t. d'eau

Dans une casserole, à feu moyen, chauffer l'huile ; saisir le bœuf. Ajouter les pois gourmands, l'ail et l'échalote. Poursuivre la cuisson 2 minutes, en remuant constamment.

Ajouter le bouillon et le bouquet garni. Porter à ébullition. À feu doux, laisser mijoter 10 minutes. Incorporer la moutarde ; saler et poivrer.

Retirer le bouquet garni. Ajouter la fécule délayée dans l'eau ; lier. Saler et poivrer. Poursuivre la cuisson 3 minutes. Servir.

Par portion — Calories (Kcal) : 223
Gras : 9 g = 36 % des Kcal provenant du gras
Protéines : 29 g   Cholestérol : 70 mg
Sodium : 304 mg   Hydrates de carbone : 7 g

Les plats principaux

Poêlée aux échalotes confites

Pour ce plat, on pourrait aussi choisir du bœuf à fondue chinoise, saisi quelques secondes à la poêle.

4 portions

¼ c. à t. d'huile d'olive
450 g (1 lb) de bœuf, émincé
Sel et poivre
1 c. à t. d'huile d'olive
8 échalotes sèches, en moitiés
1 gousse d'ail, hachée
2 c. à s. de vermouth rouge
1 c. à s. de miel liquide
125 ml (½ tasse)
de bouillon de bœuf
4 c. à s. de tomate, hachée

Badigeonner d'huile une poêle à fond cannelé ; à feu moyen, chauffer. Cuire le bœuf 2 minutes de chaque côté ; saler et poivrer. Retirer de la poêle. Réserver.

Dans une petite casserole, à feu moyen, chauffer l'huile ; faire revenir les échalotes et l'ail 2 minutes, en remuant de temps à autre. Ajouter le vermouth. Laisse réduire de moitié. Incorporer le miel. Poursuivre la cuisson 3 minutes, en remuant de temps à autre.

Verser le bouillon ; ajouter le bœuf. Saler et poivrer. Poursuivre la cuisson 3 minutes, en remuant de temps à autre.

Servir, garnie de tomate hachée.

Par portion — Calories (Kcal) : 245
Gras : 8 g = 30 % des Kcal provenant du gras
Protéines : 27 g   Cholestérol : 68 mg
Sodium : 123 mg   Hydrates de carbone : 14 g

Ragoût des îles

Le mélange oignon, ail, tomate et carotte crée l'équilibre de ce plat comportant plusieurs substances antioxydantes.

4 portions

450 g (1 lb) de bœuf, en cubes
2 gousses d'ail, hachées
4 oignons, émincés
250 ml (1 tasse)
de bouillon de bœuf
60 ml (¼ tasse)
de pâte de tomates
250 ml (1 tasse) de jus de légumes
4 tomates, broyées
250 ml (1 tasse)
de carottes, en dés
80 ml (⅓ tasse)
de riz brun, à cuisson rapide
2 c. à s. de persil, haché
1 c. à t. de piment fort, haché
Sel et poivre

Dans une casserole, mélanger le bœuf, l'ail, l'oignon, le bouillon de bœuf, la pâte de tomates, le jus de légumes et les tomates broyées. Porter à ébullition. Couvrir à demi. À feu doux, laisser mijoter 20 minutes.

Ajouter le reste des ingrédients. Poursuivre la cuisson 10 minutes, en remuant de temps à autre.

Retirer du feu. Laisser reposer 5 minutes. Servir.

Par portion — Calories (Kcal) : 336
Gras : 8 g = 21 % des Kcal provenant du gras
Protéines : 32 g   Cholestérol : 70 mg
Sodium : 504 mg   Hydrates de carbone : 37 g

Le bœuf :

Grâce à des méthodes d'élevage mieux contrôlées, le bœuf est aujourd'hui beaucoup moins gras qu'avant. Il demeure cependant préférable d'acheter des coupes maigres, comme le flanc et la pointe de surlonge, et du bœuf haché le plus maigre possible. Vous réduirez ainsi votre consommation de lipides et de calories. Prenez soin de toujours retirer le gras visible avant la cuisson et de favoriser des préparations mijotées la veille, puis réfrigérées et dégraissées avant d'être réchauffées.

Hachis parmentier

Faites hacher une pièce de viande très maigre que vous aurez choisie; sinon, utiliser la viande hachée la plus maigre que vous puissiez trouver.

4 portions

1 c. à t. d'huile d'olive
1 oignon, haché
1 gousse d'ail, hachée
450 g (1 lb)
de bœuf haché, maigre
1 poireau, émincé
½ c. à t. de paprika
2 c. à s. de sauce chili
4 c. à s. de chapelure assaisonnée
Sel et poivre
1 pomme de terre,
tranchée très finement
¼ c. à t. d'huile d'olive,
parfumée aux herbes de Provence

Préparer une marmite à vapeur.

Préchauffer le four à GRIL (BROIL).

Dans une poêle à revêtement anti-adhésif, à feu moyen, chauffer l'huile. Faire revenir l'oignon et l'ail 1 minute. Ajouter le bœuf; mélanger. Poursuivre la cuisson 10 minutes, en remuant de temps à autre.

Entretemps, cuire le poireau à la vapeur 5 minutes. Réserver.

Retirer la poêle du feu; ajouter le paprika, la sauce chili et la chapelure; mélanger. Saler et poivrer.

Verser le bœuf dans un plat à gratin, en tassant bien. Couvrir de poireaux, puis de tranches de pommes de terre. Badigeonner les pommes de terre d'huile d'olive parfumée.

Faire griller au four environ 5 minutes ou jusqu'à ce que les pommes de terre soient bien dorées. Servir.

Par portion — Calories (Kcal) : 275
Gras : 7 g = 24 % des Kcal provenant du gras
Protéines : 28 g   Cholestérol : 66 mg
Sodium : 318 mg   Hydrates de carbone : 23 g

Préparation

Couronne

Badigeonner d'huile un moule en forme de couronne de 2,5 litres (10 tasses); y déposer la moitié de la préparation de bœuf haché.

Couvrir de jambon et de poulet.

Recouvrir du reste de la préparation de bœuf haché. Dans une assiette allant au four et remplie à moitié d'eau tiède, déposer le moule. Cuire au four 40 minutes à 190 °C (375 °F)

Couronne des fêtes

8 à 10 portions

900 g (2 lb)
de bœuf haché, maigre
2 gousses d'ail, hachées
1 oignon, haché
1 c. à t. de moutarde sèche
1 c. à t. de sauce Worcestershire
1 œuf, battu
125 ml (½ tasse) de chapelure
de blé entier
1 pincée de sel de mer
¼ c. à t. de poivre noir, moulu
¼ c. à t. d'huile d'olive
250 ml (1 tasse)
de jambon cuit, en dés
250 ml (1 tasse)
de poulet cuit, émincé
2 c. à s. de moutarde forte
2 c. à s. de sauce chili
750 ml (3 tasses)
de riz blanc, cuit
Poivrons vert et rouge,
en julienne

Préchauffer le four à 190 °C (375 °F).

Dans un bol, mélanger le bœuf haché, l'ail, l'oignon, la moutarde sèche, la sauce Worcestershire, l'œuf, la chapelure, le sel et le poivre.

Préparer en vous référant à la technique ci-contre.

Retirer du four. Laisser reposer 5 minutes. Démouler dans une lèchefrite.

Mélanger la moutarde et la sauce chili. Badigeonner la couronne de ce mélange. Remettre au four 5 minutes.

Remplir la cavité de riz blanc. Servir, garnie de poivrons.

Par portion — Calories (Kcal) : 290
Gras : 8 g = 25 % des Kcal provenant du gras
Protéines : 30 g   Cholestérol : 89 mg
Sodium : 369 mg   Hydrates de carbone : 22 g

179
Le bœuf

Chili «sensass»

Le mélange, viande et légumineuse, permet de doubler l'apport protéinique sans ajouter de gras.

4 à 6 portions

1 c. à t. d'huile d'olive
450 g (1 lb) de bœuf haché, maigre
375 ml (1½ tasse) de haricots rouges, cuits
1 oignon, haché
1 gousse d'ail, hachée
3 tomates, broyées
3 c. à s. de pâte de tomates
⅛ c. à t. de sauce Tabasco
125 ml (½ tasse) de bouillon de bœuf
Sel et poivre
125 ml (½ tasse) de carottes, en perles
1 c. à t. de piments séchés, broyés

Dans une casserole, à feu moyen, chauffer l'huile. Faire revenir le bœuf 2 minutes, en remuant de temps à autre.

Incorporer les haricots, l'oignon, l'ail et les tomates broyées. Poursuivre la cuisson 3 minutes, en remuant de temps à autre.

Ajouter la pâte de tomates, la sauce Tabasco et le bouillon; mélanger. Saler et poivrer. Porter à ébullition. À feu doux, laisser mijoter 10 minutes, en remuant de temps à autre.

Ajouter les carottes et les piments séchés; mélanger. Poursuivre la cuisson 5 minutes, en remuant de temps à autre.

Servir dans un bol ou dans un poivron évidé, cuit à la vapeur.

Par portion — Calories (Kcal) : 207
Gras : 5 g = 21% des Kcal provenant du gras
Protéines : 22 g   Cholestérol : 44 mg
Sodium : 153 mg   Hydrates de carbone : 19 g

Pâté aux pommes

4 portions

1 c. à t. d'huile d'olive
350 g (12 oz) de bœuf haché, maigre
1 oignon, haché
3 pommes de terre, pelées, cuites
1 blanc d'œuf
½ c. à t. de beurre, ramolli
1 pincée de muscade
1 pincée de paprika
Sel et poivre
1 pomme, pelée, épépinée, tranchée
180 ml (¾ tasse) de compote de pommes
1 c. à t. de persil, haché

Préchauffer le four à 175 °C (350 °F).

Dans une poêle à revêtement anti-adhésif, à feu moyen, chauffer l'huile. Faire revenir le bœuf et l'oignon 6 minutes, en remuant de temps à autre.

Entretemps, au robot culinaire, réduire en purée les pommes de terre, le blanc d'œuf, le beurre, la muscade et le paprika. Saler et poivrer. Réserver.

Retirer le bœuf du feu; saler et poivrer. Verser dans un plat à gratin. Couvrir de tranches et de compote de pommes puis de purée de pommes de terre.

Cuire au four 25 minutes. Servir, parsemé de persil haché.

Par portion — Calories (Kcal) : 361
Gras : 6 g = 15% des Kcal provenant du gras
Protéines : 24 g   Cholestérol : 51 mg
Sodium : 127 mg   Hydrates de carbone : 53 g

Pâté indien

4 portions

1 c. à t. d'huile d'olive

350 g (12 oz)
de bœuf haché, maigre

1 oignon, haché

3 pommes de terre, pelées, cuites

1 blanc d'œuf

½ c. à t. de beurre, ramolli

1 pincée de muscade

½ c. à t. de cari

1 c. à t. de paprika

Sel et poivre

250 ml (1 tasse)
de carottes, râpées

1 c. à t. de persil, haché

Préchauffer le four à 175 °C (350 °F).

Dans une poêle à revêtement anti-adhésif, à feu moyen, chauffer l'huile. Faire revenir le bœuf et l'oignon 6 minutes, en remuant de temps à autre.

Entretemps, au robot culinaire, réduire en purée les pommes de terre, le blanc d'œuf, le beurre, la muscade et le cari. Saler et poivrer. Réserver.

Retirer le bœuf du feu. Assaisonner de paprika, de sel et poivre. Verser le bœuf dans un plat à gratin de 1 l (4 tasses). Couvrir de carottes râpées et de purée de pommes de terre.

Cuire au four 15 minutes. Servir, garni de persil.

Par portion — Calories (Kcal) : 323
Gras : 6 g = 17 % des Kcal provenant du gras
Protéines : 25 g   Cholestérol : 51 mg
Sodium : 135 mg   Hydrates de carbone : 43 g

Pain de bœuf des bambins

4 portions

450 g (1 lb)
de bœuf haché, maigre

1 oignon, haché

1 gousse d'ail, hachée

1 tomate, broyée

1 c. à s. de pâte de tomates

½ c. à t. d'origan, haché

Sel et poivre

1 saucisse fumée, légère

125 ml (½ tasse)
de bouillon de bœuf

3 c. à s. de sauce chili

Dans un bol, mélanger le bœuf, l'oignon, l'ail, la tomate, la pâte de tomates et l'origan. Saler et poivrer.

Verser la moitié de la préparation dans un plat à gratin de 1 l (4 tasses); placer la saucisse au centre. Couvrir du reste de la préparation. Cuire au four 40 minutes à 175 °C (350 °F).

Retirer du four. Laisser reposer 10 minutes.

Entretemps, dans une casserole, porter à ébullition le bouillon et la sauce chili. À feu doux, laisser mijoter 10 minutes, en remuant de temps à autre.

Démouler le pain de bœuf. Trancher.

Servir, nappé de sauce.

Par portion — Calories (Kcal) : 271
Gras : 14 g = 46 % des Kcal provenant du gras
Protéines : 30 g   Cholestérol : 80 mg
Sodium : 528 mg   Hydrates de carbone : 6 g

Mijoté des étoiles

*C'est la Méditerranée qui se propose
dans ce plat bien équilibré.*

4 portions

1 c. à t. d'huile d'olive

450 g (1 lb) de bœuf, en cubes

½ oignon, haché

1 gousse d'ail, hachée

1 c. à s. de pâte de tomates

500 ml (2 tasses)
de bouillon de bœuf

Sel et poivre

1 petit poivron vert

1 petit poivron rouge

1 petite carotte, tranchée

2 tranches de navet

1 c. à s. de fécule de maïs

2 c. à s. d'eau

Dans une casserole, à feu vif, chauffer l'huile. Saisir les cubes de bœuf de tous les côtés. Ajouter l'oignon et l'ail. Poursuivre la cuisson 1 minute, en remuant constamment.

Ajouter la pâte de tomates et le bouillon. Saler et poivrer. Porter à ébullition. À feu doux, laisser mijoter 20 minutes.

Entretemps, couper les poivrons en deux; épépiner. À l'aide d'un emporte-pièce, découper en forme d'étoile les poivrons, les tranches de carotte et de navet (vous pouvez également tailler un gabarit de carton en forme d'étoile et découper les légumes au couteau).

Dans la casserole, incorporer les légumes. Poursuivre la cuisson 5 minutes.

Ajouter la fécule délayée dans l'eau; lier. Poursuivre la cuisson 3 minutes, en remuant de temps à autre. Servir.

Par portion — Calories (Kcal) : 292
Gras : 10 g = 31 % des Kcal provenant du gras
Protéines : 30 g   Cholestérol : 73 mg
Sodium : 174 mg   Hydrates de carbone : 20 g

Ragoût renouvelé

4 portions

450 g (1 lb)
de bœuf haché, maigre

1 oignon, haché

2 gousses d'ail, hachées

½ c. à t. de sarriette, hachée

½ c. à t. de sauce Worcestershire

1 pincée de cannelle, moulue

Sel et poivre

4 c. à s. de farine grillée

2 c. à t. d'huile d'olive

500 ml (2 tasses)
de bouillon de bœuf

1 feuille de laurier

5 clous de girofle

⅛ c. à t. de muscade moulue

Dans un bol, mélanger le bœuf, l'oignon, l'ail, la sarriette, la sauce Worcestershire et la cannelle. Saler et poivrer. Faire de petites boulettes; les enfariner.

Dans une casserole à revêtement antiadhésif, à feu moyen, chauffer l'huile. Faire revenir les boulettes 5 minutes. Ajouter le reste des ingrédients. Porter à ébullition. À feu doux, laisser mijoter 30 minutes. Servir.

Par portion — Calories (Kcal) : 302
Gras : 13 g = 37 % des Kcal provenant du gras
Protéines : 30 g   Cholestérol : 73 mg
Sodium : 156 mg   Hydrates de carbone : 19 g

Laitue farcie

*Les «chaussons», comme on les
appelait autrefois, sont une succulente
manière de proposer des fibres.*

4 portions

1 c. à t. d'huile d'olive

350 g (12 oz)
de bœuf haché, maigre

375 ml (1 ½ tasse)
de poireaux, émincés

1 gousse d'ail, hachée

½ c. à t. de basilic, haché

½ c. à t. de sauge, hachée

Sel et poivre

8 feuilles de laitue chinoise

3 c. à s. de pâte de tomates

250 ml (1 tasse) de jus de légumes

Préchauffer le four à 175 °C (350 °F).

Dans une casserole, à feu moyen, chauffer l'huile. Faire revenir le bœuf et le poireau 3 minutes, en remuant de temps à autre. Ajouter l'ail, le basilic et la sauge. Saler et poivrer. Poursuivre la cuisson 2 minutes, en remuant de temps à autre. Retirer du feu. Laisser reposer 10 minutes.

Sur un plan de travail, étendre les feuilles de laitue. Déposer une petite quantité de viande au centre de chaque feuille; replier de façon à obtenir de petits sachets.

Déposer dans un plat à gratin, le joint en dessous. Tartiner chaque sachet d'une petite quantité de pâte de tomates. Verser le jus de légumes. Cuire au four 20 minutes. Servir sur un nid de riz, si désiré.

Par portion — Calories (Kcal) : 182
Gras : 6 g = 28 % des Kcal provenant du gras
Protéines : 22 g   Cholestérol : 49 mg
Sodium : 442 mg   Hydrates de carbone : 11 g

*Recettes illustrées, de haut en bas :
mijoté des étoiles, laitue farcie.*

La viande de cheval est faible en matières grasses, particulièrement en gras saturés qui sont dommageables pour le système cardiovasculaire. Elle est riche en fer facilement assimilable.

Émincé de cheval à la bière

L'alcool, dans un plat cuisiné, s'évapore très rapidement. Il ne faut donc pas craindre ses effets.

4 portions

1 c. à t. d'huile d'olive

450 g (1 lb)
de viande chevaline, émincée

3 c. à s. de moutarde à l'ancienne

1 c. à s. de pâte de tomates

125 ml (½ tasse)
de bouillon de bœuf

125 ml (½ tasse)
de bière brune

Sel et poivre

1 c. à s. de persil, haché

Dans une poêle à revêtement anti-adhésif, à feu vif, chauffer l'huile. Faire revenir la viande chevaline 2 minutes, en remuant constamment. Incorporer la moutarde et la pâte de tomates. Verser le bouillon de bœuf et la bière. Saler et poivrer. Porter à ébullition. À feu doux, laisser mijoter 6 minutes.

Ajouter le persil; mélanger. Retirer du feu. Laisser reposer 5 minutes.

Servir, accompagné de pommes de terre, si désiré.

Par portion — Calories (Kcal) : 241
Gras : 10 g = 44 % des Kcal provenant du gras
Protéines : 24 g   Cholestérol : 71 mg
Sodium : 284 mg   Hydrates de carbone : 4 g

Filet de cheval, sauce au porto

Le sucre du porto convient bien au goût de la viande chevaline.

4 portions

1 c. à t. d'huile d'olive

4 médaillons de filet de viande chevaline de 115 g (4 oz) chacun

Sel et poivre

4 c. à s. de porto

250 ml (1 tasse)
de bouillon de bœuf

1 c. à t. de fécule de maïs

2 c. à t. d'eau

Dans une poêle à revêtement anti-adhésif, à feu vif, chauffer l'huile. Saisir les filets 3 minutes de chaque côté. Retirer les filets de la poêle. Saler et poivrer. Envelopper dans du papier d'aluminium. Laisser reposer 5 minutes.

Entretemps, dégraisser la poêle; verser le porto. Laisser réduire de moitié. Verser le bouillon. Laisser réduire de moitié.

Ajouter la fécule délayée dans l'eau; lier. À feu doux, laisser mijoter 1 minute. Servir.

Par portion — Calories (Kcal) : 254
Gras : 10 g = 45 % des Kcal provenant du gras
Protéines : 24 g   Cholestérol : 73 mg
Sodium : 111 mg   Hydrates de carbone : 4 g

Mignons au raifort

4 portions

1 c. à t. d'huile d'olive

16 médaillons de viande chevaline de 30 g (1 oz) chacun

Sel et poivre

125 ml (½ tasse) de yogourt nature, léger

1 c. à t. de moutarde forte

1 c. à s. de raifort mariné, haché

½ c. à t. de sauce Worcestershire

1 c. à t. de persil, haché

Dans une poêle à revêtement anti-adhésif, à feu moyen, chauffer l'huile. Cuire les médaillons 2 minutes de chaque côté. Retirer de la poêle. Saler et poivrer. Envelopper dans du papier d'aluminium. Laisser reposer 5 minutes.

Entretemps, dans un bol, mélanger le reste des ingrédients. Saler et poivrer.

Servir, nappés de la sauce et accompagnés de légumes, si désiré.

Par portion — Calories (Kcal) : 789	
Gras : 27 g = 32 % des Kcal provenant du gras	
Protéines : 106 g	Cholestérol : 266 mg
Sodium : 435 mg	Hydrates de carbone : 25 g

Bavettes à la chicorée

4 portions

1 c. à t. d'huile d'olive

4 bavettes de viande chevaline de 115 g (4 oz) chacune

Sel et poivre

2 endives, émincées

1 gousse d'ail, hachée

125 ml (½ tasse) de chicorée, émincée

⅛ c. à t. de muscade, moulue

1 c. à s. de moutarde forte

125 ml (½ tasse) de bouillon de poulet

Dans une poêle, à feu vif, chauffer l'huile. Saisir les bavettes 2 minutes de chaque côté. Retirer les bavettes de la poêle. Saler et poivrer. Envelopper dans du papier d'aluminium. Laisser reposer 5 minutes.

Entretemps, dans la même poêle, à feu moyen, faire revenir les endives et l'ail 2 minutes, en remuant constamment. Ajouter la chicorée, la muscade et la moutarde ; bien mélanger. Verser le bouillon. Saler et poivrer. Poursuivre la cuisson 3 minutes, en remuant de temps à autre.

Étendre les légumes braisés sur les bavettes. Servir.

Par portion — Calories (Kcal) : 187	
Gras : 7 g = 37 % des Kcal provenant du gras	
Protéines : 26 g	Cholestérol : 68 mg
Sodium : 128 mg	Hydrates de carbone : 3 g

Le cheval :

La viande de cheval est particulièrement maigre, ce qui en fait un excellent choix santé. En comparaison du bœuf, elle est plus riche en fer, contient plus d'eau et son taux de glycogène est trois fois plus élevé, ce qui lui donne un très léger goût sucré.

La viande chevaline

Rôti piqué à l'ail

Ce rôti sera plus tendre qu'un rôti de bœuf et beaucoup moins riche en lipides.

8 portions

1 rôti de viande chevaline sans os et sans gras de 1,4 kg (3 lb)

3 gousses d'ail, en quartiers

4 c à s. de moutarde forte

Sel et poivre

375 ml (1½ tasse) de bouillon de bœuf

500 ml (2 tasses) de carottes miniatures, pelées

16 pommes de terre miniatures, coupées en deux

Préchauffer le four à 220 °C (450 °F).

À l'aide d'un couteau, pratiquer de petites incisions dans le rôti (technique ci-contre).

Insérer profondément un quartier de gousse d'ail dans chaque incision.

À l'aide d'un pinceau, badigeonner chaque incision de moutarde forte, en vous assurant que la moutarde pénètre à l'intérieur. Badigeonner le rôti du reste de la moutarde. Saler et poivrer.

Placer dans une rôtissoire. Cuire au four 12 minutes.

Abaisser la température du four à 175 °C (350 °F); arroser du bouillon. Poursuivre la cuisson 20 minutes.

Disposer les carottes et les pommes de terre autour du rôti. Poursuivre la cuisson 15 minutes.

Retirer du four. Laisser reposer 5 minutes. Servir.

Par portion — Calories (Kcal) : 529
Gras : 12 g = 23 % des Kcal provenant du gras
Protéines : 40 g   Cholestérol : 104 mg
Sodium : 236 mg   Hydrates de carbone : 54 g

Préparation

Rôti piqué

À l'aide d'un couteau, pratiquer de petites incisions d'environ 2,5 cm (1 po) de profondeur, de part et d'autre du rôti.

Insérer un quartier de gousse d'ail dans chaque incision; bien les enfoncer.

À l'aide d'un pinceau, badigeonner chaque incision de moutarde forte, en vous assurant qu'elle pénètre bien à l'intérieur; badigeonner ensuite tout le rôti du reste de la moutarde.

Carbonade aux artichauts

L'artichaut est une bonne source de vitamines A et C; il est pauvre en calories.

4 portions

1 c. à t. d'huile d'olive

450 g (1 lb) de viande chevaline, en cubes

2 échalotes sèches, hachées

1 gousse d'ail, hachée

250 ml (1 tasse) de cœurs d'artichauts, en quartiers

125 ml (½ tasse) de poivron rouge, en dés

1 c. à s. de farine de blé entier

2 c. à s. de purée d'oseille

125 ml (½ tasse) de bouillon de bœuf

125 ml (½ tasse) de bière brune

Sel et poivre

1 c. à s. de persil, haché

Dans une casserole, à feu vif, chauffer l'huile. Saisir les cubes de viande de tous les côtés. Ajouter les échalotes, l'ail, les cœurs d'artichauts et le poivron rouge. À feu moyen, poursuivre la cuisson 3 minutes, en remuant de temps à autre. Incorporer la farine. Ajouter la purée d'oseille; bien mélanger.

Ajouter le reste des ingrédients. Porter à ébullition, en remuant constamment. À feu doux, laisser mijoter 15 minutes, en remuant de temps à autre. Servir.

Par portion — Calories (Kcal) : 271
Gras : 10 g = 36 % des Kcal provenant du gras
Protéines : 26 g   Cholestérol : 71 mg
Sodium : 153 mg   Hydrates de carbone : 12 g

La viande chevaline

Tomates farcies

La viande hachée au couteau conserve mieux ses jus ; il suffit d'avoir un bon outil.

4 portions

225 g (½ lb) de viande chevaline, hachée
225 g (½ lb) de porc haché, maigre
½ oignon, haché
1 gousse d'ail, hachée
Sel et poivre
8 tomates
1 c. à t. d'huile d'olive
125 ml (½ tasse) de jus de tomates
80 ml (⅓ tasse) de poivron vert, haché
80 ml (⅓ tasse) de poivron rouge, haché

Dans un bol, mélanger les viandes, l'oignon et l'ail. Saler et poivrer. Réserver.

Couper le dessus de chaque tomate. À l'aide d'une cuillère parisienne, évider les tomates de façon à ce que chaque cavité puisse accueillir environ 80 ml (⅓ tasse) de farce ; prendre soin de ne pas transpercer la pelure.

Réserver séparément la chair et les tomates évidées.

Farcir les tomates du mélange de viandes.

Dans une grande poêle à revêtement antiadhésif, à feu moyen, chauffer l'huile. Déposer les tomates farcies, côté viande dans l'huile ; cuire 5 minutes.

Retourner les tomates ; ajouter le reste des ingrédients et la chair de tomates réservée. Couvrir à demi. À feu doux, laisser mijoter 30 minutes. Servir.

PAR PORTION — CALORIES (KCAL) : 268
Gras : 8 g = 28 % des Kcal provenant du gras
Protéines : 25 g   Cholestérol : 61 mg
Sodium : 912 mg   Hydrates de carbone : 22 g

Tacos deux viandes

4 portions

1 c. à t. d'huile d'olive
225 g (½ lb) de viande chevaline, hachée
225 g (½ lb) de bœuf haché, maigre
125 ml (½ tasse) de haricots rouges, cuits
2 échalotes vertes, hachées
1 gousse d'ail, hachée
2 tomates, broyées
2 c. à s. de sauce chili
½ c. à t. de piments séchés, broyés
Sel et poivre
8 tortillas pour tacos
125 ml (½ tasse) de feuilles de laitue, ciselées

Préchauffer le four à 175 °C (350 °F).

Dans une poêle à revêtement antiadhésif, à feu moyen, chauffer l'huile. Cuire les viandes, les haricots, les échalotes et l'ail 5 minutes, en remuant de temps à autre. Incorporer les tomates, la sauce chili et les piments ; saler et poivrer. Poursuivre la cuisson 10 minutes. Retirer du feu. Laisser reposer 10 minutes.

Farcir les tortillas de la préparation. Cuire au four 5 minutes ou jusqu'au ramollissement des tortillas. Servir, garnis de feuilles de laitue ciselées.

PAR PORTION — CALORIES (KCAL) : 361
Gras : 14 g = 37 % des Kcal provenant du gras
Protéines : 27 g   Cholestérol : 69 mg
Sodium : 191 mg   Hydrates de carbone : 26 g

Les plats principaux

*Recette illustrée:
Pain de viande à la Belge.*

Boulettes à la moutarde

Ce plat peut servir de base à d'excellents hamburgers diététiques.

4 portions

450 g (1 lb) de viande chevaline, hachée

1 oignon, haché

1 gousse d'ail, hachée

½ c. à t. de sauce Worcestershire

1 c. à t. de ciboulette, hachée

4 c. à s. de moutarde à l'ancienne

Sel et poivre

4 c. à s. de farine de blé entier

2 c. à t. d'huile d'olive

80 ml (⅓ tasse) de bouillon de poulet

80 ml (⅓ tasse) de bouillon de bœuf

Dans un bol, mélanger la viande, l'oignon, l'ail, la sauce Worcestershire, la ciboulette et 1 c. à s. de moutarde. Saler et poivrer. Faire de petites boulettes ; les enfariner.

Dans une poêle à revêtement anti-adhésif, à feu moyen, chauffer l'huile. Faire revenir les boulettes 5 minutes, en remuant de temps à autre.

Ajouter le reste de la moutarde et les bouillons ; mélanger. Porter à ébullition. À feu doux, laisser mijoter 10 minutes, en remuant de temps à autre.

Par portion — Calories (Kcal) : 280
Gras : 12 g = 41 % des Kcal provenant du gras
Protéines : 25 g   Cholestérol : 71 mg
Sodium : 303 mg   Hydrates de carbone : 12 g

Pain de viande à la Belge

Cette combinaison de légumes aux propriétés antioxydantes reconnues est tout à fait à conseiller.

4 portions

450 g (1 lb) de viande chevaline, hachée

1 oignon, haché

1 gousse d'ail, hachée

1 tomate, broyée

1 c. à s. de pâte de tomates

2 endives, émincées

2 c. à s. de cerfeuil, haché

Sel et poivre

125 ml (½ tasse) de bouillon de bœuf

2 c. à s. de sauce chili

1 c. à s. de moutarde forte

Préchauffer le four à 175 °C (350 °F).

Dans un bol, mélanger la viande, l'oignon, l'ail, la tomate, la pâte de tomates, les endives et le cerfeuil. Saler et poivrer.

Dans un plat à gratin de 1 l (4 tasses), étendre la préparation. Cuire au four 30 minutes.

Retirer du four. Laisser reposer 10 minutes.

Entretemps, dans une casserole, porter à ébullition le bouillon, la sauce chili et la moutarde. À feu doux, laisser mijoter 5 minutes, en remuant constamment.

Démouler le pain de viande. Trancher.

Servir, nappé de sauce.

Par portion — Calories (Kcal) : 267
Gras : 9 g = 33 % des Kcal provenant du gras
Protéines : 27 g   Cholestérol : 71 mg
Sodium : 237 mg   Hydrates de carbone : 14 g

Tourte au chevreuil

La viande de gibier est naturellement savoureuse et généralement plus pauvre en gras que la viande d'élevage.

6 à 8 portions

½ recette de pâte brisée (recette p. 375)

1 c. à t. d'huile d'olive

675 g (1½ lb) de viande de chevreuil, sans gras, émincée

250 ml (1 tasse) de carottes et de navet mélangés, en dés

125 ml (½ tasse) de petits oignons, coupés en deux

1 gousse d'ail, hachée

Sel et poivre

2 c. à s. de farine de blé entier

250 ml (1 tasse) de bouillon de bœuf

½ c. à t. de sarriette, hachée

1 feuille de laurier

2 pincées de clous de girofle, moulus

1 pincée de muscade

Faire une pâte brisée (recette p.375).

Dans une poêle à revêtement antiadhésif, à feu moyen, chauffer l'huile. Cuire la viande 4 minutes, en remuant. Incorporer les légumes, puis la farine. Saler et poivrer. Ajouter le reste des ingrédients. Porter à ébullition. À feu doux, laisser mijoter 10 minutes. Réserver.

Préchauffer le four à 175 °C (350 °F).

À l'aide d'un rouleau à pâtisserie, sur un plan de travail enfariné, abaisser la pâte en rectangle de 2,5 mm (⅛ po) d'épaisseur. Couper en bandes.

Dans une assiette à tarte, étendre la préparation; couvrir d'un treillis de pâte. Cuire au four 20 minutes. Servir.

PAR PORTION — CALORIES (KCAL) : 241
Gras : 9 g = 36% des Kcal provenant du gras
Protéines : 28 g   Cholestérol : 79 mg
Sodium : 178 mg   Hydrates de carbone : 11 g

Rôti d'orignal aux pruneaux

8 portions

1 rôti d'orignal sans os et sans gras de 1,4 kg (3 lb)

3 c à s. de moutarde forte

Sel et poivre

375 ml (1½ tasse) de bouillon de bœuf

2 c. à s. de vinaigre balsamique

1 gousse d'ail, en quartiers

4 échalotes sèches, en quartiers

250 ml (1 tasse) de pruneaux, dénoyautés

Préchauffer le four à 220 °C (450 °F).

Badigeonner le rôti de moutarde. Saler et poivrer. Déposer dans une rôtissoire. Cuire au four 15 minutes.

Abaisser la température du four à 175 °C (350 °F); arroser le rôti de bouillon. Poursuivre la cuisson 15 minutes.

Ajouter le vinaigre, l'ail, les échalotes et les pruneaux. Poursuivre la cuisson 15 minutes.

Retirer du four. Laisser reposer 10 minutes. Servir.

PAR PORTION — CALORIES (KCAL) : 399
Gras : 12 g = 27% des Kcal provenant du gras
Protéines : 54 g   Cholestérol : 143 mg
Sodium : 232 mg   Hydrates de carbone : 19 g

Fricassée de sanglier

La viande de sanglier est plutôt grasse, mais cette graisse est principalement en surface. Il est recommandé de la préparer en cubes et bien parée.

4 portions

1 c. à t. d'huile d'olive

450 g (1 lb) de sanglier, en cubes

2 échalotes sèches, hachées

1 gousse d'ail, hachée

Sel et poivre

1 c. à s. de farine de blé entier

1 c. à s. de moutarde forte

125 ml (½ tasse) de bouillon de bœuf

125 ml (½ tasse) de bouillon de poulet

125 ml (½ tasse) de carottes, en dés

125 ml (½ tasse) de champignons de Paris, en quartiers

125 ml (½ tasse) de courgette, en quartiers

Dans une casserole, à feu vif, chauffer l'huile. Saisir les cubes de viande de tous les côtés. À feu moyen, ajouter les échalotes et l'ail; saler et poivrer. Poursuivre la cuisson 2 minutes, en remuant de temps à autre.

Incorporer la farine, puis la moutarde. Verser les bouillons. Porter à ébullition, en remuant constamment. À feu doux, laisser mijoter 5 minutes, en remuant de temps à autre.

Ajouter les carottes. Poursuivre la cuisson 5 minutes.

Ajouter les champignons et la courgette. Poursuivre la cuisson 5 minutes, en remuant de temps à autre. Servir.

PAR PORTION — CALORIES (KCAL) : 201
Gras : 7 g = 29% des Kcal provenant du gras
Protéines : 27 g   Cholestérol : 4 mg
Sodium : 109 mg   Hydrates de carbone : 8 g

La viande sauvagine

Civet de lapin

Le lapin mérite une meilleure place sur nos tables; sa chair est plutôt maigre et se marie bien avec des sauces à base de moutarde et de vin blanc sec.

4 portions

2 c. à t. d'huile d'olive

1 lapin de 1 kg (2¼ lb), en morceaux (technique ci-contre)

½ oignon, haché

1 gousse d'ail, hachée

Sel et poivre

125 ml (½ tasse) de vin blanc sec

4 c. à s. de moutarde à l'ancienne

250 ml (1 tasse) de bouillon de poulet

1 c. à s. de persil, haché

1 c. à s. de cerfeuil, haché

1 c. à s. de fécule de maïs

2 c. à s. d'eau

Dans une poêle à revêtement antiadhésif, à feu moyen, chauffer l'huile. Bien saisir les morceaux de lapin de tous les côtés. Ajouter l'oignon et l'ail; saler et poivrer. Poursuivre la cuisson 2 minutes, en remuant constamment.

Verser le vin blanc. Laisser réduire de moitié. Incorporer le reste des ingrédients, sauf la fécule et l'eau. Porter à ébullition. À feu doux, laisser mijoter 20 minutes, en remuant de temps à autre.

Ajouter la fécule délayée dans l'eau; lier. Poursuivre la cuisson 3 minutes, en remuant de temps à autre. Servir.

Par portion — Calories (Kcal) : 441
Gras : 18g = 40% des Kcal provenant du gras
Protéines : 54g   Cholestérol : 149mg
Sodium : 356mg   Hydrates de carbone : 9g

Préparation

Découpage du lapin

Le lapin sur le dos, replier une épaule vers l'extérieur, de façon à briser l'articulation. À l'aide d'un couteau à désosser, couper entre l'épaule et la carcasse. Avec la pointe du couteau, dégager la patte.

Répéter avec l'autre épaule. Même méthode pour les cuisses, que l'on peut couper en deux et traiter comme des cuisses de poulet.

Le lapin sur le ventre, faire une entaille et descendre la lame du couteau de chaque côté de la colonne vertébrale, en longeant la carcasse. Dégager la longe (ou le râble). Répéter avec l'autre longe.

Lapin au cidre

Vous cherchez une variante au traditionnel lapin à la moutarde? Essayer la recette qui suit, c'est l'adopter!

4 portions

1 lapin de 1 kg (2¼ lb), en morceaux (technique ci-contre)

4 c. à s. de farine de blé entier

2 c. à t. d'huile d'olive

½ oignon, haché

1 gousse d'ail, hachée

Sel et poivre

125 ml (½ tasse) de cidre sec

250 ml (1 tasse) de bouillon de poulet

2 pincées de muscade, moulue

1 pincée de cannelle

1 c. à s. de persil, haché

1 pomme

Enfariner les morceaux de lapin.

Dans une grande poêle à revêtement antiadhésif, à feu moyen, chauffer l'huile. Bien saisir les morceaux de lapin de tous les côtés. Ajouter l'oignon et l'ail; saler et poivrer. Poursuivre la cuisson 2 minutes, en remuant constamment.

Ajouter le cidre; laisser réduire de moitié. Incorporer le reste des ingrédients, sauf la pomme. Porter à ébullition. À feu doux, laisser mijoter 20 minutes, en remuant de temps à autre.

Couper la pomme en dés; incorporer à la préparation. Poursuivre la cuisson 5 minutes, en remuant de temps à autre. Servir.

Par portion — Calories (Kcal) : 460
Gras : 18g = 36% des Kcal provenant du gras
Protéines : 54g   Cholestérol : 149mg
Sodium : 168mg   Hydrates de carbone : 19g

193
La viande sauvagine

*Recettes illustrées, de gauche à droite :
poêlée de jambon à l'ananas, rôti du lendemain,
petit rôti braisé aux fruits.*

*On doit éviter le jambon trop salé; par précaution, prenez
l'habitude de le cuire une heure à petit bouillon. Recouvert d'eau
additionnée d'oignon, de poivre et de clous de girofle, il éliminera
alors son excédent de sel et de gras.*

Poêlée de jambon à l'ananas

4 portions

2 tranches de jambon maigre, précuit, de 225 g (8 oz) chacune

375 ml (1½ tasse) de jus d'ananas

250 ml (1 tasse) de riz blanc à cuisson rapide

1 échalote sèche, hachée

125 ml (½ tasse) de poivron, en dés

1 pincée de muscade

Sel et poivre

¼ c. à t. d'huile d'olive

125 ml (½ tasse) de bouillon de poulet

1 c. à s. de fécule de maïs

2 c. à s. d'eau

Couper chacune des tranches de jambon en six pointes. Réserver.

Dans une casserole, porter à ébullition 250 ml (1 tasse) de jus d'ananas; ajouter le riz, l'échalote, le poivron et la muscade; saler et poivrer. Couvrir. Retirer du feu. Réserver.

Entretemps, badigeonner d'huile une poêle à fond cannelée; à feu moyen, chauffer. Cuire le jambon 2 minutes de chaque côté. Retirer de la poêle. Envelopper de papier d'aluminium. Laisser reposer 3 minutes.

Dans une petite casserole, porter à ébullition le reste du jus d'ananas et le bouillon de poulet. À feu doux, laisser mijoter 2 minutes. Ajouter la fécule délayée dans l'eau; lier. Poursuivre la cuisson 2 minutes.

Servir le jambon, nappé de sauce, sur un nid de riz au poivron.

PAR PORTION — CALORIES (KCAL) : 310
Gras : 6 g = 17% des Kcal provenant du gras
Protéines : 25 g   Cholestérol : 53 mg
Sodium : 1450 mg   Hydrates de carbone : 38 g

Rôti en croûte à l'indienne

4 portions

2 c. à s. de cari

2 c. à s. de paprika

¼ c. à t. de muscade, moulue

550 g (1¼ lb) de longe de porc

125 ml (½ tasse) de yogourt nature, léger

Sel et poivre

1 c. à t. d'huile d'olive

Dans un grand bol, mélanger le cari, le paprika et la muscade. Enrober le porc des épices mélangées. Couvrir. Placer au réfrigérateur 3 heures.

Retirer du réfrigérateur. Ajouter le yogourt; saler et poivrer; mélanger. Couvrir. Replacer au réfrigérateur 2 heures.

Préchauffer le four à 190 °C (375 °F).

Dans une poêle allant au four, à feu moyen, chauffer l'huile; y déposer le porc dans sa préparation. Cuire au four 50 minutes; arroser du jus de cuisson à toutes les 10 minutes.

Servir, accompagné de légumes, si désiré.

PAR PORTION — CALORIES (KCAL) : 211
Gras : 9 g = 38% des Kcal provenant du gras
Protéines : 27 g   Cholestérol : 59 mg
Sodium : 124 mg   Hydrates de carbone : 6 g

Les plats principaux

Petit rôti braisé aux fruits

D'après la publicité, le gras du porc s'enlève comme la pelure d'une banane. Il faut toutefois rester vigilant car il peut rester du gras, selon la coupe choisie.

4 portions

1 c. à t. d'huile d'olive
550 g (1 1/4 lb) de longe de porc
Sel et poivre
250 ml (1 tasse) de bouillon de bœuf
180 ml (3/4 tasse) de pêches, en conserve, tranchées
180 ml (3/4 tasse) de poires, en conserve, tranchées
1/8 c. à t. de muscade, moulue

Préchauffer le four à 190 °C (375 °F).

Dans une rôtissoire, à feu vif, chauffer l'huile. Saisir le porc de tous les côtés. Saler et poivrer. Arroser de bouillon. Cuire au four 12 minutes. Retourner la viande; ajouter 125 ml (1/2 tasse) de pêches, puis de poires et la muscade. Poursuivre la cuisson 15 minutes.

Retirer le porc de la rôtissoire; envelopper de papier d'aluminium. Laisser reposer 5 minutes.

Entretemps, au robot culinaire, réduire en purée le contenu de la rôtissoire.

Servir sur un nid de sauce et garni du reste des fruits tranchés.

Par portion — Calories (Kcal) : 261
Gras : 10 g = 34 % des Kcal provenant du gras
Protéines : 26 g   Cholestérol : 62 mg
Sodium : 113 mg   Hydrates de carbone : 18 g

Rôti du lendemain

4 portions

750 ml (3 tasses) de pommes de terre, cuites, en dés
2 c. à t. de beurre, ramolli
1 blanc d'œuf, légèrement battu
2 pincées de muscade, moulue
1/4 c. à t. de poudre d'oignon
Sel et poivre
250 ml (1 tasse) de carottes, cuites, en dés
2 c. à s. de sauce chili
450 g (1 lb) de reste de rôti de longe de porc, cuit, tranché
1 c. à t. de persil haché

Préchauffer le four à 175 °C (350 °F).

Au robot culinaire, réduire en purée les pommes de terre, le beurre, le blanc d'œuf, la muscade et la poudre d'oignon. Saler et poivrer. Réserver 500 ml (2 tasses) de cette préparation.

Dans le bol du robot culinaire, ajouter les carottes et la sauce chili; réduire en purée.

Dans un plat à gratin, étendre la purée de pommes de terre; recouvrir de viande. Saler et poivrer. Couvrir de la purée de carottes. Cuire au four 15 minutes.

Servir, parsemé de persil.

Par portion — Calories (Kcal) : 458
Gras : 23 g = 45 % des Kcal provenant du gras
Protéines : 35 g   Cholestérol : 108 mg
Sodium : 206 mg   Hydrates de carbone : 28 g

Le porc :

Les méthodes contemporaines d'élevage du porc ont fait disparaître des élevages toute trace de trichine, ce parasite porcain qui est craint de tous. Il n'est donc plus nécessaire de cuire la viande porcine longuement et à très haute température. Tous les parasites du porc sont effectivement éliminés lorsque sa température interne atteint 70 °C (160 °F) lors de la cuisson. Cependant, trop cuire le porc en affecte inutilement la texture et le goût.

Grenadins de porc à la crème de brie

Le brie simple crème est généralement moins gras que le cheddar. Sa consistance crémeuse est due à son niveau élevé d'humidité.

4 portions

1 c. à t. d'huile d'olive

450 g (1 lb) de longe de porc, en médaillons

Sel et poivre

60 g (2 oz) de fromage brie, tranché très finement

125 ml (½ tasse) de bouillon de poulet

3 c. à s. de lait évaporé, écrémé

30 g (1 oz) de fromage brie, en dés

1 c. à t. de fécule de maïs

2 c. à t. d'eau

Dans une poêle à revêtement anti-adhésif, à feu moyen-vif, chauffer l'huile. Saisir les médaillons de porc environ 3 minutes de chaque côté. Saler et poivrer.

Retirer de la poêle ; déposer dans un plat. Couvrir chaque médaillon d'une tranche de brie. Envelopper de papier d'aluminium. Laisser reposer 5 minutes.

Dans la poêle, verser le bouillon de poulet et le lait évaporé ; incorporer le brie en dés. À feu moyen, poursuivre la cuisson 2 minutes, en remuant constamment.

Ajouter la fécule délayée dans l'eau ; lier. Saler et poivrer. Poursuivre la cuisson 2 minutes, en remuant constamment.

Servir les grenadins, nappés de sauce.

Par portion — Calories (Kcal) : 236
Gras : 13 g = 51 % des Kcal provenant du gras
Protéines : 25 g   Cholestérol : 70 mg
Sodium : 243 mg   Hydrates de carbone : 4 g

Longe de porc au sirop d'érable

4 portions

1 c. à t. d'huile d'olive

550 g (1¼ lb) de longe de porc

Sel et poivre

180 ml (¾ tasse) de bouillon de bœuf

60 ml (¼ tasse) de sirop d'érable

1 pincée de cannelle

⅛ c. à t. de muscade, moulue

Préchauffer le four à 190 °C (375 °F).

Dans une rôtissoire, à feu vif, chauffer l'huile. Bien saisir la longe de porc de chaque côté. Saler et poivrer. Verser le bouillon sur le porc. Cuire au four 5 minutes. Retourner la viande ; ajouter le sirop d'érable, la cannelle et la muscade. Poursuivre la cuisson 20 minutes, en arrosant de temps à autre du jus de cuisson.

Retirer le porc de la rôtissoire. Envelopper de papier d'aluminium. Laisser reposer 5 minutes.

Entretemps, à feu vif, réduire la sauce de moitié.

Servir, nappée de sauce.

Par portion — Calories (Kcal) : 280
Gras : 11 g = 35 % des Kcal provenant du gras
Protéines : 30 g   Cholestérol : 73 mg
Sodium : 120 mg   Hydrates de carbone : 15 g

Médaillons aux trois poivres

Le médaillon de porc paré est aussi maigre que la poitrine de poulet.

4 portions

¼ c. à t. d'huile d'olive

12 médaillons de filet de porc de 45 g (1½ oz) chacun

Sel et poivre

180 ml (¾ tasse) de bouillon de bœuf

60 ml (¼ tasse) de vin rouge sec

½ c. à t. de mélange de poivres noir et vert, en grains

½ c. à t. de poivre rose

1 c. à s. de fécule de maïs

2 c. à s. d'eau

Badigeonner d'huile une poêle à fond cannelé ; à feu moyen, chauffer. Cuire les médaillons 3 minutes de chaque côté. Saler et poivrer. Déposer dans une assiette. Couvrir de papier d'aluminium. Laisser reposer 5 minutes.

Entretemps, dans une casserole, porter à ébullition le bouillon, le vin et les poivres. À feu doux, laisser mijoter 3 minutes.

Ajouter la fécule délayée dans l'eau ; lier. Saler et poivrer. Poursuivre la cuisson 2 minutes, en remuant constamment.

Servir les médaillons, nappés de sauce.

Par portion — Calories (Kcal) : 230
Gras : 13 g = 56 % des Kcal provenant du gras
Protéines : 20 g   Cholestérol : 66 mg
Sodium : 119 mg   Hydrates de carbone : 3 g

Le porc

Bourguignon de porc

Ainsi préparé, le porc conserve toute sa vitamine B, essentielle à l'organisme. En prolongeant sa cuisson, on risque l'assèchement et la perte de valeurs nutritives.

4 portions

1 c. à t. d'huile d'olive

450 g (1 lb) de filet de porc, émincé

125 ml (½ tasse) de petits oignons

1 gousse d'ail, hachée

250 ml (1 tasse) de bouillon de bœuf

125 ml (½ tasse) de vin rouge

1 bouquet garni (lexique)

125 ml (½ tasse) de champignons de Paris, en quartiers

125 ml (½ tasse) de tomates miniatures

2 c. à t. de fécule de maïs

4 c. à t. d'eau

Sel et poivre

Dans une casserole, à feu moyen, chauffer l'huile. Faire revenir le porc 4 minutes, en remuant constamment. Ajouter les oignons et l'ail; saler et poivrer. Poursuivre la cuisson 1 minute.

Ajouter le bouillon, le vin et le bouquet garni. Porter à ébullition. À feu doux, laisser mijoter 10 minutes. Incorporer les champignons et les tomates. Retirer le bouquet garni.

Ajouter la fécule délayée dans l'eau; lier. Saler et poivrer. Poursuivre la cuisson 3 minutes, en remuant de temps à autre. Servir.

PAR PORTION — CALORIES (KCAL) : 209
Gras : 8 g = 40 % des Kcal provenant du gras
Protéines : 22 g   Cholestérol : 51 mg
Sodium : 172 mg   Hydrates de carbone : 6 g

Émincé de porc aux herbes

4 portions

1 c. à t. d'huile d'olive

450 g (1 lb) de porc, émincé

60 ml (¼ tasse) de vin blanc sec

180 ml (¾ tasse) de bouillon de poulet

1 c. à t. de ciboulette, hachée

¼ c. à t. de romarin, haché

1 c. à t. de cerfeuil, haché

1 c. à t. de persil, haché

Sel et poivre

1 c. à s. de fécule de maïs

2 c. à s. d'eau

Dans une poêle à revêtement antiadhésif, à feu moyen, chauffer l'huile. Faire revenir le porc 4 minutes, en remuant constamment. Verser le vin blanc. Laisser réduire de moitié. Ajouter le bouillon, la ciboulette, le romarin, le cerfeuil et le persil; saler et poivrer. Poursuivre la cuisson 5 minutes, en remuant de temps à autre.

Ajouter la fécule délayée dans l'eau; lier. Poursuivre la cuisson 2 minutes, en remuant de temps à autre. Servir.

PAR PORTION — CALORIES (KCAL) : 183
Gras : 6 g = 31 % des Kcal provenant du gras
Protéines : 25 g   Cholestérol : 76 mg
Sodium : 113 mg   Hydrates de carbone : 4 g

Recettes illustrées, de gauche à droite : émincé de porc aux herbes, bourguignon de porc.

Recettes illustrées, de gauche à droite : brochettes grillés, sautés aux aubergines.

Sauté à l'aubergine

4 portions

2 c. à t. d'huile d'olive

350 g (12 oz) de porc, en cubes

½ oignon, haché

1 gousse d'ail, hachée

375 ml (1½ tasse) d'aubergine, en dés

Sel et poivre

250 ml (1 tasse) de bouillon de poulet

2 c. à s. de sauce chili

1 c. à s. de fécule de maïs

2 c. à s. d'eau

3 c. à s. d'épinards, ciselés

Dans une casserole à revêtement antiadhésif, à feu moyen, chauffer l'huile. Faire revenir le porc 4 minutes, en remuant de temps à autre. Ajouter l'oignon, l'ail et l'aubergine; saler et poivrer. Poursuivre la cuisson 2 minutes, en remuant de temps à autre.

Verser le bouillon et la sauce chili. Porter à ébullition. À feu doux, laisser mijoter 5 minutes.

Ajouter la fécule délayée dans l'eau; lier. Incorporer les épinards. Poursuivre la cuisson 2 minutes, en remuant de temps à autre. Servir.

Par portion — Calories (Kcal) : 166
Gras : 8 g = 41 % des Kcal provenant du gras
Protéines : 16 g   Cholestérol : 38 mg
Sodium : 95 mg   Hydrates de carbone : 9 g

Brochettes grillées

Au plan alimentaire, la présentation en brochette sera d'autant meilleure si elle allie une généreuse portion de légumes riches en fibres à une portion raisonnable de viande.

4 portions

½ courgette, en rondelles

12 cubes de filet de porc de 45 g (1½ oz) chacun

4 champignons de Paris, équeutés

½ poivron rouge, en morceaux

½ courgette jaune, en rondelles

Sel et poivre

½ c. à t. d'huile d'olive

125 ml (½ tasse) de bouillon de bœuf

2 c. à s. de moutarde forte

¼ c. à t. de sauce Worcestershire

1 c. à t. de fécule de maïs

2 c. à t. d'eau

1 tomate, en dés

Sur quatre brochettes de bois, en alternance, enfiler les légumes et le porc. Saler et poivrer.

Badigeonner d'huile une poêle à fond cannelé; à feu moyen, chauffer. Cuire les brochettes 2 minutes de chaque côté. Déposer dans une assiette. Couvrir de papier d'aluminium. Laisser reposer 5 minutes.

Entretemps, dans une casserole, porter le bouillon à ébullition. Ajouter la moutarde et la sauce Worcestershire. À feu doux, laisser mijoter 3 minutes, en remuant de temps à autre.

Ajouter la fécule délayée dans l'eau; lier. Saler et poivrer. Ajouter la tomate. Poursuivre la cuisson 2 minutes, en remuant constamment.

Servir les brochettes, accompagnées de sauce.

Par portion — Calories (Kcal) : 196
Gras : 8 g = 37 % des Kcal provenant du gras
Protéines : 24 g   Cholestérol : 55 mg
Sodium : 304 mg   Hydrates de carbone : 7 g

Côtelettes aux abricots

L'abricot est une excellente source de potassium, de fer et d'antioxydants de type bêta-carotène.

4 portions

1¼ c. à t. d'huile d'olive
8 côtelettes de porc
Sel et poivre
1 échalote sèche, hachée
1 gousse d'ail, hachée
8 abricots, pelés, tranchés
3 c. à s. de vinaigre balsamique
250 ml (1 tasse)
de bouillon de poulet
1 c. à s. de fécule de maïs
2 c. à s. d'eau

Retirer le gras des côtelettes (technique ci-contre).

Badigeonner de ¼ c. à t. d'huile d'olive une poêle à fond cannelé ; à feu moyen, chauffer. Cuire les côtelettes 3 minutes de chaque côté. Déposer dans une assiette ; saler et poivrer. Couvrir de papier d'aluminium. Laisser reposer 5 minutes.

Entretemps, dans une casserole, à feu moyen, chauffer le reste de l'huile. Faire revenir l'échalote et l'ail 2 minutes, en remuant sans cesse. Ajouter la moitié des abricots. Poursuivre la cuisson 1 minute, en remuant toujours. Ajouter le vinaigre ; laisser réduire de moitié. Verser le bouillon. Porter à ébullition. À feu doux, laisser mijoter 5 minutes.

Ajouter la fécule délayée dans l'eau ; lier. Saler et poivrer. Poursuivre la cuisson 2 minutes. Au robot culinaire, réduire en purée.

Servir les côtelettes, nappées de sauce et garnies du reste des abricots.

PAR PORTION — CALORIES (KCAL) : 183
Gras : 8 g = 39% des Kcal provenant du gras
Protéines : 14 g   Cholestérol : 30 mg
Sodium : 86 mg   Hydrates de carbone : 14 g

Préparation

Côtes farcies

Retirer le gras des côtelettes.

À l'aide d'un couteau, faites une incision au centre de chaque côtelette, de façon à créer une ouverture mais en prenant garde de ne pas transpercer les côtés et le fond.

Farcir la côtelette de la préparation au poireau.

Côtes de porc farcies aux amandes

4 portions

4 grosses côtelettes de porc
1 échalote sèche, hachée
1 gousse d'ail, hachée
1 poireau, émincé, cuit à la vapeur
3 c. à s. d'amandes
effilées, grillées
Sel et poivre
1 c. à t. d'huile d'olive
125 ml (½ tasse)
de bouillon de bœuf
½ c. à t. d'essence d'amande
1 c. à s. de fécule de maïs
2 c. à s. d'eau

Retirer le gras des côtelettes (technique ci-contre). Réserver.

Dans un bol, mélanger l'échalote, l'ail, la moitié du poireau et la moitié des amandes. Saler et poivrer. Réserver.

Préparer les côtelettes en vous référant à la technique ci-contre.

Dans une poêle à revêtement anti-adhésif, à feu moyen, chauffer l'huile. Cuire les côtelettes farcies, 4 minutes de chaque côté.

Déposer dans une assiette ; saler et poivrer. Couvrir de papier d'aluminium. Laisser reposer 5 minutes.

Entretemps, dans une casserole, porter à ébullition le bouillon et l'essence d'amande. À feu doux, laisser mijoter 5 minutes.

Ajouter la fécule délayée dans l'eau ; lier. Saler et poivrer. Ajouter le reste des poireaux et des amandes. Poursuivre la cuisson 2 minutes.

Servir les côtelettes, accompagnées de sauce.

PAR PORTION — CALORIES (KCAL) : 251
Gras : 12 g = 44% des Kcal provenant du gras
Protéines : 28 g   Cholestérol : 64 mg
Sodium : 112 mg   Hydrates de carbone : 7 g

Le porc

Boulettes au riz

Le porc haché du commerce contient en général plus de gras; prendre l'habitude de le hacher soi-même, après l'avoir paré de tout gras visible.

4 portions

450 g (1 lb) de porc haché, maigre
1 oignon, haché
1 gousse d'ail, hachée
½ c. à t. de sauce Worcestershire
1 c. à t. de ciboulette, hachée
125 ml (½ tasse) de riz à cuisson rapide
Sel et poivre
2 c. à t. d'huile d'olive
125 ml (½ tasse) de bouillon de poulet
125 ml (½ tasse) de bouillon de bœuf
2 c. à s. de sauce chili
1 c. à s. de fécule de maïs
2 c. à s. d'eau

Dans un bol, mélanger la viande, l'oignon, l'ail, la sauce Worcestershire, la ciboulette et le riz; saler et poivrer. Faire des boulettes.

Dans une poêle à revêtement anti-adhésif, à feu moyen, chauffer l'huile. Faire revenir les boulettes 5 minutes, en remuant de temps à autre.

Verser les bouillons et la sauce chili. Porter à ébullition. À feu doux, laisser mijoter 10 minutes, en remuant de temps à autre.

Ajouter la fécule délayée dans l'eau; lier. Saler et poivrer. Poursuivre la cuisson 2 minutes, en remuant de temps à autre.

Servir, sur un nid de riz, si désiré.

PAR PORTION — CALORIES (KCAL) : 263
Gras : 9 g = 32 % des Kcal provenant du gras
Protéines : 25 g   Cholestérol : 57 mg
Sodium : 1688 mg   Hydrates de carbone : 19 g

Ragoût d'hiver

4 portions

450 g (1 lb) de porc haché, maigre
1 oignon, haché
2 gousses d'ail, hachées
1 pincée de cannelle, moulue
Sel et poivre
4 c. à s. de farine grillée
2 c. à t. d'huile d'olive
500 ml (2 tasses) de bouillon de bœuf
125 ml (½ tasse) de pomme de terre, en dés
125 ml (½ tasse) de carottes, en dés
125 ml (½ tasse) de navet, en dés
1 bouquet garni (lexique)
5 clous de girofle
⅛ c. à t. de muscade moulue

Dans un bol, mélanger le porc, l'oignon, l'ail et la cannelle; saler et poivrer. Faire des petites boulettes; les enfariner.

Dans une casserole à revêtement antiadhésif, à feu moyen, chauffer l'huile. Faire revenir les boulettes 5 minutes, en remuant de temps à autre.

Ajouter le reste des ingrédients. Porter à ébullition. À feu doux, laisser mijoter 25 minutes. Servir.

PAR PORTION — CALORIES (KCAL) : 326
Gras : 13 g = 35 % des Kcal provenant du gras
Protéines : 28 g   Cholestérol : 61 mg
Sodium : 1716 mg   Hydrates de carbone : 27 g

Les plats principaux

*Recette illustrée :
porc haché, façon du bistrot.*

Pain de porc à la moutarde

4 portions

450 g (1 lb) de porc haché, maigre
1 oignon, haché
1 gousse d'ail, hachée
1 carotte, râpée
2 c. à s. de moutarde à l'ancienne
4 c. à s. de persil, haché
Sel et poivre
125 ml (½ tasse)
de bouillon de poulet
3 c. à s. de moutarde forte

Préchauffer le four à 175 °C (350 °F).

Dans un bol, mélanger le porc, l'oignon, l'ail, la carotte, la moutarde à l'ancienne et la moitié du persil. Saler et poivrer.

Étendre la préparation dans un plat à gratin de 1 l (4 tasses). Cuire au four 30 minutes.

Retirer du four. Laisser reposer 10 minutes.

Entretemps, dans une casserole, porter le bouillon, la moutarde forte et le reste du persil à ébullition. À feu doux, laisser mijoter 5 minutes, en remuant constamment.

Démouler le pain de viande ; trancher.

Servir, nappé de sauce.

PAR PORTION — CALORIES (KCAL) : 207
Gras : 7 g = 31 % des Kcal provenant du gras
Protéines : 25 g   Cholestérol : 55 mg
Sodium : 1931 mg   Hydrates de carbone : 11 g

Porc haché, façon du bistrot

Voici une agréable alternative au traditionnel hamburger, surtout si on a pris le soin de hacher la viande soi-même.

4 portions

450 g (1 lb) de porc haché, maigre
2 gousses d'ail, hachées
2 c. à s. de pâte de tomates
½ c. à t. d'estragon, haché
Sel et poivre
2 c. à t. d'huile d'olive
3 oignons, émincés
250 ml (1 tasse)
de bouillon de bœuf
1 c. à t. de fécule de maïs
2 c. à t. d'eau

Dans un bol, mélanger le porc, l'ail, la pâte de tomates et l'estragon ; saler et poivrer. Faire quatre galettes.

Dans une grande poêle à revêtement antiadhésif, à feu moyen, chauffer l'huile. Cuire les galettes 3 minutes ; les retourner. Ajouter les oignons ; poursuivre la cuisson 3 minutes, en remuant de temps à autre.

Verser le bouillon. Laisser réduire de moitié. À feu doux, ajouter la fécule délayée dans l'eau ; lier. Saler et poivrer. Poursuivre la cuisson 2 minutes, en remuant de temps à autre.

Servir les galettes, recouvertes d'oignons et nappées de sauce.

PAR PORTION — CALORIES (KCAL) : 249
Gras : 10 g = 35 % des Kcal provenant du gras
Protéines : 25 g   Cholestérol : 57 mg
Sodium : 1745 mg   Hydrates de carbone : 15 g

L'agneau est un mets royal, délicat et savoureux qui, bien paré, est pratiquement exempt de gras. Sa valeur nutritive est élevée ; il est riche en fer, en calcium, en phosphore et en vitamines du complexe B.

Médaillons d'agneau aux framboises

4 portions

1 c. à t. d'huile d'olive

450 g (1 lb) d'agneau, en médaillons

Sel et poivre

1 échalote sèche, hachée

4 c. à s. de vinaigre de framboises

250 ml (1 tasse) de bouillon d'agneau ou de bouillon de bœuf

125 ml (½ tasse) de framboises

1 c. à t. de fécule de maïs

2 c. à t. d'eau

¼ c. à t. de romarin, haché

Dans une poêle, à feu moyen, chauffer l'huile. Faire cuire les médaillons 2 minutes de chaque côté. Déposer dans une assiette ; saler et poivrer. Couvrir de papier d'aluminium. Laisser reposer 10 minutes.

Entretemps, dans la même poêle, faire revenir l'échalote 1 minute, en remuant continuellement. Ajouter le vinaigre ; laisser réduire de moitié. Verser le bouillon ; laisser réduire de moitié. Ajouter les framboises.

À feu doux, incorporer la fécule délayée dans l'eau ; lier. Saler et poivrer ; ajouter le romarin. Poursuivre la cuisson 2 minutes, en remuant de temps à autre.

Retourner les médaillons dans la sauce.

Servir les médaillons, sur un nid de sauce, recouverts de framboises.

PAR PORTION — CALORIES (KCAL) : 176
Gras : 7 g = 36 % des Kcal provenant du gras
Protéines : 26 g   Cholestérol : 74 mg
Sodium : 249 mg   Hydrates de carbone : 3 g

Grenadins d'agneau à l'ail

4 portions

1 c. à t. d'huile d'olive

12 grenadins d'agneau de 45 g (1½ oz) chacun

Sel et poivre

2 échalotes vertes, émincées

2 gousses d'ail, émincées

250 ml (1 tasse) de bouillon de bœuf

1 c. à t. de persil, haché

1 c. à t. de fécule de maïs

2 c. à t. d'eau

Badigeonner une poêle à fond cannelé de ¼ c. à t. d'huile d'olive ; à feu moyen, chauffer. Cuire les grenadins 2 minutes de chaque côté. Déposer dans une assiette ; saler et poivrer. Couvrir de papier aluminium. Laisser reposer 10 minutes.

Entretemps, dans une casserole, à feu moyen, chauffer le reste de l'huile. Faire revenir l'échalote et l'ail 2 minutes, en remuant continuellement. Ajouter le bouillon et le persil ; laisser réduire de moitié.

À feu doux, incorporer la fécule délayée dans l'eau ; lier. Saler et poivrer. Poursuivre la cuisson 2 minutes, en remuant de temps à autre.

Retourner les grenadins dans la sauce. Servir.

PAR PORTION — CALORIES (KCAL) : 199
Gras : 8 g = 35 % des Kcal provenant du gras
Protéines : 29 g   Cholestérol : 83 mg
Sodium : 260 mg   Hydrates de carbone : 4 g

Escalopes d'agneau au romarin

4 portions

1 c. à t. d'huile d'olive
12 petites escalopes d'agneau de 45 g (1½ oz) chacune
Sel et poivre
1 gousse d'ail, hachée
125 ml (½ tasse) de vin rouge sec
180 ml (¾ tasse) de bouillon de poulet
1 c. à t. de persil, haché
1 c. à t. de romarin, haché
1 c. à s. de moutarde forte
1 c. à s. de fécule de maïs
2 c. à s. d'eau froide

Dans une poêle, à feu moyen, chauffer l'huile. Faire revenir les escalopes 2 minutes de chaque côté. Saler et poivrer. Déposer dans une assiette. Couvrir de papier d'aluminium. Laisser reposer 10 minutes.

Entretemps, dans la même poêle, faire revenir l'ail 1 minute, en remuant de temps à autre. Déglacer la poêle avec le vin rouge; laisser réduire le vin de moitié. Ajouter le bouillon, le persil, le romarin et la moutarde. Poursuivre la cuisson 5 minutes, en remuant de temps à autre.

Incorporer la fécule délayée dans l'eau; lier. Saler et poivrer Poursuivre la cuisson 2 minutes, en remuant.

Servir les escalopes, nappées de sauce.

> PAR PORTION — CALORIES (KCAL) : 219
> Gras : 8 g = 37 % des Kcal provenant du gras
> Protéines : 28 g Cholestérol : 83 mg
> Sodium : 293 mg Hydrates de carbone : 3 g

Noisettes d'agneau grillées

Voici une excellente méthode de cuisson qui requiert un minimum de gras. Servi avec des pâtes ou de la semoule, et accompagné d'une jardinière de légumes, ce plat combine des aliments de trois des quatre groupes du Guide alimentaire.

4 portions

125 ml (½ tasse) de vin blanc sec
2 c. à s. de sauce chili
2 c. à s. de sauce tamari, légère
1 gousse d'ail, hachée
12 petits médaillons d'agneau de 45 g (1½ oz) chacun
¼ c. à t. d'huile d'olive
Sel et poivre
4 c. à s. de moutarde au vin blanc

Dans un bol, mélanger le vin blanc, la sauce chili, la sauce tamari et l'ail. Ajouter l'agneau; mélanger. Couvrir. Placer au réfrigérateur. Laisser mariner la viande 3 heures, en remuant de temps à autre.

À l'aide de papier absorbant, bien assécher la viande.

Badigeonner d'huile une poêle à fond cannelé. À feu moyen, chauffer.

Faire cuire les noisettes d'agneau 2 minutes de chaque côté. Déposer dans une assiette; saler et poivrer. Couvrir de papier d'aluminium. Laisser reposer 5 minutes.

Servir, accompagnées de moutarde au vin blanc.

> PAR PORTION — CALORIES (KCAL) : 212
> Gras : 8 g = 37 % des Kcal provenant du gras
> Protéines : 27 g Cholestérol : 83 mg
> Sodium : 619 mg Hydrates de carbone : 3 g

L'agneau :

En raison de l'augmentation de la demande des consommateurs, l'élevage de l'agneau a pris un essor considérable et la production a été grandement améliorée. L'agneau de premier choix est riche en protéines complètes, en vitamines B et en minéraux. La teneur en lipides peut être réduite en retirant tout le gras visible de la pièce à cuire. Cette viande se prête merveilleusement aux préparations d'aromates qui sont composées, entre autres, d'ail et de romarin.

Gigot d'agneau farci

8 à 10 portions

1 gigot d'agneau de 2 kg (4 1/2 lb)

500 ml (2 tasses) de feuilles d'épinards, équeutées, ciselées

250 ml (1 tasse) de feuilles d'oseille, ciselées

2 c. à s. de cerfeuil, haché

4 c. à s. de chapelure de blé entier

2 gousses d'ail, hachées

1 blanc d'œuf, légèrement battu

Sel et poivre

1 c. à s. d'huile d'olive

500 ml (2 tasses) de bouillon d'agneau ou de bœuf

Retirer le plus de gras possible du gigot. Retirer les os du gigot (technique ci-contre).

Préchauffer le four à 190 °C (375 °F).

Dans un bol, mélanger les épinards, l'oseille, le cerfeuil, la chapelure, l'ail et le blanc d'œuf. Saler et poivrer.

Farcir le gigot de la préparation aux épinards. À l'aide de brochettes de bois, refermer le gigot. Ficeler. Retirer les brochettes. Dans une rôtissoire, à feu moyen, chauffer l'huile. Bien saisir le gigot de chaque côté. Cuire au four 30 minutes.

Verser le bouillon sur le gigot. Saler et poivrer. Poursuivre la cuisson 30 minutes.

Retirer du four. Couvrir de papier d'aluminium. Laisser reposer 10 minutes.

Servir, avec le jus de cuisson et accompagné de pommes de terre cuites au four, si désiré.

Par portion — Calories (Kcal) : 402
Gras : 15 g = 49% des Kcal provenant du gras
Protéines : 32 g   Cholestérol : 111 mg
Sodium : 231 mg   Hydrates de carbone : 3 g

Préparation

Gigot

Dégager le premier os en le grattant à l'aide d'un couteau à désosser. Repérer l'articulation et couper.

Dégager la tête du second os et gratter de façon à le dégager progressivement, tout en prenant garde de ne pas trop abîmer la chair.

Repérer l'articulation et couper. Le gigot est maintenant prêt à farcir.

Gigot d'agneau aux vinaigres fins

4 portions

2 c. à t. d'huile d'olive

4 tranches de gigot avec os de 160 mg (6 oz) chacune

Sel et poivre

125 ml (1/2 tasse) de poivrons rouge, vert et jaune, grossièrement hachés

1 c. à t. de piments jalapenos, hachés

2 échalotes sèches, hachées

1 gousse d'ail, hachée

2 c. à s. de vinaigre de vin blanc, aromatisé aux piments jalapenos

1 c. à s. de vinaigre balsamique

1 c. à s. de vinaigre de vin blanc, aux herbes

250 ml (1 tasse) de bouillon d'agneau ou de bœuf

1 c. à s. de fécule de maïs

2 c. à s. d'eau

Dans une grande poêle, à feu moyen, chauffer l'huile. Cuire les tranches de gigot 3 à 4 minutes de chaque côté. Déposer dans une assiette ; saler et poivrer. Couvrir de papier d'aluminium. Laisser reposer 8 minutes.

Entretemps, dans la même poêle, faire revenir les poivrons, les piments, les échalotes et l'ail 2 minutes, en remuant continuellement. Ajouter les vinaigres ; laisser réduire de moitié. Verser le bouillon. Poursuivre la cuisson 5 minutes.

Incorporer la fécule délayée dans l'eau ; lier. Saler et poivrer. Poursuivre la cuisson 2 minutes, en remuant.

Servir les tranches de gigot, nappées de sauce.

Par portion — Calories (Kcal) : 355
Gras : 15 g = 49% des Kcal provenant du gras
Protéines : 32 g   Cholestérol : 111 mg
Sodium : 251 mg   Hydrates de carbone : 6 g

207
L'agneau

Poêlée à la menthe

4 portions

2 c. à t. d'huile d'olive

4 tranches de gigot avec os de 160 mg (6 oz) chacune

Sel et poivre

1 échalote sèche, hachée

1 gousse d'ail, hachée

2 c. à s. de vinaigre de champagne

250 ml (1 tasse) de bouillon d'agneau ou de bœuf

8 feuilles de menthe, hachées

1 c. à t. de zeste de citron

1 c. à s. de fécule de maïs

2 c. à s. d'eau

Dans une grande poêle à revêtement antiadhésif, à feu moyen, chauffer l'huile. Cuire les tranches de gigot 3 à 4 minutes de chaque côté. Déposer dans une assiette; saler et poivrer. Couvrir de papier d'aluminium. Laisser reposer 8 minutes.

Entretemps, dans la poêle à revêtement antiadhésif, faire revenir l'échalote et l'ail 2 minutes, en remuant constamment. Ajouter le vinaigre; laisser réduire de moitié.

Verser le bouillon. Poursuivre la cuisson 5 minutes, en remuant de temps à autre.

Ajouter la menthe et le zeste de citron; mélanger. Ajouter la fécule délayée dans l'eau; lier. Saler et poivrer. Poursuivre la cuisson 2 minutes, en remuant de temps à autre. Retirer du feu.

Servir les tranches de gigot, nappées de sauce.

Par portion — Calories (Kcal) : 293
Gras : 21 g = 65 % des Kcal provenant du gras
Protéines : 20 g   Cholestérol : 73 mg
Sodium : 112 mg   Hydrates de carbone : 5 g

Émincé du berger

4 portions

1 c. à t. d'huile d'olive

450 g (1 lb) d'agneau, émincé

1 gousse d'ail, hachée

1 échalote sèche, hachée

4 c. à s. de vinaigre de vin

250 ml (1 tasse) de bouillon d'agneau ou de bœuf

2 c. à s. de moutarde à l'ancienne

1 c. à t. de fécule de maïs

2 c. à t. d'eau

Sel et poivre

Dans une casserole, à feu moyen, chauffer l'huile.

Faire revenir l'agneau 4 minutes, en remuant de temps à autre. Ajouter l'ail et l'échalote. Poursuivre la cuisson 2 minutes, en remuant constamment.

Ajouter le vinaigre; laisser réduire de moitié. Verser le bouillon. Porter à ébullition. À feu doux, laisser mijoter 10 minutes.

Incorporer la moutarde. Ajouter la fécule délayée dans l'eau; lier. Saler et poivrer. Poursuivre la cuisson 2 minutes. Servir.

Par portion — Calories (Kcal) : 204
Gras : 9 g = 40 % des Kcal provenant du gras
Protéines : 25 g   Cholestérol : 78 mg
Sodium : 223 mg   Hydrates de carbone : 5 g

Recettes illustrées, de gauche à droite : émincé du berger, poêlée à la menthe.

Brochettes d'agneau aux pois chiches

4 portions

375 ml (1½ tasse)
de pois chiches, cuits

2 gousses d'ail

½ oignon, haché grossièrement

350 g (12 oz) d'agneau haché

80 ml (⅓ tasse)
de chapelure assaisonnée

1 blanc d'œuf, légèrement battu

1 c. à s. de persil, haché

½ c. à t. de sauce Worcestershire

Sel et poivre

2 c. à t. d'huile d'olive

Au robot culinaire, réduire en purée les pois chiches, l'ail et l'oignon ; transférer dans un bol. Ajouter l'agneau, la chapelure, le blanc d'œuf, le persil et la sauce Worcestershire ; saler et poivrer ; bien mélanger. Faire huit boudins. Enfiler une brochette de bois au centre de chaque boudin.

Dans une poêle à revêtement antiadhésif, à feu moyen, faire chauffer l'huile. Cuire les brochettes 5 minutes, en remuant de temps à autre.

Servir, accompagnées de purée de pois chiches et de yogourt nature, si désiré.

Par portion — Calories (Kcal) : 273
Gras : 7 g = 24 % des Kcal provenant du gras
Protéines : 27 g   Cholestérol : 55 mg
Sodium : 391 mg   Hydrates de carbone : 25 g

Feuilles de vigne farcies

L'agneau est facile à digérer et donc recommandé aux personnes âgées ayant des difficultés de digestion.

4 portions

12 feuilles de vigne, marinées

500 ml (2 tasses) de riz blanc, cuit

250 ml (1 tasse)
d'agneau haché, cuit

1 tomate, broyée

2 c. à s. de persil, haché

1 c. à t. de feuilles de menthe, hachées

1 gousse d'ail, hachée

½ c. à t. de zeste de citron

1 c. à t. de paprika

Sel et poivre

60 ml (1/4 tasse) de poivrons vert et rouge mélangés, en dés

Préparer une marmite à vapeur.

À l'aide de papier absorbant, assécher les feuilles de vigne. Réserver.

Dans un bol, mélanger le riz, l'agneau, la tomate, le persil, la menthe, l'ail, le zeste de citron et le paprika ; saler et poivrer.

Sur le plan de travail, étendre les feuilles de vigne. Déposer une petite quantité de préparation au centre de chaque feuille. Replier de façon à former de petits sachets ou de petits cigares.

Dans la marmite à vapeur, réchauffer les feuilles de vigne farcies, 4 minutes.

Servir, garnies de dés de poivrons, sur un nid de riz aux herbes, si désiré.

Par portion — Calories (Kcal) : 225
Gras : 4 g = 15 % des Kcal provenant du gras
Protéines : 16 g   Cholestérol : 37 mg
Sodium : 112 mg   Hydrates de carbone : 31 g

Côtelettes grillées à la tombée de poireaux

La poêle à fond cannelé est un outil indispensable ; elle permet de cuire à la perfection, tout en évitant le contact de l'aliment avec le gras de cuisson.

4 portions

12 côtelettes d'agneau
¼ c. à t. d'huile d'olive
80 ml (⅓ tasse) de vermouth blanc
375 ml (1½ tasse) de poireaux, émincés
1 échalote sèche, hachée
1 gousse d'ail, hachée
Sel et poivre
60 ml (¼ tasse) de yogourt nature, léger
3 c. à s. de moutarde de forte
¼ c. à t. de sauce Worcestershire

Dégraisser les côtelettes ; gratter les os jusqu'à ce qu'ils soient lisses.

Badigeonner d'huile une poêle à fond cannelé ; à feu moyen, chauffer. Cuire les côtelettes 2 minutes de chaque côté.

Déposer dans une assiette. Couvrir de papier d'aluminium. Laisser reposer 2 minutes.

Entretemps, dans une casserole, porter le vermouth à ébullition. À feu doux, ajouter le poireau, l'échalote et l'ail ; saler et poivrer. Couvrir à demi. Laisser mijoter 5 minutes, en remuant de temps à autre.

Dans un petit bol, mélanger le reste des ingrédients.

Servir les côtelettes, garnies de tombée de poireaux, accompagnées de yogourt à la moutarde.

PAR PORTION — CALORIES (KCAL) : 520
Gras : 19 g = 35 % des Kcal provenant du gras
Protéines : 71 g   Cholestérol : 221 mg
Sodium : 430 mg   Hydrates de carbone : 7 g

Côtelettes aux herbes de Provence

4 portions

12 côtelettes d'agneau
1 c. à t. d'huile d'olive
Sel et poivre
1 gousse d'ail, hachée
½ oignon rouge, émincé
3 c. à s. de vin rouge sec
250 ml (1 tasse) de bouillon de bœuf
1 c. à t. d'herbes de Provence
1 c. à s. de moutarde forte
1 c. à s. de fécule de maïs
2 c. à s. d'eau froide

Dégraisser les côtelettes. Dans une poêle, à feu moyen, chauffer l'huile. Cuire les côtelettes 2 minutes de chaque côté. Déposer dans une assiette ; saler et poivrer. Couvrir de papier d'aluminium. Laisser reposer 5 minutes.

Dans la poêle, faire revenir l'ail et l'oignon 1 minute. Verser le vin rouge ; laisser réduire de moitié. Ajouter le bouillon, les herbes de Provence et la moutarde. Poursuivre la cuisson 4 minutes. Ajouter la fécule délayée dans l'eau ; lier. Saler et poivrer. Poursuivre la cuisson 2 minutes. Servir.

PAR PORTION — CALORIES (KCAL) : 519
Gras : 21 g = 38 % des Kcal provenant du gras
Protéines : 71 g   Cholestérol : 225 mg
Sodium : 331 mg   Hydrates de carbone : 6 g

Carrés d'agneau aux noix

4 portions

2 carrés d'agneau
4 c. à s. de moutarde forte
1 c. à s. de miel liquide
60 ml (¼ tasse) de mélange de noix, émiettées
60 ml (¼ tasse) de poudre d'amandes
60 ml (¼ tasse) de chapelure
2 gousses d'ail, hachées
2 c. à t. d'huile d'olive
Sel et poivre
1 c. à s. de persil, haché
4 c. à s. de yogourt nature, léger
3 c. à s. de moutarde à l'ancienne
¼ c. à t. de sauce Worcestershire

Dégraisser les carrés ; gratter les os jusqu'à ce qu'ils soient lisses. Réserver.

Préchauffer le four à 205 °C (400 °F).

Dans un petit bol, mélanger la moutarde et le miel. Réserver. Dans un autre bol, mélanger les noix, la poudre d'amandes, la chapelure et l'ail. Réserver.

Dans une poêle, à feu moyen-vif, chauffer l'huile. Saisir les carrés de tous les côtés. Transférer dans une lèchefrite. Badigeonner du mélange de moutarde ; passer dans le mélange de noix. Saler et poivrer. Cuire au four 25 minutes.

Retirer du four. Parsemer de persil. Couvrir de papier d'aluminium. Laisser reposer 10 minutes. Entretemps, dans un bol, mélanger le reste des ingrédients.

Servir, accompagnés de sauce à la moutarde et de légumes bouillis, si désiré.

PAR PORTION — CALORIES (KCAL) : 403
Gras : 20 g = 45 % des Kcal provenant du gras
Protéines : 40 g   Cholestérol : 111 mg
Sodium : 562 mg   Hydrates de carbone : 16 g

L'agneau

*Recettes illustrées, de gauche à droite :
émincé de veau à la citronnelle, blanquette endimanchée,
vol-au-vent du boulanger.*

*Le veau est une viande délicate, faible en matières grasses.
Grâce à la méthode d'élevage en enclos, loin des pâturages, la viande
du veau de lait est blanche et tendre.*

Émincé de veau à la citronnelle

4 portions

1 c. à t. d'huile d'olive

450 g (1 lb) de veau, émincé

Sel et poivre

1 gousse d'ail, hachée

½ oignon, haché

2 c. à s. de jus de citron

250 ml (1 tasse)
de bouillon de bœuf

1 c. à s. de fécule de maïs

2 c. à s. d'eau

3 c. à s. de feuilles
de citronnelle, ciselées

Dans une poêle à revêtement anti-adhésif, à feu moyen, chauffer l'huile. Faire revenir le veau 2 minutes de chaque côté. Saler et poivrer ; ajouter l'ail et l'oignon. Poursuivre la cuisson 1 minute, en remuant de temps à autre.

Déglacer la poêle avec le jus de citron. Verser le bouillon. Poursuivre la cuisson 10 minutes. Ajouter la fécule délayée dans l'eau ; lier. Saler et poivrer. Ajouter la citronnelle. Poursuivre la cuisson 2 minutes, en remuant de temps à autre. Servir.

PAR PORTION — CALORIES (KCAL) : 153
Gras : 6 g = 35 % des Kcal provenant du gras
Protéines : 21 g   Cholestérol : 74 mg
Sodium : 250 mg   Hydrates de carbone : 5 g

Poêlée du Moyen-Orient

4 portions

1 c. à t. d'huile d'olive

450 g (1 lb) de veau, émincé

Sel et poivre

1 gousse d'ail, hachée

½ oignon, haché

2 c. à s. de jus de citron

250 ml (1 tasse)
de bouillon de poulet

1 c. à s. de fécule de maïs

2 c. à s. d'eau

500 ml (2 tasses)
d'épinards, ciselés

250 ml (1 tasse)
de citrons, en suprêmes

Dans une poêle à revêtement anti-adhésive, à feu moyen, chauffer l'huile. Faire revenir le veau 2 minutes de chaque côté. Saler et poivrer ; ajouter l'ail et l'oignon. Poursuivre la cuisson 1 minute, en remuant de temps à autre.

Déglacer la poêle avec le jus de citron. Verser le bouillon. Poursuivre la cuisson 10 minutes. Ajouter la fécule délayée dans l'eau ; lier. Saler et poivrer. Ajouter les épinards et les suprêmes des citrons. Poursuivre la cuisson 2 minutes, en remuant de temps à autre. Servir.

PAR PORTION — CALORIES (KCAL) : 183
Gras : 8 g = 37 % des Kcal provenant du gras
Protéines : 21 g   Cholestérol : 66 mg
Sodium : 257 mg   Hydrates de carbone : 11 g

Les plats principaux

Vol-au-vent du boulanger

4 portions

2 c. à t. d'huile d'olive
450 g (1 lb) de veau, émincé
Sel et poivre
2 gousses d'ail, hachées
2 oignons, hachés
4 tomates, broyées
8 olives noires, hachées grossièrement
250 ml (1 tasse) de bouillon de bœuf
1 c. à s. de fécule de maïs
2 c. à s. d'eau
2 c. à s. de persil, haché
8 tranches de pain de blé entier, sans croûte

Préchauffer le four à 205 °C (400 °F).

Dans une poêle à revêtement anti-adhésif, à feu moyen, chauffer l'huile. Faire revenir le veau 2 minutes de chaque côté. Saler et poivrer; ajouter l'ail et les oignons. Poursuivre la cuisson 3 minutes.

Ajouter les tomates, les olives et le bouillon. Poursuivre la cuisson 5 minutes.

Ajouter la fécule délayée dans l'eau; lier. Ajouter le persil. Poursuivre la cuisson 2 minutes. Retirer du feu. Couvrir. Laisser reposer 10 minutes.

Entretemps, à l'aide d'un rouleau à pâtisserie, amincir les tranches de pain. Avec les tranches, tapisser de grands moules à muffins à revêtement antiadhésif. Cuire au four 10 minutes ou jusqu'à belle coloration.

Servir l'émincé, dans les vol-au-vent de pain.

PAR PORTION — CALORIES (KCAL) : 447
Gras : 14g = 26% des Kcal provenant du gras
Protéines : 30g   Cholestérol : 66mg
Sodium : 781mg   Hydrates de carbone : 57g

Blanquette endimanchée

4 portions

250 ml (1 tasse) d'eau
500 ml (2 tasses) de bouillon de poulet
125 ml (½ tasse) de bouillon de bœuf
450 g (1 lb) de veau, en cubes
Sel et poivre
1 échalote sèche, hachée
1 gousse d'ail, hachée
250 ml (1 tasse) de pomme de terre, carotte et navet mélangés, en parisienne
125 ml (½ tasse) de champignons de Paris, en quartiers
60 ml (¼ tasse) de lait évaporé, écrémé
2 c. à t. de fécule de maïs
4 c. à t. d'eau
125 ml (½ tasse) de pleurotes, émincés

Dans une casserole, porter à ébullition l'eau et les bouillons. Ajouter les cubes de veau. Dans une casserole couverte à demi, à feu doux, laisser mijoter 30 minutes.

Saler et poivrer; ajouter l'échalote, l'ail et la parisienne de légumes. Poursuivre la cuisson 10 minutes. Ajouter les champignons de Paris et le lait évaporé. Poursuivre la cuisson 5 minutes.

Ajouter la fécule délayée dans l'eau; lier. Incorporer les pleurotes. Poursuivre la cuisson 2 minutes. Servir.

PAR PORTION — CALORIES (KCAL) : 231
Gras : 8g = 29% des Kcal provenant du gras
Protéines : 33g   Cholestérol : 96mg
Sodium : 626mg   Hydrates de carbone : 12g

Le veau :

L'élevage du veau de lait dure environ six mois; pendant cette période, il est nourri exclusivement de lait et de moulée exempte de fer, pour conserver à sa chair une couleur pâle et une texture tendre et délicate. La cuisine italienne lui a fait une place de choix. Les abats du veau (foie, rognon, thymus) sont très recherchés par les gourmets, mais, comme tous les autres abats, ils sont malheureusement peu recommandés à ceux dont le taux de cholestérol est élevé.

Petits rôtis braisés à la noix de muscade

Saisies à la poêle et terminées au four, à chaleur moyenne, les paupiettes conservent tous leurs sucs et leur jus.

4 portions

4 c. à s. de farine de blé entier

½ c. à t. de muscade, moulue

4 petits rôtis de veau (ou paupiettes) de 150 g (5 oz) chacun

2 c. à t. d'huile d'olive

Sel et poivre

250 ml (1 tasse) de bouillon de légumes

250 ml (1 tasse) de bouillon de poulet

1 oignon, haché grossièrement

2 carottes, en dés

3 pommes de terre, tranchées

Dans une assiette, mélanger la farine et la moitié de la muscade. Enrober le veau. Dans une rôtissoire, à feu moyen, chauffer l'huile. Bien saisir le veau de tous les côtés; saler et poivrer. Ajouter les bouillons et l'oignon. Poursuivre la cuisson 5 minutes.

Ajouter le reste des ingrédients; mélanger. Poursuivre la cuisson au four, 12 minutes.

Retirer du four. Couvrir de papier d'aluminium. Laisser reposer 10 minutes. Servir.

Par portion — Calories (Kcal) : 420
Gras : 11 g = 23% des Kcal provenant du gras
Protéines : 31 g   Cholestérol : 83 mg
Sodium : 341 mg   Hydrates de carbone : 55 g

Rôti aux betteraves nouvelles

8 portions

2 c. à t. d'huile d'olive

1 rôti de veau de 1,4 kg (3 lb), sans gras

3 c. à s. de moutarde forte

Sel et poivre

375 ml (1½ tasse) de bouillon de poulet

1 oignon, haché

24 petites betteraves nouvelles, pelées

Préchauffer le four à 190 °C (375 °F).

Dans une rôtissoire, à feu moyen, chauffer l'huile. Bien saisir le veau de tous les côtés. À l'aide d'un pinceau, badigeonner le veau de moutarde. Saler et poivrer.

Cuire au four 30 minutes.

Ajouter le bouillon et l'oignon. Poursuivre la cuisson 5 minutes.

Ajouter les betteraves. Poursuivre la cuisson 15 minutes.

Retirer du four. Couvrir de papier d'aluminium. Laisser reposer 10 minutes. Servir.

Par portion — Calories (Kcal) : 347
Gras : 12 g = 30% des Kcal provenant du gras
Protéines : 32 g   Cholestérol : 100 mg
Sodium : 519 mg   Hydrates de carbone : 31 g

Rôti de veau farci

Le veau ainsi préparé est une viande très maigre, riche en zinc et en vitamine B 12.

8 portions

125 ml (½ tasse) de chapelure assaisonnée

4 gousses d'ail, hachées

1 tomate, hachée

1 oignon, haché

Sel et poivre

1 tranche de noix de veau de 1 kg (2¼ lb)

3 c. à s. de moutarde forte

375 ml (1½ tasse) de bouillon de poulet

Préchauffer le four à 190 °C (375 °F).

Dans un bol, mélanger la chapelure, l'ail, la tomate et l'oignon; saler et poivrer.

Étendre le veau bien à plat sur un plan de travail. Recouvrir du mélange de chapelure.

Rouler le veau, comme un gros cigare. Ficeler. À l'aide d'un pinceau, badigeonner de moutarde.

Déposer dans une rôtissoire. Cuire au four environ 50 minutes.

Retirer la viande de la rôtissoire. Saler et poivrer. Couvrir de papier d'aluminium. Laisser reposer 10 minutes.

Entretemps, verser le bouillon dans la rôtissoire. À feu vif, chauffer. Poursuivre la cuisson 5 minutes, en remuant continuellement.

Trancher le rôti. Verser le jus de cuisson dans une saucière. Servir.

Par portion — Calories (Kcal) : 177
Gras : 6 g = 30% des Kcal provenant du gras
Protéines : 23 g   Cholestérol : 83 mg
Sodium : 473 mg   Hydrates de carbone : 8 g

Recettes illustrées, de haut en bas : rôti aux betteraves nouvelles, petits rôtis braisés à la noix de muscade.

Médaillons de veau aux pistaches

4 portions

1¼ c. à t. d'huile d'olive

12 médaillons de veau de 45 g (1½ oz) chacun

Sel et poivre

1 gousse d'ail, hachée

½ oignon, haché

1 c. à s. de moutarde forte

60 ml (¼ tasse) de pistaches, écalées, hachées grossièrement

125 ml (½ tasse) de vin rouge

250 ml (1 tasse) de bouillon de bœuf

Badigeonner de ¼ c. à t. d'huile une poêle à fond cannelé; à feu moyen, chauffer.

Cuire les médaillons de veau 2 minutes de chaque côté; saler et poivrer. Retirer de la poêle. Réserver.

Dans une petite casserole, à feu moyen, chauffer le reste de l'huile; faire revenir l'ail et l'oignon 2 minutes, en remuant de temps à autre.

Ajouter la moutarde et la moitié des pistaches; mélanger. Poursuivre la cuisson 1 minute, en remuant de temps à autre. Déglacer la poêle avec le vin rouge; laisser réduire de moitié.

Verser le bouillon. Poursuivre la cuisson 5 minutes.

Ajouter le veau cuit; mélanger. Saler et poivrer. Poursuivre la cuisson 2 minutes, en remuant de temps à autre.

Servir.

PAR PORTION — CALORIES (KCAL) : 207
Gras : 9 g = 43 % des Kcal provenant du gras
Protéines : 23 g   Cholestérol : 83 mg
Sodium : 325 mg   Hydrates de carbone : 4 g

Saltimbocas

On choisira un jambon plutôt maigre et, si possible, réduit en sel.

4 portions

2 tranches minces de jambon maigre

2 c. à t. d'huile d'olive

8 médaillons de veau de 60 g (2 oz) chacun

Sel et poivre

16 feuilles de sauge

250 ml (1 tasse) de bouillon de bœuf

3 c. à s. de pâte de tomates

Préchauffer le four à 190 °C (375 °F).

Couper chaque tranche de jambon en quatres médaillons de la même taille que le veau. Réserver.

Dans une poêle à revêtement antiadhésif, à feu moyen, chauffer l'huile. Cuire les médaillons de veau 2 minutes de chaque côté.

Retirer les médaillons de la poêle; placer dans une lèchefrite. Saler et poivrer.

Déposer 2 feuilles de sauge sur chaque médaillon de veau; couvrir d'un médaillon de jambon. Fixer à l'aide de bâtonnets de bois. Cuire au four 10 minutes.

Entretemps, remettre la poêle sur le feu. Verser le bouillon et la pâte de tomates; mélanger. Porter à ébullition. À feu doux, laisser mijoter 8 minutes, en remuant de temps à autre.

Servir les saltimbocas, sur un nid de sauce.

PAR PORTION — CALORIES (KCAL) : 194
Gras : 9 g = 37 % des Kcal provenant du gras
Protéines : 24 g   Cholestérol : 80 mg
Sodium : 550 mg   Hydrates de carbone : 8 g

Recettes illustrées, de gauche à droite : médaillons de veau aux pistaches, saltimbocas.

*Recette illustrée:
grenadins de veau à la rhubarbe.*

Grenadins de veau à la rhubarbe

4 portions

1 c. à t. d'huile d'olive

12 médaillons de veau
de 45 g (1½ oz) chacun

Sel et poivre

1 gousse d'ail, hachée

½ oignon, haché

1 c. à s. de moutarde forte

125 ml (½ tasse)
de rhubarbe, pelée, en dés

250 ml (1 tasse)
de bouillon de bœuf

Dans une poêle à revêtement anti-adhésif, à feu moyen, chauffer l'huile. Cuire les médaillons de veau 2 minutes de chaque côté. Retirer du feu. Retirer les médaillons de la poêle. Saler et poivrer. Réserver.

Remettre la poêle sur le feu. Faire revenir l'ail et l'oignon 2 minutes, en remuant continuellement. Ajouter la moutarde et la rhubarbe; mélanger. Poursuivre la cuisson 2 minutes, en remuant continuellement.

Verser le bouillon. Poursuivre la cuisson 5 minutes, en remuant de temps à autre. Ajouter les médaillons de veau cuits; mélanger. Poursuivre la cuisson 5 minutes. Servir.

Par portion — Calories (Kcal) : 173	
Gras : 9 g = 45 % des Kcal provenant du gras	
Protéines : 22 g	Cholestérol : 75 mg
Sodium : 295 mg	Hydrates de carbone : 3 g

Mignons de veau marinés

La marinade n'attendrit pas vraiment la viande puisqu'elle ne pénètre qu'à 1 ou 2 mm de sa surface. Celle-ci donne cependant à la viande une saveur exquise.

4 portions

125 ml (½ tasse)
de vin rouge sec

2 c. à s. de sauce chili

1 c. à s. de sauce tamari, légère

1 gousse d'ail, hachée

8 médaillons de veau
de 60 g (2 oz) chacun

¼ c. à t. d'huile d'olive

Sel et poivre

2 c. à s. de moutarde forte

2 c. à s. de raifort mariné

Dans un bol, mélanger le vin rouge, la sauce chili, la sauce tamari et l'ail. Ajouter le veau; bien mélanger. Couvrir. Placer au réfrigérateur 3 heures, en remuant de temps à autre.

À l'aide de papier absorbant, bien assécher la viande.

Badigeonner d'huile une poêle à fond cannelé; à feu moyen, chauffer. Faire cuire les médaillons de veau 3 minutes de chaque côté. Déposer sur une assiette; saler et poivrer. Couvrir de papier d'aluminium. Laisser reposer 5 minutes.

Servir, accompagnés de moutarde et de raifort.

Par portion — Calories (Kcal) : 156	
Gras : 6 g = 37 % des Kcal provenant du gras	
Protéines : 18 g	Cholestérol : 74 mg
Sodium : 393 mg	Hydrates de carbone : 3 g

Cervelle de veau aux herbes

4 portions

625 g (1½ lb) de cervelle de veau
1,5 l (6 tasses) d'eau
1 carotte, coupée en six
1 bouquet garni (lexique)
1 c. à s. de sel de mer
3 c. à s. de vinaigre de vin
2 c. à t. d'huile d'olive
4 c. à s. de farine de blé entier
Sel et poivre
125 ml (½ tasse) de bouillon de poulet
1 c. à s. de persil, haché
2 c. à s. de cerfeuil, haché
1 c. à s. de zeste d'orange, râpé
½ orange, tranchée

Faire dégorger la cervelle. (technique ci-contre).

Enlever la membrane qui enrobe la cervelle.

Dans une casserole, porter à ébullition l'eau, la carotte, le bouquet garni, le sel de mer et le vinaigre de vin.

Plonger la cervelle dans ce court-bouillon. Retirer la casserole du feu, dès la reprise de l'ébullition. Laisser refroidir complètement la cervelle dans le court-bouillon.

Retirer du court-bouillon. Trancher chaque portion de cervelle en deux. Enfariner. Saler et poivrer.

Dans une poêle à revêtement anti-adhésif, à feu moyen, chauffer l'huile. Cuire la cervelle 3 minutes de chaque côté. Ajouter le bouillon, le persil, le cerfeuil et le zeste d'orange. Poursuivre la cuisson 4 minutes.

Servir, garnie de tranches d'orange.

PAR PORTION — CALORIES (KCAL) : 298
Gras : 11 g = 40 % des Kcal provenant du gras
Protéines : 20 g   Cholestérol : 2798 mg
Sodium : 1735 mg   Hydrates de carbone : 15 g

Préparation

Cervelle et ris de veau

Faire dégorger sous l'eau fraîche 90 minutes ou jusqu'à ce que les impuretés et le sang aient disparus. Retirer la membrane qui enrobe la cervelle. (Les ris seront nettoyés après le pochage).

Dans une casserole, porter à ébullition l'eau et les ingrédients du court-bouillon. Plonger les cervelles et les ris dans le court-bouillon.

Laisser refroidir complètement. Retirer du court-bouillon. Trancher chaque portion de ris en petits médaillons et chaque portion de la cervelle en deux.

Ris de veau à la poire

4 portions

625 g (1½ lb) de ris de veau
1,5 l (6 tasses) d'eau
1 carotte, coupée en six
1 bouquet garni (lexique)
1 c. à s. de sel de mer
3 c. à s. de vinaigre de vin
2 c. à t. d'huile d'olive
4 c. à s. de farine de blé entier
Sel et poivre
1 poire, tranchée
3 c. à s. de vinaigre de poires
125 ml (½ tasse) de bouillon de poulet

Faire dégorger les ris de veau (technique ci-contre).

Dans une casserole, porter à ébullition l'eau, la carotte, le bouquet garni, le sel de mer et le vinaigre de vin.

Plonger les ris de veau dans ce court-bouillon. Retirer la casserole du feu, dès la reprise de l'ébullition. Laisser refroidir complètement les ris de veau dans le court-bouillon.

Retirer du court-bouillon. À l'aide de vos doigts, retirer la membrane qui enrobe les ris. Trancher chaque portion en petits médaillons. Enfariner. Saler et poivrer.

Dans une poêle, à feu moyen, chauffer l'huile. Cuire 2 minutes de chaque côté. Ajouter la moitié des tranches de poire. Cuire 1 minute. Déglacer la poêle avec le vinaigre de poires ; laisser réduire de moitié. Verser le bouillon. Cuire 4 minutes.

Servir, garnis de tranches de poire.

PAR PORTION — CALORIES (KCAL) : 266
Gras : 7 g = 21 % des Kcal provenant du gras
Protéines : 34 g   Cholestérol : 0 mg
Sodium : 1718 mg   Hydrates de carbone : 20 g

219
Le veau

Recettes illustrées, de gauche à droite :
escalopes de veau aux poivres, escalopes putanesca, scaloppine verde.

*Couper la viande en escalopes permet de réduire
les portions ; mais, mieux encore, cela permet d'en sectionner
les fibres, donc d'attendrir la viande.*

Escalopes de veau aux poivres

*Une alternative «diète»
au fameux steak au poivre.*

4 portions

1 c. à t. d'huile d'olive

4 escalopes de veau
de 150 g (5 oz) chacune

Sel et poivre

1 gousse d'ail, hachée

125 ml (½ tasse)
de vin rouge sec

180 ml (¾ tasse)
de bouillon de poulet

1 c. à t. de persil, haché

½ c. à t. de mélange de poivres
noir, vert et rose, écrasés

1 c. à s. de moutarde forte

1 c. à s. de fécule de maïs

2 c. à s. d'eau froide

Dans une poêle à revêtement anti-adhésif, à feu moyen, chauffer l'huile. Faire revenir les escalopes 2 minutes de chaque côté ; saler et poivrer. Déposer sur une assiette. Couvrir de papier d'aluminium. Laisser reposer 10 minutes.

Remettre la poêle sur le feu ; faire revenir l'ail 1 minute, en remuant de temps à autre. Déglacer la poêle avec le vin rouge ; laisser réduire le vin de moitié. Ajouter le bouillon, le persil, les poivres et la moutarde. Poursuivre la cuisson 3 minutes, en remuant de temps à autre.

Ajouter la fécule délayée dans l'eau ; lier. Saler et poivrer. Poursuivre la cuisson 2 minutes, en remuant.

Réchauffer les escalopes dans la sauce.

Servir, nappées de sauce.

PAR PORTION — CALORIES (KCAL) : 195
Gras : 7 g = 38 % des Kcal provenant du gras
Protéines : 24 g   Cholestérol : 92 mg
Sodium : 302 mg   Hydrates de carbone : 3 g

Scaloppine verde

4 portions

1 ¼ c. à t. d'huile d'olive

12 petites escalopes de
veau de 45 g (1 ½ oz) chacune

Sel et poivre

125 ml (½ tasse)
de poireau, émincé

1 oignon, haché

250 ml (1 tasse)
d'épinards, équeutés

125 ml (½ tasse)
de bouillon de bœuf

1 pincée de muscade

Badigeonner de ¼ c. à t. d'huile une poêle à fond cannelé ; à feu moyen, chauffer. Cuire les escalopes de veau 2 minutes de chaque côté ; saler et poivrer. Retirer de la poêle. Réserver.

Dans une petite casserole, à feu moyen, chauffer le reste de l'huile. Faire revenir le poireau et l'oignon 2 minutes, en remuant de temps à autre. Ajouter les épinards. Poursuivre la cuisson 30 secondes, en remuant sans cesse. Ajouter le bouillon et la muscade. Saler et poivrer. Poursuivre la cuisson 3 minutes, en remuant.

Réchauffer les escalopes dans la sauce.

Servir, nappées de sauce.

PAR PORTION — CALORIES (KCAL) : 168
Gras : 7 g = 37 % des Kcal provenant du gras
Protéines : 22 g   Cholestérol : 83 mg
Sodium : 203 mg   Hydrates de carbone : 5 g

Les plats principaux

Paillard aux moutardes

4 portions

1 c. à t. d'huile d'olive

4 médaillons de veau
de 150 g (5 oz) chacun

Sel et poivre

1 échalote sèche, hachée

1 gousse d'ail, hachée

250 ml (1 tasse)
de bouillon de bœuf

2 c. à s. de moutarde à l'ancienne

1 c. à s. de moutarde forte

1 c. à t. de fécule de maïs

2 c. à t. d'eau

Dans une poêle à revêtement anti-adhésif, à feu moyen, chauffer l'huile. Cuire les médaillons de veau 3 minutes de chaque côté; saler et poivrer. Déposer sur une assiette. Couvrir de papier d'aluminium. Laisser reposer 10 minutes.

Remettre la poêle sur le feu; faire revenir l'échalote et l'ail 1 minute, en remuant de temps à autre. Verser le bouillon. Poursuivre la cuisson 5 minutes. Incorporer les moutardes. Poursuivre la cuisson 3 minutes, en remuant.

Ajouter la fécule délayée dans l'eau; lier. Saler et poivrer. Poursuivre la cuisson 2 minutes, en remuant.

Réchauffer les médaillons dans la sauce.

Servir les médaillons, nappés de sauce.

Par portion — Calories (Kcal) : 192
Gras : 10 g = 46 % des Kcal provenant du gras
Protéines : 24 g   Cholestérol : 83 mg
Sodium : 396 mg   Hydrates de carbone : 3 g

Escalopes alla puttanesca

4 portions

1 c. à t. d'huile d'olive

4 escalopes de veau
de 150 g (5 oz) chacune

Sel et poivre

1 échalote sèche, hachée

2 tomates, broyées

1 c. à t. de piments séchés, broyés

1 c. à s. de câpres

6 olives noires, émincées

125 ml (½ tasse)
de vin rouge sec

125 ml (½ tasse)
de bouillon de bœuf

125 ml (½ tasse)
de bouillon de légumes

1 c. à s. de fécule de maïs

2 c. à s. d'eau froide

Dans une poêle à revêtement anti-adhésif, à feu moyen, chauffer l'huile. Cuire les escalopes 2 minutes de chaque côté; saler et poivrer. Déposer sur une assiette. Couvrir de papier d'aluminium. Laisser reposer 10 minutes.

Remettre la poêle sur le feu; faire revenir l'échalote, les tomates, les piments, les câpres et les olives 1 minute. Déglacer la poêle avec le vin; faire réduire le vin de moitié. Verser les bouillons. Poursuivre la cuisson 5 minutes.

Ajouter la fécule délayée dans l'eau; lier. Saler et poivrer. Poursuivre la cuisson 2 minutes, en remuant.

Réchauffer les escalopes dans la sauce.

Servir, nappées de sauce.

Par portion — Calories (Kcal) : 229
Gras : 8 g = 34 % des Kcal provenant du gras
Protéines : 25 g   Cholestérol : 92 mg
Sodium : 336 mg   Hydrates de carbone : 11 g

La cuisson à l'huile :

Les viandes présentées ci-contre, ainsi que plusieurs autres dans l'ouvrage, sont grillées à la poêle, dans l'huile d'olive. L'utilisation d'un pulvérisateur à pression permet de limiter la quantité d'huile nécessaire à la cuisson. En plusieurs occasions, pour les vinaigrettes par exemple, le pulvérisateur peut permettre de limiter l'utilisation d'huile.

Caviar d'aubergine au veau

Bonne source de vitamines A et C, la courgette est riche en fibres et pauvre en calories.

4 portions

1 aubergine, moyenne
2 c. à t. d'huile d'olive
350 g (12 oz) de veau, en petits dés
2 gousses d'ail, hachées
1 oignon, haché
180 ml (¾ tasse) de bouillon de bœuf
Sel et poivre
1 courgette, tranchée

Préchauffer le four à 190 °C (375 °F).

À l'aide d'une fourchette, piquer l'aubergine à plusieurs reprises. Déposer dans une lèchefrite. Cuire au four 25 minutes.

Entretemps, dans une casserole, à feu moyen, chauffer l'huile. Faire revenir le veau 3 minutes, en remuant de temps à autre. Ajouter l'ail et l'oignon. Poursuivre la cuisson 2 minutes, en remuant continuellement.

Ajouter le bouillon; saler et poivrer. En couvrant à demi, à feu doux, laisser mijoter 12 minutes. Ajouter la courgette; mélanger. Retirer du feu. Couvrir. Laisser reposer 10 minutes.

Retirer l'aubergine du four. Couper en deux. À l'aide d'une cuillère, recueillir la chair cuite; déposer dans la casserole; bien mélanger.

Servir.

> **Par portion — Calories (Kcal) : 190**
> Gras : 8 g = 38 % des Kcal provenant du gras
> Protéines : 21 g   Cholestérol : 71 mg
> Sodium : 217 mg   Hydrates de carbone : 11 g

Poivrons farcis

4 portions

450 g (1 lb) de veau haché, maigre
½ oignon, haché
1 gousse d'ail, hachée
Sel et poivre
4 poivrons verts
1 c. à t. d'huile d'olive
125 ml (½ tasse) de jus de tomates
180 ml (¾ tasse) de bouillon de bœuf
3 tomates, broyées

Dans un bol, mélanger la viande, l'oignon et l'ail; saler et poivrer. Réserver.

Couper le dessus des poivrons. À l'aide d'une cuillère parisienne, retirer les pépins et les membranes, en prenant soin de ne pas transpercer la pelure. Farcir du mélange de viande.

Dans une grande poêle à revêtement antiadhésif, à feu moyen, chauffer l'huile. Cuire les poivrons farcis, côté viande dans l'huile, 5 minutes.

Retourner les poivrons. Ajouter le reste des ingrédients. En couvrant à demi, à feu doux, laisser mijoter 30 minutes. Servir.

> **Par portion — Calories (Kcal) : 233**
> Gras : 9 g = 34 % des Kcal provenant du gras
> Protéines : 26 g   Cholestérol : 93 mg
> Sodium : 249 mg   Hydrates de carbone : 14 g

Petit ragoût fin de veau

Il est préférable de couper soi-même la pièce de veau pour en éliminer tout le gras.

4 portions

4 c. à s. de farine grillée
450 g (1 lb) de veau, en cubes
2 c. à t. d'huile d'olive
Sel et poivre
1 oignon, haché
2 gousses d'ail, hachées
500 ml (2 tasses) de bouillon de bœuf
125 ml (½ tasse) de pomme de terre, en parisienne
125 ml (½ tasse) de carottes, en parisienne
125 ml (½ tasse) de navet, en parisienne
1 bouquet garni (lexique)
5 clous de girofle
⅛ c. à t. de muscade moulue

Enfariner les cubes de veau.

Dans une casserole à revêtement antiadhésif, à feu moyen, chauffer l'huile. Saisir les cubes de tous les côtés. Saler et poivrer; ajouter l'oignon et l'ail. Poursuivre la cuisson 3 minutes, en remuant de temps à autre.

Ajouter le reste des ingrédients. Porter à ébullition. À feu doux, laisser mijoter 20 minutes, en remuant de temps à autre.

Retirer le bouquet garni. Servir.

> **Par portion — Calories (Kcal) : 296**
> Gras : 14 g = 37 % des Kcal provenant du gras
> Protéines : 31 g   Cholestérol : 95 mg
> Sodium : 444 mg   Hydrates de carbone : 20 g

223
Le veau

Les poissons et fruits de mer

La diète nord-américaine est surtout orientée vers la consommation de poulet et de bœuf. Malheureusement, les protéines du poulet et du bœuf sont enrobées d'une couche de gras qui peut être nuisible. Le poisson, en revanche, contient des protéines de très haute qualité. De plus, ses huiles contiennent des acides gras oméga-3 qui ont tendance à réduire, avantageusement, les triglycérides dans le sang.

Filets de truite aux amandes

4 portions

2 c. à t. d'huile d'olive

4 filets de truite de 140 g (5 oz) chacun

1 échalote sèche, hachée

2 c. à s. d'amandes, tranchées

Sel et poivre

3 c. à s. de jus de citron

1 c. à s. de jus de lime

2 c. à s. de zeste de citron

1 c. à s. de zeste de lime

6 tranches de lime, coupées en deux

Dans une poêle à revêtement anti-adhésif, à feu moyen, chauffer l'huile. Cuire les filets de truite 2 minutes. Retourner les filets. Ajouter l'échalote et les amandes; saler et poivrer. Poursuivre la cuisson 1 minute.

Ajouter les jus de citron et de lime, les zestes de citron et de lime. Poursuivre la cuisson 1 minute, en remuant de temps à autre.

Servir, accompagnés de tranches de lime et de légumes cuits à la vapeur, si désiré.

PAR PORTION — CALORIES (KCAL) : 266
Gras : 14 g = 46 % des Kcal provenant du gras
Protéines : 31 g   Cholestérol : 82 mg
Sodium : 120 mg   Hydrates de carbone : 5 g

Truite à l'aneth

4 portions

4 filets de truite de 140 g (5 oz) chacun

1/4 c. à t. de poudre d'oignon

1/8 c. à t. de poudre d'ail

Sel et poivre

4 c. à s. de feuilles d'aneth

4 c. à s. de jus de citron

4 tranches de citron

Préparer une marmite à vapeur.

Saupoudrer les filets de truite de poudre d'oignon et de poudre d'ail; saler et poivrer.

Couvrir les filets de feuilles d'aneth. Déposer les filets dans le panier de la marmite à vapeur. Cuire 3 minutes.

Servir les filets, arrosés de jus de citron et accompagnés de tranches de citron.

PAR PORTION — CALORIES (KCAL) : 228
Gras : 10 g = 37 % des Kcal provenant du gras
Protéines : 30 g   Cholestérol : 82 mg
Sodium : 126 mg   Hydrates de carbone : 6 g

Truite saumonée aux deux parfums

4 portions

125 ml (½ tasse) de jus de tomates
2 c. à s. de gingembre, râpé
1 c. à t. de raifort, râpé
1 tomate, hachée
1 gousse d'ail, hachée
30 ml (1 oz) de vodka
⅛ c. à t. de poivre de céleri
2 pincées de sel de mer
4 filets de truite saumonée de 140 g (5 oz) chacun

Préchauffer le four à 175 °C (350 °F).

Dans un bol, mélanger le jus de tomates, le gingembre, le raifort, la tomate, l'ail, la vodka, le poivre de céleri et le sel de mer.

Déposer les filets de truite au centre d'une grande feuille de papier d'aluminium; replier les bords du papier d'aluminium de façon à former une papillote. Verser la préparation de jus de tomates sur le poisson. Refermer la papillote. Cuire au four 15 minutes.

Retirer la truite du four. Entrouvrir la papillote. Laisser reposer 4 minutes.

Servir, accompagnée de légumes bouillis, si désiré.

Par portion — Calories (Kcal) : 235
Gras : 9g = 40% des Kcal provenant du gras
Protéines : 30g   Cholestérol : 82mg
Sodium : 138mg   Hydrates de carbone : 2g

Truite fumée

4 portions

3 filets de truite de 140 g (5 oz) chacun
1 c. à t. d'huile d'olive
¼ c. à t. d'huile de sésame
4 c. à s. de carotte, râpée
1 gousse d'ail, hachée
2 échalotes vertes, hachées
Sel et poivre
3 c. à s. de jus de lime
125 ml (½ tasse) de truite fumée, émincée

Découper chaque filet de truite en cinq ou six morceaux.

Dans une poêle à revêtement anti-adhésif, à feu moyen, chauffer les huiles.

Cuire les filets de truite 1 minute. Retourner les filets. Ajouter la carotte, l'ail et les échalotes; saler et poivrer. Poursuivre la cuisson 1 minute, en remuant de temps à autre.

Ajouter le jus de lime et la truite fumée. Poursuivre la cuisson 1 minute, en remuant de temps à autre.

Servir, avec des pâtes, si désiré.

Par portion — Calories (Kcal) : 236
Gras : 10g = 38% des Kcal provenant du gras
Protéines : 32g   Cholestérol : 92mg
Sodium : 247mg   Hydrates de carbone : 4g

Le poisson :

Les Canadiens en consomment en moyenne 18 livres par année, comparativement à 50 livres pour le bœuf et 55 livres pour le poulet. Il serait souhaitable de réduire encore un peu notre consommation de viande rouge (riche en gras saturé) au profit du poisson, dont les graisses sont plutôt du type polyinsaturé, ce qui les rend plus santé. La chair du poisson, peu fibreuse, s'accommode très bien d'une cuisson à l'étuvée. La technique de fumage rend particulièrement justice à sa texture délicate, tout en préservant ses qualités nutritives.

Darnes de saumon aux tomates

Le saumon est riche en vitamine A et en calcium.

4 portions

¼ c. à t. d'huile d'olive

4 darnes de saumon de 140 g (5 oz) chacune

Sel et poivre

3 tomates, hachées grossièrement

2 c. à s. de tomates séchées, émincées

1 gousse d'ail, hachée

1 échalote sèche, hachée

1 c. à t. de basilic, haché

1 c. à t. de persil, haché

⅛ c. à t. de sauce Worcestershire

Préparer une marmite à vapeur.

Badigeonner d'huile une poêle à fond cannelé. À feu moyen, chauffer. Cuire les darnes de saumon, 3 minutes de chaque côté. Retirer de la poêle ; déposer dans une assiette. Saler et poivrer. Couvrir de papier d'aluminium. Laisser reposer 4 minutes.

Entretemps, dans un bol de verre, mélanger le reste des ingrédients. Dans le panier de la marmite à vapeur, déposer le bol contenant la préparation. Cuire 3 minutes.

Servir les darnes, recouvertes de tombée de tomates.

Par portion — Calories (Kcal) : 205
Gras : 5 g = 24 % des Kcal provenant du gras
Protéines : 30 g   Cholestérol : 74 mg
Sodium : 188 mg   Hydrates de carbone : 9 g

Filets de saumon, sauce cocktail

On recommande trois repas de poisson par semaine..

4 portions

2 c. à t. d'huile d'olive

4 tranches de filet de saumon de 140 g (5 oz) chacune

4 c. à s. de jus de lime

Sel et poivre

4 c. à s. de sauce chili

1 c. à s. de raifort dans le vinaigre

⅛ c. à t. de sauce Worcestershire

1 c. à t. de persil, haché

Dans une poêle à revêtement anti-adhésif, à feu moyen, chauffer l'huile. Cuire les tranches de filet de saumon, 2 minutes de chaque côté. Retirer de la poêle. Déposer sur une assiette. Arroser du jus de lime. Saler et poivrer. Couvrir de papier d'aluminium. Laisser reposer 2 minutes.

Entretemps, dans un bol, mélanger le reste des ingrédients.

Servir les filets, accompagnés de sauce cocktail.

Par portion — Calories (Kcal) : 194
Gras : 7 g = 34 % des Kcal provenant du gras
Protéines : 29 g   Cholestérol : 74 mg
Sodium : 151 mg   Hydrates de carbone : 3 g

Escalopes de saumon au pamplemousse

4 portions

Sel et poivre

4 escalopes de saumon de 140 g (5 oz) chacune

1 concombre, tranché finement

125 ml (½ tasse) de yogourt nature, léger

1 gousse d'ail, hachée

⅛ c. à t. de sauce Worcestershire

4 c. à s. de jus de pamplemousse

1 pamplemousse, en suprêmes

Préparer une marmite à vapeur.

Saler et poivrer les escalopes de saumon.

Couper les tranches de concombre en deux. Recouvrir les escalopes de demi-tranches de concombre, en les faisant se chevaucher pour obtenir un motif d'écailles de poisson.

Dans le panier de la marmite à vapeur, déposer les escalopes. Cuire 4 minutes.

Entretemps, au robot culinaire, réduire en purée le reste des tranches de concombre, le yogourt, l'ail et la sauce Worcestershire. Saler et poivrer. Réserver.

Retirer les escalopes de la marmite à vapeur. Arroser du jus de pamplemousse.

Servir les escalopes, accompagnées de suprêmes de pamplemousse.

Par portion — Calories (Kcal) : 225
Gras : 5 g = 21 % des Kcal provenant du gras
Protéines : 31 g   Cholestérol : 74 mg
Sodium : 166 mg   Hydrates de carbone : 13 g

Les poissons et fruits de mer

Sole en court-bouillon

La sole a une chair délicate qui se prête bien à une cuisson pochée.

4 portions

250 ml (1 tasse) de fumet de poisson

250 ml (1 tasse) de bouillon de poulet

250 ml (1 tasse) de bouillon de légumes

3 c. à s. de jus de citron

½ poivron rouge, haché grossièrement

½ poireau, en julienne

½ carotte, en julienne

1 gousse d'ail, hachée

Sel et poivre

450 g (1 lb) de filets de sole, en médaillons

1 c. à s. de basilic, ciselé

Dans une casserole, porter à ébullition le fumet de poisson, les bouillons, le jus de citron, le poivron rouge, le poireau, la carotte et l'ail; saler et poivrer.

Plonger les médaillons de sole dans la casserole. À feu doux, laisser mijoter 4 minutes.

À l'aide d'une écumoire, retirer le poisson et les légumes de la casserole. Déposer dans une assiette. Récupérer environ 125 ml (½ tasse) du bouillon de cuisson. Verser sur le poisson. Servir.

Par portion — Calories (Kcal) : 126
Gras : 2 g = 12 % des Kcal provenant du gras
Protéines : 22 g   Cholestérol : 4 mg
Sodium : 431 mg   Hydrates de carbone : 12 g

Sole farcie aux champignons

La sole est riche en vitamine B-12 et, comme tous les poissons, elle contient des oméga-3.

4 portions

4 filets de sole de 140 g (5 oz) chacun

250 ml (1 tasse) de champignons de Paris, en dés

2 échalotes sèches, hachées

60 ml (¼ tasse) de bulbe de fenouil, haché grossièrement

1 gousse d'ail, hachée

Sel et poivre

250 ml (1 tasse) de jus de tomates

3 c. à s. de jus de citron

Préchauffer le four à 175 °C (350 °F).

Couper chaque filet de sole dans le sens de la longueur. Réserver.

Dans un bol, mélanger les champignons, les échalotes, le fenouil et l'ail; saler et poivrer.

Étendre les moitiés de filets de sole sur un plan de travail. Déposer une petite quantité de préparation de champignons à une extrémité; rouler. Déposer dans une assiette allant au four. Arroser de jus de tomates et de jus de citron. Saler et poivrer.

Cuire au four 15 minutes. Servir.

Par portion — Calories (Kcal) : 123
Gras : 1 g = 6 % des Kcal provenant du gras
Protéines : 22 g   Cholestérol : 0 mg
Sodium : 134 mg   Hydrates de carbone : 7 g

Sole au coulis de brocoli

4 portions

2 c. à t. d'huile d'olive

450 g (1 lb) de filets de sole, en médaillons

Sel et poivre

125 ml (½ tasse) de bouillon de poulet

1 gousse d'ail, hachée

1 c. à s. de cerfeuil, haché

180 ml (¾ tasse) de brocoli, en bouquets, hachés grossièrement

Dans une poêle à revêtement anti-adhésif, à feu moyen, chauffer l'huile. Cuire les filets de sole, 2 minutes de chaque côté.

Retirer de la poêle; déposer sur une assiette. Saler et poivrer. Couvrir de papier d'aluminium. Laisser reposer 2 minutes.

Entretemps, dans une casserole, porter à ébullition le bouillon, l'ail et le cerfeuil; saler et poivrer. Cuire les bouquets de brocoli 3 minutes dans le bouillon. Au robot culinaire, réduire en purée. Passer au tamis moyen.

Verser la sauce dans une assiette. Déposer la sole sur la sauce.

Servir, accompagnée de bouquets de brocoli et de chou-fleur cuits à la vapeur, si désiré.

Par portion — Calories (Kcal) : 101
Gras : 3 g = 25 % des Kcal provenant du gras
Protéines : 18 g   Cholestérol : 0 mg
Sodium : 173 mg   Hydrates de carbone : 1 g

Sole flambée au Pernod

Le Pernod est fabriqué à partir d'extraits de plantes dites anisées. Son goût de réglisse se marie bien avec le poisson.

4 portions

2 c. à t. d'huile d'olive

450 g (1 lb) de filets de sole, en médaillons

60 ml (¼ tasse) de céleri, coupé en biseau

1 gousse d'ail, hachée

1 c. à s. de zeste d'orange

Sel et poivre

4 c. à s. de Pernod

125 ml (½ tasse) de jus d'orange

125 ml (½ tasse) de fumet de poisson

1 c. à s. de feuilles de fenouil

Dans une poêle à revêtement anti-adhésif, à feu moyen, chauffer l'huile. Cuire les filets de sole 1 minute de chaque côté. Ajouter le céleri, l'ail et le zeste d'orange; saler et poivrer. Poursuivre la cuisson 1 minute, en remuant de temps à autre. Déglacer la poêle avec le Pernod; laisser réduire de moitié. Verser le jus d'orange et le fumet de poisson. Poursuivre la cuisson 1 minute.

Retirer la sole de la poêle; déposer dans une assiette; parsemer de feuilles de fenouil. Arroser de la sauce à l'orange. Servir.

Par portion — Calories (Kcal) : 183
Gras : 4 g = 23 % des Kcal provenant du gras
Protéines : 17 g   Cholestérol : 2 mg
Sodium : 144 mg   Hydrates de carbone : 10 g

Gravlax

12 portions

1 filet de saumon de 900 g (2 lb)
500 ml (2 tasses) de gros sel
3 c. à s. de sucre
3 c. à s. de zeste de citron
1 c. à s. de zeste de lime
1 c. à s. de graines de fenouil
1 c. à s. de graines de céleri
2 c. à s. de poivre noir, concassé
125 ml (½ tasse) de feuilles d'aneth

Étendre le filet de saumon sur un plan de travail. À l'aide d'un couteau, retirer les arêtes et la couche de gras au bas du filet.

Glisser la lame du couteau sous la peau, à l'extrémité de la queue; soulever la peau d'une main et, de l'autre, détacher la chair de la peau, en prenant soin de bien garder la lame du couteau parallèle au plan de travail. Réserver.

Dans un bol, mélanger le reste des ingrédients. Verser la moitié de cette préparation dans un récipient de la même dimension que le filet de saumon. Placer le filet sur la préparation; couvrir du reste de la préparation. Envelopper de pellicule plastique. Placer au réfrigérateur 36 heures.

Retirer le filet du récipient. Sous l'eau fraîche, rincer le saumon de façon à le débarrasser entièrement du sel.

Couper en 5 ou 6 morceaux. Envelopper hermétiquement dans du papier d'aluminium. Le gravlax se conservera 7 jours au réfrigérateur et 6 mois au congélateur.

Pour servir, trancher en goujons ou en tranches fines; accompagner de tranches de citron.

Par portion — Calories (Kcal) : 88
Gras : 3 g = 28 % des Kcal provenant du gras
Protéines : 15 g   Cholestérol : 39 mg
Sodium : 51 mg   Hydrates de carbone : 0 g

Préparation

Gravlax

Étendre le filet de saumon sur un plan de travail; à l'aide d'un couteau, retirer les arêtes et la couche de gras au bas du filet.

Glisser la lame du couteau sous la peau, à l'extrémité de la queue; soulever la peau d'une main et, de l'autre, détacher la chair de la peau, en prenant soin de bien garder la lame du couteau parallèle au plan de travail.

Verser la moitié de la préparation dans un récipient. Déposer le filet sur la préparation; couvrir du reste de la préparation.

Sandwich norvégien

Le gravlax est un saumon mariné, ce qui lui conserve toutes ses propriétés nutritives.

4 portions

60 ml (¼ tasse) de yogourt
2 c. à s. de moutarde à l'ancienne
½ c. à t. de sauce Worcestershire
Sel et poivre
8 tranches de pain noir ou de seigle
300 g (10 oz) de gravlax (technique ci-contre), tranché finement
6 radis, tranchés finement
60 ml (¼ tasse) de citron, en petites pointes
1 c. à s. de câpres
1 c. à s. de feuilles d'aneth

Dans un bol, mélanger le yogourt, la moutarde et la sauce Worcestershire; saler et poivrer.

Tartiner chaque tranche de pain de préparation à la moutarde, en conservant un peu de préparation pour la garniture. Couvrir de tranches de gravlax, puis de tranches de radis. Parsemer de petites pointes de citron, de câpres et de feuilles d'aneth.

Sur le dessus, répartir le reste de la préparation à la moutarde.

Placer au réfrigérateur 30 minutes.

Servir bien frais.

Par portion — Calories (Kcal) : 599
Gras : 9 g = 13 % des Kcal provenant du gras
Protéines : 33 g   Cholestérol : 37 mg
Sodium : 1364 mg   Hydrates de carbone : 100 g

233

Les poissons et fruits de mer

Qu'ils soient d'eau douce ou d'eau salée, les poissons possèdent sensiblement les mêmes propriétés nutritives.

Lotte enrobée

4 portions

60 ml (¼ tasse) de yogourt nature, léger

1 tomate, broyée

Sel et poivre

8 petites feuilles de laitue chinoise

8 médaillons de lotte de (60 g) 2 oz chacun

4 c. à s. de jus de citron

Préparer une marmite à vapeur.

Dans un bol, mélanger le yogourt et la tomate ; saler et poivrer.

Étendre les feuilles de laitue chinoise sur un plan de travail. Déposer un médaillon de lotte au centre de chaque feuille ; étendre environ 1 c. à s. de préparation de yogourt sur chaque médaillon. Replier les feuilles de laitue de façon à envelopper complètement les médaillons de lotte.

Déposer dans le panier de la marmite à vapeur. Cuire 5 minutes.

Retirer de la marmite. Arroser de jus de citron. Servir.

PAR PORTION — CALORIES (KCAL) : 108
Gras : 2 g = 16% des Kcal provenant du gras
Protéines : 19 g   Cholestérol : 29 mg
Sodium : 89 mg   Hydrates de carbone : 4 g

Doré en papillote

4 portions

1 filet de doré de 450 g (1 lb)

125 ml (½ tasse) de bouillon de légumes

125 ml (½ tasse) de carottes, en julienne

½ oignon, tranché

1 tomate, en dés

1 c. à t. d'estragon, haché

Sel et poivre

Préchauffer le four à 175 °C (350 °F).

Placer le filet de doré au centre d'une grande feuille de papier d'aluminium ; replier les bords de façon à former une papillote. Verser le bouillon sur le poisson. Couvrir des carottes, de l'oignon et de la tomate ; parsemer d'estragon ; saler et poivrer. Refermer la papillote.

Cuire au four 15 minutes.

Retirer du four. Entrouvrir la papillote. Laisser reposer 4 minutes.

Servir, accompagné de légumes bouillis, si désiré.

PAR PORTION — CALORIES (KCAL) : 109
Gras : 1 g = 6% des Kcal provenant du gras
Protéines : 21 g   Cholestérol : 49 mg
Sodium : 176 mg   Hydrates de carbone : 6 g

Turbot «presque frit»!

4 portions

180 ml (¾ tasse) de chapelure de blé entier

½ c. à t. de poudre d'oignon

½ c. à t. de poudre d'ail

½ c. à t. de paprika

⅛ c. à t. de sel de céleri

⅛ c. à t. de poivre de céleri

4 filets de turbot de 115 g (4 oz) chacun

¼ c. à t. d'huile d'olive

60 ml (¼ tasse) de yogourt nature, léger

1 c. à s. de sauce chili

⅛ c. à t. de sauce Worcestershire

1 c. à t. de jus de lime

Sel et poivre

1 c. à t. de persil, haché

Préchauffer le four à 190 °C (375 °F).

Dans un bol, mélanger la chapelure, la poudre d'oignon, la poudre d'ail, le paprika, le sel de céleri et le poivre de céleri. Bien enrober le poisson de cette préparation.

Badigeonner d'huile une lèchefrite; y déposer les filets de poisson enrobés. Cuire au four 20 minutes, en retournant les filets à mi-cuisson.

Entretemps, dans un bol, mélanger le yogourt, la sauce chili, la sauce Worcestershire et le jus de lime; saler et poivrer.

Retirer le poisson du four. Parsemer de persil haché.

Servir, accompagné de la sauce au yogourt.

Par portion — Calories (Kcal) : 201
Gras : 5 g = 23% des Kcal provenant du gras
Protéines : 22 g   Cholestérol : 55 mg
Sodium : 445 mg   Hydrates de carbone : 17 g

Aiglefin aux poireaux

L'aiglefin est un poisson à chair blanche qui contient très peu de matières grasses. Il est une bonne source de protéines de haute qualité, de calcium, de phosphore et d'un peu d'iode.

4 portions

250 ml (1 tasse) de poireaux, émincés

1 gousse d'ail, hachée

1 échalote verte, hachée

½ c. à t. de moutarde à l'ancienne

1 c. à s. de zeste de citron, râpé

Sel et poivre

450 g (1 lb) d'aiglefin, en médaillons

4 c. à s. de jus de citron

Préparer une marmite à vapeur.

Dans un bol, mélanger les poireaux, l'ail, l'échalote verte, la moutarde à l'ancienne et le zeste de citron; saler et poivrer.

Déposer les médaillons d'aiglefin dans le panier de la marmite à vapeur. Couvrir de la préparation de poireaux. Cuire 5 minutes.

Retirer les médaillons de la marmite. Arroser de jus de citron. Servir.

Par portion — Calories (Kcal) : 113
Gras : 1 g = 7% des Kcal provenant du gras
Protéines : 22 g   Cholestérol : 65 mg
Sodium : 133 mg   Hydrates de carbone : 4 g

La cuisson du poisson :

On peut consommer le poisson cru, mariné ou cuit de plusieurs manières : à l'étuvée, grillé, au four, etc. Se souvenir qu'il est meilleur lorsqu'il est à peine cuit; c'est alors que le poisson conserve son maximum de valeurs nutritives. Bien sûr, sa fraîcheur est primordiale, autant que la propreté des lieux où on l'achète, ainsi que la manière de le manipuler et de le conserver. De strictes précautions d'hygiène s'imposent dans la préparation des poissons crus. Le thon, dont la chair est rouge profond, contient plus de myoglobine, donc plus de fer.

Les poissons et fruits de mer

Thon grillé, Santa Fae

Le thon rouge possède une texture qui ressemble à s'y méprendre au filet de bœuf. On peut le servir légèrement cuit ou à point.

4 portions

¼ c. à t. d'huile d'olive

4 demi-darnes de thon de 140 g (5 oz) chacune

Sel et poivre

3 c. à s. de poivron vert, haché, blanchi

3 c. à s. de poivron rouge, haché, blanchi

3 c. à s. de poivron jaune, haché, blanchi

60 ml (¼ tasse) de tomate, broyée

1 c. à t. de feuilles de coriandre, hachées

1 c. à s. de jus de lime

⅛ c. à t. de sauce Tabasco

¼ c. à t. de sauce Worcestershire

Badigeonner d'huile une poêle à fond cannelé. À feu moyen, chauffer. Cuire les demi-darnes 3 minutes de chaque côté. Retirer de la poêle ; déposer sur une assiette ; saler et poivrer. Couvrir de papier d'aluminium. Laisser reposer 3 minutes.

Entretemps, dans un bol, mélanger le reste des ingrédients ; saler et poivrer

Garnir le thon grillé de la préparation aux poivrons.

Servir, accompagné de légumes fleurs cuits à la vapeur, si désiré.

PAR PORTION — CALORIES (KCAL) : 214
Gras : 7 g = 32 % des Kcal provenant du gras
Protéines : 33 g   Cholestérol : 54 mg
Sodium : 105 mg   Hydrates de carbone : 2 g

Espadon, sauce pointue

La texture de la chair d'espadon est fort semblable à celle du poulet ou de la dinde. Ce poisson est très nourrissant.

4 portions

¼ c. à t. d'huile d'olive

2 darnes d'espadon de 280 g (10 oz) chacune

Sel et poivre

125 ml (½ tasse) de yogourt nature, léger

2 c. à s. de sauce chili

¼ c. à t. de sauce Tabasco

½ c. à t. de piments séchés, broyés

1 gousse d'ail, hachée

Badigeonner d'huile une poêle à fond cannelé. À feu moyen, chauffer. Cuire les darnes 3 minutes de chaque côté. Retirer de la poêle. Couper chaque darne en deux portions ; déposer dans une assiette ; saler et poivrer. Couvrir de papier d'aluminium. Laisser reposer 3 minutes.

Entretemps, dans un bol, mélanger le reste des ingrédients ; saler et poivrer

Garnir l'espadon grillé de sauce aux piments. Servir.

PAR PORTION — CALORIES (KCAL) : 193
Gras : 6 g = 29 % des Kcal provenant du gras
Protéines : 30 g   Cholestérol : 56 mg
Sodium : 197 mg   Hydrates de carbone : 3 g

Requin au vert

La chair du requin est plutôt fade, mais sa valeur nutritive est excellente. Il demande une préparation plus relevée.

4 portions

125 ml (½ tasse) de bouillon de légumes

1 échalote verte, hachée

80 ml (⅓ tasse) de brocoli, en petits bouquets

80 ml (⅓ tasse) d'épinards, ciselés

1 c. à s. de persil, haché

1 gousse d'ail, hachée

Sel et poivre

1 c. à t. d'huile d'olive

450 g (1 lb) de requin, en cubes

Dans une casserole, porter le bouillon à ébullition ; ajouter l'échalote, les brocolis, les épinards, le persil haché et la gousse d'ail ; saler et poivrer ; bien mélanger. À feu doux, laisser mijoter 5 minutes. Au robot culinaire, réduire en purée lisse. Réserver.

Dans une poêle, à feu moyen, chauffer l'huile. Cuire les cubes de requin 5 minutes en remuant de temps à autre. Saler et poivrer. Ajouter la purée ; bien mélanger. À feu doux, poursuivre la cuisson 2 minutes en remuant continuellement. Servir.

PAR PORTION — CALORIES (KCAL) : 170
Gras : 6 g = 32 % des Kcal provenant du gras
Protéines : 25 g   Cholestérol : 58 mg
Sodium : 208 mg   Hydrates de carbone : 6 g

Recettes illustrées, de haut en bas : espadon, sauce pointue, thon grillé, Santa Fae.

Que le poisson vive en eau salée ou en eau douce, sa chair est non salée. Plus il vit en eau froide, plus il contient du gras (insaturé) qui agit comme isolant thermique. Ce gras est riche en oméga-3.

Daurade à la carambole

4 portions

4 filets de daurade de 115 g (4 oz) chacun

1 carambole, tranchée

Sel et poivre

125 ml (½ tasse) de yogourt nature, léger

1 c. à t. d'estragon, haché

1 c. à t. de ciboulette, hachée

1 c. à s. de basilic, ciselé

⅛ c. à t. de sauce Worcestershire

1 c. à t. de cerfeuil, haché

Préparer une marmite à vapeur.

Déposer les filets de daurade dans le panier de la marmite à vapeur.

Couvrir de tranches de carambole ; saler et poivrer. Cuire 5 minutes.

Entretemps, dans un bol, mélanger le yogourt, l'estragon, la ciboulette, le basilic et la sauce Worcestershire. Saler et poivrer.

Retirer les filets de la marmite ; déposer dans une assiette. Parsemer de cerfeuil.

Servir les filets, accompagnés du yogourt aux herbes.

PAR PORTION — CALORIES (KCAL) : 140
Gras : 3 g = 17 % des Kcal provenant du gras
Protéines : 23 g   Cholestérol : 47 mg
Sodium : 147 mg   Hydrates de carbone : 6 g

Loup de mer au poivron rouge

4 portions

1 c. à t. d'huile d'olive

4 filets de loup de mer de 115 g (4 oz) chacun

Sel et poivre

125 ml (½ tasse) de bouillon de légumes

1 poivron rouge, en lamelles

1 tomate, broyée

1 gousse d'ail, hachée

1 c. à s. de tomate séchée, émincée

Dans une poêle à revêtement anti-adhésif, à feu moyen, chauffer l'huile. Cuire le loup de mer 3 minutes de chaque côté. Retirer de la poêle ; déposer sur une assiette. Saler et poivrer. Couvrir de papier d'aluminium. Laisser reposer 4 minutes.

Entretemps, dans une casserole, porter à ébullition le reste des ingrédients, sauf la tomate séchée. Poursuivre la cuisson 5 minutes. Au robot culinaire, réduire en purée lisse.

Garnir le poisson de tomate séchée ; napper du coulis de poivron rouge.

Servir, accompagné de poivrons grillés, si désiré.

PAR PORTION — CALORIES (KCAL) : 124
Gras : 2 g = 15 % des Kcal provenant du gras
Protéines : 23 g   Cholestérol : 102 mg
Sodium : 198 mg   Hydrates de carbone : 5 g

Les plats principaux

Bar, sauce aux huîtres

4 portions

1 c. à t. d'huile d'olive

450 g (1 lb) de bar, en médaillons

Sel et poivre

2 c. à s. de sauce aux huîtres (asiatique)

60 ml (¼ tasse) de fumet de poisson

60 ml (¼ tasse) de bouillon de légumes

1 gousse d'ail, hachée

Dans une poêle, à feu moyen, chauffer l'huile. Cuire les médaillons de bar 3 minutes de chaque côté. Retirer de la poêle; déposer sur une assiette. Saler et poivrer. Couvrir de papier d'aluminium. Laisser reposer 4 minutes.

Entretemps, dans une casserole porter à ébullition la sauce aux huîtres, le fumet de poisson, le bouillon de légumes et l'ail. Poursuivre la cuisson 5 minutes. Verser la sauce au fond d'une assiette. Déposer les médaillons de bar sur la sauce.

Servir les médaillons, accompagnés de légumes cuits à la vapeur, si désiré.

Par portion — Calories (Kcal) : 135
Gras : 4 g = 25% des Kcal provenant du gras
Protéines : 22 g   Cholestérol : 50 mg
Sodium : 481 mg   Hydrates de carbone : 3 g

Brochet en filo

4 portions

1 c. à t. d'huile d'olive

350 g (¾ lb) de brochet, en dés

125 ml (½ tasse) de poireau, haché

80 ml (⅓ tasse) de bouillon de légumes

60 ml (¼ tasse) de riz à cuisson rapide

Sel et poivre

1 c. à t. d'eau

3 feuilles de pâte filo

Dans une poêle à revêtement antiadhésif, à feu moyen, chauffer ½ c.à.t. d'huile. Faire revenir le poisson 2 minutes, en remuant de temps à autre. Ajouter le poireau; mélanger. Poursuivre la cuisson 1 minute. Ajouter le bouillon et le riz; saler et poivrer. Poursuivre la cuisson jusqu'à ébullition. À feu doux, laisser mijoter 5 minutes. Retirer du feu. Laisser tiédir.

Préchauffer le four à 175 °C (350 °F).

Dans un bol, mélanger le reste de l'huile et l'eau. Étendre les feuilles de pâte filo sur un plan de travail. À l'aide d'un pinceau, badigeonner du mélange d'huile. Empiler les trois feuilles les unes sur les autres. Tailler dans la pâte quatre cercles de 18 cm (7 po) de diamètre. Tapisser de pâte filo quatre grands moules à muffins.

Répartir la préparation au poisson dans les moules. Refermer la pâte filo en forme de papillote.

Faire cuire au four 10 minutes. Si, toutefois, le dessus des papillotes colorent trop rapidement, recouvrir d'une feuille de papier d'aluminium.

Servir, accompagné de légumes, si désiré.

Par portion — Calories (Kcal) : 194
Gras : 5 g = 24% des Kcal provenant du gras
Protéines : 18 g   Cholestérol : 35 mg
Sodium : 250 mg   Hydrates de carbone : 19 g

L'oméga-3 :

Depuis longtemps, une diète riche en poisson est associée à la bonne santé cardiovasculaire. En fait, la valeur particulière du poisson serait liée aux propriétés de ses huiles et acides gras, oméga-3, qu'il contient. Ce type d'acides gras a tendance à réduire les triglycérides dans le sang. On suggère de consommer du poisson 2 à 3 fois par semaine.

Mahi-mahi des tropiques

Le mahi-mahi a une chair ferme comme le thon ou l'espadon. Grillé, il est à son meilleur.

4 portions

¼ c. à t. d'huile d'olive

2 darnes de mahi-mahi de 280 g (10 oz) chacune

Sel et poivre

125 ml (½ tasse) de yogourt nature, léger

2 c. à s. de sauce chili

¼ c. à t. de sauce Tabasco

½ c. à t. de piments, hachés

1 gousse d'ail, hachée

1 c. à s. de noix de coco, râpée, grillée

Badigeonner d'huile une poêle à fond cannelé; à feu moyen, chauffer. Cuire les darnes 3 minutes de chaque côté. Retirer de la poêle. Couper chaque darne en deux portions. Déposer sur une assiette; saler et poivrer. Couvrir de papier d'aluminium. Laisser reposer 3 minutes.

Entretemps, dans un bol, mélanger le reste des ingrédients, en conservant la moitié de la noix de coco grillée pour la garniture. Saler et poivrer.

Servir le mahi-mahi, garni de noix de coco grillée.

Par portion — Calories (Kcal) : 175
Gras : 6 g = 34 % des Kcal provenant du gras
Protéines : 25 g   Cholestérol : 86 mg
Sodium : 149 mg   Hydrates de carbone : 3 g

Ailes de raie à la fleur d'oranger

4 portions

4 portions d'aile de raie de 115 g (4 oz) chacune

Sel et poivre

4 c. à s. de jus d'orange

80 ml (⅓ tasse) de fromage cottage, léger

¼ c. à t. d'extrait de fleur d'oranger

1 c. à s. de basilic pourpre, ciselé

2 c. à s. de zeste d'orange

125 ml (½ tasse) d'orange, en suprêmes

Préparer une marmite à vapeur.

Déposer la raie dans le panier de la marmite à vapeur; arroser de la moitié du jus d'orange. Saler et poivrer. Cuire 4 minutes.

Entretemps, dans un bol, mélanger le fromage cottage et l'extrait de fleur d'oranger; saler et poivrer. Réserver.

Retirer la raie de la marmite; déposer sur une assiette. Arroser du reste du jus d'orange. Garnir de basilic pourpre, de zeste d'orange, de suprêmes d'orange et de fromage cottage.

Servir, accompagnées de riz au cari, si désiré.

Par portion — Calories (Kcal) : 126
Gras : 1 g = 8 % des Kcal provenant du gras
Protéines : 23 g   Cholestérol : 50 mg
Sodium : 182 mg   Hydrates de carbone : 5 g

Rouget aux carottes

Poisson à chair délicate et tendre, le rouget s'accommode très bien d'une petite sauce végétarienne relevée.

4 portions

1 c. à t. d'huile d'olive

4 filets de rouget de 140 g (5 oz) chacun

Sel et poivre

80 ml (⅓ tasse) de bouillon de légumes

125 ml (½ tasse) de carottes, en dés

1 gousse d'ail, hachée

½ échalote sèche, hachée

Dans une poêle à revêtement antiadhésif, à feu moyen, chauffer l'huile. Cuire les filets de rouget 3 minutes du côté de la peau. Retourner les filets. Poursuivre la cuisson 1 minute. Retirer de la poêle; déposer les filets dans une assiette. Saler et poivrer le côté sans peau. Couvrir de papier d'aluminium. Laisser reposer 4 minutes.

Entretemps, dans une casserole, porter à ébullition le bouillon de légumes, les carottes, l'ail et l'échalote; saler et poivrer. Poursuivre la cuisson 5 minutes.

Au robot culinaire, réduire en purée lisse. Verser la moitié du coulis de carottes au fond d'une assiette. Déposer les filets de rouget sur le coulis. Couvrir du reste de coulis.

Servir les filets, accompagnés de légumes cuits à la vapeur, si désiré.

Par portion — Calories (Kcal) : 159
Gras : 4 g = 22 % des Kcal provenant du gras
Protéines : 27 g   Cholestérol : 58 mg
Sodium : 189 mg   Hydrates de carbone : 5 g

241
Les poissons et fruits de mer

Casserole express

Ce plat contient beaucoup d'antioxydants.

4 portions

250 ml (1 tasse)
de bouillon de poulet

125 ml (½ tasse)
de bouillon de légumes

375 ml (1½ tasse)
de riz à cuisson rapide

1 gousse d'ail, hachée

1 branche de céleri, émincée

½ carotte, râpée

125 ml (½ tasse) de poivron
rouge, haché grossièrement

250 ml (1 tasse)
de saumon cuit, émincé

Sel et poivre

24 moules fumées, bien égouttées

Dans une casserole, porter les bouillons à ébullition. Ajouter le reste des ingrédients, sauf les moules fumées ; saler et poivrer. Poursuivre la cuisson 1 minute, en remuant continuellement.

Retirer du feu. Couvrir. Laisser reposer 8 minutes.

Servir, garnie de moule fumées.

PAR PORTION — CALORIES (KCAL) : 255
Gras : 3 g = 10 % des Kcal provenant du gras
Protéines : 23 g   Cholestérol : 41 mg
Sodium : 414 mg   Hydrates de carbone : 38 g

Tarte au poisson

6 portions

1 c. à t. d'huile d'olive

2 pommes de terre,
émincées très finement

125 ml (½ tasse) de lait 1 %

375 ml (1½ tasse) de pommes
de terre, cuites, en dés

375 ml (1½ tasse)
de poisson au choix, cuit

1 œuf, battu

2 blancs d'œufs,
battus légèrement

1 pincée de muscade

1 pincée de clous de girofle

Préchauffer le four à 205 °C (400 °F).

À l'aide d'un pinceau, badigeonner d'huile les tranches de pommes de terre. Dans un moule à quiche de 20,5 cm (8 po) de diamètre ou six ramequins individuels, disposer les tranches de pommes de terre en les faisant se chevaucher, de façon à obtenir une croûte sans fissure ; réserver quelques tranches pour le dessus de la tarte. Cuire au four 5 minutes.

Entretemps, dans un bol, mélanger le reste des ingrédients.

Verser le mélange dans la croûte précuite. Couvrir du reste des tranches de pommes de terre. Cuire au four environ 25 minutes, 15 minutes si vous utilisez des ramequins.

Servir, accompagnée d'une tombée de poireaux, si désiré.

PAR PORTION — CALORIES (KCAL) : 186
Gras : 2 g = 11 % des Kcal provenant du gras
Protéines : 16 g   Cholestérol : 56 mg
Sodium : 78 mg   Hydrates de carbone : 25 g

Les plats principaux

Recette illustrée : méli-mélo vapeur.

Pâté au saumon sans croûte

6 portions

500 ml (2 tasses) de pommes de terre, cuites, en dés,
1 œuf, battu
500 ml (2 tasses) de saumon, cuit
1 échalote verte, hachée
1 gousse d'ail, hachée
1/8 c. à t. de muscade, moulue
1 c. à s. de persil, haché
1/4 c. à t. d'huile d'olive
1/2 c. à t. de paprika

Préchauffer le four à 175 °C (350 °F).

Au robot culinaire, réduire en purée tous les ingrédients, sauf l'huile et la moitié du paprika, en prenant garde de ne pas trop mélanger, de façon à ce que la purée reste consistante.

Badigeonner d'huile une assiette à tarte; remplir de purée de pommes de terre au saumon. À l'aide d'une fourchette, dessiner de petits sillons sur le dessus de la purée. Parsemer de paprika. Cuire au four 20 minutes; à mi-cuisson, couvrir de papier d'aluminium. Retirer du four. Laisse reposer 5 minutes. Servir.

Par portion — Calories (Kcal) : 157
Gras : 4 g = 22 % des Kcal provenant du gras
Protéines : 18 g   Cholestérol : 71 mg
Sodium : 69 mg   Hydrates de carbone : 12 g

Méli-mélo vapeur

Ce panaché de poissons présente toutes les textures de chair : fermes, semi-fermes et légères. Il contient beaucoup d'oméga-3 et il est avantageusement accompagné de six légumes aux propriétés antioxydantes.

4 portions

125 ml (1/2 tasse) de brocoli, en petits bouquets
125 ml (1/2 tasse) de broco-fleur, en petits bouquets
125 ml (1/2 tasse) de chou-fleur, en petits bouquets
140 g (5 oz) de lotte, en cubes
140 g (5 oz) de brochet, en dés
140 g (5 oz) de morue, en dés
1/2 poivron rouge, en julienne
1 gousse d'ail, hachée
1 échalote sèche, hachée
1/2 c. à t. de feuilles d'estragon, hachées
Sel et poivre
60 ml (1/4 tasse) de jus d'orange

Préparer une marmite à vapeur.

Dans un bol, mélanger tous les ingrédients, sauf le jus d'orange; saler et poivrer.

Verser la préparation dans le panier de la marmite à vapeur. Cuire 5 minutes. Retirer de la marmite; déposer dans un plat. Arroser de jus d'orange; bien mélanger.

Servir, sur des feuilles d'épinards, si désiré.

Par portion — Calories (Kcal) : 120
Gras : 3 g = 20 % des Kcal provenant du gras
Protéines : 18 g   Cholestérol : 51 mg
Sodium : 136 mg   Hydrates de carbone : 5 g

Les poissons et fruits de mer

Il est préférable d'acheter les moules et les huîtres chez le poissonnier. On est alors assuré d'un maximum de fraîcheur, elle-même garante d'une bonne valeur nutritive. Il est préférable de consommer les moules et les huîtres durant les mois se terminant en «bre». Elles sont alors récoltées dans des eaux très froides, ce qui prévient la présence de micro-organismes.

Moules aux petits légumes

4 portions

375 ml (1½ tasse) de vin blanc

1,8 kg (2 lb) de moules fraîches

125 ml (½ tasse) de carottes, en julienne

125 ml (½ tasse) de navet, en julienne

125 ml (½ tasse) de courgette, en julienne

1 gousse d'ail, hachée

1 échalote sèche, hachée

1 c. à s. de persil, haché

Sel et poivre

Dans une grande casserole, porter le vin à ébullition. Ajouter les moules fraîches; bien mélanger. Ajouter le reste des ingrédients; bien mélanger. Couvrir.

À feu moyen, cuire environ 4 minutes ou jusqu'à ce que les moules s'ouvrent; remuer à mi-cuisson.

Retirer du feu. Saler et poivrer; mélanger.

À l'aide d'une écumoire, retirer les moules de la casserole; déposer dans quatre bols. Répartir le jus de cuisson et les légumes sur chaque portion. Servir.

PAR PORTION — CALORIES (KCAL) : 283
Gras : 5 g = 21 % des Kcal provenant du gras
Protéines : 28 g   Cholestérol : 64 mg
Sodium : 710 mg   Hydrates de carbone : 15 g

Huîtres au cresson

4 portions

250 ml (1 tasse) de bouillon de poulet

125 ml (½ tasse) de poireau, haché grossièrement

125 ml (½ tasse) de cresson, équeuté

60 ml (¼ tasse) de pomme de terre, en dés

1 gousse d'ail, hachée

1 échalote verte, hachée

Sel et poivre

750 ml (3 tasses) de gros sel

32 huîtres

Préchauffer le four à 175 °C (350 °F).

Dans une casserole, porter à ébullition le bouillon. Ajouter le poireau, le cresson, la pomme de terre, l'ail et l'échalote; saler et poivrer; mélanger. À feu moyen, poursuivre la cuisson 6 minutes, en remuant de temps à autre. Au robot culinaire, réduire en purée, jusqu'à consistance lisse.

Verser le gros sel dans une lèchefrite. À l'aide d'un couteau, ouvrir les huîtres; bien les caler dans le gros sel de façon à ce qu'elles conservent leur jus.

Répartir la sauce au cresson sur les huîtres. Cuire au four 8 minutes. Servir.

PAR PORTION — CALORIES (KCAL) : 180
Gras : 6 g = 31 % des Kcal provenant du gras
Protéines : 19 g   Cholestérol : 120 mg
Sodium : 691 mg   Hydrates de carbone : 13 g

Moules de la Grand'Place

4 portions

250 ml (1 tasse) de bière blonde

1,8 kg (2 lb) de moules fraîches

60 ml (¼ tasse) de feuilles d'épinards, ciselées

60 ml (¼ tasse) de feuilles d'oseille, ciselées

60 ml (¼ tasse) de poireau, émincé

1 c. à s. de cerfeuil, haché

1 gousse d'ail, hachée

1 échalote sèche, hachée

Sel et poivre

Dans une grande casserole, porter la bière à ébullition. Ajouter les moules fraîches; bien mélanger. Ajouter le reste des ingrédients; bien mélanger. Couvrir.

À feu moyen, cuire environ 4 minutes ou jusqu'à ce que les moules s'ouvrent; remuer à mi-cuisson.

Retirer du feu. Saler et poivrer; mélanger.

À l'aide d'une écumoire, retirer les moules de la casserole; déposer dans quatre bols. Répartir le jus de cuisson et les légumes sur chaque portion. Servir.

Par portion — Calories (Kcal) : 230	
Gras : 5 g = 22 % des Kcal provenant du gras	
Protéines : 28 g	Cholestérol : 64 mg
Sodium : 702 mg	Hydrates de carbone : 13 g

Palourdes à la provençale

4 portions

375 ml (1½ tasse) de vin blanc

72 petites palourdes fraîches

3 tomates, en dés

125 ml (½ tasse) d'oignon rouge, émincé

125 ml (½ tasse) de courgette, en julienne

2 gousses d'ail, hachées

1 échalote sèche, hachée

1 c. à s. de persil, haché

Sel et poivre

Dans une grande casserole, porter le vin à ébullition. Ajouter les palourdes fraîches; bien mélanger. Ajouter le reste des ingrédients; bien mélanger. Couvrir.

À feu moyen, cuire environ 5 minutes ou jusqu'à ce que les palourdes s'ouvrent; remuer à mi-cuisson.

Retirer du feu. Saler et poivrer; mélanger.

À l'aide d'une écumoire, retirer les palourdes de la casserole; déposer dans quatre bols. Répartir le jus de cuisson et les légumes sur chaque portion. Servir.

Par portion — Calories (Kcal) : 272	
Gras : 3 g = 11 % des Kcal provenant du gras	
Protéines : 31 g	Cholestérol : 77 mg
Sodium : 191 mg	Hydrates de carbone : 17 g

Les protéines :

On peut tirer nos protéines de plusieurs types d'aliments : les viandes, les poissons, les produits laitiers, les œufs ainsi que les légumes et les légumineuses. Il faut savoir que le corps humain ne peut fabriquer sept des acides aminés essentiels; il faut donc les trouver dans les aliments énumérés ci-haut. Un dosage équilibré de protéines provenant de tous ces aliments est à recommander. Les mollusques sont une de nos meilleures sources de protéines complètes.

Ragoût de homard aux petits légumes

4 portions

125 ml (½ tasse) de bouillon de poulet

125 ml (½ tasse) de lait 1%

125 ml (½ tasse) de lait évaporé, écrémé

125 ml (½ tasse) de pomme de terre, en parisienne

125 ml (½ tasse) de carottes, en parisienne

125 ml (½ tasse) de navet, en parisienne

1 gousse d'ail, hachée

1 échalote sèche, hachée

⅛ c. à t. de muscade, moulue

Sel et poivre

4 homards de 675 g (1½ lb) chacun, cuits

125 ml (½ tasse) de poireau, en julienne

Dans une casserole, porter à ébullition le bouillon, le lait et le lait évaporé. Ajouter les légumes en parisienne, l'ail, l'échalote et la muscade ; saler et poivrer. À feu doux, laisser mijoter 20 minutes.

Entretemps, couper les têtes et le bout de la queue des homards. Réserver pour la décoration.

Décortiquer les pinces. Décortiquer les queues ; trancher en trois. Réserver.

Dans la casserole, incorporer les homards et les poireaux. Poursuivre la cuisson 5 minutes.

Dans chacune de quatre assiettes creuses, déposer deux pinces et une queue tranchée. Couvrir de sauce et de légumes ; décorer avec les têtes et les bouts de queues. Servir.

Par portion — Calories (Kcal) : 345
Gras : 5g = 12% des Kcal provenant du gras
Protéines : 59g   Cholestérol : 272mg
Sodium : 1019mg   Hydrates de carbone : 15g

Homards gratinés

4 portions

4 homards de 675 g (1½ lb) chacun

2 tomates, broyées

1 oignon, haché

1 gousse d'ail, hachée

60 ml (¼ tasse) de poivron vert, haché grossièrement

Sel et poivre

3 c. à s. de chapelure, assaisonnée

1 c. à s. de fromage parmesan

Préchauffer le four à 190 °C (375 °F).

Dans une grande casserole d'eau bouillante, plonger les homards. Cuire 4 minutes. Retirer de la casserole. Laisser reposer 5 minutes.

Entretemps, dans un bol, mélanger les tomates, l'oignon, l'ail et le poivron vert ; saler et poivrer. Réserver.

Dans un autre bol, mélanger la chapelure et le parmesan. Réserver.

Couper les homards en deux, sur la longueur ; à l'aide d'une pince à crustacés, craquer les pinces. Déposer dans une lèchefrite, côté chair vers le haut. Saler et poivrer. Couvrir de la préparation de légumes ; parsemer de la préparation de chapelure.

Cuire au four 10 minutes. Servir.

Par portion — Calories (Kcal) : 317
Gras : 3g = 10% des Kcal provenant du gras
Protéines : 56g   Cholestérol : 271mg
Sodium : 1069mg   Hydrates de carbone : 13g

Paella

Riches en protéines complètes et contenant tous les acides aminés essentiels, les crustacés sont faibles en gras saturés ; ils sont donc à recommander. Toutefois, ceux qui surveillent leur cholestérol n'en abuseront pas.

4 portions

1 c. à t. d'huile d'olive

125 ml (½ tasse) de poivron rouge, en dés

125 ml (½ tasse) de poivron vert, en dés

2 gousses d'ail, hachées

1 oignon, haché

500 ml (2 tasses) de riz à grains longs

1 litre (4 tasses) de bouillon de poulet

¼ c. à t. de safran

Sel et poivre

450 g (1 lb) de moules

16 petites palourdes

280 g (10 oz) de crevettes, décortiquées

250 ml (1 tasse) de cœurs d'artichauts, hachés grossièrement

1 tomate, en dés

Dans une grande casserole, à feu moyen, chauffer l'huile. Faire revenir les poivrons, l'ail et l'oignon 2 minutes. Ajouter le riz, le bouillon et le safran ; saler et poivrer ; mélanger. Porter à ébullition. Couvrir. À feu doux, laisser mijoter 10 minutes.

Ajouter les moules et les palourdes ; mélanger. Cuire 8 minutes.

Ajouter le reste des ingrédients ; mélanger. Couvrir. Poursuivre la cuisson 5 minutes. Servir.

Par portion — Calories (Kcal) : 611
Gras : 6g = 9% des Kcal provenant du gras
Protéines : 55g   Cholestérol : 159mg
Sodium : 1075mg   Hydrates de carbone : 92g

*Recettes illustrées, de haut en bas :
paella,
ragoût de homard aux petits légumes.*

Pétoncles en folie

Les mollusques sont une bonne source de protéines et de vitamines qui, notamment, favorisent la croissance. Cependant, il ne faut pas trop les cuires pour en conserver la saveur et les valeurs nutritives.

4 portions

450 g (1 lb) de pétoncles

24 asperges

125 ml (½ tasse) de bouillon de poulet

1¼ c. à t. d'huile d'olive

Sel et poivre

½ c. à t. de persil, haché

⅛ c. à t. de paprika

Préparer une marmite à vapeur.

Séparer les pétoncles en trois quantités égales. Réserver.

Couper les têtes des asperges. Réserver. Émincer les queues d'asperges. Réserver.

Dans une casserole, porter le bouillon à ébullition. Ajouter les queues d'asperges. À feu doux, laisser mijoter 12 minutes.

Entretemps, badigeonner de ¼ c. à t. d'huile une poêle à fond cannelé ; à feu moyen, chauffer. Cuire un tiers des pétoncles, 2 minutes de chaque côté. Retirer de la poêle ; déposer dans une assiette. Saler et poivrer. Couvrir de papier d'aluminium. Laisser reposer 5 minutes.

Dans une poêle, à feu moyen, chauffer le reste de l'huile. Cuire un autre tiers des pétoncles, 2 minutes de chaque côté. Retirer de la poêle ; déposer dans une assiette. Saler et poivrer ; parsemer de persil. Couvrir de papier d'aluminium. Laisser reposer 5 minutes.

Cuire le dernier tiers des pétoncles et les têtes d'asperge, 4 minutes à la vapeur. Retirer de la marmite à vapeur ; déposer dans une assiette. Saler et poivrer ; saupoudrer de paprika. Couvrir de papier d'aluminium. Laisser reposer 2 minutes.

Au robot culinaire, réduire en purée lisse le bouillon aux queues d'asperges.

Verser la sauce au fond d'une assiette. Déposer les pétoncles. Servir, garnies des têtes d'asperges.

Par portion — Calories (Kcal) : 116
Gras : 2g = 18% des Kcal provenant du gras
Protéines : 21g   Cholestérol : 37mg
Sodium : 293mg   Hydrates de carbone : 3g

Recettes illustrées, de gauche à droite : petit sauté d'escargots, pétoncles en folie.

Petit sauté d'escargots

4 portions

2 c. à t. d'huile d'olive

2 gousses d'ail, hachées

½ oignon, haché

8 douzaines d'escargots moyens, en conserve, égouttés

60 ml (¼ tasse) de vermouth blanc

2 c. à s. de Pernod

125 ml (½ tasse) de bouillon de poulet

125 ml (½ tasse) de lait évaporé, écrémé

1 c. à t. de graines de fenouil

Sel et poivre

8 tranches de pain baguette, rôties

Dans une grande poêle, à feu moyen, chauffer l'huile. Faire revenir l'ail et l'oignon 1 minute, en remuant continuellement. Ajouter les escargots. Poursuivre la cuisson 2 minutes, en remuant de temps à autre.

Déglacer la poêle avec le vermouth et le Pernod ; laisser réduire de moitié. Ajouter le bouillon, le lait et les graines de fenouil ; saler et poivrer ; mélanger. Porter à ébullition. À feu doux, laisser mijoter 5 minutes.

Verser la préparation d'escargots sur les croûtons. Servir.

Par portion — Calories (Kcal) : 268
Gras : 4g = 17% des Kcal provenant du gras
Protéines : 9g   Cholestérol : 1mg
Sodium : 431mg   Hydrates de carbone : 39g

Recettes illustrées, de gauche à droite : calmars grillés, crabe des neiges sur coquilles.

Crabe des neiges sur coquilles

4 portions

½ c. à t. d'huile d'olive

1 gousse d'ail, hachée

375 ml (1½ tasse) de chair de crabe, cuite

125 ml (½ tasse) de tomates, broyées

1 c. à t. de persil, haché

Sel et poivre

225 g (8 oz) de pâte, en forme de coquilles

1 c. à s. de pesto

Dans une poêle à revêtement anti-adhésif, à feu moyen, chauffer l'huile. Faire revenir l'ail 1 minute, en remuant continuellement. Ajouter la chair de crabe; mélanger. Poursuivre la cuisson 30 secondes. Ajouter les tomates broyées et le persil; saler et poivrer. À feu doux, laisser mijoter 5 minutes.

Entretemps, cuire les pâtes selon la méthode indiquée sur l'emballage. Égoutter. Déposer dans un bol. Ajouter le pesto. Saler et poivrer; bien mélanger.

Verser les pâtes au pesto au fond de quatre assiettes. Couvrir de la préparation de crabe. Servir.

Par portion — Calories (Kcal) : 259
Gras : 4 g = 12 % des Kcal provenant du gras
Protéines : 12 g   Cholestérol : 16 mg
Sodium : 134 mg   Hydrates de carbone : 44 g

Calmars grillés

Le calmar appartient à la famille des mollusques. Il porte aussi le nom d'encornet. Il est une bonne source de protéines, de vitamines et de minéraux. ...un excellent choix pour un repas léger!

4 portions

675 g (1½ lb) de calmars, sans peau

125 ml (½ tasse) de gros sel

250 ml (1 tasse) de lait 1 %

2 gousses d'ail, hachées

125 ml (½ tasse) de tomates, broyées

1 c. à s. de basilic, haché

⅛ c. à t. de sauce Worcestershire

Sel et poivre

1 c. à t. d'huile d'olive

Retirer les tentacules et l'épine dorsale des calmars. Conserver les tentacules pour une salade.

Couper les calmars en quatre lanières. Enrober de gros sel; déposer dans une passoire. Laisser dégorger 30 minutes. Rincer abondamment sous l'eau fraîche. Égoutter.

Dans un bol, mélanger le lait et l'ail. Ajouter les calmars; mélanger. Couvrir. Placer au réfrigérateur 6 heures.

Entretemps, dans un bol, mélanger les tomates, le basilic et la sauce Worcestershire; saler et poivrer. Laisser reposer à température ambiante, 1 heure.

Retirer les calmars du réfrigérateur. Égoutter. À l'aide de papier absorbant, assécher.

Badigeonner de ¼ c. à t. d'huile une poêle à fond cannelé; à feu moyen, chauffer. Cuire environ le quart des calmars, 90 secondes de chaque côté. Déposer dans une assiette. Saler et poivrer. Couvrir de papier d'aluminium. Laisser reposer 5 minutes.

Répéter.

Verser la préparation de tomates au fond d'une assiette. Couvrir de calmars grillés.

Servir, accompagnés de légumes grillés, si désiré.

Par portion — Calories (Kcal) : 193
Gras : 3 g = 15 % des Kcal provenant du gras
Protéines : 29 g   Cholestérol : 399 mg
Sodium : 631 mg   Hydrates de carbone : 10 g

Les poissons et fruits de mer

Sushis

Les sushis se préparent à la maison avec un minimum de matériel et un peu de pratique. Le poisson doit être très frais et sa manipulation doit respecter une hygiène stricte.

4 portions

625 ml (2½ tasses) de riz à grains courts

625 ml (2½ tasses) d'eau

4 c. à s. de vinaigre de riz

1 c. à s. de saké

2 c. à s. de sucre

½ c. à t. de sel de mer

1 c. à s. de raifort japonais, en poudre (wasabi)

1 c. à s. d'eau

8 feuilles d'algues nori

225 g (8 oz) de poisson au choix, coupé en bâtonnets

60 ml (¼ tasse) de sauce tamari, légère

125 ml (½ tasse) de gingembre mariné, émincé

Laver le riz. Verser dans une passoire; laisser égoutter 30 minutes.

Dans une casserole, porter à ébullition l'eau et le riz. Couvrir. À feu doux, poursuivre la cuisson 15 minutes. Retirer du feu. Laisser reposer 10 minutes (sans retirer le couvercle).

Dans un grand bol, mélanger le vinaigre de riz, le saké, le sucre, le sel et le riz. Laisser refroidir complètement.

Entretemps, diluer le raifort japonais dans 1 c. à s. d'eau. Réserver.

Préparer les sushis (technique ci-contre).

Servir, avec le reste de la purée de raifort, la sauce tamari et le gingembre mariné.

Par portion — Calories (Kcal) : 372
Gras : 1 g = 3 % des Kcal provenant du gras
Protéines : 14 g   Cholestérol : 16 mg
Sodium : 713 mg   Hydrates de carbone : 74 g

Préparation

Sushis

Étendre une feuille d'algue sur un tapis à rouler ou un linge sec. Recouvrir d'un linge humide, bien essoré. Laisser reposer 15 secondes.

Retirer le linge humide. Couvrir l'algue d'une mince couche de riz vinaigré, sauf pour une bande de 2,5 cm (1 po) à une extrémité de la feuille. Déposer un rang de poisson à l'autre extrémité; napper de purée de raifort.

Rouler en serrant le plus possible, en prenant garde de ne pas coincer le tapis dans la roulade. Laisser reposer 2 minutes. Trancher.

Rouleaux californiens

4 portions

625 ml (2½ tasses) de riz à grains courts

625 ml (2½ tasses) d'eau

4 c. à s. de vinaigre de riz

1 c. à s. de saké

2 c. à s. de sucre

½ c. à t. de sel de mer

1 c. à s. de raifort japonais, en poudre (wasabi)

1 c. à s. d'eau

8 feuilles d'algues nori

1 concombre, pelé, en bâtonnets

1 avocat, pelé, en bâtonnets

115 g (4 oz) de chair de crabe

60 ml (¼ tasse) de sauce tamari, légère

125 ml (½ tasse) de gingembre mariné, émincé

Laver le riz. Verser dans une passoire; laisser égoutter 30 minutes.

Dans une casserole, porter à ébullition l'eau et le riz. Couvrir. À feu doux, poursuivre la cuisson 15 minutes. Retirer du feu. Laisser reposer 10 minutes (sans retirer le couvercle).

Dans un grand bol, mélanger le vinaigre de riz, le saké, le sucre, le sel et le riz. Laisser refroidir complètement.

Entretemps, diluer le raifort japonais dans 1 c. à s. d'eau. Réserver.

Préparer les rouleaux (technique ci-contre), en substituant, aux bâtonnets de poisson, le concombre, l'avocat et la chair de crabe.

Servir, avec le reste de la purée de raifort, la sauce tamari et le gingembre mariné.

Par portion — Calories (Kcal) : 393
Gras : 5 g = 11 % des Kcal provenant du gras
Protéines : 12 g   Cholestérol : 17 mg
Sodium : 759 mg   Hydrates de carbone : 75 g

251

Les poissons et fruits de mer

Les sans viande

Les légumes «féculents» ont mauvaise réputation. À tort, car ils sont très nutritifs ainsi que riches en glucides complexes, en vitamines et en fibres. Préparés «au naturel», ils constituent un excellent choix santé.

Pâté de pommes de terre

6 portions

1 c. à t. d'huile d'olive

2 pommes de terre, émincées très finement

125 ml (½ tasse) de lait 1%

500 ml (2 tasses) de pommes de terre, bouillies, en dés

250 ml (1 tasse) de poireaux, émincés, cuits à la vapeur

1 blanc d'œuf, battu légèrement

1 pincée de muscade

1 pincée de clous de girofle

Sel et poivre

Préchauffer le four à 205 °C (400 °F).

À l'aide d'un pinceau, badigeonner entièrement d'huile les tranches de pommes de terre. Dans un moule à quiche de 20,5 cm (8 po) de diamètre ou six ramequins individuels, disposer les tranches de pommes de terre en les faisant se chevaucher, de façon à obtenir une croûte sans fissure. Cuire au four 5 minutes.

Entretemps, au robot culinaire, réduire en purée le reste des ingrédients.

Verser la préparation dans la croûte précuite. Cuire au four environ 20 minutes, 15 minutes si vous utilisez des ramequins.

Servir, accompagné de légumes cuits à la vapeur, si désiré.

PAR PORTION — CALORIES (KCAL) : 156
Gras : 5 g = 29 % des Kcal provenant du gras
Protéines : 4 g   Cholestérol : 1 mg
Sodium : 86 mg   Hydrates de carbone : 25 g

Croquettes de pois chiches aux oignons

4 portions

500 ml (2 tasses) de pois chiches, cuits

250 ml (1 tasse) de pommes de terre, bouillies, en dés

125 ml (½ tasse) d'oignon, émincé

1 gousse d'ail, hachée

1 blanc d'œuf, battu légèrement

1 c. à t. de ciboulette, hachée

1 pincée de muscade

1 pincée de clous de girofle

Sel et poivre

250 ml (1 tasse) de chapelure

2 c. à t. d'huile d'olive

Préchauffer le four à 190 °C (375 °F).

Au robot culinaire, réduire en purée les pois chiches, les pommes de terre, l'oignon, l'ail, le blanc d'œuf, la ciboulette, la muscade et les clous de girofle ; saler et poivrer.

Avec la préparation, faire huit galettes. Couper chaque galette en deux. Enrober de chapelure.

Dans une poêle à revêtement anti-adhésif, à feu moyen, chauffer l'huile. Faire dorer les galettes de chaque côté.

Transférer dans une lèchefrite. Cuire au four 10 minutes.

Servir, accompagnées de yogourt nature parfumé à l'ail, si désiré.

PAR PORTION — CALORIES (KCAL) : 324
Gras : 9 g = 25 % des Kcal provenant du gras
Protéines : 12 g   Cholestérol : 0 mg
Sodium : 320 mg   Hydrates de carbone : 49 g

Aubergines braisées

4 portions

1 aubergine moyenne
2 c. à t. d'huile d'olive
2 gousses d'ail, hachées
1 oignon, émincé
4 tomates, en dés
2 c. à s. de basilic, ciselé
1 pincée de muscade
1 pincée de poivre de cayenne
Sel et poivre
250 ml (1 tasse)
de jus de tomates

Préchauffer le four à 190 °C (375 °F).

Trancher l'aubergine en quartiers. À l'aide d'une cuillère parisienne, évider un peu chaque quartier d'aubergine, de manière à obtenir de petites barquettes. Émincer la chair recueillie. Réserver séparément, la chair et les barquettes.

Dans une poêle à revêtement anti-adhésif, à feu moyen, chauffer l'huile. Faire revenir l'ail et l'oignon 1 minute, en remuant de temps à autre. Ajouter la chair d'aubergine. Poursuivre la cuisson 1 minute, en remuant de temps à autre. Ajouter les tomates, le basilic, la muscade et le poivre de cayenne; mélanger. Poursuivre la cuisson 1 minute, en remuant continuellement. Retirer du feu. Saler et poivrer; mélanger. Laisser tiédir.

Farcir et couvrir les barquettes d'aubergine de la préparation tiède. Déposer dans une lèchefrite. Arroser de jus de tomates. Cuire au four 15 minutes. Servir.

Par portion — Calories (Kcal) : 118
Gras : 3g = 22% des Kcal provenant du gras
Protéines : 4g   Cholestérol : 0mg
Sodium : 75mg   Hydrates de carbone : 22g

Aubergines gratinées

L'aubergine est très peu calorique mais, attention : elle est une véritable éponge en présence d'huile végétale ou de gras liquéfié.

4 portions

125 ml (½ tasse)
de lait évaporé, écrémé
125 ml (½ tasse)
de fromage riccota, léger
⅛ c. à t. de muscade, moulue
1 pincée de clous de girofle
Sel et poivre
¼ c. à t. d'huile d'olive
1 aubergine moyenne, tranchée
2 oignons, émincés
2 gousses d'ail, hachées
4 tomates, tranchées
250 ml (1 tasse)
de haricots rouges, cuits
3 c. à s. de chapelure

Préchauffer le four à 190 °C (375 °F).

Au robot culinaire, réduire en purée lisse le lait évaporé, le fromage riccota, la muscade et les clous de girofle; saler et poivrer. Réserver.

Badigeonner d'huile un moule à pain de 2 litres (8 tasses). Étendre les tranches d'aubergine au fond du moule. Saler et poivrer. Couvrir des oignons; parsemer d'ail. Couvrir de tomates et de haricots rouges. Couvrir complètement de la préparation de fromage riccota. Parsemer de chapelure.

Cuire au four 20 minutes. Servir.

Par portion — Calories (Kcal) : 237
Gras : 4g = 14% des Kcal provenant du gras
Protéines : 13g   Cholestérol : 11mg
Sodium : 181mg   Hydrates de carbone : 40g

Les légumineuses :

Les légumineuses, les haricots rouges notamment, sont largement utilisées dans les régimes «santé» et végétariens. Notre consommation de viande étant élevée, il est recommandé de la réduire en recourant aux protéines végétales et, incidemment, aux recettes de la présente section.

Fricassée aux haricots

4 portions

2 c. à t. d'huile d'olive
2 gousses d'ail, hachées
1 échalote sèche, hachée
125 ml (1/2 tasse)
de haricots noirs, cuits
125 ml (1/2 tasse)
de haricots rouges, cuits
125 ml (1/2 tasse)
de haricots verts, émincés
125 ml (1/2 tasse)
de haricots jaunes, émincés
125 ml (1/2 tasse)
de pois chiches, cuits
2 tomates, en dés
1 c. à s. de persil, haché
250 ml (1 tasse) de jus de légumes
Sel et poivre
1 c. à s. de fécule de maïs
2 c. à s. d'eau

Dans une casserole à revêtement antiadhésif, à feu moyen, chauffer l'huile. Faire revenir l'ail et l'échalote 1 minute, en remuant de temps à autre. Ajouter tous les haricots et les pois chiches. Poursuivre la cuisson 3 minutes, en remuant de temps à autre.

Ajouter les tomates, le persil haché et le jus de légumes; saler et poivrer. Poursuivre la cuisson 1 minute, en remuant de temps à autre. À feu doux, laisser mijoter 3 minutes. Ajouter la fécule délayée dans l'eau; lier. Poursuivre la cuisson 2 minutes, en remuant sans cesse. Servir.

PAR PORTION — CALORIES (KCAL) : 246
Gras : 4 g = 14 % des Kcal provenant du gras
Protéines : 13 g   Cholestérol : 3 mg
Sodium : 75 mg   Hydrates de carbone : 39 g

Fèves germées au vinaigre balsamique

4 portions

2 c. à t. d'huile d'olive
1 gousse d'ail, hachée
1 échalote verte, hachée
250 ml (1 tasse) de tofu, en dés
3 c. à s. de vinaigre balsamique
125 ml (1/2 tasse)
de bouillon de légumes
Sel et poivre
750 ml (3 tasses)
de fèves germées

Dans une casserole à revêtement antiadhésif, à feu moyen, chauffer l'huile. Faire revenir l'ail, l'échalote et le tofu 2 minutes, en remuant de temps à autre. Déglacer la casserole avec le vinaigre balsamique; laisser réduire de moitié. Verser le bouillon de légumes. Saler et poivrer. Poursuivre la cuisson 3 minutes, en remuant de temps à autre.

Ajouter les fèves; mélanger. Poursuivre la cuisson 2 minutes, en remuant de temps à autre. Servir.

PAR PORTION — CALORIES (KCAL) : 99
Gras : 5 g = 38 % des Kcal provenant du gras
Protéines : 8 g   Cholestérol : 0 mg
Sodium : 125 mg   Hydrates de carbone : 11 g

Chou farci aux châtaignes d'eau

4 portions

1 c. à t. d'huile d'olive
375 ml (1 1/2 tasse)
de champignons de Paris, émincés
1 gousse d'ail, hachée
1 échalote sèche, hachée
60 ml (1/2 tasse) de vin blanc
Sel et poivre
1 c. à t. de persil, haché
1 chou chinois
750 ml (3 tasses)
de châtaignes d'eau
125 ml (1/2 tasse) de jus de légumes
1/4 c. à t. de sauce Worcestershire
3 gouttes de sauce Tabasco

Préparer une marmite à vapeur.

Dans une poêle à revêtement anti-adhésif, à feu moyen, chauffer l'huile. Faire revenir les champignons, l'ail et l'échalote 3 minutes, en remuant de temps à autre. Verser le vin blanc; saler et poivrer; ajouter le persil haché; laisser réduire presqu'à sec. Retirer du feu. Laisser tiédir.

Entretemps, déchiqueter le chou, en morceaux assez gros pour envelopper les châtaignes d'eau. Étendre les feuilles de chou sur le plan de travail. Au centre, déposer une petite quantité de la préparation de champignons puis couvrir d'une châtaigne d'eau. Envelopper les châtaignes de façon à obtenir de petits paquets. Déposer dans le panier de la marmite à vapeur, le joint en dessous. Cuire 5 minutes.

Entretemps, dans une petite casserole, chauffer le reste des ingrédients.

Verser la sauce épicée dans une assiette. Disposer les petits paquets de chou farci sur le lit de sauce. Servir.

PAR PORTION — CALORIES (KCAL) : 153
Gras : 2 g = 12 % des Kcal provenant du gras
Protéines : 7 g   Cholestérol : 0 mg
Sodium : 226 mg   Hydrates de carbone : 28 g

Courge poivrée, grillée

La courge est nourrissante et peu calorique. À l'occasion, elle remplacera avantageusement la viande.

4 portions

125 ml (½ tasse) de yogourt nature, léger

2 c. à s. de tomates séchées, hachées

1 c. à s. de basilic, haché

⅛ c. à t. de sauce Worcestershire

Sel et poivre

1 ½ c. à t. d'huile d'olive

1 poireau, émincé

1 gousse d'ail, hachée

1 échalote verte, hachée

3 c. à s. de vermouth blanc

1 grosse courge poivrée, tranchée

Dans un bol, mélanger le yogourt, les tomates séchées, le basilic et la sauce Worcestershire ; saler et poivrer. Couvrir. Placer au réfrigérateur. Laisser reposer 2 heures.

Dans une poêle à revêtement antiadhésif, à feu moyen, chauffer 1 c. à t. d'huile. Faire revenir le poireau, l'ail et l'échalote 3 minutes, en remuant de temps à autre. Déglacer la poêle avec le vermouth ; laisser réduire de moitié. Retirer du feu. Couvrir. Laisser reposer 5 minutes.

Entretemps, badigeonner de ½ c. à t. d'huile une poêle à fond cannelé ; à feu moyen, chauffer. Cuire la moitié des tranches de courge, 2 minutes de chaque côté. Retirer de la poêle ; déposer dans une assiette. Saler et poivrer. Couvrir de papier d'aluminium. Laisser reposer 3 minutes. Répéter.

Servir les tranches de courge grillées, couvertes de tombée de poireau et accompagnées du yogourt aux tomates séchées.

Par portion — Calories (Kcal) : 84	
Gras : 2 g = 23% des Kcal provenant du gras	
Protéines : 3 g	Cholestérol : 1 mg
Sodium : 322 mg	Hydrates de carbone : 11 g

Courge spaghetti, aux champignons

4 portions

1 courge spaghetti

1 c. à t. d'huile d'olive

375 ml (1½ tasse) de champignons de Paris, en quartiers

1 gousse d'ail, hachée

1 échalote sèche, hachée

1 c. à t. de piments séchés, broyés

4 tomates, broyées

125 ml (½ tasse) de bouillon de légumes

Sel et poivre

Préchauffer le four à 190 °C (375 °F).

À l'aide d'une fourchette, piquer la courge à une douzaine de reprises. Cuire au four 25 minutes, entière. Retirer du four. Laisser reposer 5 minutes.

Entretemps, dans une poêle, à feu moyen, chauffer la moitié de l'huile. Faire revenir les champignons 4 minutes. Retirer du feu. Couvrir. Laisser reposer 5 minutes.

Dans une autre poêle, à feu moyen, chauffer le reste de l'huile. Faire revenir l'ail, l'échalote et les piments 2 minutes. Ajouter les tomates et le bouillon. Saler et poivrer. Poursuivre la cuisson 2 minutes. Au robot culinaire, réduire en purée lisse. Réserver au chaud.

Couper la courge en deux. À l'aide d'une fourchette, retirer les filaments de courge ; mettre dans un grand bol. Saler et poivrer.

Dans une assiette, verser la sauce. Disposer les filaments de courge sur le lit de sauce. Garnir de champignons. Servir.

Par portion — Calories (Kcal) : 66	
Gras : 2 g = 16% des Kcal provenant du gras	
Protéines : 3 g	Cholestérol : 0 mg
Sodium : 126 mg	Hydrates de carbone : 16 g

Courgettes farcies aux champignons et au tofu

4 portions

4 courgettes, moyennes

250 ml (1 tasse) de champignons de Paris, en quartiers

1 tomate, broyée

2 échalotes vertes, hachées

2 gousses d'ail, hachées

1 pincée de muscade

Sel et poivre

125 ml (½ tasse) de chapelure

250 ml (1 tasse) de jus de tomates

Préchauffer le four à 190 °C (375 °F).

Couper les courgettes en deux, dans le sens de la longueur. À l'aide d'une cuillère à parisienne, évider un peu chaque demi-courgette, de manière à obtenir huit petites barquettes. Émincer la chair recueillie. Réserver séparément la chair et les barquettes.

Dans un grand bol, mélanger la chair des courgettes, les champignons, la tomate, les échalotes, l'ail et la muscade; saler et poivrer.

Farcir les barquettes du mélange de légumes. Parsemer de chapelure. Déposer dans une lèchefrite. Arroser de jus de tomates. Cuire au four 20 minutes. Servir.

Par portion — Calories (Kcal) : 97	
Gras : 1 g = 10% des Kcal provenant du gras	
Protéines : 4 g	Cholestérol : 0 mg
Sodium : 173 mg	Hydrates de carbone : 19 g

Poêlée de champignons au coulis d'asperges

Les champignons contiennent très peu de calories. Ils constituent donc un complément idéal et raffiné d'une bonne cuisine santé.

4 portions

24 asperges fraîches

250 ml (1 tasse) de bouillon de légumes

60 ml (¼ tasse) de brocoli, en petits bouquets

2 c. à t. d'huile d'olive

500 ml (2 tasses) de champignons pleurotes, émincés

500 ml (2 tasses) de champignons Portabella, émincés

1 gousse d'ail, hachée

Sel et poivre

Couper les têtes des asperges; réserver. Émincer les queues des asperges; réserver.

Dans une casserole, porter le bouillon à ébullition. Ajouter les queues d'asperges et le brocoli. À feu doux, laisser mijoter 12 minutes.

Entretemps, dans une grande poêle à revêtement antiadhésif, à feu moyen, chauffer l'huile. Faire revenir les têtes d'asperges, les champignons et l'ail 5 minutes, en remuant de temps à autre. Retirer du feu. Saler et poivrer. Couvrir. Laisser reposer 5 minutes.

Au robot culinaire, réduire en purée lisse le bouillon aux queues d'asperges. Passer au tamis. Verser le coulis dans la poêle; mélanger. Servir.

Par portion — Calories (Kcal) : 45	
Gras : 3 g = 29% des Kcal provenant du gras	
Protéines : 3 g	Cholestérol : 0 mg
Sodium : 178 mg	Hydrates de carbone : 11 g

Croquettes de pommes de terre et de tofu

Le tofu est un concentré de protéines de soya, au goût neutre ; il est faible en gras et riche en sels minéraux. Il est un excellent substitut à la viande.

4 portions

750 ml (3 tasses) de tofu, émietté
125 ml (½ tasse) de pomme de terre, bouillie, en dés
125 ml (½ tasse) de pois chiches, cuits
2 échalotes vertes, hachées
1 gousse d'ail, hachée
½ c. à t. de sauce Worcestershire
1 c. à t. de persil, haché
1 pincée de muscade
Sel et poivre
250 ml (1 tasse) de chapelure
2 c. à t. d'huile d'olive

Préchauffer le four à 190 °C (375 °F).

Au robot culinaire, réduire en purée le tofu, la pomme de terre, les pois chiches, les échalotes, l'ail, la sauce Worcestershire, le persil et la muscade. Saler et poivrer.

Avec la préparation, faire douze galettes. Enrober de chapelure.

Dans une poêle à revêtement antiadhésif, à feu moyen, chauffer l'huile. Faire dorer les galettes de chaque côté.

Transférer dans une lèchefrite. Cuire au four 10 minutes.

Servir, accompagnées de yogourt nature, parfumé au raifort et aux herbes, si désiré.

PAR PORTION — CALORIES (KCAL) : 339
Gras : 15 g = 38 % des Kcal provenant du gras
Protéines : 21 g   Cholestérol : 0 mg
Sodium : 312 mg   Hydrates de carbone : 34 g

Préparation

Reconstitution des champignons séchés

Plonger les champignons dans un liquide de votre choix (le liquide peut être chaud ou froid).

Laisser reposer à température ambiante 30 minutes, si le liquide est chaud, ou 1 heure, si le liquide est froid. Bien égoutter sur un linge ou du papier absorbant.

Pour une utilisation immédiate, trancher tel que requis. Pour une utilisation ultérieure, conserver dans un pot hermétique au réfrigérateur, jusqu'à 3 jours.

Émincé de tofu aux champignons

4 portions

8 champignons shiitaké, séchés
125 ml (½ tasse) de bouillon de légumes
125 ml (½ tasse) de jus de tomates
2 c. à t. d'huile d'olive
2 gousses d'ail, hachées
1 échalote verte, hachée
180 ml (¾ tasse) de poivrons vert, rouge et jaune mélangés, en dés
500 ml (2 tasses) de tofu, émincé
250 ml (1 tasse) de haricots noirs, cuits
8 champignons chanterelles, émincés
8 champignons pleurotes, émincés
3 c. à s. de sauce tamari, légère
Sel et poivre
1 c. à s. de fécule de maïs
2 c. à s. d'eau

Reconstituer les champignons dans le bouillon et le jus de tomates (technique ci-contre). Émincer. Réserver le liquide et les champignons, séparément.

Dans une grande casserole à revêtement antiadhésif, à feu moyen, chauffer l'huile. Faire revenir l'ail et l'échalote 1 minute. Ajouter les poivrons. Cuire 1 minute. Ajouter le tofu. Poursuivre la cuisson 2 minutes. Incorporer les haricots et les champignons. Poursuivre la cuisson 1 minute. Verser le mélange de bouillon et de jus ainsi que la sauce tamari. Saler et poivrer. Poursuivre la cuisson 2 minutes.

Ajouter la fécule délayée dans l'eau ; lier. Poursuivre la cuisson 2 minutes, en remuant sans cesse. Servir.

PAR PORTION — CALORIES (KCAL) : 230
Gras : 9 g = 30 % des Kcal provenant du gras
Protéines : 17 g   Cholestérol : 0 mg
Sodium : 574 mg   Hydrates de carbone : 29 g

*Recettes illustrées, de gauche à droite :
éminé de tofu aux amandes, tofu burger de luxe,
tofu surprise.*

*La viande étant fréquemment persillée de gras saturé, il est bon
d'en réduire la consommation. On aura alors recours aux substituts
protéinés d'origine végétale, c'est-à-dire aux légumineuses,
notamment le soya et le tofu, ainsi qu'aux céréales,
entières et non raffinées de préférence.*

Tofu burger de luxe

4 portions

125 ml (½ tasse)
de yogourt nature, léger

80 ml (⅓ tasse) de concombre
non-pelé, haché grossièrement

1 gousse d'ail, hachée

1 échalote verte, hachée

¼ c. à t. de sauce Worcestershire

Sel et poivre

4 petits pains aux graines de
sésame, en moitiés, rôtis

8 croquettes de pommes de terre
et de tofu, chaudes (p. 260)

24 feuilles d'épinard

1 tomate, tranchée

4 feuilles de laitue radichio

8 champignons de Paris, émincés

Dans un bol, mélanger le yogourt, le concombre, l'ail, l'échalote et la sauce Worcestershire ; saler et poivrer. Laisser reposer 1 heure.

Tartiner de sauce au concombre la base d'un pain. Couvrir d'une croquette, de trois feuilles d'épinard et de deux tranches de tomate ; saler et poivrer. Couvrir d'une feuille de radichio, de trois autres feuilles d'épinard, d'un peu de sauce au concombre et de champignons. Tartiner de sauce l'intérieur du dessus du pain.

Répéter pour chaque burger.

Servir, accompagné d'une petite salade, si désiré.

Par portion — Calories (Kcal) : 436
Gras : 6 g = 13 % des Kcal provenant du gras
Protéines : 18 g   Cholestérol : 1 mg
Sodium : 377 mg   Hydrates de carbone : 80 g

Émincé de tofu aux amandes

4 portions

2 c. à t. d'huile d'olive

1 gousse d'ail, hachée

1 échalote sèche, hachée

500 ml (2 tasses) de tofu, émincé

250 ml (1 tasse) de courge
poivrée, en julienne

125 ml (½ tasse)
d'amandes, effilées

3 c. à s. de sauce tamari, légère

3 c. à s. de bouillon de légumes

Sel et poivre

1 c. à s. de poudre d'amandes

Dans une grande poêle à revêtement antiadhésif, à feu moyen, chauffer l'huile. Faire revenir l'ail et l'échalote 1 minute, en remuant sans cesse. Ajouter le tofu et la courge poivrée. Poursuivre la cuisson 3 minutes, en remuant.

Ajouter les amandes, la sauce tamari et le bouillon ; saler et poivrer. Poursuivre la cuisson 3 minutes.

Servir, parsemé de poudre d'amandes.

Par portion — Calories (Kcal) : 234
Gras : 16 g = 57 % des Kcal provenant du gras
Protéines : 15 g   Cholestérol : 0 mg
Sodium : 742 mg   Hydrates de carbone : 13 g

Tofu surprise

4 portions

2 c. à t. d'huile d'olive
8 tranches de tofu
de 45 g (1½ oz) chacune
1 gousse d'ail, hachée
1 c. à s. de sauce tamari, légère
1 petite aubergine, tranchée
2 tomates, tranchées
1 oignon, tranché
Sel et poivre
1 c. à t. d'origan, haché
125 ml (½ tasse)
de bouillon de légumes
Chapelure

Préchauffer le four à 175 °C (350 °F).

Dans une poêle à revêtement antiadhésif, à feu moyen, chauffer l'huile. Faire revenir le tofu 2 minutes; retourner. Ajouter l'ail. Poursuivre la cuisson 1 minute, en remuant sans cesse. Ajouter la sauce tamari. Poursuivre la cuisson 1 minute. Retirer de la poêle. Réserver.

Au fond d'un plat à gratin de 1 litre (4 tasses), déposer les tranches d'aubergine. Couvrir de tranches de tomates puis de tranches d'oignon. Saler et poivrer; parsemer d'origan. Couvrir des tranches de tofu. Arroser de bouillon de légumes. Parsemer de chapelure.

Cuire au four 20 minutes. Servir.

Par portion — Calories (Kcal) : 147
Gras : 7 g = 34 % des Kcal provenant du gras
Protéines : 10 g   Cholestérol : 0 mg
Sodium : 275 mg   Hydrates de carbone : 19 g

Julienne de tofu à l'aigre-douce

4 portions

1 c. à s. d'huile d'olive
500 ml (2 tasses) de tofu,
en julienne
250 ml (1 tasse) de poivrons
rouges, en julienne
250 ml (1 tasse) de poivrons verts,
en julienne
250 ml (1 tasse) de carottes,
en julienne
250 ml (1 tasse) d'oignons
rouges, émincés
2 gousses d'ail, hachées
2 c. à s. de sauce tamari, légère
125 ml (½ tasse) de jus
de tomates
2 c. à t. de miel, fondu
Sel et poivre

Dans une casserole à revêtement antiadhésif, à feu moyen, chauffer l'huile. Faire revenir le tofu 30 secondes. Ajouter les poivrons, les carottes, les oignons et l'ail. Poursuivre la cuisson 3 minutes, en remuant de temps à autre.

Ajouter le reste des ingrédients; saler et poivrer. Poursuivre la cuisson 2 minutes, en remuant de temps à autre. Servir.

Par portion — Calories (Kcal) : 183
Gras : 10 g = 43 % des Kcal provenant du gras
Protéines : 12 g   Cholestérol : 0 mg
Sodium : 367 mg   Hydrates de carbone : 16 g

Le tofu :

Le tofu provient de la fève soya. En effet, trempée puis moulue, on tire de la fève soya une pâte qui est ensuite pressée de façon à en extraire le liquide. La pâte obtenue a la consistance du fromage : c'est le tofu que l'on retrouve dans le commerce. Le tofu est particulièrement riche en protéines, de même qu'en hydrates de carbone. Il est pratiquement dénué de gras, ce qui en fait un aliment diététique par excellence. En cuisine, le tofu est un véritable «caméléon» car il adopte les saveurs des aliments, condiments et épices auxquels il est combiné.

Les sans viande

Ragoût de végé-boulettes

4 portions

250 ml (1 tasse) de tofu, émietté

1 c. à t. de levure alimentaire

1 œuf, battu

1 c. à s. de sauce tamari, légère

250 ml (1 tasse) de flocons d'avoine

125 ml (½ tasse) de graines de tournesol, moulues

125 ml (½ tasse) de noix d'acajou, moulues

125 ml (½ tasse) de chapelure de blé entier

1 oignon, haché

2 gousses d'ail, hachées

1 c. à s. d'huile d'olive

3 c. à s. de farine grillée

250 ml (1 tasse) de bouillon de légumes

½ c. à t. de sarriette

¼ c. à t. de quatre-épices

1 pincée de clous de girofle

Sel et poivre

Au robot culinaire, réduire en purée le tofu, la levure, l'œuf et la sauce tamari. Verser dans un bol. Incorporer les flocons d'avoine, les graines de tournesol, les noix d'acajou, la chapelure, l'oignon et l'ail. Faire de petites boulettes. Réserver.

Dans une casserole à revêtement antiadhésif, à feu moyen, chauffer l'huile. Faire revenir les boulettes 3 minutes, en remuant continuellement. Saupoudrer de farine grillée. Ajouter le bouillon, en remuant sans cesse. Poursuivre la cuisson 4 minutes, en remuant toujours. Incorporer le reste des ingrédients. À feu doux, laisser mijoter 5 minutes, en remuant de temps à autre. Servir.

Par portion — Calories (Kcal) : 385
Gras : 21 g = 44 % des Kcal provenant du gras
Protéines : 19 g   Cholestérol : 45 mg
Sodium : 565 mg   Hydrates de carbone : 41 g

Galettes de soja

4 portions

250 ml (1 tasse) de tofu, émietté

125 ml (½ tasse) de pois chiches, hachés grossièrement

125 ml (½ tasse) de flocons d'avoine

4 c. à s. de graines de tournesol, moulues

1 c. à t. de sauce tamari, légère

½ oignon, haché

1 gousse d'ail, hachée

125 ml (½ tasse) de chapelure de blé entier

1 c. à s. d'huile d'olive

180 ml (¾ tasse) de bouillon de légumes

2 c. à t. de sauce tamari, légère

Sel et poivre

Au robot culinaire, réduire en purée le tofu et les pois chiches. Dans un bol, mélanger avec les flocons d'avoine, les graines de tournesol, 1 c. à t. de sauce tamari, l'oignon et l'ail. Faire des galettes en forme de côtelette. Enrober de chapelure. Réserver.

Dans une casserole à revêtement antiadhésif, à feu moyen, chauffer l'huile. Faire revenir les galettes 2 minutes de chaque côté. Ajouter le reste des ingrédients. Poursuivre la cuisson 5 minutes. Servir.

Par portion — Calories (Kcal) : 226
Gras : 10 g = 36 % des Kcal provenant du gras
Protéines : 13 g   Cholestérol : 0 mg
Sodium : 462 mg   Hydrates de carbone : 29 g

Végépâté de campagne

L'art de se préparer un petit pâté-maison... sans gras saturé.

4 portions

¼ c. à t.. d'huile d'olive

375 ml (1½ tasse) de tofu, émietté

180 ml (¾ tasse) de pois chiches, hachés grossièrement

125 ml (½ tasse) d'amandes, moulues

4 c. à s. de germe de blé

4 c. à s. de graines de tournesol, moulues

2 c. à t. de sauce tamari, légère

1 œuf, battu

½ oignon, haché

1 gousse d'ail, hachée

4 c. à s. de chapelure de blé entier

½ c. à t. de sarriette

¼ c. à t. de quatre-épices

1 pincée de clous de girofle

Sel et poivre

Préchauffer le four à 175 °C (350 °F).

Badigeonner d'huile un moule à pain de 1 litre (4 tasses). Réserver.

Au robot culinaire, réduire en purée tous les ingrédients.

Verser la préparation dans le moule. Couvrir de papier d'aluminium. Cuire au four 1 heure. Retirer le papier d'aluminium pour les dernières 15 minutes de cuisson.

Retirer du four. Laisser reposer 10 minutes. Démouler. Trancher.

Servir, accompagné de crudités, si désiré.

Par portion — Calories (Kcal) : 302
Gras : 13 g = 37 % des Kcal provenant du gras
Protéines : 23 g   Cholestérol : 45 mg
Sodium : 425 mg   Hydrates de carbone : 27 g

Recettes illustrées, de haut en bas : galettes de soja, ragoût de végé-boulettes.

Riz frit aux trois courges

On trouve plusieurs types de courges sur le marché ; elles sont toutes hypocaloriques ainsi que riches en fibres et en vitamines.

4 portions

1 c. à s. d'huile d'olive

125 ml (½ tasse) de courgette, en dés

125 ml (½ tasse) de courge poivrée, en dés

125 ml (½ tasse) de courge musquée, en dés

1 carotte, râpée

1 gousse d'ail, hachée

1 litre (4 tasses) de riz blanc, cuit

4 c. à s. de bouillon de légumes

1 c. à t. de sauce tamari, légère

Sel et poivre

Dans une casserole à revêtement antiadhésif, à feu moyen, chauffer l'huile. Faire revenir les courgettes, les courges, la carotte et l'ail 5 minutes, en remuant de temps à autre.

Ajouter le riz. Poursuivre la cuisson 2 minutes, en remuant continuellement.

Verser le bouillon et la sauce tamari ; saler et poivrer ; mélanger bien. À feu doux, en couvrant à demi, laisser mijoter 5 minutes.

Servir, accompagné de tomates miniatures, si désiré.

PAR PORTION — CALORIES (KCAL) : 297
Gras : 4 g = 12 % des Kcal provenant du gras
Protéines : 6 g   Cholestérol : 0 mg
Sodium : 243 mg   Hydrates de carbone : 60 g

Riz vert

4 portions

500 ml (2 tasses) de velouté d'asperges au fenouil (p. 121) ou d'un potage lisse de légumes verts, au choix

250 ml (1 tasse) de bouillon de légumes

125 ml (½ tasse) d'eau

375 ml (1½ tasse) de riz blanc

250 ml (1 tasse) de brocoli, haché grossièrement

1 branche de céleri, hachée grossièrement

1 c. à t. de cerfeuil, haché

1 c. à t. de persil, haché

Sel et poivre

Dans une grande casserole, porter à ébullition le velouté d'asperges, le bouillon de légumes et l'eau.

Ajouter le reste des ingrédients ; mélanger bien. À feu doux, laisser mijoter 3 minutes, en remuant de temps à autre. Couvrir. Laisser mijoter 20 minutes. Mélanger.

Servir, accompagné de pointes d'asperges cuites à la vapeur, si désiré.

PAR PORTION — CALORIES (KCAL) : 309
Gras : 3 g = 7 % des Kcal provenant du gras
Protéines : 8 g   Cholestérol : 2 mg
Sodium : 682 mg   Hydrates de carbone : 69 g

Les plats principaux

Mesclun de riz à la provençale

4 portions

1 c. à s. d'huile d'olive
1 oignon, émincé
2 gousses d'ail, hachées
2 tomates, en dés
500 ml (2 tasses) de riz brun, cuit
500 ml (2 tasses) de riz blanc, cuit
250 ml (1 tasse) de riz sauvage, cuit
125 ml (½ tasse) de bouillon de légumes
1 c. à t. d'herbes de Provence
Sel et poivre

Dans une casserole à revêtement antiadhésif, à feu moyen, chauffer l'huile. Faire revenir l'oignon, l'ail et les tomates 3 minutes, en remuant de temps à autre.

Ajouter les riz. Poursuivre la cuisson 1 minute, en remuant continuellement. Ajouter le bouillon et les herbes de Provence; saler et poivrer; mélanger bien. À feu doux, en couvrant à demi, laisser mijoter 5 minutes.

Servir, accompagné d'une salade, si désiré.

Par portion — Calories (Kcal) : 339
Gras : 5 g = 12 % des Kcal provenant du gras
Protéines : 8 g   Cholestérol : 0 mg
Sodium : 121 mg   Hydrates de carbone : 69 g

Riz tomaté aux noix

Il existe plusieurs variétés de riz. Le riz à grains courts, une fois cuit, a une texture plutôt collante; il se moule plus facilement.

4 portions

250 ml (1 tasse) de jus de tomates
500 ml (2 tasses) de bouillon de légumes
375 ml (1½ tasse) de riz à grains courts
½ c. à t. de piments séchés, broyés
2 c. à s. de tomates séchées, hachées grossièrement
60 ml (¼ tasse) de noisettes
60 ml (¼ tasse) d'amandes fumées
60 ml (¼ tasse) de noix d'acajou
60 ml (¼ tasse) de noix de Grenoble
½ c. à t. de basilic, haché
½ c. à t. de persil, haché
Sel et poivre

Dans une grande casserole, porter à ébullition le jus de tomates et le bouillon de légumes.

Ajouter le riz, les piments et les tomates séchées; mélanger bien. À feu doux, laisser mijoter 3 minutes, en remuant de temps à autre. Couvrir. À feu doux, laisser mijoter 15 autres minutes.

Ajouter le reste des ingrédients. Couvrir à nouveau. Poursuivre la cuisson 5 minutes.

Servir, accompagné de pain aux céréales, si désiré.

Par portion — Calories (Kcal) : 415
Gras : 13 g = 24 % des Kcal provenant du gras
Protéines : 12 g   Cholestérol : 0 mg
Sodium : 351 mg   Hydrates de carbone : 78 g

Fettuccine salsa rosa

Les pâtes alimentaires que nous trouvons dans le commerce sont en grande majorité faites à base de semoule de blé «durum». Il s'agit d'une farine de blé entier d'une grande valeur nutritive.

4 portions

2 c. à t. d'huile d'olive

375 ml (1½ tasse) de rapini, déchiqueté

1 gousse d'ail, hachée

225 g (8 oz) de fettuccine aux épinards, cuits

250 ml (1 tasse) de jus de tomates

3 c. à s. de lait évaporé, écrémé

Sel et poivre

Dans une casserole à revêtement antiadhésif, à feu moyen, chauffer l'huile. Faire revenir le rapini et l'ail 2 minutes, en remuant de temps à autre.

Ajouter les fettuccine. Poursuivre la cuisson 1 minute, en remuant continuellement.

Verser le jus de tomates et le lait évaporé; saler et poivrer; mélanger bien. À feu doux, en couvrant à demi, laisser mijoter 5 minutes. Servir.

Par portion — Calories (Kcal) : 209
Gras : 4 g = 15 % des Kcal provenant du gras
Protéines : 8 g   Cholestérol : 42 mg
Sodium : 84 mg   Hydrates de carbone : 37 g

Linguine au coulis de carotte et de poivron

4 portions

2 c. à t. d'huile d'olive

1 carotte, râpée

1 poivron rouge, haché grossièrement

1 gousse d'ail, hachée

1 échalote sèche, hachée

1 c. à s. de pâte de tomates

125 ml (½ tasse) de bouillon de légumes

Sel et poivre

225 g (8 oz) de linguine au blé entier, cuites

Dans une casserole à revêtement antiadhésif, à feu moyen, chauffer l'huile. Faire revenir la carotte, le poivron, l'ail et l'échalote 2 minutes, en remuant de temps à autre. Ajouter la pâte de tomates et le bouillon de légumes. Poursuivre la cuisson 8 minutes.

Verser les légumes dans le bol du robot culinaire. Réduire en purée.

Remettre dans la casserole. Saler et poivrer. Ajouter les linguine; mélanger bien. À feu doux, réchauffer. Servir.

Par portion — Calories (Kcal) : 240
Gras : 3 g = 11 % des Kcal provenant du gras
Protéines : 10 g   Cholestérol : 0 mg
Sodium : 153 mg   Hydrates de carbone : 51 g

Tagliatelles aux petits légumes

Une excellente façon de combiner plusieurs légumes aux propriétés antioxydantes.

4 portions

1 c. à s. d'huile d'olive

60 ml (¼ tasse) de carotte, en julienne

60 ml (¼ tasse) de courgette, en julienne

60 ml (¼ tasse) de poireau, en julienne

60 ml (¼ tasse) de navet, en julienne

1 gousse d'ail, hachée

Sel et poivre

225 g (8 oz) de tagliatelles de couleurs variées, cuites

1 c. à t. d'origan, haché

Dans une casserole à revêtement antiadhésif, à feu moyen, chauffer l'huile. Faire revenir la carotte, la courgette, le poireau, le navet et l'ail 3 minutes, en remuant de temps à autre.

Saler et poivrer. Ajouter les tagliatelles et l'origan; mélanger bien. À feu doux, réchauffer. Servir.

Par portion — Calories (Kcal) : 124
Gras : 4 g = 28 % des Kcal provenant du gras
Protéines : 3 g   Cholestérol : 0 mg
Sodium : 49 mg   Hydrates de carbone : 19 g

Le bulghur est fait à partir de farine de blé entier et ses propriétés ressemblent à celles des pâtes alimentaires; il a cependant la texture du riz. Il est riche en gluten, en fibres et en vitamines du complexe B. Toutes les céréales devraient être consommées dans leur forme la plus naturelle possible.

Bulghur d'automne

4 portions

2 c. à t. d'huile d'olive

60 ml (¼ tasse) de courgette, en brunoise

60 ml (¼ tasse) de courge poivrée, en brunoise

160 ml (¼ tasse) de courge musquée, en brunoise

1 gousse d'ail, hachée

250 ml (1 tasse) de bulghur

375 ml (1½ tasse) de bouillon de légumes

1 c. à s. pâte de tomates

1 c. à t de basilic, ciselé

Sel et poivre

8 petites feuilles de chou rouge

Dans une casserole à revêtement antiadhésif, à feu moyen, chauffer l'huile. Faire revenir la courgette, les courges et l'ail 1 minute, en remuant de temps à autre.

Ajouter le bulghur. Poursuivre la cuisson 1 minute, en remuant continuellement. Ajouter le bouillon, la pâte de tomates et le basilic; saler et poivrer; mélanger bien. À feu doux, en couvrant la casserole, laisser mijoter 5 minutes.

Garnir de la préparation les petites feuilles de chou rouge. Servir.

Par portion — Calories (Kcal) : 170
Gras : 3 g = 12% des Kcal provenant du gras
Protéines : 8 g   Cholestérol : 0 mg
Sodium : 336 mg   Hydrates de carbone : 42 g

Couscous aux fruits séchés

4 portions

2 c. à t. d'huile d'olive

250 ml (1 tasse) de fruits séchés variés, en dés

1 échalote sèche, hachée

1 gousse d'ail, hachée

180 ml (¾ tasse) de couscous

125 ml (½ tasse) de jus d'ananas

125 ml (½ tasse) de jus d'orange

1 pincée de cannelle

1 pincée de muscade

Sel et poivre

Dans une casserole à revêtement antiadhésif, à feu moyen, chauffer l'huile. Faire revenir les fruits séchés, l'échalote et l'ail 1 minute, en remuant de temps à autre.

Ajouter le couscous. Poursuivre la cuisson 1 minute, en remuant continuellement. Ajouter les jus, la cannelle et la muscade; saler et poivrer; mélanger bien. Porter à ébullition. Couvrir; retirer du feu. Laisser reposer 10 minutes. Servir.

Par portion — Calories (Kcal) : 246
Gras : 3 g = 10% des Kcal provenant du gras
Protéines : 6 g   Cholestérol : 0 mg
Sodium : 54 mg   Hydrates de carbone : 51 g

Polenta pomodoro

4 portions

1,25 litre (5 tasses) de bouillon de légumes
375 ml (1½ tasse) de semoule de blé
2 c. à t. d'huile d'olive
125 ml (½ tasse) de tofu, émietté
1 échalote verte, hachée
1 gousse d'ail, hachée
4 tomates, broyées
2 c. à s. de tomates séchées, hachées grossièrement
½ c. à t. de sauce Worcestershire
Sel et poivre
2 c. à s. de basilic, ciselé

Dans une casserole à revêtement antiadhésif, porter à ébullition le bouillon de légumes. Verser progressivement la semoule de blé dans la casserole, en remuant sans cesse. À feu doux, laisser mijoter 5 minutes, en remuant de temps à autre, jusqu'à ce que la semoule gonfle et que le bouillon soit absorbé. Couvrir; retirer du feu. Laisser reposer la polenta 6 minutes.

Entretemps, dans une poêle à revêtement antiadhésif, à feu moyen, chauffer l'huile. Faire revenir le tofu, l'échalote et l'ail 1 minute. Ajouter les tomates broyées, les tomates séchées et la sauce Worcestershire; saler et poivrer. Poursuivre la cuisson 4 minutes, en remuant de temps à autre.

Verser la polenta dans une assiette. Couvrir de préparation aux tomates. Garnir de basilic ciselé.

Servir, accompagnée de tomates miniatures, si désiré.

Par portion — Calories (Kcal) : 266
Gras : 8 g = 17 % des Kcal provenant du gras
Protéines : 22 g   Cholestérol : 0 mg
Sodium : 750 mg   Hydrates de carbone : 67 g

Orge et aubergine

4 portions

1 c. à s. d'huile d'olive
250 ml (1 tasse) d'aubergine, en dés
125 ml (½ tasse) de courgette, en dés
125 ml (½ tasse) de tomates, en dés
1 gousse d'ail, hachée
1 litre (4 tasses) d'orge, cuite
3 c. à s. de bouillon de légumes
1 c. à t. de sauce chili
Sel et poivre

Dans une casserole à revêtement antiadhésif, à feu moyen, chauffer l'huile. Faire revenir l'aubergine, la courgette, les tomates et l'ail 5 minutes, en remuant de temps à autre.

Ajouter l'orge. Poursuivre la cuisson 2 minutes, en remuant continuellement. Verser le bouillon et la sauce chili; saler et poivrer; mélanger bien. À feu doux, en couvrant à demi, laisser mijoter 5 minutes.

Servir, accompagnées d'épinards cuits à la vapeur, si désiré.

Par portion — Calories (Kcal) : 237
Gras : 4 g = 15 % des Kcal provenant du gras
Protéines : 4 g   Cholestérol : 0 mg
Sodium : 77 mg   Hydrates de carbone : 48 g

Les céréales :

Manger des céréales et des fibres ne doit pas être limité au petit-déjeuner. La cuisine du Moyen-Orient comporte une variété de plats à base d'orge et de bulghur. Ces derniers, mélangés à des légumes, sont à l'occasion d'excellents substituts à la viande. Ils procurent une agréable sensation de satiété sans surcharger l'organisme en gras.

Les accompagnements

L'équilibre alimentaire est obtenu par la variété des aliments consommés. Les légumes, en accompagnement d'un plat principal, jouent un rôle important à cet égard.

Fonds d'artichauts aux petits légumes

4 portions

2 c. à s. de brocoli, en brunoise
2 c. à s. de chou-fleur, en brunoise
2 c. à s. de carotte, en brunoise
2 c. à s. de tomate, en brunoise
2 c. à s. de navet, en brunoise
1 c. à s. d'oignon, haché
1 gousse d'ail, hachée
2 pincées de sel de céleri
2 pincées de poivre au citron
8 fonds d'artichauts

Dans un bol, mélanger tous les ingrédients, sauf les fonds d'artichauts.

Farcir les fonds d'artichauts de la préparation.

Réchauffer au four à micro-ondes 90 secondes, à ÉLEVÉ. Servir.

PAR PORTION — CALORIES (KCAL) : 65
Gras : <1 g = 3 % des Kcal provenant du gras
Protéines : 4 g   Cholestérol : 0 mg
Sodium : 181 mg   Hydrates de carbone : 15 g

Macédoine d'artichauts

4 portions

80 ml (1/3 tasse) de cœurs d'artichauts, en dés
80 ml (1/3 tasse) de fonds d'artichauts, en dés
80 ml (1/3 tasse) de châtaignes d'eau, en dés
1 c. à t. de cerfeuil, haché
1 c. à t. de vinaigre balsamique
1 c. à t. d'huile d'olive, pressée à froid
1/2 c. à t. de jus de citron
Sel et poivre

Dans un bol, mélanger tous les ingrédients.

Servir froide.

PAR PORTION — CALORIES (KCAL) : 33
Gras : 1 g = 30 % des Kcal provenant du gras
Protéines : 1 g   Cholestérol : 0 mg
Sodium : 72 mg   Hydrates de carbone : 5 g

Cœurs d'artichauts aux piments

4 portions

375 ml (1 1/2 tasse) de cœurs d'artichauts, en moitiés
80 ml (1/3 tasse) de jus de tomates
1/2 c. à t. de piments séchés, broyés
1 c. à t. de piment, haché
Sel et poivre

Dans un bol, mélanger tous les ingrédients.

Servir, froids ou réchauffés au four à micro-ondes 90 secondes, à ÉLEVÉ.

PAR PORTION — CALORIES (KCAL) : 35
Gras : <1 g = 2 % des Kcal provenant du gras
Protéines : 2 g   Cholestérol : 0 mg
Sodium : 106 mg   Hydrates de carbone : 8 g

Méli-mélo d'asperges

4 portions

1 c. à t. d'huile d'olive

180 ml (3/4 tasse) de queues d'asperges, émincées

60 ml (1/4 tasse) de brocoli, en très petits bouquets

60 ml (1/4 tasse) de courgette, en brunoise

1 gousse d'ail, hachée

Sel et poivre

60 ml (1/4 tasse) de jus d'orange

Dans une poêle à revêtement antiadhésif, à feu moyen, chauffer l'huile. Faire revenir les asperges, le brocoli, la courgette et l'ail 2 minutes. Saler et poivrer. Verser le jus d'orange. Poursuivre la cuisson 2 minutes. Servir.

Par portion — Calories (Kcal) : 29
Gras : 1 g = 41 % des Kcal provenant du gras
Protéines : 1 g   Cholestérol : 0 mg
Sodium : 47 mg   Hydrates de carbone : 3 g

Flèches d'asperges au coulis de tomates

L'asperge est un légume délicat qui contient des protéines végétales et des fibres en bonne quantité. Elle est, de plus, assez faible en calories.

4 portions

1 tomate, broyée

1 c. à s. de pâte de tomates

60 ml (1/4 tasse) de jus de tomates

1 c. à t. de basilic, haché

1 c. à t. d'origan, haché

Sel et poivre

250 ml (1 tasse) de pointes d'asperges, blanchies

Dans un bol, mélanger tous les ingrédients, sauf les pointes d'asperges.

Déposer les pointes d'asperges dans une assiette. Couvrir de la préparation aux tomates. Réchauffer au four à micro-ondes 90 secondes, à ÉLEVÉ. Servir.

Par portion — Calories (Kcal) : 20
Gras : <1 g = 18 % des Kcal provenant du gras
Protéines : 2 g   Cholestérol : 0 mg
Sodium : 80 mg   Hydrates de carbone : 3 g

La cuisson à la vapeur :

La cuisson des légumes à la vapeur devrait être privilégiée, car elle conserve aux aliments toutes leurs valeurs nutritives. Ce genre de cuisson est plutôt rapide. Une texture «al dente», c'est-à-dire encore un peu croquante, est idéale ; à ce stade de cuisson, les couleurs des aliments sont avivées et fort appétissantes. La cuisson au micro-ondes dans une faible quantité d'eau est une alternative valable.

Aubergine en aubergine

Très peu calorique et riche en fibres, l'aubergine se marie parfaitement à la tomate, à l'ail et à l'oignon.

4 portions

1 aubergine moyenne
2 c. à t. d'huile d'olive
1 oignon, haché
1 gousse d'ail, hachée
3 tomates, broyées
60 ml (¼ tasse) de courgette, en dés
Sel et poivre

Préchauffer le four à 175 °C (350 °F).

Tailler l'aubergine en quatre tronçons de 2,5 cm (1 po) d'épaisseur.

À l'aide d'une cuillère parisienne, évider les tronçons d'aubergine, de manière à obtenir quatre ramequins en chair d'aubergine, en prenant bien soin de ne pas transpercer l'écorce. Réserver.

Couper en dés, la chair recueillie et le reste de l'aubergine.

Dans une poêle à revêtement anti-adhésif, à feu moyen, chauffer l'huile. Faire revenir les dés d'aubergine, l'oignon, l'ail, les tomates et la courgette 2 minutes, en remuant continuellement. Saler et poivrer.

Verser cette préparation dans les ramequins d'aubergine. Cuire au four 12 minutes. Servir.

PAR PORTION — CALORIES (KCAL) : 87
Gras : 3g = 25% des Kcal provenant du gras
Protéines : 2g   Cholestérol : 0mg
Sodium : 58mg   Hydrates de carbone : 16g

Purée d'aubergine aux carottes et aux tomates

4 portions

1 aubergine moyenne
125 ml (½ tasse) de carottes, cuites, en dés
2 tomates, broyées
⅛ c. à t. de poudre d'ail
⅛ c. à t. de poudre d'oignon
⅛ c. à t. de quatre-épices
Sel et poivre

Préchauffer le four à 175 °C (350 °F).

À l'aide d'une fourchette, piquer l'aubergine à plusieurs reprises. Déposer, entière, dans une lèchefrite. Cuire au four 30 minutes.

Retirer du four. Laisser reposer 10 minutes.

Couper l'aubergine en deux. À l'aide d'une cuillère, recueillir la chair ; déposer dans le bol du robot culinaire avec tous les autres ingrédients. Réduire en purée lisse.

Réchauffer au four à micro-ondes 90 secondes, à ÉLEVÉ. Servir.

PAR PORTION — CALORIES (KCAL) : 48
Gras : <1g = 5% des Kcal provenant du gras
Protéines : 2g   Cholestérol : 0mg
Sodium : 58mg   Hydrates de carbone : 11g

Betteraves rôties

4 portions

12 à 16 betteraves nouvelles
2 c. à t. d'huile d'olive
Sel et poivre
60 ml (¼ tasse) de bouillon de légumes

Préchauffer le four à 175 °C (350 °F).

Peler les betteraves.

Dans une poêle à revêtement anti-adhésif, à feu moyen, chauffer l'huile. Faire revenir les betteraves 4 minutes, en remuant continuellement. Saler et poivrer. Transférer les betteraves dans une lèchefrite. Arroser de bouillon. Cuire au four 20 minutes. Servir.

PAR PORTION — CALORIES (KCAL) : 54
Gras : 2g = 34% des Kcal provenant du gras
Protéines : 2g   Cholestérol : 0mg
Sodium : 136mg   Hydrates de carbone : 9g

Betteraves à la suédoise

4 portions

500 ml (2 tasses) de betteraves, cuites, tranchées
80 ml (⅓ tasse) de yogourt nature, léger
1 c. à t. de jus de citron
1 c. à t. d'aneth, haché
½ c. à t. de feuilles de fenouil, hachées
⅛ c. à t. de sauce Worcestershire
Sel et poivre

Dans un bol, mélanger tous les ingrédients. Couvrir. Placer au réfrigérateur 2 heures. Servir.

PAR PORTION — CALORIES (KCAL) : 47
Gras : <1g = 3% des Kcal provenant du gras
Protéines : 2g   Cholestérol : 0mg
Sodium : 126mg   Hydrates de carbone : 10g

Légumes

Bouquets de brocoli à l'ail

4 portion

750 ml (3 tasses) de brocoli, en bouquets

1 c. à t. d'huile d'olive

2 gousse d'ail, hachées

Sel et poivre

Dans une casserole remplie d'eau bouillante légèrement salée, cuire le brocoli 3 minutes. Retirer. Égoutter.

Entretemps, dans une poêle à revêtement antiadhésif, à feu moyen, chauffer l'huile. Faire revenir l'ail 4 minutes, en remuant sans cesse.

Déposer le brocoli dans une assiette. Parsemer d'ail; saler et poivrer. Servir.

Par portion — Calories (Kcal) : 31	
Gras : 1 g = 33 % des Kcal provenant du gras	
Protéines : 2 g	Cholestérol : 0 mg
Sodium : 56 mg	Hydrates de carbone : 4 g

Tiges de brocoli au gingembre

Le brocoli est un de nos légumes les plus nourrissants, en plus de posséder d'excellentes propriétés antioxydantes; on devrait en consommer régulièrement. Le brocoli contient de la vitamine C, du fer et du calcium. Il faut à peine le cuire pour lui conserver toutes ses qualités nutritives.

4 portions

2 c. à t. d'huile d'olive

500 ml (2 tasses) de tiges de brocoli, émincées

1 gousse d'ail, hachée

1 c. à t. de gingembre frais, râpé

Sel et poivre

Dans une poêle à revêtement anti-adhésif, à feu moyen, chauffer l'huile. Faire revenir les tiges de brocoli 3 minutes, en remuant continuellement. Ajouter l'ail et le gingembre. Poursuivre la cuisson 1 minute, en remuant toujours.

Saler et poivrer. Servir.

Par portion — Calories (Kcal) : 34	
Gras : 2 g = 57 % des Kcal provenant du gras	
Protéines : 1 g	Cholestérol : 0 mg
Sodium : 52 mg	Hydrates de carbone : 3 g

Fleurettes de brocoli à la fleur d'oranger

4 portions

500 ml (2 tasses) de brocoli, en petits bouquets

6 gouttes d'extrait de fleur d'oranger

80 ml (1/3 tasse) jus d'orange

1 c. à t. de zeste d'orange

Sel et poivre

Placer les bouquets de brocoli dans une assiette. Mélanger l'extrait de fleur d'oranger et le jus d'orange. Verser sur le brocoli. Parsemer du zeste d'orange; saler et poivrer.

Cuire au four à micro-ondes 2½ minutes, à ÉLEVÉ. Servir.

Par portion — Calories (Kcal) : 23	
Gras : <1 g = 7 % des Kcal provenant du gras	
Protéines : 1 g	Cholestérol : 0 mg
Sodium : 52 mg	Hydrates de carbone : 5 g

Julienne de carottes à la provençale

4 portions

2 c. à t. d'huile d'olive

375 ml (1½ tasse) de carottes, en julienne

125 ml (½ tasse) d'oignon, émincé

125 ml (½ tasse) de tomates, en julienne

1 gousse d'ail, hachée

½ c. à t. d'herbes de Provence, hachées

½ c. à t. de persil, haché

Sel et poivre

Dans une poêle à revêtement antiadhésif, à feu moyen, chauffer l'huile. Faire revenir les carottes, l'oignon, les tomates et l'ail 3 minutes, en remuant continuellement. Ajouter les herbes de Provence et le persil. Poursuivre la cuisson 1 minute, en remuant toujours.

Saler et poivrer. Servir.

Par portion — Calories (Kcal) : 48
Gras : 2 g = 42% des Kcal provenant du gras
Protéines : 1 g   Cholestérol : 0 mg
Sodium : 135 mg   Hydrates de carbone : 6 g

Mousseline de carottes

La carotte est notre principale source de bêta-carotène, un antioxydant que l'organisme transforme en vitamine A.

4 à 6 portions

500 ml (2 tasses) de carottes, cuites, en dés

125 ml (½ tasse) de pommes de terre, cuites, en dés

1 blanc d'œuf

2 pincées de muscade

1 pincée de cannelle

½ c. à t. d'estragon, haché

Sel et poivre

Au robot culinaire, réduire en purée tous les ingrédients. Transférer dans un bol. Réchauffer au four à micro-ondes 90 secondes, à ÉLEVÉ. Servir.

Par portion — Calories (Kcal) : 33
Gras : 1 g = 29% des Kcal provenant du gras
Protéines : 1 g   Cholestérol : 0 mg
Sodium : 58 mg   Hydrates de carbone : 5 g

Gaufrettes de carottes aux herbes

4 portions

500 ml (2 tasses) de carottes, en gaufrettes

1 c. à t. d'huile d'olive, pressée à froid

½ c. à t. de persil, haché

½ c. à t. de cerfeuil, haché

½ c. à t. d'estragon, haché

½ c. à t. de ciboulette, hachée

Sel et poivre

Préparer une marmite à vapeur. Déposer les carottes dans le panier de la marmite à vapeur. Cuire 5 minutes. Retirer du panier; transférer dans un bol. Ajouter le reste des ingrédients; bien mélanger. Servir.

Par portion — Calories (Kcal) : 32
Gras : 1 g = 32% des Kcal provenant du gras
Protéines : 1 g   Cholestérol : 0 mg
Sodium : 63 mg   Hydrates de carbone : 5 g

Cœurs de céleri à la moutarde

Ce légume mérite notre attention. Il est pauvre en gras et riche en certaines fibres solubles qui semblent avoir un effet réducteur intéressant sur le taux de cholestérol.

4 portions

2 cœurs de céleri
180 ml (¾ tasse) de bouillon de poulet
60 ml (¼ tasse) de lait évaporé, écrémé
2 c. à s. de moutarde à l'ancienne
1 pincée de muscade
Sel et poivre

Préchauffer le four à 175 °C (350 °F).

Couper les cœurs de céleri en quartiers. Déposer dans un moule à gratin de 1 litre (4 tasses).

Dans un bol, mélanger le reste des ingrédients. Verser cette préparation sur les cœurs de céleri. Cuire au four 25 minutes. Servir.

> **Par portion — Calories (Kcal) : 34**
> Gras : <1 g = 10% des Kcal provenant du gras
> Protéines : 4 g   Cholestérol : 1 mg
> Sodium : 320 mg   Hydrates de carbone : 5 g

Céleri au pamplemousse

4 portions

1 c. à t. d'huile d'olive
375 ml (1½ tasse) de céleri, émincé
60 ml (¼ tasse) de jus de pamplemousse
125 ml (½ tasse) de suprêmes de pamplemousse
1 c. à t. de persil, haché
Sel et poivre

Dans une poêle à revêtement antiadhésif, à feu moyen, chauffer l'huile. Faire revenir le céleri 2 minutes, en remuant continuellement.

Ajouter le jus de pamplemousse, les suprêmes de pamplemousse et le persil. Poursuivre la cuisson 2 minutes, en remuant de temps à autre.

Saler et poivrer. Servir.

> **Par portion — Calories (Kcal) : 32**
> Gras : 1 g = 32% des Kcal provenant du gras
> Protéines : 1 g   Cholestérol : 0 mg
> Sodium : 81 mg   Hydrates de carbone : 5 g

Céleri au cari

4 portions

500 ml (2 tasses) de céleri, en bâtonnets
60 ml (¼ tasse) de yogourt nature, léger
⅛ c. à t. de sauce Worcestershire
½ c. à t. de cari

À l'aide d'un couteau, faire des petites entailles à une extrémité de chaque bâtonnet de céleri. Plonger les bâtonnets dans un bol rempli d'eau glacée. Placer au réfrigérateur 2 heures.

Entretemps, dans un bol, mélanger le reste des ingrédients. Retirer le céleri de l'eau. Égoutter. Tremper dans la préparation au cari. Servir.

> **Par portion — Calories (Kcal) : 18**
> Gras : <1 g = 6% des Kcal provenant du gras
> Protéines : 1 g   Cholestérol : 0 mg
> Sodium : 104 mg   Hydrates de carbone : 3 g

Céleri-rave classique

4 portions

1 céleri-rave
60 ml (¼ tasse) de yogourt nature, léger
1 c. à t. de câpres, hachées
2 c. à t. de cornichon, haché
2 c. à t. de moutarde à l'ancienne
½ c. à t. de sauce Worcestershire
1 c. à t. de persil, haché
Sel et poivre

Dans une casserole remplie d'eau bouillante, légèrement salée, blanchir le céleri-rave 1 minute. Retirer de l'eau ; rafraîchir ; égoutter.

Entretemps, dans un bol, mélanger le reste des ingrédients. Incorporer le céleri-rave dans la préparation. Couvrir. Placer au réfrigérateur 2 heures. Servir.

> **Par portion — Calories (Kcal) : 20**
> Gras : <1 g = 9% des Kcal provenant du gras
> Protéines : 1 g   Cholestérol : 0 mg
> Sodium : 145 mg   Hydrates de carbone : 3 g

Champignons cafés, sautés

4 portions

2 c. à t. d'huile d'olive

750 ml (3 tasses) de champignons cafés, en quartiers

2 c. à s. de câpres, hachées

1 tomate, broyée

60 ml (¼ tasse) de jus de légumes

Sel et poivre

Dans une poêle à revêtement anti-adhésif, à feu moyen, chauffer l'huile. Faire revenir les champignons 2 minutes, en remuant continuellement. Ajouter le reste des ingrédients, sauf le sel et le poivre. Poursuivre la cuisson 2 minutes, en remuant de temps à autre. Saler et poivrer. Servir.

Par portion — Calories (Kcal) : 37
Gras : 2 g = 61 % des Kcal provenant du gras
Protéines : 1 g   Cholestérol : 1 mg
Sodium : 89 mg   Hydrates de carbone : 2 g

Champignons émincés aux poivrons

4 portions

¼ c. à t. d'huile d'olive

750 ml (3 tasses) de champignons de Paris, émincés

125 ml (½ tasse) de poivrons vert, rouge et jaune mélangés, en brunoise

1 gousse d'ail, hachée

1 échalote sèche, hachée

3 c. à s. de jus de citron

Sel et poivre

Préparer une marmite à vapeur.

Dans un grand bol, mélanger tous les ingrédients.

Verser dans le panier de la marmite à vapeur. Cuire 5 minutes. Servir.

Par portion — Calories (Kcal) : 26
Gras : 1 g = 15 % des Kcal provenant du gras
Protéines : 1 g   Cholestérol : 0 mg
Sodium : 48 mg   Hydrates de carbone : 5 g

Pleurotes confits

Ce champignon délectable mérite d'être mieux connu. Préparé selon la recette qui suit, il est un parfait petit délice santé.

4 portions

2 c. à t. d'huile d'olive

⅛ c. à t. d'huile de sésame

750 ml (3 tasses) de pleurotes, émincés

1 gousse d'ail, hachée

1 échalote sèche, hachée

½ c. à t. de paprika

Sel et poivre

Préchauffer le four à 160 °C (325 °F).

Dans un grand bol, mélanger tous les ingrédients.

Verser dans une lèchefrite. Cuire au four 12 minutes. Servir.

Par portion — Calories (Kcal) : 40
Gras : 3 g = 55 % des Kcal provenant du gras
Protéines : 1 g   Cholestérol : 0 mg
Sodium : 47 mg   Hydrates de carbone : 4 g

*Recettes illustrées, de gauche à droite :
chou rouge à l'ail,
chou vert braisé au fenouil.*

Chou rouge à l'ail

Le chou appartient à la famille des crucifèracées, un groupe de légumes aux propriétés intéressantes pour la prévention du cancer.

4 portions

2 c. à t. d'huile d'olive
2 gousses d'ail, hachées
1 échalote sèche, hachée
750 ml (3 tasses)
de chou rouge, émincé
2 c. à s. de vinaigre balsamique
1 c. à s. de vinaigre
de vin aux framboises
Sel et poivre
1 c. à t. de persil, haché

Dans une casserole à revêtement antiadhésif, à feu moyen, chauffer l'huile. Faire revenir l'ail et l'échalote 1 minute, en remuant continuellement. Ajouter le chou. Poursuivre la cuisson 2 minutes, en remuant de temps à autre.

Ajouter les vinaigres ; saler et poivrer ; bien mélanger. Couvrir. À feu doux, laisser mijoter 15 minutes, en remuant de temps à autre.

Ajouter le persil ; mélanger. Servir.

Par portion — Calories (Kcal) : 43	
Gras : 2 g = 46 % des Kcal provenant du gras	
Protéines : 1 g	Cholestérol : 0 mg
Sodium : 53 mg	Hydrates de carbone : 5 g

Chou chinois aux fèves germées

4 portions

2 c. à t. d'huile d'olive
1 gousse d'ail, hachée
1 échalote sèche, hachée
750 ml (3 tasses)
de chou chinois, émincé
250 ml (1 tasse) de fèves germées
1 c. à s. de vinaigre de vin blanc
1 c. à t. de sauce tamari, légère
Sel et poivre
1 c. à t. de feuilles
de coriandre, hachées

Dans une casserole à revêtement antiadhésif, à feu moyen, chauffer l'huile. Faire revenir l'ail et l'échalote 1 minute, en remuant continuellement. Ajouter le chou et les fèves germées. Poursuivre la cuisson 2 minutes, en remuant de temps à autre.

Ajouter le vinaigre et la sauce tamari ; saler et poivrer ; bien mélanger. Couvrir. À feu doux, laisser mijoter 5 minutes, en remuant de temps à autre.

Ajouter la coriandre ; mélanger. Servir.

Par portion — Calories (Kcal) : 41	
Gras : 2 g = 48 % des Kcal provenant du gras	
Protéines : 2 g	Cholestérol : 0 mg
Sodium : 107 mg	Hydrates de carbone : 4 g

Chou vert braisé au fenouil

6 portions

1 petit chou vert, en quartiers
1 gousse d'ail, hachée
1 échalote sèche, hachée
1 c. à t. de graines de fenouil
250 ml (1 tasse)
de bouillon de poulet
Sel et poivre

Préchauffer le four à 175 °C (350 °F).

Couper chaque quartier de chou en deux ou trois morceaux. Disposer dans un plat à gratin de 1,5 litre (6 tasses).

Dans un grand bol, mélanger l'ail, l'échalote, les graines de fenouil et le bouillon de poulet. Verser sur le chou. Saler et poivrer.

Cuire au four 25 minutes, en arrosant de jus de cuisson à toutes les 5 minutes.

Servir, accompagné de tomates miniatures, si désiré.

Par portion — Calories (Kcal) : 29	
Gras : <1 g = 7 % des Kcal provenant du gras	
Protéines : 4 g	Cholestérol : 0 mg
Sodium : 140 mg	Hydrates de carbone : 5 g

Bruxelles en Provence

4 portions

2 c. à t. d'huile d'olive

500 ml (2 tasses) de choux de Bruxelles, en moitiés

1 gousse d'ail, hachée

2 c. à s. de bouillon de légumes

1 c. à s. de zeste de citron, râpé

1 c. à t. d'herbes de Provence, hachées

Sel et poivre

Dans une poêle à revêtement anti-adhésif, à feu moyen, chauffer l'huile. Faire revenir les choux et l'ail 2 minutes, en remuant. Ajouter le reste des ingrédients. Poursuivre la cuisson 1 minute. Couvrir. À feu doux, laisser mijoter 5 minutes. Servir.

Par portion — Calories (Kcal) : 53
Gras : 3g = 36% des Kcal provenant du gras
Protéines : 3g Cholestérol : 0mg
Sodium : 78mg Hydrates de carbone : 8g

Choux de Bruxelles au coulis de carotte

4 portions

500 ml (2 tasses) de choux de Bruxelles, en quartiers

Sel et poivre

125 ml (½ tasse) de bouillon de légumes

1 gousse d'ail, hachée

60 ml (¼ tasse) de carotte, râpée

1 c. à t. de persil, haché

Préparer une marmite à vapeur.

Dans le panier de la marmite, cuire les choux 5 minutes. Saler et poivrer.

Dans une casserole, porter à ébullition le reste des ingrédients. À feu doux, laisser mijoter 4 minutes. Au robot culinaire, réduire en purée. Servir les choux, nappés de coulis.

Par portion — Calories (Kcal) : 37
Gras : <1g = 6% des Kcal provenant du gras
Protéines : 3g Cholestérol : 0mg
Sodium : 130mg Hydrates de carbone : 11g

Chou-fleur aux fromages

4 portions

250 ml (1 tasse) de lait 1%

125 ml (½ tasse) de lait évaporé, écrémé

1 pincée de muscade

750 ml (3 tasses) de chou-fleur, en bouquets

Sel et poivre

60 ml (¼ tasse) de fromage mozzarella, léger, râpé

1 c. à s. de fromage parmesan, râpé

1 c. à s. de chapelure assaisonnée

Préchauffer le four à GRIL (BROIL).

Dans une casserole, porter à ébullition les laits. Ajouter la muscade et le chou-fleur ; saler et poivrer ; bien mélanger. À feu doux, laisser mijoter 6 minutes.

Verser dans un plat à gratin de 1,5 litre (6 tasses).

Parsemer des fromages et de chapelure. Cuire au four 4 minutes. Servir.

Par portion — Calories (Kcal) : 103
Gras : 3g = 22% des Kcal provenant du gras
Protéines : 9g Cholestérol : 9mg
Sodium : 206mg Hydrates de carbone : 12g

Choux de Bruxelles aux agrumes

4 portions

500 ml (2 tasses) de choux de Bruxelles

3 c. à s. de jus de citron

250 ml (1 tasse) d'orange, de pamplemousse blanc et de pamplemousse rose mélangés, en suprêmes

Sel et poivre

Préparer une marmite à vapeur.

Dans un bol, mélanger les choux et le jus de citron. Laisser reposer 10 minutes. Dans le panier de la marmite à vapeur, cuire les choux 6 minutes.

Ajouter les suprêmes. Saler et poivrer. Poursuivre la cuisson 2 minutes. Servir.

Par portion — Calories (Kcal) : 50
Gras : <1g = 6% des Kcal provenant du gras
Protéines : 3g Cholestérol : 0mg
Sodium : 62mg Hydrates de carbone : 12g

Chou-fleur au paprika

4 portions

500 ml (2 tasses) de chou-fleur, en très petits bouquets

80 ml (⅓ tasse) de poivron rouge, en brunoise

6 gouttes de sauce Tabasco

1 c. à t. de persil, haché

2 c. à t. d'huile d'olive

½ c. à t. de paprika

Sel et poivre

Dans un bol, mélanger tous les ingrédients. Couvrir de pellicule plastique.

Cuire au four à micro-ondes 4 minutes, à ÉLEVÉ. Retirer du four. Laisser reposer 2 minutes. Servir.

Par portion — Calories (Kcal) : 36
Gras : 2g = 54% des Kcal provenant du gras
Protéines : 1g Cholestérol : 0mg
Sodium : 62mg Hydrates de carbone : 3g

Légumes

Bâtonnets de concombre à l'indienne

4 portions

80 ml (⅓ tasse) de yogourt nature, léger

1 c. à s. de moutarde à l'ancienne

1 c. à t. de cari

⅛ c. à t. de sauce Worcestershire

1 c. à t. de feuilles de coriandre, hachées

Sel et poivre

1 concombre, pelé, en bâtonnets

Dans un bol, mélanger tous les ingrédients, sauf les bâtonnets de concombre.

Tremper les bâtonnets dans la préparation. Servir.

Par portion — Calories (Kcal) : 35
Gras : <1g = 11% des Kcal provenant du gras
Protéines : 2g   Cholestérol : 0mg
Sodium : 111mg   Hydrates de carbone : 6g

Concombres d'été

Le concombre contient beaucoup d'eau. Peu calorique, il convient parfaitement comme aliment santé.

4 portions

½ concombre, en gaufrettes

½ concombre, pelé, en gaufrettes

125 ml (½ tasse) de jus d'orange

1 c. à s. de zeste d'orange, râpé

1 c. à s. de vinaigre balsamique

Sel et poivre

Dans un bol, mélanger tous les ingrédients. Couvrir. Placer au réfrigérateur. Laisser reposer 2 heures. Servir.

Par portion — Calories (Kcal) : 35
Gras : <1g = 6% des Kcal provenant du gras
Protéines : 1g   Cholestérol : 0mg
Sodium : 48mg   Hydrates de carbone : 8g

Concombre vapeur à l'aneth

4 portions

1 concombre, pelé, émincé

2 c. à s. de jus de citron

4 c. à s. de feuilles d'aneth, hachées grossièrement

Sel et poivre

Préparer une marmite à vapeur.

Dans un bol, mélanger tous les ingrédients.

Verser dans le panier de la marmite à vapeur. Cuire 5 minutes. Servir.

Par portion — Calories (Kcal) : 21
Gras : <1g = 7% des Kcal provenant du gras
Protéines : 1g   Cholestérol : 0mg
Sodium : 48mg   Hydrates de carbone : 5g

Pointes de courgettes aux piments

4 portions

500 ml (2 tasses) de courgettes, en tranches de 1,25 cm (½ po) d'épaisseur

1 c. à t. d'huile d'olive

1 c. à s. de piment, haché

½ c. à t. de piments séchés, broyés

Sel et poivre

Couper les tranches des courgettes en quatre ou six pointes.

Dans une poêle à revêtement antiadhésif, à feu moyen, chauffer l'huile. Faire revenir les pointes des courgettes 2 minutes, en remuant de temps à autre. Ajouter le reste des ingrédients. Poursuivre la cuisson 2 minutes, en remuant de temps à autre. Servir.

Par portion — Calories (Kcal) : 19	
Gras : 1 g = 50 % des Kcal provenant du gras	
Protéines : 1 g	Cholestérol : 0 mg
Sodium : 46 mg	Hydrates de carbone : 2 g

Ficelles de courgettes au cari

Recherchez les courgettes aux coloris intenses ; elles contiennent davantage de bêta-carotène.

4 portions

1 c. à t. d'huile d'olive

500 ml (2 tasses) de courgettes, en julienne

1 gousse d'ail, hachée

½ c. à t. de paprika

½ c. à t. de cari

Sel et poivre

Dans une poêle à revêtement antiadhésif, à feu moyen, chauffer l'huile. Faire revenir les courgettes 1 minute, en remuant de temps à autre. Ajouter le reste des ingrédients. Poursuivre la cuisson 2 minutes, en remuant de temps à autre. Servir.

Par portion — Calories (Kcal) : 21	
Gras : 1 g = 48 % des Kcal provenant du gras	
Protéines : 1 g	Cholestérol : 0 mg
Sodium : 47 mg	Hydrates de carbone : 2 g

Courgettes au romarin

Les courgettes sont de la même famille que les concombres ; elles en ont les propriétés nutritives.

4 portions

1 c. à t. d'huile d'olive

500 ml (2 tasses) de courgettes, en dés

1 gousse d'ail, hachée

1 échalote sèche, hachée

½ c. à t. de romarin, haché

Sel et poivre

Dans une poêle à revêtement antiadhésif, à feu moyen, chauffer l'huile. Faire revenir les courgettes 2 minutes, en remuant de temps à autre. Ajouter le reste des ingrédients. Poursuivre la cuisson 2 minutes, en remuant de temps à autre. Servir.

Par portion — Calories (Kcal) : 24	
Gras : 1 g = 41 % des Kcal provenant du gras	
Protéines : 1 g	Cholestérol : 0 mg
Sodium : 47 mg	Hydrates de carbone : 3 g

Endives braisées au vermouth

4 portions

2 c. à t. d'huile d'olive
8 endives moyennes
125 ml (½ tasse) de bouillon de poulet
125 ml (½ tasse) de vermouth blanc
1 c. à t. de persil, haché
⅛ c. à t. de muscade
Sel et poivre

Préchauffer le four à 160 °C (325 °F).

Dans une poêle à revêtement antiadhésif, à feu moyen, chauffer l'huile. Faire revenir les endives 2 minutes, en remuant de temps à autre.

Déposer les endives dans un plat à gratin de 1,5 litre (6 tasses). Arroser de bouillon de poulet et de vermouth; parsemer de persil; saupoudrer de muscade; saler et poivrer.

Cuire au four 15 minutes, en arrosant de jus de cuisson à toutes les 5 minutes. Servir.

Par portion — Calories (Kcal) : 72
Gras : 2 g = 54 % des Kcal provenant du gras
Protéines : 2 g   Cholestérol : 0 mg
Sodium : 124 mg   Hydrates de carbone : 3 g

Épinards au fenouil

On connaît moins bien le fenouil et c'est dommage. Sa texture et son goût rappellent le céleri auquel on aurait ajouté une petite touche d'anis. Ses qualités nutritives sont excellentes. La recette ci-après conviendra bien en accompagnement de plats de poisson.

4 portions

2 c. à t. d'huile d'olive
1 gousse d'ail, hachée
2 échalotes sèches, hachées
125 ml (½ tasse) de bulbe de fenouil, en dés
750 ml (3 tasses) d'épinards, équeutés
60 ml (¼ tasse) de vin blanc, sec
1 pincée de muscade
Sel et poivre

Dans une casserole à revêtement antiadhésif, à feu moyen, chauffer l'huile. Faire revenir l'ail et les échalotes 1 minute, en remuant de temps à autre. Ajouter le fenouil et les épinards. Poursuivre la cuisson 1 minute, en remuant continuellement. Verser le vin blanc; ajouter la muscade; saler et poivrer. Poursuivre la cuisson 2 minutes, en remuant toujours. Servir.

Par portion — Calories (Kcal) : 48
Gras : 2 g = 51 % des Kcal provenant du gras
Protéines : 1 g   Cholestérol : 0 mg
Sodium : 75 mg   Hydrates de carbone : 4 g

Fenouil aux tomates

4 portions

4 bulbes de fenouil, en quartiers
60 ml (¼ tasse) de bouillon de poulet
180 ml (¾ tasse) de jus de tomates
1 c. à t. de basilic, haché
⅛ c. à t. de muscade
Sel et poivre

Préchauffer le four à 160 °C (325 °F).

Déposer le fenouil dans un plat à gratin de 1,5 litre (6 tasses). Arroser de bouillon et de jus de tomates; parsemer de basilic; saupoudrer de muscade; saler et poivrer. Cuire au four 25 minutes, en arrosant de jus de cuisson à toutes les 5 minutes. Servir.

Par portion — Calories (Kcal) : 62
Gras : <1 g = 5 % des Kcal provenant du gras
Protéines : 3 g   Cholestérol : 0 mg
Sodium : 169 mg   Hydrates de carbone : 15 g

Endives florentines

4 portions

2 c. à t. d'huile d'olive
1 gousse d'ail, hachée
2 échalotes sèches, hachées
375 ml (1½ tasse) d'endives, émincées
375 ml (1½ tasse) d'épinards
60 ml (¼ tasse) de vin blanc, sec
1 pincée de muscade
Sel et poivre

Dans une casserole à revêtement antiadhésif, à feu moyen, chauffer l'huile. Faire revenir l'ail et les échalotes 1 minute. Ajouter les endives et les épinards. Poursuivre la cuisson 1 minute, en remuant. Verser le vin blanc; ajouter la muscade; saler et poivrer. Poursuivre la cuisson 2 minutes, en remuant. Servir.

Par portion — Calories (Kcal) : 45
Gras : 2 g = 55 % des Kcal provenant du gras
Protéines : 1 g   Cholestérol : 0 mg
Sodium : 62 mg   Hydrates de carbone : 3 g

Macédoine de haricots

4 portions

2 c. à t. d'huile d'olive
1 gousse d'ail, hachée
1 échalote sèche, hachée
125 ml (½ tasse) de haricots jaunes, émincés
125 ml (½ tasse) de haricots verts, émincés
125 ml (½ tasse) de haricots mange-tout, émincés
60 ml (¼ tasse) de bouillon de poulet
¼ c. à t. de paprika
Sel et poivre

Dans une casserole à revêtement antiadhésif, à feu moyen, chauffer l'huile. Faire revenir l'ail et l'échalote 1 minute, en remuant de temps à autre. Ajouter les haricots. Poursuivre la cuisson 2 minutes, en remuant continuellement. Verser le bouillon ; ajouter le paprika ; saler et poivrer. Poursuivre la cuisson 2 minutes, en remuant toujours. Servir.

PAR PORTION — CALORIES (KCAL) : 119
Gras : 3 g = 21 % des Kcal provenant du gras
Protéines : 7 g   Cholestérol : 0 mg
Sodium : 82 mg   Hydrates de carbone : 18 g

Petits fagots de haricots au poireau

4 portions

24 haricots jaunes, équeutés
24 haricots verts, équeutés
8 bandes de poireau de 15 X 1,25 cm (6 X ½ po)
Sel et poivre

Dans une casserole d'eau bouillante légèrement salée, blanchir les haricots 2 minutes et les bandes de poireau 30 secondes. Rafraîchir sous l'eau froide. Égoutter.

Partager les haricots en 8 portions. Entourer chaque portion d'une bande de poireau. Déposer dans une assiette. Saler et poivrer. Cuire au four à micro-ondes 2 minutes, à ÉLEVÉ. Retirer du four. Laisser reposer 1 minute. Servir.

PAR PORTION — CALORIES (KCAL) : 92
Gras : 1 g = 6 % des Kcal provenant du gras
Protéines : 6 g   Cholestérol : 0 mg
Sodium : 49 mg   Hydrates de carbone : 17 g

Haricots mange-tout farcis

4 portions

16 haricots mange-tout
1 c. à t. d'huile d'olive
1 gousse d'ail, hachée
1 échalote sèche, hachée
80 ml (⅓ tasse) de poireau, émincé
60 ml (¼ tasse) de poivron rouge, en brunoise
Sel et poivre

Retirer le fil du côté arrondi des mange-tout. À l'aide d'un couteau, entrouvrir la cosse de chaque mange-tout, de façon à obtenir une barquette. Réserver.

Dans une poêle à revêtement antiadhésif, à feu moyen, chauffer l'huile. Faire revenir l'ail, l'échalote, le poireau et le poivron 2 minutes, en remuant de temps à autre. Saler et poivrer. Retirer du feu.

Farcir chaque mange-tout de la préparation ; déposer dans une assiette. Saler et poivrer. Cuire au four à micro-ondes 2 minutes, à ÉLEVÉ. Retirer du four. Laisser reposer 1 minute. Servir.

PAR PORTION — CALORIES (KCAL) : 37
Gras : 1 g = 27 % des Kcal provenant du gras
Protéines : 1 g   Cholestérol : 0 mg
Sodium : 50 mg   Hydrates de carbone : 6 g

Les accompagnements

Navets à l'ail

4 portions

2 c. à t. d'huile d'olive

750 ml (3 tasses) de navets, en bâtonnets

2 gousses d'ail, hachées

1 c. à t. d'estragon, haché

Sel et poivre

Dans une poêle à revêtement antiadhésif, à feu moyen, chauffer l'huile. Faire revenir les bâtonnets de navets 2 minutes, en remuant de temps à autre. Ajouter l'ail et l'estragon; saler et poivrer. Poursuivre la cuisson 3 minutes, en remuant de temps à autre. Servir.

Par portion — Calories (Kcal) : 98	
Gras : 3 g = 23 % des Kcal provenant du gras	
Protéines : 1 g	Cholestérol : 0 mg
Sodium : 55 mg	Hydrates de carbone : 19 g

Navets aux petits pois

4 portions

2 c. à t. d'huile d'olive

500 ml (2 tasses) de navets, en dés

1 gousse d'ail, hachée

1 échalote sèche, hachée

Sel et poivre

250 ml (1 tasse) de petits pois

1 c. à t. de feuilles de menthe, hachées

Dans une poêle à revêtement antiadhésif, à feu moyen, chauffer l'huile. Faire revenir les dés de navets 1 minute, en remuant de temps à autre. Ajouter l'ail et l'échalote; saler et poivrer. Poursuivre la cuisson 2 minutes, en remuant de temps à autre. Ajouter les petits pois et la menthe. Poursuivre la cuisson 1 minute, en remuant. Servir.

Par portion — Calories (Kcal) : 105	
Gras : 3 g = 22 % des Kcal provenant du gras	
Protéines : 3 g	Cholestérol : 0 mg
Sodium : 54 mg	Hydrates de carbone : 18 g

Patates à la moutarde

La patate sucrée est une excellente source de bêta-carotène. Malgré son nom, elle n'a rien à voir avec la pomme de terre, n'étant pas issue de la même famille.

500 ml (2 tasses) de patates sucrées, pelées, tranchées

¼ c. à t. d'huile d'olive

2 c. à s. de moutarde à l'ancienne

1 c. à t. de persil, haché

Sel et poivre

Préparer une marmite à vapeur.

Dans un grand bol, mélanger tous les ingrédients.

Verser dans le panier de la marmite à vapeur. Cuire 10 minutes. Servir.

Par portion — Calories (Kcal) : 58	
Gras : 1 g = 12 % des Kcal provenant du gras	
Protéines : 1 g	Cholestérol : 0 mg
Sodium : 146 mg	Hydrates de carbone : 12 g

Les deux maïs à la ciboulette

4 portions

375 ml (1 1/2 tasse) de maïs en grains

250 ml (1 tasse) d'épis de maïs miniatures

2 c. à t. de ciboulette, hachée

1/2 c. à t. d'huile d'olive

1 gousse d'ail, hachée

Sel et poivre

Dans un bol, mélanger tous les ingrédients. Saler et poivrer. Couvrir d'une pellicule plastique.

Cuire au four à micro-ondes 2 minutes, à ÉLEVÉ. Retirer du four. Laisser reposer 1 minute. Servir.

PAR PORTION — CALORIES (KCAL) : 71
Gras : 1 g = 7% des Kcal provenant du gras
Protéines : 3 g   Cholestérol : 0 mg
Sodium : 50 mg   Hydrates de carbone : 15 g

Rondins de maïs à l'huile vierge

4 portions

4 épis de maïs

2 c. à t. d'huile d'olive, pressée à froid

1/2 c. à t. de jus de citron

1/8 c. à t. de poudre d'oignon

1/8 c. à t. de poudre d'ail

Sel et poivre

Couper les épis en cinq rondins. Jeter dans une casserole d'eau bouillante légèrement salée. Cuire 4 minutes.

Entretemps, dans un grand bol, mélanger le reste des ingrédients.

Retirer les rondins de la casserole; égoutter; transférer dans le bol. Mélanger de façon à ce que les rondins s'imprègnent de la préparation. Servir.

PAR PORTION — CALORIES (KCAL) : 87
Gras : 3 g = 29% des Kcal provenant du gras
Protéines : 3 g   Cholestérol : 0 mg
Sodium : 56 mg   Hydrates de carbone : 15 g

Oignons farcis

4 portions

2 oignons, pelés

2 c. à t. d'huile d'olive

60 ml (1/4 tasse) d'oignon rouge, haché

1 gousse d'ail, hachée

4 petits oignons blancs, en moitiés

Sel et poivre

Couper chaque oignon en deux. À l'aide d'un couteau, évider l'intérieur de chaque moitié d'oignon, de façon à obtenir quatre petites coquilles. Hacher l'oignon recueilli. Réserver les coquilles.

Dans une poêle à revêtement anti-adhésif, à feu moyen, chauffer l'huile. Faire revenir l'oignon recueilli, l'oignon rouge, l'ail et les petits oignons 4 minutes, en remuant de temps à autre. Saler et poivrer.

Farcir les coquilles d'oignon de la préparation; déposer dans une assiette. Couvrir de pellicule plastique. Cuire au four à micro-ondes 2 minutes, à ÉLEVÉ. Retirer du four. Laisser reposer 1 minute. Servir.

PAR PORTION — CALORIES (KCAL) : 76
Gras : 3 g = 28% des Kcal provenant du gras
Protéines : 2 g   Cholestérol : 0 mg
Sodium : 247 mg   Hydrates de carbone : 13 g

Tombée de poireaux liégeoise

4 portions

2 c. à t. d'huile d'olive

250 ml (1 tasse) de poireaux, émincés

250 ml (1 tasse) de haricots verts, émincés

1 gousse d'ail, hachée

1 pincée de muscade

1 c. à t. de cerfeuil, haché

Sel et poivre

Dans une poêle à revêtement anti-adhésif, à feu moyen, chauffer l'huile. Faire revenir les poireaux, les haricots et l'ail 3 minutes, en remuant de temps à autre. Ajouter la muscade et le cerfeuil; saler et poivrer. Poursuivre la cuisson 1 minute. Servir.

PAR PORTION — CALORIES (KCAL) : 36
Gras : 2 g = 55% des Kcal provenant du gras
Protéines : 1 g   Cholestérol : 0 mg
Sodium : 48 mg   Hydrates de carbone : 4 g

Poireaux vapeur au parfum d'anis

4 portions

4 petits poireaux

1 c. à t. de graines de fenouil

1 c. à s. de feuilles de fenouil

1 c. à s. de Pernod

Sel et poivre

Préparer une marmite à vapeur.

Couper chaque poireau en rondins de 10 cm (4 po) d'épaisseur. Couper chaque rondin en deux, dans le sens de la longueur. Déposer dans le panier de la marmite. Parsemer de graines et de feuilles de fenouil; arroser de Pernod; saler et poivrer. Cuire 5 minutes. Servir.

PAR PORTION — CALORIES (KCAL) : 49
Gras : <1 g = 5% des Kcal provenant du gras
Protéines : 1 g   Cholestérol : 0 mg
Sodium : 57 mg   Hydrates de carbone : 10 g

Purée de pommes de terre légère

4 portions

500 ml (2 tasses) de pommes de terre, cuites, en dés

3 c. à s. de lait évaporé, écrémé

1 blanc d'œuf

1/8 c. à t. de muscade

1/2 c. à t. de ciboulette, hachée

1 c. à t. de persil, haché

Sel et poivre

Au robot culinaire, réduire en purée lisse tous les ingrédients.

Transvider dans une assiette. Couvrir de pellicule plastique. Réchauffer au four à micro-ondes 1 1/2 minute, à ÉLEVÉ. Retirer du four. Laisser reposer 1 minute.

Servir, en quenelles ou dressée à l'aide d'un sac à pâtisserie muni d'une douille cannelée.

PAR PORTION — CALORIES (KCAL) : 86
Gras : <1 g = 2% des Kcal provenant du gras
Protéines : 4 g   Cholestérol : 0 mg
Sodium : 79 mg   Hydrates de carbone : 18 g

Purée de pommes de terre à la tomate

4 portions

500 ml (2 tasses) de pommes de terre, cuites, en dés

3 c. à s. de lait évaporé, écrémé

1 blanc d'œuf

1 c. à s. de sauce chili

60 ml (1/4 tasse) de tomate, broyée

1/2 c. à t. de basilic, haché

1 c. à t. de persil, haché

Sel et poivre

Au robot culinaire, réduire en purée lisse tous les ingrédients.

Transvider dans une assiette. Couvrir de pellicule plastique. Réchauffer au four à micro-ondes 1 1/2 minute, à ÉLEVÉ. Retirer du four. Laisser reposer 1 minute.

Servir, en quenelles ou dressée à l'aide d'un sac à pâtisserie muni d'une douille cannelée.

PAR PORTION — CALORIES (KCAL) : 89
Gras : <1 g = 2% des Kcal provenant du gras
Protéines : 4 g   Cholestérol : 0 mg
Sodium : 81 mg   Hydrates de carbone : 19 g

Grelots des fêtes

4 portions

60 ml (1/4 tasse) de poivron rouge, haché

1 c. à t. de paprika

60 ml (1/4 tasse) de poivron vert, haché

1 c. à t. de persil, haché

16 petites pommes de terres, en conserve, égouttées

Sel et poivre

Dans un bol, mélanger le poivron rouge et le paprika. Réserver.

Dans un autre bol, mélanger le poivron vert et le persil. Réserver.

Rouler la moitié des pommes de terre dans la préparation rouge et l'autre moitié dans la préparation verte ; déposer dans une assiette. Couvrir de pellicule plastique. Réchauffer au four à micro-ondes 4 1/2 minutes, à ÉLEVÉ. Retirer du four. Laisser reposer 1 minute. Servir.

PAR PORTION — CALORIES (KCAL) : 9
Gras : <1 g = 10% des Kcal provenant du gras
Protéines : 0 g   Cholestérol : 0 mg
Sodium : 73 mg   Hydrates de carbone : 2 g

Les accompagnements

Pommes de terre du bistrot

4 portions

500 ml (2 tasses) de pommes de terre, en dés
2 c. à t. d'huile d'olive
2 gousses d'ail, hachées
1 échalote sèche, hachée
Sel et poivre
1 c. à t. d'estragon, haché

Dans une casserole d'eau bouillante légèrement salée, blanchir les pommes de terre 2 minutes. Retirer de la casserole ; égoutter. Bien assécher.

Dans une poêle à revêtement antiadhésif, à feu moyen, chauffer l'huile. Faire revenir les dés de pommes de terre 3 minutes, en remuant de temps à autre. Ajouter l'ail et l'échalote ; saler et poivrer. Poursuivre la cuisson 2 minutes, en remuant de temps à autre. Ajouter l'estragon. Poursuivre la cuisson 1 minute, en remuant continuellement. Servir.

Par portion — Calories (Kcal) : 98	
Gras : 2 g = 21 % des Kcal provenant du gras	
Protéines : 2 g	Cholestérol : 0 mg
Sodium : 51 mg	Hydrates de carbone : 18 g

Les pommes de terre :

Trop souvent méprisées, elles sont une source très économique de glucides complexes et de vitamines. Elles sont nourrissantes, tout en étant faibles en calories ; elles sont aussi une source de fibres lorsqu'on les mange avec la peau. Contrairement à ce que l'on croit, elles ne sont pas engraissantes, à condition qu'on ne les fasse pas frire ou qu'on ne les serve pas avec du beurre ou des sauces grasses. Il est préférable de les cuire avec la pelure afin de leur préserver un maximum de valeur nutritive.

Frites sans remords

4 portions

4 pommes de terre, en bâtonnets
1 c. à t. d'huile d'olive
1 c. à t. de paprika
½ c. à t. de poudre d'ail
½ c. à t. de poudre d'oignon
Sel et poivre

Préchauffer le four à 205 °C (400 °F).

Dans un bol, mélanger les pommes de terre et l'huile. Assaisonner. Mélanger, de façon à ce que les bâtonnets de pommes de terre soient bien enrobés d'épices.

Dans une lèchefrite à revêtement antiadhésif, déposer les bâtonnets. Cuire au four 12 minutes. Retourner. Poursuivre la cuisson 12 autres minutes.

Servir.

Par portion — Calories (Kcal) : 226	
Gras : 1 g = 6 % des Kcal provenant du gras	
Protéines : 6 g	Cholestérol : 0 mg
Sodium : 61 mg	Hydrates de carbone : 49 g

Poivrons à la provençale

4 portions

2 c. à t. d'huile d'olive

500 ml (2 tasses) de poivrons rouges, émincés

1 oignon, émincé

2 gousses d'ail, hachées

Sel et poivre

1 c. à t. d'herbes de Provence, hachées

1 c. à t. de persil, haché

Dans une poêle à revêtement anti-adhésif, à feu moyen, chauffer l'huile. Faire revenir les poivrons 1 minute. Ajouter l'oignon et l'ail; saler et poivrer. Poursuivre la cuisson 3 minutes. Ajouter les herbes de Provence et le persil. Poursuivre la cuisson 1 minute, en remuant sans cesse. Servir.

Par portion — Calories (Kcal) : 50
Gras : 2g = 40% des Kcal provenant du gras
Protéines : 1g   Cholestérol : 0mg
Sodium : 48mg   Hydrates de carbone : 7g

Tomates moutarde

4 portions

500 ml (2 tasses) de tomates miniatures rouges et jaunes, mélangés

¼ c. à t. d'huile d'olive

1 gousse d'ail, hachée

3 c. à s. de bouillon de légumes

2 c. à s. de moutarde à l'ancienne

1 c. à t. de persil, haché

Sel et poivre

Dans un bol, mélanger tous les ingrédients. Couvrir d'une pellicule plastique. Cuire au four à micro-ondes 2 minutes, à ÉLEVÉ. Retirer du four. Laisser reposer 1 minute. Servir.

Par portion — Calories (Kcal) : 28
Gras : 1g = 22% des Kcal provenant du gras
Protéines : 1g   Cholestérol : 0mg
Sodium : 171mg   Hydrates de carbone : 6g

Tomates au four au basilic

4 portions

4 tomates italiennes

½ c. à t. d'huile d'olive

1 oignon, haché

2 gousses d'ail, hachées

2 c. à s. de basilic, haché

Sel et poivre

125 ml (½ tasse) de chapelure de blé entier

Préchauffer le four à 175 °C (350 °F).

Couper les tomates en deux, dans le sens de la hauteur; déposer dans une lèchefrite. Arroser de gouttes d'huile. Réserver.

Dans un bol, mélanger l'oignon, l'ail et le basilic. Répartir cette préparation sur chaque moitié de tomate. Saler et poivrer. Couvrir de chapelure. Cuire au four 15 minutes. Servir.

Par portion — Calories (Kcal) : 97
Gras : 2g = 16% des Kcal provenant du gras
Protéines : 4g   Cholestérol : 0mg
Sodium : 167mg   Hydrates de carbone : 19g

Poivrons verts au vert

Les poivrons se présentent sous des couleurs fort variables. Certains restent verts même à maturité, mais la plupart se colorent à mesure qu'ils mûrissent sur leurs plants, en devenant progressivement plus sucrés au goût..

4 portions

2 c. à t. d'huile d'olive

375 ml (1½ tasse) de poivrons verts, en dés

1 échalote sèche, hachée

1 gousse d'ail, hachée

Sel et poivre

125 ml (½ tasse) de brocoli, en très petits bouquets

60 ml (¼ tasse) de courgette, en dés

1 c. à t. de cerfeuil, haché

1 c. à t. de persil, haché

Dans une poêle à revêtement anti-adhésif, à feu moyen, chauffer l'huile. Faire revenir les poivrons 1 minute. Ajouter l'échalote et l'ail; saler et poivrer. Poursuivre la cuisson 2 minutes, en remuant de temps à autre. Ajouter le brocoli, la courgette, le cerfeuil et le persil. Poursuivre la cuisson 2 minutes, en remuant sans cesse. Servir.

Par portion — Calories (Kcal) : 39
Gras : 2g = 51% des Kcal provenant du gras
Protéines : 1g   Cholestérol : 0mg
Sodium : 49mg   Hydrates de carbone : 4g

Les accompagnements d'un mets principal contribuent à l'équilibre général des apports nutritionnels d'un repas. Ils ne sont donc pas à négliger. Nous abordons ici la section des légumineuses, dont l'usage en cuisine n'est plus aussi fréquent que par le passé. Pourtant, leur haute teneur en fibres et en glucides complexes en font des aliments très nourrissants, sans être engraissants, car les légumineuses sont, en elles-mêmes et pour la plupart, faibles en calories.

Chili sin carne

4 portions

2 c. à t. d'huile d'olive

2 gousses d'ail, hachées

1 oignon, haché

500 (2 tasses) de haricots rouges, cuits

2 tomates, en dés

1 c. à s. de persil, haché

250 ml (1 tasse) de jus de légumes

Sel et poivre

1 c. à s. de fécule de maïs

2 c. à s. d'eau

1 échalote verte, émincée

Dans une casserole à revêtement antiadhésif, à feu moyen, chauffer l'huile. Faire revenir l'ail et l'oignon 1 minute, en remuant de temps à autre. Ajouter les haricots. Poursuivre la cuisson 3 minutes, en remuant de temps à autre.

Ajouter les tomates, le persil et le jus de légumes; saler et poivrer. À feu doux, laisser mijoter 3 minutes. Ajouter la fécule délayée dans l'eau; lier. Poursuivre la cuisson 2 minutes, en remuant sans cesse.

Servir, garni d'échalote verte.

PAR PORTION — CALORIES (KCAL) : 192
Gras : 3g = 14% des Kcal provenant du gras
Protéines : 10g   Cholestérol : 3mg
Sodium : 69mg   Hydrates de carbone : 31g

Mesclun de légumineuses aux champignons

4 portions

2 c. à t. d'huile d'olive

2 gousses d'ail, hachées

1 échalote sèche, hachée

125 ml (½ tasse) de pois chiches, cuits

125 ml (½ tasse) de fèves de lima, cuites

125 ml (½ tasse) de lentilles, cuites

2 tomates, broyées

1 c. à s. de persil, haché

250 ml (½ tasse) de champignons de Paris, en quartiers

Sel et poivre

Dans une casserole à revêtement antiadhésif, à feu moyen, chauffer l'huile. Faire revenir l'ail et l'échalote 1 minute. Ajouter toutes les légumineuses. Poursuivre la cuisson 3 minutes, en remuant de temps à autre.

Ajouter les tomates, le persil et les champignons; saler et poivrer. Poursuivre la cuisson 3 minutes. Servir

PAR PORTION — CALORIES (KCAL) : 174
Gras : 3g = 14% des Kcal provenant du gras
Protéines : 10g   Cholestérol : 0mg
Sodium : 60mg   Hydrates de carbone : 29g

Lentilles à la moutarde ancienne

4 portions

2 c. à t. d'huile d'olive
1 gousse d'ail, hachée
1 échalote sèche, hachée
500 ml (2 tasses)
de lentilles, cuites
2 c. à s. de moutarde à l'ancienne
60 ml (¼ tasse)
de bouillon de poulet
1 c. à s. de persil, haché
Sel et poivre

Dans une casserole à revêtement antiadhésif, à feu moyen, chauffer l'huile. Faire revenir l'ail et l'échalote 1 minute, en remuant de temps à autre. Ajouter les lentilles. Poursuivre la cuisson 3 minutes, en remuant de temps à autre.

Ajouter la moutarde, le bouillon et le persil haché; saler et poivrer. Poursuivre la cuisson 3 minutes, en remuant de temps à autre. Servir

Par portion — Calories (Kcal) : 149
Gras : 3 g = 17 % des Kcal provenant du gras
Protéines : 10 g   Cholestérol : 0 mg
Sodium : 178 mg   Hydrates de carbone : 22 g

Haricots de Venise

4 portions

2 c. à t. d'huile d'olive
2 gousses d'ail, hachées
1 oignon, émincé
500 ml (2 tasses)
de haricots pinto, cuits
2 c. à s. de pâte de tomates
60 ml (¼ tasse)
de bouillon de bœuf
60 ml (¼ tasse)
de rapini, haché grossièrement
1 c. à s. de basilic, haché
Sel et poivre

Dans une casserole à revêtement antiadhésif, à feu moyen, chauffer l'huile. Faire revenir l'ail et l'oignon 1 minute, en remuant de temps à autre. Ajouter les haricots. Poursuivre la cuisson 3 minutes, en remuant de temps à autre.

Ajouter la pâte de tomates, le bouillon, le rapini et le basilic haché; saler et poivrer. Poursuivre la cuisson 3 minutes, en remuant de temps à autre. Servir

Par portion — Calories (Kcal) : 163
Gras : 3 g = 15 % des Kcal provenant du gras
Protéines : 9 g   Cholestérol : 0 mg
Sodium : 145 mg   Hydrates de carbone : 28 g

Les légumineuses :

…Excellente source de protéines pour les végétariens ou ceux qui veulent diminuer leur consommation de viande! Toutefois, les protéines des légumineuses sont incomplètes. Plusieurs acides aminés indispensables à l'organisme leur faisant défaut, il est donc préférable de combiner les légumineuses avec le riz, le pain de blé entier, l'orge, le seigle ou les pâtes alimentaires; vous obtiendrez ainsi la complémentarité nécessaire à l'équilibre alimentaire. Les légumineuses sont une bonne source de fibres, de vitamines B, de fer, de calcium, de potassium et de magnésium.

Fèves de lima aux légumes

4 portions

2 c. à t. d'huile d'olive

375 ml (1½ tasse) de fèves de lima, cuites

1 gousse d'ail, hachée

1 échalote verte, hachée

60 ml (¼ tasse) de carotte, en brunoise

60 ml (¼ tasse) de navet, en brunoise

60 ml (¼ tasse) de poivron rouge, en brunoise

60 ml (¼ tasse) de poivron vert, en brunoise

60 ml (¼ tasse) de brocoli, en très petits bouquets

60 ml (¼ tasse) de bouillon de légumes

Sel et poivre

Dans une casserole à revêtement antiadhésif, à feu moyen, chauffer l'huile. Faire revenir les fèves de lima, l'ail et l'échalote 1 minute, en remuant de temps à autre.

Ajouter la carotte, le navet et les poivrons. Poursuivre la cuisson 2 minutes, en remuant de temps à autre.

Ajouter le brocoli et le bouillon de légumes; saler et poivrer. Poursuivre la cuisson 2 minutes, en remuant continuellement. Servir.

PAR PORTION — CALORIES (KCAL) : 120
Gras : 3g = 18% des Kcal provenant du gras
Protéines : 6g   Cholestérol : 0mg
Sodium : 83mg   Hydrates de carbone : 21g

Gourganes à l'ail et au cresson

4 portions

2 c. à t. d'huile d'olive

500 ml (2 tasses) de gourganes, cuites

1 gousse d'ail, hachée

1 échalote sèche, hachée

60 ml (¼ tasse) de jus de tomates

125 ml (½ tasse) de cresson, haché grossièrement

Sel et poivre

Dans une casserole à revêtement antiadhésif, à feu moyen, chauffer l'huile. Faire revenir les gourganes, l'ail et l'échalote 3 minutes, en remuant de temps à autre.

Ajouter le jus de tomates et le cresson; saler et poivrer. Poursuivre la cuisson 2 minutes, en remuant continuellement. Servir.

PAR PORTION — CALORIES (KCAL) : 162
Gras : 4g = 24% des Kcal provenant du gras
Protéines : 8g   Cholestérol : 0mg
Sodium : 54mg   Hydrates de carbone : 24g

Pois chiches au coulis de navet

4 portions

250 ml (1 tasse) de navet, cuit, en dés

125 ml (½ tasse) de bouillon de poulet

2 c. à t. d'huile d'olive

375 ml (1½ tasse) de pois chiches, cuits

1 gousse d'ail, hachée

1 échalote sèche, hachée

½ c. à t. de sauge, hachée

Sel et poivre

Au robot culinaire, réduire en purée lisse 60 ml (¼ tasse) des dés de navet, avec le bouillon de poulet. Réserver.

Dans une casserole à revêtement antiadhésif, à feu moyen, chauffer l'huile. Faire revenir les pois chiches, l'ail et l'échalote 2 minutes, en remuant de temps à autre.

Ajouter le reste des dés de navet. Poursuivre la cuisson 1 minute, en remuant de temps à autre.

Ajouter le coulis de navet et la sauge; saler et poivrer. Poursuivre la cuisson 2 minutes, en remuant continuellement. Servir.

PAR PORTION — CALORIES (KCAL) : 127
Gras : 3g = 18% des Kcal provenant du gras
Protéines : 7g   Cholestérol : 0mg
Sodium : 116mg   Hydrates de carbone : 21g

Légumineuses

Les habitudes alimentaires nord-américaines nous font consommer nos céréales au petit déjeuner surtout, sous des formes et textures les plus diverses. Les céréales sont parfois plus ou moins composées de sel, de sucre et de colorants; il est donc préférable de s'en tenir au produit le plus naturel possible. Les fabricants font malgré tout des efforts pour enrichir leurs céréales en vitamines et minéraux dont l'apport n'est pas à négliger.

Orge perlé aux agrumes

L'orge, comme l'avoine, le blé, le seigle et le riz, fait partie des grandes céréales nourricières. Dans le commerce on le retrouve sous l'appellation d'orge perlé, débarrassé de ses enveloppes et réduit en petites boules farineuses.

4 portions

250 ml (1 tasse) d'orge perlé

250 ml (1 tasse) de jus d'orange

60 ml (¼ tasse) de pamplemousse rose, en suprêmes

60 ml (¼ tasse) de pamplemousse jaune, en suprêmes

60 ml (¼ tasse) d'orange, en suprêmes

1 c. à s. de zeste d'orange

1 c. à t. de zeste de lime

Sel et poivre

Dans une casserole, cuire l'orge perlé en suivant le mode de cuisson sur l'emballage et en substituant 250 ml (1 tasse) de la quantité d'eau par 250 ml (1 tasse) de jus d'orange.

Lorsque l'orge perlé est cuit, ajouter les suprêmes et les zestes; saler et poivrer; bien mélanger. Couvrir. Laisser reposer 5 minutes. Servir.

PAR PORTION — CALORIES (KCAL) : 219
Gras : 1 g = 3 % des Kcal provenant du gras
Protéines : 6 g   Cholestérol : 0 mg
Sodium : 50 mg   Hydrates de carbone : 49 g

Vermicelles de riz au sésame

4 portions

1 c. à t. d'huile d'olive

¼ c. à t. d'huile de sésame

1 gousse d'ail, hachée

1 échalote sèche, hachée

2 c. à s. de graines de sésame

500 ml (2 tasses) de vermicelles de riz, cuits

Sel et poivre

Dans une casserole à revêtement antiadhésif, à feu moyen, chauffer les huiles. Faire revenir l'ail et l'échalote 1 minute, en remuant de temps à autre.

Ajouter les graines de sésame. Poursuivre la cuisson 1 minute, en remuant continuellement ou jusqu'à ce que les graines de sésame commencent à blondir. Ajouter les vermicelles de riz; saler et poivrer. Poursuivre la cuisson 2 minutes, en remuant de temps à autre. Retirer du feu; couvrir. Laisser reposer 3 minutes. Servir.

PAR PORTION — CALORIES (KCAL) : 230
Gras : 4 g = 15 % des Kcal provenant du gras
Protéines : 6 g   Cholestérol : 0 mg
Sodium : 46 mg   Hydrates de carbone : 43 g

Riz, blé et orge au safran

4 portions

2 c. à t. d'huile d'olive
1 gousse d'ail, hachée
1 échalote sèche, hachée
250 ml (1 tasse) de riz blanc, cuit
250 ml (1 tasse) d'orge, cuite
3 c. à s. de germe de blé
60 ml (¼ tasse) de bouillon de poulet
½ c. à t. de safran
Sel et poivre

Dans une casserole à revêtement antiadhésif, à feu moyen, chauffer l'huile. Faire revenir l'ail et l'échalote 1 minute, en remuant de temps à autre.

Ajouter le riz et l'orge. Poursuivre la cuisson 2 minutes, en remuant continuellement.

Ajouter le germe de blé, le bouillon de poulet et le safran; saler et poivrer. Poursuivre la cuisson 2 minutes, en remuant de temps à autre. Retirer du feu; couvrir. Laisser reposer 3 minutes. Servir.

Par portion — Calories (Kcal) : 154	
Gras : 3 g = 18% des Kcal provenant du gras	
Protéines : 4 g	Cholestérol : 0 mg
Sodium : 80 mg	Hydrates de carbone : 28 g

Couscous endiablé

Le couscous est une semoule tirée du blé dur, tout comme les pâtes alimentaires. Dans la cuisine d'Afrique du Nord, il joue le même rôle que le spaghetti dans la cuisine italienne et possède les mêmes qualités nutritives.

4 portions

2 c. à t. d'huile d'olive
1 c. à t. de piments séchés, broyés
1 c. à t. de piment, haché
60 ml (¼ tasse) de poivron rouge, en dés
1 échalote verte, hachée
1 gousse d'ail, hachée
180 ml (¾ tasse) de couscous
125 ml (½ tasse) de jus de tomates
125 ml (½ tasse) de jus de légumes
½ c. à t de feuilles de coriandre, hachées
½ c. à t de persil, haché
Sel et poivre

Dans une casserole à revêtement antiadhésif, à feu moyen, chauffer l'huile. Faire revenir les piments séchés, le piment, le poivron, l'échalote et l'ail 1 minute, en remuant de temps à autre. Ajouter le couscous. Poursuivre la cuisson 1 minute, en remuant sans cesse. Ajouter les jus, la coriandre et le persil; saler et poivrer; mélanger. Poursuivre la cuisson jusqu'à ébullition. Couvrir; retirer du feu. Laisser reposer 10 minutes. Servir.

Par portion — Calories (Kcal) : 165	
Gras : 3 g = 13% des Kcal provenant du gras	
Protéines : 6 g	Cholestérol : 0 mg
Sodium : 124 mg	Hydrates de carbone : 33 g

Les céréales :

Les céréales sont d'excellentes sources de glucides complexes. Consommées en grains entiers, elles fournissent de la thiamine, de la riboflavine, de la niacine, du fer, de la vitamine B6, de la vitamine E et des oligo-éléments.

Arborio pomodoro

L'arborio est une sorte de riz à grains moyens ou courts et à texture semi-ferme, fréquemment utilisé en cuisine italienne.

4 portions

250 ml (1 tasse)
de jus de tomates

500 ml (2 tasses)
de bouillon de légumes

375 ml (1½ tasse)
de riz à grains courts

2 c. à s. de tomates séchées,
hachées grossièrement

125 ml (½ tasse)
de tomates, en dés

½ c. à t. de basilic, haché

½ c. à t. d'origan, haché

½ c. à t. de persil, haché

Sel et poivre

Dans une grande casserole, porter à ébullition le jus de tomates et le bouillon de légumes.

Ajouter le riz, les tomates séchées et les tomates; bien mélanger. À feu doux, laisser mijoter 3 minutes, en remuant de temps à autre. Couvrir. Laisser mijoter encore 15 minutes. Assaisonner. Couvrir à nouveau. Poursuivre la cuisson 5 minutes. Mélanger. Servir.

Par portion — Calories (Kcal) : 284
Gras : 1 g = 2% des Kcal provenant du gras
Protéines : 9 g   Cholestérol : 0 mg
Sodium : 351 mg   Hydrates de carbone : 74 g

Riz brun vapeur aux pois gourmands

4 portions

180 ml (¾ tasse) de riz brun

500 ml (2 tasses) d'eau

125 ml (½ tasse) de petits pois

125 ml (½ tasse) de pois
gourmands, émincés

1 gousse d'ail, hachée

2 c. à s. d'oignon, haché

½ c. à t. de sauce tamari, légère

Sel et poivre

Dans un bol, verser le riz. Couvrir d'eau. Laisser reposer 1 nuit.

Préparer une marmite à vapeur.

Dans une passoire, laisser égoutter le riz 5 minutes.

Verser le riz égoutté dans un bol. Ajouter le reste des ingrédients; bien mélanger.

Dans le panier de la marmite à vapeur, cuire 12 minutes. Servir.

Par portion — Calories (Kcal) : 154
Gras : 1 g = 6% des Kcal provenant du gras
Protéines : 4 g   Cholestérol : 0 mg
Sodium : 139 mg   Hydrates de carbone : 32 g

Riz frit à la chinoise

4 portions

2 c. à t. d'huile d'olive

1 œuf, battu

1 c. à t. de persil, haché

Sel et poivre

1 échalote verte, hachée

1 gousse d'ail, hachée

500 ml (2 tasses) de riz blanc, cuit

60 ml (¼ tasse) de brocoli,
en très petits bouquets

60 ml (¼ tasse)
de poivron rouge, en dés

60 ml (¼ tasse)
de poivron vert, en dés

60 ml (¼ tasse) de carotte,
en julienne

1 c. à s. de sauce tamari, légère

Dans une poêle à revêtement anti-adhésif, à feu moyen, chauffer ¼ c. à t. d'huile. Verser l'œuf battu; ajouter le persil; saler et poivrer. À feu doux, laisser cuire 1 minute, en remuant de temps à autre. Poursuivre la cuisson 2 minutes, sans remuer. Faire glisser l'omelette sur une assiette. Laisser refroidir. Couper en dés. Réserver.

Dans une casserole à revêtement antiadhésif, à feu moyen, chauffer le reste d'huile. Faire revenir l'échalote et l'ail 1 minute, en remuant de temps à autre. Ajouter le riz. Poursuivre la cuisson 1 minute, en remuant continuellement. Incorporer le reste des ingrédients et les dés d'omelette. Poursuivre la cuisson 5 minutes, en remuant de temps à autre. Servir.

Par portion — Calories (Kcal) : 171
Gras : 4 g = 19% des Kcal provenant du gras
Protéines : 5 g   Cholestérol : 45 mg
Sodium : 215 mg   Hydrates de carbone : 29 g

On croirait d'emblée qu'il faut éviter de manger des pâtes trop souvent. Pourtant, elles sont santé. Il faut surtout éviter de les servir avec des sauces trop riches. Économiques à l'achat, facilement disponibles, adaptables à toutes les sauces, faciles à digérer, on pourrait les qualifier d'aliment énergétique par excellence !

Fettuccine aux tomates et au crabe

4 portions

1 c. à t. d'huile d'olive

2 c. à s. d'oignon, haché

1 gousse d'ail, hachée

225 g (½ lb) de fettuccine aux tomates, cuites

1 c. à s. de tomates séchées, hachées

125 ml (½ tasse) de tomates, en julienne

125 ml (½ tasse) de chair de crabe, cuite, hachée

125 ml (½ tasse) de jus de légumes

Sel et poivre

Dans une casserole à revêtement antiadhésif, à feu moyen, chauffer l'huile. Faire revenir l'oignon et l'ail 1 minute, en remuant de temps à autre. Ajouter les fettuccine. Poursuivre la cuisson 1 minute, en remuant continuellement. Ajouter le reste des ingrédients. Poursuivre la cuisson 5 minutes, en remuant de temps à autre. Servir.

Par portion — Calories (Kcal) : 249
Gras : 2 g = 8% des Kcal provenant du gras
Protéines : 12 g   Cholestérol : 15 mg
Sodium : 208 mg   Hydrates de carbone : 48 g

Pesto pasta

4 portions

60 ml (¼ tasse) de feuilles de basilic, équeutées

1 gousse d'ail

1 c. à s. de pignons

2 c. à t. d'huile d'olive, pressée à froid

1 c. à t. de fromage parmesan, râpé

225 g (½ lb) de pâtes, cuites

Sel et poivre

Au robot culinaire, réduire en purée lisse le basilic, l'ail, les pignons, l'huile d'olive et le parmesan.

Dans un bol, mélanger la purée de basilic et les pâte cuites ; saler et poivrer. Couvrir d'une pellicule plastique. Réchauffer au four à micro-ondes 2 minutes, à ÉLEVÉ. Laisser reposer 3 minutes. Servir.

Par portion — Calories (Kcal) : 113
Gras : 4 g = 29% des Kcal provenant du gras
Protéines : 3 g   Cholestérol : 0 mg
Sodium : 54 mg   Hydrates de carbone : 17 g

Linguine au coulis de carotte

4 portions

3 c. à s. de carotte râpée, cuite
125 ml (½ tasse) de bouillon de légumes
2 c. à t. d'huile d'olive
1 c. à s. d'oignon, haché
1 gousse d'ail, hachée
60 ml (¼ tasse) de navet, en dés
60 ml (¼ tasse) de carotte, en dés
225 g (½ lb) de linguine, cuites
1 c. à t. de persil, haché
Sel et poivre

Au robot culinaire, réduire en purée lisse la carotte râpée avec le bouillon de légumes. Réserver.

Dans une casserole à revêtement antiadhésif, à feu moyen, chauffer l'huile. Faire revenir l'oignon, l'ail, le navet et la carotte 3 minutes, en remuant de temps à autre. Ajouter les linguine. Poursuivre la cuisson 1 minute, en remuant continuellement.

Ajouter le coulis de carotte et le persil haché; saler et poivrer. Poursuivre la cuisson 3 minutes, en remuant de temps à autre. Servir.

Par portion — Calories (Kcal) : 246	
Gras : 3 g = 11 % des Kcal provenant du gras	
Protéines : 8 g	Cholestérol : 0 mg
Sodium : 84 mg	Hydrates de carbone : 49 g

Linguine sauce à la viande

4 portions

2 c. à t. d'huile d'olive
1 échalote verte, hachée
1 gousse d'ail, hachée
125 ml (½ tasse) de bœuf haché, extra-maigre
1 c. à s. de pâte de tomates
250 ml (1 tasse) de tomates, broyées
125 ml (½ tasse) de jus de légumes
225 g (½ lb) de linguine, cuites
½ c. à t. de persil, haché
¼ c. à t. d'origan, haché
¼ c. à t. de basilic, haché
Sel et poivre

Dans une casserole à revêtement antiadhésif, à feu moyen, chauffer l'huile. Faire revenir l'échalote, l'ail et le bœuf haché 4 minutes, en remuant de temps à autre.

Ajouter la pâte de tomates, les tomates broyées et le jus de légumes. Poursuivre la cuisson 3 minutes, en remuant de temps à autre. Ajouter les linguine et les herbes; saler et poivrer. Poursuivre la cuisson 1 minute, en remuant continuellement. Servir.

Par portion — Calories (Kcal) : 320	
Gras : 8 g = 22 % des Kcal provenant du gras	
Protéines : 14 g	Cholestérol : 20 mg
Sodium : 171 mg	Hydrates de carbone : 50 g

Les pâtes alimentaires :

Elles sont riches en glucides complexes et, sauf dans le cas des nouilles aux œufs, elles sont dénuées de matière grasse. Il faut les acheter enrichies puisqu'elles deviennent alors une source de protéines, de fer et de vitamines du complexe B. Notre organisme les absorbe facilement; elles sont donc à recommander aux enfants et aux personnes âgées.

Farfalle au coulis de poivron rouge

4 portions

125 ml (½ tasse) de poivron rouge, en dés

125 ml (½ tasse) de bouillon de légumes

3 gouttes de sauce Tabasco

2 c. à t. d'huile d'olive

1 c. à s. d'oignon, haché

1 gousse d'ail, hachée

60 ml (¼ tasse) de poivron vert, en dés

60 ml (¼ tasse) de poivron jaune, en dés

225 g (½ lb) de farfalle, cuites

1 c. à t. de ciboulette, hachée

Sel et poivre

Dans une casserole, porter à ébullition la moitié du poivron rouge dans le bouillon de légumes et la sauce Tabasco. À feu doux, laisser mijoter 10 minutes. Verser dans le bol du robot culinaire. Réduire en purée lisse. Réserver.

Dans une casserole à revêtement antiadhésif, à feu moyen, chauffer l'huile. Faire revenir le reste du poivron rouge, l'oignon, l'ail ainsi que les poivrons vert et jaune 3 minutes, en remuant de temps à autre. Ajouter les farfalle. Poursuivre la cuisson 1 minute, en remuant continuellement.

Ajouter le coulis de poivron et la ciboulette hachée; saler et poivrer. Poursuivre la cuisson 2 minutes, en remuant de temps à autre. Servir.

PAR PORTION — CALORIES (KCAL) : 110
Gras : 3g = 19% des Kcal provenant du gras
Protéines : 4g   Cholestérol : 0mg
Sodium : 120mg   Hydrates de carbone : 21g

Fettuccine à la courge poivrée

4 portions

3 c. à s. de courge poivrée, cuite, râpée

125 ml (½ tasse) de bouillon de légumes

2 c. à t. d'huile d'olive

1 c. à s. d'échalote sèche, hachée

1 gousse d'ail, hachée

125 ml (½ tasse) de courge poivrée, en dés

225 g (½ lb) de fettuccine, cuites

1 c. à t. de persil, haché

Au robot culinaire, réduire en purée lisse la courge râpée avec le bouillon de légumes. Réserver.

Dans une casserole à revêtement antiadhésif, à feu moyen, chauffer l'huile. Faire revenir l'échalote, l'ail et les dés de courge 3 minutes, en remuant de temps à autre. Ajouter les fettuccine. Poursuivre la cuisson 1 minute, en remuant continuellement.

Ajouter le coulis de courge et le persil haché; saler et poivrer. Poursuivre la cuisson 3 minutes, en remuant de temps à autre. Servir.

PAR PORTION — CALORIES (KCAL) : 250
Gras : 3g = 11% des Kcal provenant du gras
Protéines : 9g   Cholestérol : 0mg
Sodium : 261mg   Hydrates de carbone : 50g

Spaghetti au coulis d'asperges

4 portions

125 ml (½ tasse) de queues d'asperges, pelées, en dés

80 ml (⅓ tasse) de bouillon de légumes

2 c. à t. d'huile d'olive

1 c. à s. d'oignon, haché

1 gousse d'ail, hachée

125 ml (½ tasse) de pointes d'asperges

225 g (½ lb) de spaghetti, cuits

1 c. à t. de cerfeuil, haché

Sel et poivre

Dans une casserole, porter à ébullition les queues d'asperges dans le bouillon de légumes. À feu doux, laisser mijoter 5 minutes. Verser dans le bol du robot culinaire. Réduire en purée lisse. Réserver.

Dans une casserole à revêtement antiadhésif, à feu moyen, chauffer l'huile. Faire revenir l'oignon et l'ail 2 minutes, en remuant de temps à autre. Ajouter les pointes d'asperges et les spaghetti. Poursuivre la cuisson 1 minute, en remuant continuellement.

Ajouter le coulis d'asperges et le cerfeuil; saler et poivrer. Poursuivre la cuisson 2 minutes, en remuant de temps à autre. Servir.

PAR PORTION — CALORIES (KCAL) : 243
Gras : 3g = 12% des Kcal provenant du gras
Protéines : 9g   Cholestérol : 0mg
Sodium : 102mg   Hydrates de carbone : 46g

Orecchiette aux champignons

Une agréable surprise vous attend avec cette petite sauce à base de lait évaporé... écrémé!

4 portions

1 c. à t. d'huile d'olive

1 gousse d'ail, hachée

1 échalote sèche, hachée

80 ml (1/3 tasse) de champignons de Paris, en quartiers

80 ml (1/3 tasse) de champignons cafés, en quartiers

125 ml (1/2 tasse) de lait évaporé, écrémé

1 pincée de muscade

Sel et poivre

225 g (1/2 lb) d'orecchiette, cuites

1/2 c. à t. de persil, haché

Dans une casserole à revêtement antiadhésif, à feu moyen, chauffer l'huile. Faire revenir l'ail et l'échalote 1 minute, en remuant de temps à autre. Ajouter les champignons. Poursuivre la cuisson 2 minutes, en remuant continuellement. Retirer du feu.

Verser le quart des légumes dans le bol du robot culinaire; ajouter le lait évaporé et la muscade. Réduire en purée lisse.

Verser la sauce dans la casserole; remettre sur le feu. Ajouter les pâtes cuites; saler et poivrer. Poursuivre la cuisson 2 minutes, en remuant de temps à autre.

Servir, garnies de persil.

Par portion — Calories (Kcal) : 123
Gras : 2 g = 12 % des Kcal provenant du gras
Protéines : 6 g   Cholestérol : 1 mg
Sodium : 83 mg   Hydrates de carbone : 21 g

Conchiglie au brocoli

4 portions

250 ml (1 tasse) de brocoli, en très petits bouquets, cuit

125 ml (1/2 tasse) de bouillon de poulet

1 c. à t. d'huile d'olive

1 échalote sèche, hachée

1 gousse d'ail, hachée

225 g (1/2 lb) de conchiglie, cuites

1/2 c. à t. d'estragon, haché

Sel et poivre

Au robot culinaire, réduire en purée lisse le quart des bouquets de brocoli avec le bouillon de poulet. Réserver.

Dans une casserole à revêtement antiadhésif, à feu moyen, chauffer l'huile. Faire revenir l'échalote et l'ail 1 minute, en remuant de temps à autre.

Ajouter le coulis de brocoli, les pâtes et l'estragon; saler et poivrer. Poursuivre la cuisson 3 minutes, en remuant de temps à autre.

Servir.

Par portion — Calories (Kcal) : 103
Gras : 2 g = 13 % des Kcal provenant du gras
Protéines : 5 g   Cholestérol : 0 mg
Sodium : 114 mg   Hydrates de carbone : 19 g

Fusilli à l'huile de petits légumes

4 portions

1 c. à s. d'huile d'olive

1 gousse d'ail, hachée

1 échalote verte, hachée

60 ml (¼ tasse) de brocoli, haché grossièrement

60 ml (¼ tasse) de carotte, en brunoise

60 ml (¼ tasse) de poivron rouge, en brunoise

60 ml (¼ tasse) de poivron vert, en brunoise

2 c. à s. de petits pois

225 g (½ lb) de fusilli, cuits

1 pincée de paprika

Sel et poivre

Dans une casserole à revêtement antiadhésif, à feu moyen, chauffer l'huile. Faire revenir l'ail et l'échalote 1 minute, en remuant de temps à autre. Ajouter le brocoli, la carotte, les poivrons et les petits pois. Poursuivre la cuisson 2 minutes, en remuant continuellement.

Ajouter les pâtes et le paprika ; saler et poivrer. Poursuivre la cuisson 1 minute, en remuant de temps à autre.

Servir.

Par portion — Calories (Kcal) : 127
Gras : 4 g = 27 % des Kcal provenant du gras
Protéines : 4 g   Cholestérol : 0 mg
Sodium : 50 mg   Hydrates de carbone : 20 g

Fusilli, tomates et olives

4 portions

1 c. à t. d'huile d'olive

1 échalote sèche, hachée

1 gousse d'ail, hachée

60 ml (¼ tasse) d'olives farcies, tranchées

60 ml (¼ tasse) de tomates, broyées

125 ml (½ tasse) de jus de tomates

225 g (½ lb) de fusilli, cuits

¼ c. à t. d'origan, haché

¼ c. à t. de basilic, haché

¼ c. à t. de persil, haché

Sel et poivre

Dans une casserole à revêtement antiadhésif, à feu moyen, chauffer l'huile. Faire revenir l'échalote et l'ail 1 minute, en remuant de temps à autre. Ajouter les olives, les tomates et le jus de tomates. Poursuivre la cuisson 2 minutes, en remuant de temps à autre.

Ajouter les pâtes, l'origan, le basilic et le persil ; saler et poivrer. Poursuivre la cuisson 2 minutes, en remuant de temps à autre.

Servir.

Par portion — Calories (Kcal) : 114
Gras : 3 g = 20 % des Kcal provenant du gras
Protéines : 3 g   Cholestérol : 0 mg
Sodium : 130 mg   Hydrates de carbone : 20 g

Nous savons tous que les fruits et les légumes contiennent beaucoup d'éléments nutritifs et nous savons aussi qu'il faut leur préserver ces valeurs nutritives par des méthodes de préparation appropriées. Leur consommation à l'état naturel est savoureuse sous la forme de jus de légumes et de jus de fruits !

Cocktail de légumes

4 portions

500 ml (2 tasses) de jus de tomates

125 ml (½ tasse) de carottes, râpées

125 ml (½ tasse) de céleri, en dés

125 ml (½ tasse) de poivrons vert et rouge mélangés, en dés

125 ml (½ tasse) de concombre, épépiné, en dés

1 c. à s. d'échalote verte, hachée

¼ c. à t. de sauce Worcestershire

⅛ c. à t. de sel d'ail

⅛ c. à t. de poivre de céleri

Au robot culinaire, réduire tous les ingrédients en purée. Tamiser, en recueillant le jus dans un pichet et en réservant la pulpe pour une soupe. Placer au réfrigérateur 1 heure.

Servir, garni d'herbes fraîches.

Par portion — Calories (Kcal) : 37
Gras : <1 g = 4% des Kcal provenant du gras
Protéines : 1 g   Cholestérol : 0 mg
Sodium : 96 mg   Hydrates de carbone : 9 g

Jus d'ananas et de carottes

4 portions

500 ml (2 tasses) de jus d'ananas

250 ml (1 tasse) de carottes, râpées

250 ml (1 tasse) d'ananas, en dés

1 pincée de muscade

1 pincée de cannelle

½ gousse d'anis étoilé

½ c. à t. de miel

Au robot culinaire, réduire tous les ingrédients en purée. Tamiser, en recueillant le jus dans un pichet. Placer au réfrigérateur 1 heure.

Servir, garni de feuilles d'ananas ou de fruits frais.

Par portion — Calories (Kcal) : 142
Gras : <1 g = 2% des Kcal provenant du gras
Protéines : 1 g   Cholestérol : 0 mg
Sodium : 22 mg   Hydrates de carbone : 36 g

Jus de melon au gingembre

4 portions

750 ml (3 tasses) de cantaloup, en dés
125 ml (½ tasse) de jus d'orange
125 ml (½ tasse) de jus d'ananas
3 c. à s. de gingembre frais, râpé
60 ml (¼ tasse) de yogourt nature, léger
1 c. à t. de menthe, hachée
1 pincée de muscade
1 pincée de cannelle

Au robot culinaire, réduire tous les ingrédients en purée.

Tamiser, en recueillant le jus dans un pichet. Placer au réfrigérateur 1 heure.

Servir, garni d'herbes fraîches ou de fruits frais.

Par portion — Calories (Kcal) : 64	
Gras : <1 g = 5% des Kcal provenant du gras	
Protéines : 2 g	Cholestérol : 0 mg
Sodium : 18 mg	Hydrates de carbone : 14 g

Boisson de concombres au fenouil

4 portions

2 concombres, pelés, épépinés, en dés
125 ml (½ tasse) de bulbe de fenouil, en dés
1 branche de céleri, en dés
500 ml (2 tasses) de lait 1%
1 c. à t. de feuilles de fenouil, hachées
⅛ c. à t. de sel d'oignon
⅛ c. à t. de poivre de céleri

Au robot culinaire, réduire tous les ingrédients en purée.

Tamiser, en recueillant le jus dans un pichet. Placer au réfrigérateur 1 heure.

Servir, garnie de feuilles de céleri.

Par portion — Calories (Kcal) : 93	
Gras : 2 g = 16% des Kcal provenant du gras	
Protéines : 6 g	Cholestérol : 5 mg
Sodium : 130 mg	Hydrates de carbone : 15 g

Les jus de fruits et de légumes :

Les jus de fruits sont à recommander à tous ; ils sont une source d'énergie rapide. Ils peuvent être une excellente alternative à l'alcool et seront sans doute appréciés par vos convives lors de réceptions.

Les jus de légumes ouvrent l'appétit avant le repas, tout en fournissant très peu de calories. Ils ajoutent de la couleur et de la saveur aux soupes et aux préparations diverses. Durant la canicule ou lors d'efforts intenses, les jus de légumes peuvent assurer une bonne réhydratation tout en comblant la perte d'électrolytes.

Fraises poivrées au vermouth

4 portions

1 c. à t. d'huile d'olive

500 ml (2 tasses) de fraises, équeutées, en moitiés

½ c. à t. de grains de poivre noir, concassés

1 c. à s. de miel

4 c. à s. de vermouth rouge

Dans une poêle à revêtement anti-adhésif, à feu moyen, chauffer l'huile. Faire revenir les fraises 1 minute, en remuant de temps à autre. Ajouter le poivre et le miel. Poursuivre la cuisson 1 minute, en remuant de temps à autre. Verser le vermouth. Poursuivre la cuisson 1 minute, en remuant continuellement. Servir.

Par portion — Calories (Kcal) : 70
Gras : 1 g = 23% des Kcal provenant du gras
Protéines : 0 g   Cholestérol : 0 mg
Sodium : 5 mg   Hydrates de carbone : 10 g

Melons au Porto

4 portions

250 ml (1 tasse) de cantaloup, en parisienne

250 ml (1 tasse) de melon miel, en parisienne

1 c. à s. de vinaigre balsamique

4 c. à s. de Porto

½ c. à t. de feuilles de menthe, hachées

Dans un bol, mélanger tous les ingrédients.

Couvrir. Placer au réfrigérateur 1 heure. Servir.

Par portion — Calories (Kcal) : 39
Gras : <1 g = 4% des Kcal provenant du gras
Protéines : 0 g   Cholestérol : 0 mg
Sodium : 5 mg   Hydrates de carbone : 6 g

Petits fruits et fromage cottage

4 portions

80 ml (⅓ tasse) de mûres

80 ml (⅓ tasse) de fraises, en quartiers

80 ml (⅓ tasse) de groseilles

80 ml (⅓ tasse) de nectarine, tranchée

80 ml (⅓ tasse) de prunes, tranchées

80 ml (⅓ tasse) de bleuets

80 ml (⅓ tasse) de fromage cottage, léger

1 c. à t. de moutarde à l'ancienne

⅛ c. à t. de sauce Worcestershire

1 c. à t. de persil, haché

Sel et poivre

Disposer les fruits dans quatre assiettes.

Dans un bol, mélanger le reste des ingrédients. Répartir la préparation dans les assiettes de fruits. Servir.

Par portion — Calories (Kcal) : 54
Gras : 1 g = 10% des Kcal provenant du gras
Protéines : 3 g   Cholestérol : 1 mg
Sodium : 138 mg   Hydrates de carbone : 10 g

Ananas grillés

4 portions

¼ c. à t. d'huile d'olive

6 tranches d'ananas, en moitiés

80 ml (⅓ tasse) de yogourt nature, léger

1 c. à s. de moutarde à l'ancienne

⅛ c. à t. de sauce Worcestershire

1 c. à t. de persil, haché

Sel et poivre

Badigeonner d'huile une poêle à fond cannelé ; à feu moyen, chauffer. Griller les ananas, 2 minutes de chaque côté.

Entretemps, dans un bol, mélanger le reste des ingrédients. Réserver.

Retirer les ananas de la poêle ; déposer dans une assiette.

Servir les ananas, accompagnés du yogourt à la moutarde.

Par portion — Calories (Kcal) : 115
Gras : 1 g = 10% des Kcal provenant du gras
Protéines : 2 g   Cholestérol : 0 mg
Sodium : 111 mg   Hydrates de carbone : 27 g

Pommes et poires au cari

4 portions

250 ml (1 tasse) de pommes, en dés

250 ml (1 tasse) de poires, en dés

1 c. à s. de jus d'orange

4 c. à s. de jus de pommes

½ c. à t. de cari

½ c. à t. de feuilles de menthe, hachées

Sel et poivre

Dans un bol, mélanger tous les ingrédients. Couvrir. Placer au réfrigérateur 1 heure.

Par portion — Calories (Kcal) : 56
Gras : <1 g = 3% des Kcal provenant du gras
Protéines : 0 g   Cholestérol : 0 mg
Sodium : 48 mg   Hydrates de carbone : 14 g

Préparation

Légumes pelés

Navet : Couper une tranche au haut et au bas du navet. Prélever entièrement la peau et environ 1,25 cm (1/2 po) de chair. Trancher ou tailler, tel que requis.

Tomate : Faire une entaille en forme de croix à la base de la tomate. Plonger dans une casserole d'eau bouillante légèrement salée, 30 secondes. Retirer de l'eau; tirer sur la peau; elle se détachera facilement.

Poivron : Préchauffer le four à 205 °C (400 °F). Dans une lèchefrite, cuire au four 20 minutes. Dans un bol, couvert de papier d'aluminium, laisser reposer 15 minutes. Tirer sur la peau.

Préparation

Légumes épépinés

Poivron : Couper en deux; retirer la tige, les graines et la membrane centrale sous la tige. Trancher ou tailler, tel que requis.

Tomate : Prélever la pelure et environ 1,25 cm (1/2 po) de chair, en réservant le centre du fruit pour une soupe. Trancher ou tailler la chair, tel que requis.

Pomme et poire : Peler ou non, tel que requis. À l'aide d'un évidoir, retirer le cœur et les pépins. Trancher ou tailler, tel que requis.

Préparation

Fruits et légumes évidés

Pomme et poire : Peler ou non, tel que requis. Couper une tranche sur le dessus. À l'aide d'une cuillère parisienne, retirer le cœur et les pépins. Agrandir la cavité pour accueillir la quantité de farce voulue.

Concombre et courgette : Peler ou non, tel que requis. Couper en deux, dans le sens de la longueur. À l'aide d'une cuillère parisienne, retirer les pépins. Agrandir la cavité pour accueillir la quantité de farce voulue.

Aubergine : Couper en tranches d'environ 2,5 cm (1 po) d'épaisseur. À l'aide d'une cuillère parisienne, creuser une cavité pour farcir l'aubergine à votre gré.

Préparation

Suprêmes d'agrume

Peler l'agrume complètement, à vif.

Dégager la pulpe en coupant, de part et d'autre, les petites membranes blanches, de façon à obtenir de petits croissants sans peau, ni pépins.

Répéter pour l'agrume entière.

Préparation

Zeste d'agrume

Bien laver l'agrume. À l'aide d'un zesteur, prélever de fines languettes du zeste, c'est-à-dire de l'écorce de l'agrume.

À l'aide d'une râpe, râper l'écorce.

À l'aide d'un couteau à canneler, prélever des languettes de zeste sur l'écorce de l'agrume.

Préparation

Oignon haché

Peler et trancher la partie supérieure. Couper une fine tranche sur le côté pour pouvoir le stabiliser sur une surface. Pour trancher, diriger la tête de l'oignon vers vous.

Faires 5 ou 6 incisions horizontales, sans trancher entièrement.
Faires 5 ou 6 incisions verticales, sans trancher entièrement.
Faire pivoter l'oignon d'un demi-tour.

Trancher, parallèlement à la tête. Vous obtenez un légume haché plus ou moins finement selon l'écart entre vos incisions.

Préparation

Bâtonnets et dés

Couper le légume en tronçons de 6 cm (2 1/2 po). Équarrir pour faciliter le travail.

Couper en tranches de 1,25 cm (1/2 po) d'épaisseur. Couper les tranches en bâtonnets d'une épaisseur de 1,25 cm (1/2 po).

Couper les bâtonnets en dés.

Préparation

Paysanne et jardinière

Couper le légume en tronçons de 6 cm (2 1/2 po). Équarrir pour faciliter le travail. Couper en tranches de 1,25 cm (1/2 po) d'épaisseur. Couper les tranches en bâtonnets.

Couper les bâtonnets en deux : vous obtenez une paysanne.

Couper les bâtonnets en angle de 45° : vous obtenez une jardinière.

Préparation

Julienne et brunoise

Couper le légume en tronçons de 6 cm (2 1/2 po). Équarrir pour faciliter le travail. Couper en tranches de 2 à 3 mm (environ 1/8 po) d'épaisseur.

Couper les tranches en lanières de 2 à 3 mm (environ 1/8 po) d'épaisseur : vous obtenez un légume en julienne.

Couper le légume en julienne à 2 à 3 mm (environ 1/8 po) d'épaisseur : vous obtenez un légume en brunoise.

Préparation

Parisienne

Choisir le format approprié de cuillère. La plus petite se nomme perle et les plus grosses noisette ou parisienne.

À l'aide de la cuillère, creuser la chair ou la pelure (dans le cas d'un légume ou d'un fruit à pelure tendre).

Tout en creusant, pivoter la cuillère de 180°, de façon à prélever une petite boule de fruit ou de légume.

Préparation

Légume tourné

Couper le légume en tronçons de 2,5 x 5 cm (1 x 2 po).

À l'aide d'un couteau à tourner, arrondir les tronçons, en effectuant 4 coupes et de manière à obtenir une forme de fuseau.

Effectuer 3 ou 4 autres coupes, de manière à raffiner la forme du fuseau.

Préparation

Gaufrette et ciselage

À l'aide d'un couteau à gaufrette, couper le légume en tranches fines : vous obtenez des tranches gaufrées.

Pivoter le légume de 90° entre chaque coupe : vous obtenez des tranches gaufrées à motif de treillis.

Plier en quatre une feuille de laitue ou d'épinard ; rouler aussi serré que possible ; émincer finement : vous obtenez de la laitue ou de l'épinard ciselé.

Les salades

Les diététistes recommandent une plus grande consommation de fibres. Les fruits et les légumes en contiennent beaucoup. Pourtant, la consommation régulière et en quantité suffisante de fruits frais n'est pas encore une habitude généralisée et les légumes sont parfois cuits au point où leurs fibres perdent une partie importante de leurs propriétés. Restent alors les crudités et les salades qui viennent jouer ce rôle important dans l'alimentation, tout en nous procurant une sensation de satiété.

Frisée à l'oseille

4 portions

1 laitue frisée

250 ml (1 tasse) de feuilles d'oseille, équeutées

4 c. à s. de yogourt nature, léger

1 c. à t. de moutarde forte

2 c. à s. de purée d'oseille

½ c. à t. d'huile de noix

⅛ c. à t. de sauce Worcestershire

Sel et poivre

3 radis, en brunoise

Laver, essorer et déchiqueter la laitue. Dans un saladier, mêler la laitue et les feuilles d'oseille. Réserver.

Dans un bol, mélanger le yogourt, la moutarde, la purée d'oseille, l'huile de noix et la sauce Worcestershire. Verser sur la laitue. Saler et poivrer. Bien mélanger.

Parsemer de radis en brunoise.

Servir.

PAR PORTION — CALORIES (KCAL) : 41
Gras : 1g = 20% des Kcal provenant du gras
Protéines : 3g   Cholestérol : 0mg
Sodium : 153mg   Hydrates de carbone : 7g

Salade romaine aux tomates

4 portions

2 cœurs de laitue romaine

125 ml (½ tasse) de tomates miniatures rouges, en quartiers

1 c. à s. de tomates séchées, hachées

4 c. à s. de jus de tomates

1 c. à s. de vinaigre balsamique

1 c. à t. d'huile d'olive, pressée à froid

⅛ c. à t. de sauce Worcestershire

¼ c. à t. d'origan, haché

¼ c. à t. de basilic, haché

Sel et poivre

60 ml (¼ tasse) de poivron rouge, en brunoise

Laver, essorer et déchiqueter la laitue. Dans un saladier, mêler la laitue, les tomates miniatures et les tomates séchées. Réserver.

Dans un bol, mélanger le jus de tomates, le vinaigre, l'huile et la sauce Worcestershire. Verser sur la laitue. Ajouter l'origan et le basilic ; saler et poivrer ; bien mélanger.

Parsemer de poivron rouge en brunoise.

Servir.

PAR PORTION — CALORIES (KCAL) : 42
Gras : 2g = 29% des Kcal provenant du gras
Protéines : 3g   Cholestérol : 0mg
Sodium : 77mg   Hydrates de carbone : 6g

Salade dépannage

4 portions

1 laitue iceberg

125 ml (½ tasse) de carottes, en brunoise

1 œuf, cuit dans sa coque

1 c. à t. de vinaigre de vin

2 c. à t. d'huile d'olive, pressée à froid

1 c. à s. de moutarde forte

⅛ c. à t. de sauce Worcestershire

½ c. à t. de persil, haché

Sel et poivre

Laver, essorer et déchiqueter la laitue. Dans un saladier, mêler la laitue et les carottes. Réserver.

Hacher l'œuf; déposer sur la laitue.

Dans un bol, mélanger le vinaigre, l'huile, la moutarde et la sauce Worcestershire. Verser sur la laitue. Ajouter le persil; saler et poivrer; bien mélanger.

Servir.

Par portion — Calories (Kcal) : 61
Gras : 4 g = 53 % des Kcal provenant du gras
Protéines : 3 g   Cholestérol : 45 mg
Sodium : 123 mg   Hydrates de carbone : 4 g

Laitue Boston au jambon

4 portions

1 grosse ou 2 petites pommes de laitue Boston

125 ml (½ tasse) de tomates, en dés

1 c. à s. d'échalote verte, hachée

125 ml (½ tasse) de jambon maigre, en dés

4 c. à s. de jus de légumes

1 c. à s. de vinaigre de vin

2 c. à t. d'huile d'olive, pressée à froid

⅛ c. à t. de sauce Worcestershire

1 c. à t. de ciboulette, hachée

Sel et poivre

Laver, essorer et déchiqueter la laitue. Dans un saladier, mêler la laitue, les tomates, l'échalote et le jambon. Réserver.

Dans un bol, mélanger le jus de légumes, le vinaigre de vin, l'huile d'olive et la sauce Worcestershire. Verser sur la laitue. Ajouter la ciboulette; saler et poivrer; bien mélanger.

Servir.

Par portion — Calories (Kcal) : 74
Gras : 4 g = 41 % des Kcal provenant du gras
Protéines : 6 g   Cholestérol : 9 mg
Sodium : 309 mg   Hydrates de carbone : 6 g

Les laitues :

On trouve diverses variétés de laitues, à longueur d'année, dans nos supermarchés. Elles sont devenues l'aliment incontournable d'une cuisine allégée. Elles contiennent toutes, en quantité variable, des fibres, du potassium et de la vitamine C, laquelle se retrouvera en plus grande quantité dans les laitues à feuillage foncé.

La chicorée, l'escarole, la mâche et le cresson, ont davantage de saveur et sont plus nourrissantes que les laitues à feuillage pâle, mais toutes les laitues méritent d'être intégrées dans notre alimentation.

Salade Césarion

Un classique, en version légère, pour ne pas avoir à s'en priver!

4 portions

3 tranches de pain
1 laitue romaine
8 filets d'anchois
1 c. à s. de câpres, égouttées
3 c. à s. de fromage cottage, léger
2 c. à s. de yogourt nature, léger
1 gousse d'ail, hachée
2 c. à t. de moutarde forte
Sel et poivre
1 c. à s. de fromage parmesan, râpé

Préchauffer le four à GRIL (BROIL).

Retirer les croûtes des tranches de pain. Couper en dés. Placer dans une lèchefrite. Faire griller 2 minutes de chaque côté ou jusqu'à belle coloration. Retirer du four. Réserver.

Laver, essorer et déchiqueter la laitue. Dans un saladier, mêler la laitue, les anchois et les câpres. Réserver.

Au robot culinaire, réduire en purée lisse le fromage cottage, le yogourt, l'ail et la moutarde. Verser sur la salade. Saler et poivrer. Bien mélanger.

Garnir de croûtons; saupoudrer de parmesan.

Servir.

Par portion — Calories (Kcal) : 93
Gras : 2g = 16% des Kcal provenant du gras
Protéines : 6g   Cholestérol : 2mg
Sodium : 302mg   Hydrates de carbone : 14g

Préparation

Crevettes

Décortiquer les crevettes, tout en leur conservant la queue.

À l'aide d'un couteau, faire une incision sur le dos des crevettes. Replier de façon à dégager l'intestin.

Laver sous l'eau fraîche; assécher. Refermer le dos.

Chicorée aux crevettes

4 portions

125 ml (½ tasse) de concombre, tranché
3 c. à s. de fromage cottage, léger
2 c. à s. de yogourt nature, léger
1 c. à t. de jus de citron
1 c. à t. de feuilles de fenouil, hachées
⅛ c. à t. de sauce Worcestershire
1 laitue chicorée
8 crevettes, cuites
Sel et poivre
1 c. à s. de zeste de citron
1 c. à t. de graines de sésame, grillées

Au robot culinaire, réduire en purée lisse le quart des tranches de concombre, le fromage cottage, le yogourt, le jus de citron, le fenouil et la sauce Worcestershire. Réserver.

Laver, essorer et déchiqueter la laitue. Déposer dans un saladier.

Nettoyer les crevettes (technique); émincer la moitié de la quantité.

Mettre les crevettes émincées et le reste du concombre sur la laitue. Verser la vinaigrette. Saler et poivrer. Bien mélanger.

Parsemer du zeste de citron et de graines de sésame. Garnir des crevettes entières.

Servir.

Par portion — Calories (Kcal) : 58
Gras : 1g = 17% des Kcal provenant du gras
Protéines : 8g   Cholestérol : 44mg
Sodium : 154mg   Hydrates de carbone : 4g

325
Les salades

Cresson de La Rouge

Pour sortir de l'ordinaire, le cresson et la mâche (ci-contre) nous proposent chacun leur saveur particulière, plus prononcée. Ils débordent de vitamines et de minéraux.

4 portions

2 bottes de cresson

125 ml (½ tasse) de betteraves, cuites, en dés

125 ml (½ tasse) de tomates, en dés

60 ml (¼ tasse) de bouillon de légumes

1 c. à s. de sauce chili

1 c. à t. de moutarde forte

1 c. à t. d'huile d'olive, pressée à froid

1 c. à s. de vinaigre de vin

Sel et poivre

Équeuter le cresson; déposer dans un saladier. Ajouter les betteraves et les tomates; réserver.

Dans un bol, mélanger le reste des ingrédients. Verser sur la laitue. Bien mélanger.

Servir.

PAR PORTION — CALORIES (KCAL) : 28
Gras : 1 g = 32% des Kcal provenant du gras
Protéines : 1 g   Cholestérol : 0 mg
Sodium : 112 mg   Hydrates de carbone : 5 g

Mâche aux parfums d'Asie

4 portions

16 bouquets de mâche

375 ml (1 ½ tasse) de fèves germées

1 échalote verte, hachée

1 c. à t. de graines de sésame, grillées

1 c. à t. d'huile d'olive, pressée à froid

½ c. à t. d'huile de sésame

1 c. à s. de sauce tamari, légère

2 c. à s. de bouillon de poulet

⅛ c. à t. de raifort Japonais (wasabi)

Sel et poivre

Dans un grand bol, mélanger tous les ingrédients. Couvrir. Placer au réfrigérateur 10 minutes.

Servir.

PAR PORTION — CALORIES (KCAL) : 47
Gras : 2 g = 38% des Kcal provenant du gras
Protéines : 3 g   Cholestérol : 0 mg
Sodium : 234 mg   Hydrates de carbone : 6 g

Escarole pointue

4 portions

1 laitue escarole

125 ml (½ tasse) de poivron rouge, en dés

1 c. à s. d'échalote verte, hachée

3 c. à s. de yogourt nature, léger

1 c. à t. de jus de citron

1 c. à t. d'huile d'olive, pressée à froid

⅛ c. à t. de sauce Worcestershire

4 gouttes de sauce Tabasco

½ c. à t. de piments séchés, broyés

Sel et poivre

Laver, essorer et déchiqueter la laitue. Dans un saladier, mêler la laitue, le poivron et l'échalote. Réserver.

Dans un bol, mélanger le yogourt, le jus de citron, l'huile d'olive, la sauce Worcestershire, la sauce Tabasco et les piments séchés. Verser sur la laitue. Saler et poivrer. Bien mélanger.

Servir.

Par portion — Calories (Kcal) : 27	
Gras : 1 g = 37 % des Kcal provenant du gras	
Protéines : 1 g	Cholestérol : 0 mg
Sodium : 58 mg	Hydrates de carbone : 3 g

Mesclun du potager

4 portions

½ petite laitue Boston

1 petite laitue radichio

125 ml (½ tasse) de feuilles de chicorée

250 ml (1 tasse) d'épinards, équeutés

2 c. à s. d'avocat, en dés

2 c. à s. de yogourt nature, léger

1 c. à s. de vinaigre de champagne

⅛ c. à t. de sauce Worcestershire

Sel et poivre

Laver, essorer et déchiqueter la laitue, la chicorée et les épinards. Déposer dans un saladier. Réserver.

Au robot culinaire, réduire en purée lisse l'avocat, le yogourt, le vinaigre de champagne et la sauce Worcestershire. Verser sur les laitues. Saler et poivrer. Bien mélanger.

Servir.

Par portion — Calories (Kcal) : 29	
Gras : 1 g = 28 % des Kcal provenant du gras	
Protéines : 2 g	Cholestérol : 0 mg
Sodium : 72 mg	Hydrates de carbone : 4 g

Carottes, navet et cie

4 portions

250 ml (1 tasse) de carottes, en julienne

250 ml (1 tasse) de navet, en julienne

250 ml (1 tasse) de courgettes, en julienne

Sel et poivre

3 c. à s. de yogourt nature, léger

2 c. à t. de sauce tamari, légère

2 c. à t. de moutarde forte

1 gousse d'ail, hachée

8 feuilles de laitue frisée

Dans une casserole d'eau bouillante légèrement salée, blanchir les carottes et le navet 30 secondes et les courgettes 10 secondes. Rafraîchir sous l'eau froide. Égoutter. Déposer dans un bol. Saler et poivrer.

Ajouter le yogourt, la sauce tamari, la moutarde forte et l'ail; bien mélanger.

Tapisser un saladier de feuilles de laitue frisée. Verser la préparation de légumes au centre.

Servir.

Par portion — Calories (Kcal) : 58
Gras : <1 g = 6% des Kcal provenant du gras
Protéines : 2 g   Cholestérol : 0 mg
Sodium : 201 mg   Hydrates de carbone : 12 g

Épinards aux olives

4 portions

1 litre (4 tasses) d'épinards, équeutés

12 olives farcies, tranchées

6 olives noires, émincées

6 olives vertes, émincées

1 échalote sèche, hachée

2 c. à s. de bouillon de poulet

2 c. à t. d'huile d'olive, pressée à froid

2 c. à t. de vinaigre balsamique

1 gousse d'ail, hachée

¼ c. à t. d'estragon, haché

¼ c. à t. de ciboulette, hachée

Sel et poivre

Laver, essorer et déchiqueter les épinards. Dans un saladier, mêler les épinards, les olives et l'échalote. Réserver.

Dans un bol, mélanger le bouillon, l'huile d'olive, le vinaigre, l'ail et les herbes. Verser sur la laitue. Saler et poivrer. Bien mélanger.

Servir.

Par portion — Calories (Kcal) : 49
Gras : 4 g = 61% des Kcal provenant du gras
Protéines : 2 g   Cholestérol : 0 mg
Sodium : 200 mg   Hydrates de carbone : 4 g

Salade de poireaux aux poivrons

4 portions

250 ml (1 tasse) de poivrons rouges, en paysanne

250 ml (1 tasse) de poivrons jaunes, en paysanne

500 ml (2 tasses) de poireaux, émincés en longs rubans

Sel et poivre

2 c. à s. de bouillon de légumes

2 c. à t. d'huile d'olive, pressée à froid

1 c. à t. de vinaigre balsamique

1 c. à t. de moutarde à l'ancienne

1 gousse d'ail, hachée

1 c. à t. de cerfeuil, haché

1 laitue radichio

Dans une casserole d'eau bouillante légèrement salée, blanchir les poivrons 45 secondes et les poireaux 15 secondes. Rafraîchir sous l'eau froide. Égoutter. Déposer dans un bol. Saler et poivrer.

Ajouter le bouillon, l'huile d'olive, le vinaigre, la moutarde, l'ail et le cerfeuil. Bien mélanger.

Tapisser une assiette de feuilles de laitue radichio. Verser la préparation de légumes au centre.

Servir.

Par portion — Calories (Kcal) : 50
Gras : 2 g = 39% des Kcal provenant du gras
Protéines : 1 g   Cholestérol : 0 mg
Sodium : 82 mg   Hydrates de carbone : 8 g

Des salades faites de légumes frais et agrémentées de vinaigrettes légères et savoureuses, perdront une partie de leurs saveurs si elles sont préparées trop longtemps avant leur consommation. Incorporez la vinaigrette tout juste avant de servir, pour préserver l'apparence des laitues.

Endives aux champignons

4 portions

4 endives

¼ c. à t. de jus de citron

250 ml (1 tasse) de champignons de Paris, en quartiers

250 ml (1 tasse) de champignons cafés, en quartiers

60 ml (¼ tasse) de jus de tomates

1 c. à s. de pastis

1 c. à s. de vinaigre balsamique

1 gousse d'ail, hachée

½ c. à t. de graines de fenouil

1 c. à t. d'aneth, haché

Détacher les feuilles de deux endives ; badigeonner de jus de citron. Réserver.

Émincer le reste des endives ; déposer dans un bol. Ajouter le reste des ingrédients. Bien mélanger. Laisser reposer 15 minutes.

Disposer les feuilles d'endives sur une assiette. Verser la préparation de champignons au centre.

Servir.

PAR PORTION — CALORIES (KCAL) : 100
Gras : 1 g = 9% des Kcal provenant du gras
Protéines : 6 g   Cholestérol : 0 mg
Sodium : 99 mg   Hydrates de carbone : 18 g

Deux chicorées au miel

4 portions

3 c. à s. de bouillon de poulet

2 c. à t. d'huile d'olive, pressée à froid

2 c. à t. de moutarde forte

1 c. à t. de miel, fondu

2 c. à t. de vinaigre de champagne

½ laitue chicorée

3 endives, émincées

Sel et poivre

½ c. à t. de paprika

Dans un grand bol, mélanger le bouillon de poulet, l'huile d'olive, la moutarde, le miel et le vinaigre.

Ajouter la chicorée et les endives ; saler et poivrer ; bien mélanger. Saupoudrer de paprika.

Servir.

PAR PORTION — CALORIES (KCAL) : 90
Gras : 3 g = 27% des Kcal provenant du gras
Protéines : 5 g   Cholestérol : 0 mg
Sodium : 181 mg   Hydrates de carbone : 14 g

Chou rouge à l'italienne

4 portions

1 litre (4 tasses) de chou rouge, émincé finement

2 tomates, en dés

2 c. à s. de tomates séchées, hachées

1 gousse d'ail, hachée

2 c. à s. de bouillon de légumes

2 c. à s. de jus de tomates

1 c. à s. de vinaigre balsamique

2 c. à t. d'huile d'olive, pressée à froid

Sel et poivre

125 ml (½ tasse) d'épinards, ciselés

60 ml (¼ tasse) de basilic, ciselé

Dans un grand bol, mélanger tous les ingrédients, sauf les épinards et le basilic. Couvrir. Placer au réfrigérateur 2 heures, en remuant toutes les 30 minutes.

Retirer du réfrigérateur. Ajouter les épinards et le basilic. Bien mélanger.

Servir.

Par portion — Calories (Kcal) : 73
Gras : 3 g = 30 % des Kcal provenant du gras
Protéines : 3 g   Cholestérol : 0 mg
Sodium : 119 mg   Hydrates de carbone : 13 g

Salade de chou du resto

750 ml (3 tasses) de chou vert, émincé finement

250 ml (1 tasse) de carottes, râpées

1 tomate, en dés

1 gousse d'ail, hachée

3 c. à s. d'oignon, haché

4 c. à s. de bouillon de légumes

1 c. à t. de miel, fondu

1 c. à s. de vinaigre de vin

2 c. à t. d'huile d'olive, pressée à froid

2 c. à t. de sauce chili

Sel et poivre

Dans un grand bol, mélanger tous les ingrédients. Couvrir. Placer au réfrigérateur 2 heures, en remuant toutes les 30 minutes.

Retirer du réfrigérateur. Bien mélanger.

Servir.

Par portion — Calories (Kcal) : 55
Gras : 2 g = 33 % des Kcal provenant du gras
Protéines : 2 g   Cholestérol : 0 mg
Sodium : 96 mg   Hydrates de carbone : 10 g

Le chou et l'endive :

Le chou fait partie de la famille des cruciféracées, un groupe de légumes possédant, semble-t-il, des propriétés fort intéressantes dans la prévention du cancer. Le chou devrait donc apparaître régulièrement à nos menus.

L'endive, si chère aux Belges, est une espèce de chicorée ; la variété qui nous est familière est la chicorée de Bruxelles, une pousse blanche obtenue par forçage. L'endive est une excellente source de fibres, de vitamines et de glucides complexes. On la consomme fraîche, braisée ou cuite à la vapeur. On en trouve à l'année longue dans nos marchés.

Tiède d'épinards aux foies de volaille

4 portions

2 c. à t. d'huile d'olive

250 ml (1 tasse) de foies de volaille, parés

60 ml (¼ tasse) d'oignon, haché

60 ml (¼ tasse) de céleri, en brunoise

2 gousses d'ail, hachées

80 ml (⅓ tasse) de vermouth rouge

3 c. à s. de vinaigre balsamique

1,5 l (6 tasses) d'épinards, équeutés

Sel et poivre

Dans une grande poêle, à feu vif, chauffer l'huile. Bien saisir les foies de chaque côté.

Ajouter l'oignon, le céleri et l'ail. À feu moyen, poursuivre la cuisson 1 minute, en remuant de temps à autre.

Déglacer la poêle avec le vermouth et le vinaigre balsamique; laisser réduire de moitié. Retirer du feu. Laisser tiédir 5 minutes.

Dans un grand bol, déposer les épinards. Saler et poivrer. Verser la préparation tiède. Bien mélanger.

Servir.

PAR PORTION — CALORIES (KCAL) : 145
Gras : 5 g = 35 % des Kcal provenant du gras
Protéines : 13 g   Cholestérol : 260 mg
Sodium : 106 mg   Hydrates de carbone : 7 g

Préparation

Tiède d'épinards

Dans une grande poêle, à feu vif, chauffer l'huile. Bien saisir les foies de chaque côté.

Ajouter l'oignon, le céleri et l'ail. À feu moyen, poursuivre la cuisson 1 minute, en remuant de temps à autre.

Déglacer la poêle avec le vermouth et le vinaigre balsamique; laisser réduire de moitié. Retirer du feu. Laisser tiédir 5 minutes.

Tiède de chicorée aux pétoncles

4 portions

1 c. à t. d'huile d'olive

250 ml (1 tasse) de pétoncles, en quartiers

1 échalote sèche, hachée

2 gousses d'ail, hachées

60 ml (¼ tasse) de vermouth blanc

3 c. à s. de jus d'orange

1 litre (4 tasses) de feuilles de chicorée

125 ml (½ tasse) d'orange, en suprêmes

1 c. à s. de zeste d'orange

Sel et poivre

Dans une poêle à revêtement anti-adhésif, à feu moyen, chauffer l'huile. Faire revenir les pétoncles 1 minute.

Ajouter l'échalote et l'ail. Poursuivre la cuisson 1 minute, en remuant de temps à autre.

Déglacer la poêle avec le vermouth et le jus d'orange; laisser réduire de moitié. Retirer du feu. Laisser tiédir 5 minutes.

Déposer la chicorée, les suprêmes d'orange et le zeste d'orange dans un grand bol. Saler et poivrer. Verser la préparation tiède de pétoncles. Bien mélanger.

Servir.

PAR PORTION — CALORIES (KCAL) : 130
Gras : 1 g = 8 % des Kcal provenant du gras
Protéines : 13 g   Cholestérol : 20 mg
Sodium : 218 mg   Hydrates de carbone : 14 g

Salade de riz aux amandes

Le riz brun a davantage de valeurs nutritives que le riz blanc qui a été débarrassé de son enveloppe et de son germe ; à noter qu'il prend plus de temps à cuire.

4 portions

375 ml (1½ tasse) de riz blanc, cuit

375 ml (1½ tasse) de riz brun, cuit

2 c. à s. d'amandes, tranchées, grillées

60 ml (¼ tasse) d'amandes, fumées au tamari

125 ml (½ tasse) d'orange, en suprêmes

4 c. à s. de jus d'orange

1 c. à s. de zeste d'orange

1 pincée de cannelle

1 pincée de muscade

½ c. à t. de miel, fondu

Sel et poivre

Dans un grand bol, mélanger tous les ingrédients. Couvrir. Placer au réfrigérateur 1 heure.

Retirer du réfrigérateur. Mélanger.

Servir.

PAR PORTION — CALORIES (KCAL) : 274
Gras : 8 g = 25 % des Kcal provenant du gras
Protéines : 6 g Cholestérol : 0 mg
Sodium : 48 mg Hydrates de carbone : 45 g

Salade d'hiver

Pour faire le plein d'énergie avant d'affronter le froid.

4 portions

500 ml (2 tasses) de riz blanc, cuit

125 ml (½ tasse) de pois chiches, cuits

125 ml (½ tasse) de haricots rouges, cuits

60 ml (¼ tasse) de carottes, cuites, en dés

60 ml (¼ tasse) de navet, cuit, en dés,

1 échalote verte, hachée

1 gousse d'ail, hachée

1 c. à s. de sauce tamari, légère

2 c. à t. d'huile d'olive, pressée à froid

Sel et poivre

Dans un grand bol, mélanger tous les ingrédients. Couvrir. Placer au réfrigérateur 1 heure.

Retirer du réfrigérateur. Mélanger.

Servir.

PAR PORTION — CALORIES (KCAL) : 220
Gras : 3 g = 13 % des Kcal provenant du gras
Protéines : 7 g Cholestérol : 0 mg
Sodium : 202 mg Hydrates de carbone : 41 g

Salade d'orge aux petits légumes

4 portions

60 ml (¼ tasse) de jus de légumes

1 gousse d'ail, hachée

60 ml (¼ tasse) de poivron rouge, en dés

500 ml (2 tasses) d'orge perlé, cuit

60 ml (¼ tasse) de brocoli, en très petits bouquets, cuit

60 ml (¼ tasse) de chou-fleur, en très petits bouquets, cuit

60 ml (¼ tasse) de céleri, en dés, cuit

60 ml (¼ tasse) de carottes miniatures, cuites, tranchées

60 ml (¼ tasse) de tomates miniatures, en quartiers

Sel et poivre

Dans une petite casserole, porter à ébullition le jus de légumes, l'ail et le poivron. À feu doux, laisser mijoter 5 minutes. Au robot culinaire, réduire en purée lisse. Verser dans un grand bol.

Ajouter le reste des ingrédients. Bien mélanger.

Servir.

Par portion — Calories (Kcal) : 370
Gras : 1 g = 3 % des Kcal provenant du gras
Protéines : 11 g   Cholestérol : 1 mg
Sodium : 72 mg   Hydrates de carbone : 81 g

Salade croquante au poulet

Les nouilles «ramen» sont d'origine vietnamienne; elles s'achètent séchées, en sachet, et sont assez faciles à trouver.

4 portions

2 c. à t. d'huile d'olive

1 petit paquet de nouilles «ramen», émiettées

1 gousse d'ail, hachée

1 échalote verte, hachée

250 ml (1 tasse) de poulet cuit, en dés

1 c. à s. de sauce tamari, légère

2 c. à s. de bouillon de poulet

Sel et poivre

8 feuilles de laitue frisée

½ c. à t. de paprika

Dans une poêle à revêtement anti-adhésif, à feu moyen, chauffer l'huile. Faire revenir les nouilles 2 minutes, en remuant continuellement.

Ajouter l'ail, l'échalote et le poulet. Poursuivre la cuisson 2 minutes, en remuant de temps à autre. Verser la sauce tamari et le bouillon. Poursuivre la cuisson 30 secondes, en remuant de temps à autre. Retirer du feu. Saler et poivrer. Mélanger.

Tapisser une assiette de feuilles de laitue frisée. Verser la préparation au centre. Saupoudrer de paprika.

Servir.

Par portion — Calories (Kcal) : 146
Gras : 3 g = 19 % des Kcal provenant du gras
Protéines : 14 g   Cholestérol : 27 mg
Sodium : 246 mg   Hydrates de carbone : 16 g

Farfalle des grands soirs

4 portions

3 c. à s. de yogourt nature, léger

2 c. à s. de fromage ricotta, léger

1 gousse d'ail, hachée

625 ml (2½ tasses) de farfalle, cuites

60 ml (¼ tasse) de carotte, cuite, en julienne

60 ml (¼ tasse) de navet, cuit, en julienne

60 ml (¼ tasse) de courgette, cuite, en julienne

60 ml (¼ tasse) de poivron rouge, en julienne

60 ml (¼ tasse) de carotte, cuite, en perles

60 ml (¼ tasse) de courgette, cuite, en perles

1 échalote verte, hachée

Sel et poivre

8 feuilles de laitue frisée

Au robot culinaire, réduire en purée lisse le yogourt, le fromage ricotta et l'ail. Verser dans un bol.

Ajouter le reste des ingrédients, sauf la laitue frisée. Bien mélanger. Couvrir. Placer au réfrigérateur 30 minutes. Retirer du réfrigérateur. Mélanger.

Tapisser une assiette de feuilles de laitue frisée. Verser la préparation au centre.

Servir.

> **Par portion — Calories (Kcal) : 168**
> Gras : 1 g = 8 % des Kcal provenant du gras
> Protéines : 7 g   Cholestérol : 3 mg
> Sodium : 73 mg   Hydrates de carbone : 32 g

Salade de fusilli cressonnette

4 portions

750 ml (3 tasses) de fusilli, cuits

250 ml (1 tasse) de cresson, équeuté

2 c. à s. de sauce chili

3 c. à s. de yogourt nature, léger

2 c. à s. de tomates séchées, hachées

1 échalote verte, hachée

1 gousse d'ail, hachée

1 c. à s. de jus de citron

½ c. à t. de basilic, haché

½ c. à t. d'origan, haché

Sel et poivre

Dans un grand bol, mélanger tous les ingrédients. Couvrir. Placer au réfrigérateur 30 minutes.

Retirer du réfrigérateur. Mélanger.

Servir.

> **Par portion — Calories (Kcal) : 168**
> Gras : 1 g = 4 % des Kcal provenant du gras
> Protéines : 6 g   Cholestérol : 0 mg
> Sodium : 95 mg   Hydrates de carbone : 34 g

Macaroni en fête

4 portions

60 ml (¼ tasse) de feuilles de basilic, équeutées

1 gousse d'ail

1 c. à s. de pignons

2 c. à t. d'huile d'olive, pressée à froid

1 c. à t. de fromage parmesan, râpé

750 ml (3 tasses) de macaroni, cuits

250 ml (1 tasse) de poivrons vert, jaune et rouge mélangés, en brunoise

1 c. à t. de persil, haché

Sel et poivre

Au robot culinaire, réduire en purée lisse le basilic, l'ail, les pignons, l'huile d'olive et le parmesan. Verser dans un grand bol.

Ajouter le reste des ingrédients. Bien mélanger. Couvrir. Placer au réfrigérateur 30 minutes.

Retirer du réfrigérateur. Mélanger.

Servir.

> **Par portion — Calories (Kcal) : 190**
> Gras : 4 g = 20 % des Kcal provenant du gras
> Protéines : 6 g   Cholestérol : 0 mg
> Sodium : 58 mg   Hydrates de carbone : 32 g

Pour certains, monter la vinaigrette est une science et un art. Mais il ne faut pas se laisser impressionner outre mesure. De fait, en suivant quelques règles de base et avec un peu de pratique, on arrive à de bons résultats qui sont, de toute façon, préférables aux préparations du commerce, souvent inutilement riches.

Melons, tomates et herbes

4 portions

375 ml (1½ tasse) de cantaloup, en parisienne

375 ml (1½ tasse) de melon miel, en parisienne

2 c. à t. d'huile d'olive, pressée à froid

1 c. à t. de vinaigre de champagne

2 c. à t. de moutarde à l'ancienne

2 c. à s. de Porto

Sel et poivre

3 tomates italiennes, en julienne

½ c. à t. d'origan, haché

½ c. à t. de basilic, haché

½ c. à t. de persil, haché

¼ c. à t. de thym, haché

Dans un bol, mélanger le cantaloup et le melon en parisienne, l'huile, le vinaigre, la moutarde et le Porto. Saler et poivrer. Couvrir. Placer au réfrigérateur 30 minutes.

Disposer les tomates en julienne sur une assiette. Saler et poivrer. Verser la préparation de melons au centre.

Parsemer d'herbes.

Servir.

Par portion — Calories (Kcal) : 75
Gras : 3 g = 35 % des Kcal provenant du gras
Protéines : 1 g   Cholestérol : 0 mg
Sodium : 90 mg   Hydrates de carbone : 11 g

Salade de poires aux vinaigres de fruits

4 portions

500 ml (2 tasses) de poires, tranchées

2 c. à t. d'huile d'olive, pressée à froid

1 c. à s. de vinaigre de poires

1 c. à s. de vinaigre de framboises

Sel et poivre

125 ml (½ tasse) de framboises

1 c. à t. de cerfeuil, haché

Dans un bol, mélanger tous les ingrédients, sauf les framboises et le cerfeuil. Couvrir. Placer au réfrigérateur 30 minutes, en remuant à toutes les 10 minutes.

Disposer les tranches de poires sur une assiette. Placer les framboises au centre. Parsemer de cerfeuil. Arroser du jus de macération. Servir.

Par portion — Calories (Kcal) : 93
Gras : 3 g = 24 % des Kcal provenant du gras
Protéines : 1 g   Cholestérol : 0 mg
Sodium : 45 mg   Hydrates de carbone : 19 g

Ananas et avocats dijonnaise

4 portions

½ avocat, tranché
½ c. à t. de jus de citron
Sel et poivre
500 ml (2 tasses) d'ananas, en dés
3 c. à s. de yogourt nature, léger
1 c. à s. de moutarde à l'ancienne
⅛ c. à t. de sauce Worcestershire
½ c. à t. de miel, fondu
1 c. à t. de persil, haché

Badigeonner les tranches d'avocat de jus de citron. Saler et poivrer. Couvrir. Placer au réfrigérateur 30 minutes.

Entretemps, dans un bol, mélanger le reste des ingrédients, sauf le persil. Couvrir. Placer au réfrigérateur 20 minutes.

Disposer les tranches d'avocat sur une assiette. Verser la préparation d'ananas au centre. Parsemer de persil. Servir.

Par portion — Calories (Kcal) : 82
Gras : 3 g = 32 % des Kcal provenant du gras
Protéines : 2 g   Cholestérol : 0 mg
Sodium : 106 mg   Hydrates de carbone : 14 g

Salade Waldorf

4 portions

3 c. à s. de yogourt nature, léger
2 c. à s. de fromage ricotta, léger
1 gousse d'ail, hachée
250 ml (1 tasse) de céleri-rave, râpé
250 ml (1 tasse) de pommes, en dés
½ c. à t. de jus de citron
1 c. à s. de noix de Grenoble, hachées grossièrement
1 échalote verte, hachée
Sel et poivre
8 feuilles de laitue frisée

Au robot culinaire, réduire en purée lisse le yogourt, le fromage ricotta et l'ail. Verser dans un bol.

Ajouter le reste des ingrédients, sauf la laitue frisée. Bien mélanger. Couvrir. Placer au réfrigérateur 30 minutes.

Retirer du réfrigérateur. Mélanger.

Tapisser une assiette de feuilles de laitue frisée. Verser la préparation au centre. Servir.

Par portion — Calories (Kcal) : 51
Gras : 1 g = 19 % des Kcal provenant du gras
Protéines : 3 g   Cholestérol : 3 mg
Sodium : 90 mg   Hydrates de carbone : 9 g

Les vinaigres aromatisés :

Les vinaigres aromatisés font partie de notre alimentation depuis peu. Ils ajoutent saveur et raffinement aux plats les plus simples et ce, sans apport calorique. Dans la préparation des vinaigrettes, ils permettent d'utiliser moins d'huile.

Il est facile de créer ses propres variétés de vinaigre aromatisé. En utilisant une base de vinaigre blanc, de vinaigre de vin ou de vinaigre de cidre, on peut faire macérer des herbes, des épices et aromates ou des fruits.

Les vinaigres aromatisés aux fruits s'emploient dans les vinaigrettes, mais servent aussi à déglacer les jus de cuisson ou à parfumer les sauces.

Les desserts

Recettes illustrées, de gauche à droite : tarte aux abricots, tartelettes aux pommes et aux poires, tartelettes melons et guimauves.

Hauts en couleur et en saveur, ces délicieux desserts vous apportent des glucides complexes, des vitamines et des antioxydants. Prenez plaisir à les déguster sans craindre les calories.

Tartelettes aux pommes et aux poires

4 portions

375 ml (1½ tasse) de riz, cuit

1 c. à s. de fromage à la crème, léger, ramolli

1 blanc d'œuf, battu

1 pomme, tranchée

1 poire, tranchée

½ c. à t. de jus de citron

125 ml (½ tasse) de pomme, en dés

125 ml (½ tasse) de poire, en dés

125 ml (½ tasse) de jus de pommes

⅛ c. à t. de cannelle

1 pincée de muscade

1 c. à s. de cassonade

1 c. à t. de fécule de maïs

2 c. à t. d'eau

Préchauffer le four à 175 °C (350 °F).

Dans un bol, mélanger le riz cuit, le fromage à la crème et le blanc d'œuf. Presser ce mélange au fond de quatre assiettes à tartelette de 10 cm (4 po) de diamètre, de façon à obtenir quatre galettes. Cuire au four 5 minutes. Retirer du four. Laisser reposer 15 minutes. Démouler; placer dans une lèchefrite.

Entretemps, badigeonner les tranches de pomme et de poire de jus de citron. Réserver.

Dans une casserole, porter à ébullition le reste des ingrédients, sauf la fécule et l'eau. Ajouter la fécule délayée dans l'eau; lier. Poursuivre la cuisson 1 minute, en remuant continuellement. Retirer du feu. Laisser reposer 5 minutes.

Disposer les tranches de poire et de pomme sur le contour des galettes, en prenant soin qu'elles se chevauchent. Verser le quart de la préparation au centre de chaque tartelette.

Cuire au four 15 minutes.

Servir les tartelettes, chaudes ou refroidies.

PAR PORTION — CALORIES (KCAL) : 210
Gras : 1 g = 6% des Kcal provenant du gras
Protéines : 4 g   Cholestérol : 2 mg
Sodium : 37 mg   Hydrates de carbone : 47 g

Tarte aux abricots

6 à 8 portions

500 ml (2 tasses) de riz, cuit

1 c. à s. de fromage à la crème, léger, ramolli

1 blanc d'œuf, battu

12 à 16 abricots, en quartiers

1 c. à s. de miel, fondu

Préchauffer le four à 175 °C (350 °F).

Dans un bol, mélanger le riz cuit, le fromage à la crème et le blanc d'œuf. Presser ce mélange au fond et sur le pourtour d'une assiette à tarte de 23 cm (9 po) de diamètre, de façon à obtenir une croûte uniforme. Cuire au four 5 minutes.

Retirer la croûte du four. Disposer les quartiers d'abricots en cercles concentriques dans la croûte, en recouvrant le fond complètement.

Badigeonner les abricots de miel fondu.

Cuire au four 15 minutes.

Retirer du four. Laisser reposer 15 minutes.

Servir.

PAR PORTION — CALORIES (KCAL) : 114
Gras : 1 g = 6% des Kcal provenant du gras
Protéines : 3 g   Cholestérol : 1 mg
Sodium : 19 mg   Hydrates de carbone : 24 g

Tartelettes melons et guimauves

4 portions

375 ml (1 1/2 tasse) de chapelure de biscuits graham

1 c. à s. de fromage à la crème, léger, ramolli

1 blanc d'œuf, battu légèrement

180 ml (3/4 tasse) de cantaloup, en parisienne

180 ml (3/4 tasse) de melon miel, en parisienne

250 ml (1 tasse) de guimauves miniatures

1/8 c. à t. de cannelle

Préchauffer le four à 175 °C (350 °F).

Dans un bol, mélanger la chapelure, le fromage à la crème et le blanc d'œuf. Presser ce mélange au fond et sur le pourtour de quatre assiettes à tartelette de 10 cm (4 po) de diamètre, de façon à obtenir une croûte uniforme. Cuire au four 5 minutes. Retirer du four. Laisser reposer 10 minutes.

Répartir les melons et les guimauves dans chaque tartelette. Saupoudrer de cannelle. Cuire au four 15 minutes.

Servir les tartelettes, chaudes ou refroidies.

Par portion — Calories (Kcal) : 220
Gras : 4 g = 18 % des Kcal provenant du gras
Protéines : 6 g   Cholestérol : 2 mg
Sodium : 342 mg   Hydrates de carbone : 38 g

Tarte aux prunes

6 à 8 portions

375 ml (1 1/2 tasse) de chapelure de biscuits graham

1 c. à s. de fromage à la crème, léger, ramolli

1 blanc d'œuf, battu légèrement

12 à 16 prunes rouges, en quartiers

1 c. à s. de miel, fondu

1/2 c. à t. de vinaigre balsamique

1 pincée de muscade

Préchauffer le four à 175 °C (350 °F).

Dans un bol, mélanger la chapelure, le fromage à la crème et le blanc d'œuf. Presser ce mélange au fond et sur le pourtour d'une assiette à tarte de 23 cm (9 po) de diamètre, de façon à obtenir une croûte uniforme. Cuire au four 5 minutes. Retirer du four. Laisser reposer 10 minutes.

Disposer les quartiers de prunes en cercles concentriques dans la croûte, en recouvrant le fond complètement.

Badigeonner les prunes de miel fondu et de vinaigre. Saupoudrer de muscade.

Cuire au four 15 minutes.

Retirer du four. Laisser reposer 15 minutes.

Servir.

Par portion — Calories (Kcal) : 138
Gras : 3 g = 17 % des Kcal provenant du gras
Protéines : 3 g   Cholestérol : 1 mg
Sodium : 167 mg   Hydrates de carbone : 26 g

Les alternatives santé aux pâtes à tarte :

Les desserts ne sont pas à bannir, surtout quand un peu d'imagination et quelques subtiles substitutions nous permettent de réduire les lipides et glucides qu'ils contiennent, souvent en quantité excessive.

Nous suggérons dans cette section d'utiliser du riz ou, encore, de la chapelure de biscuits graham pour confectionner vos fonds de tarte. En suivant les indications suggérées ici, vous aurez la satisfaction de réaliser des desserts allégés et savoureux.

Tarte à l'orange en meringue

6 à 8 portions

375 ml (1½ tasse) de chapelure de biscuits graham

1 blanc d'œuf, battu légèrement

250 ml (1 tasse) de tapioca, cuit

3 oranges, pelées, tranchées

2 blancs d'œufs

1 pincée de crème de tartre

Préchauffer le four à GRIL (BROIL).

Dans un bol, mélanger la chapelure et le blanc d'œuf. Presser ce mélange au fond et sur le pourtour d'une assiette à tarte de 23 cm (9 po) de diamètre, de façon à obtenir une croûte uniforme. Cuire au four 5 minutes. Retirer du four. Laisser reposer 10 minutes.

Étendre le tapioca dans la croûte. Couvrir de tranches d'oranges.

À l'aide d'un batteur électrique, monter les blancs d'œufs en neige ferme; ajouter la crème de tartre.

À l'aide d'un sac à pâtisserie muni d'une douille cannelée, garnir les tranches d'oranges de meringue.

Faire griller 3 minutes ou jusqu'à ce que la meringue soit dorée. Servir.

PAR PORTION — CALORIES (KCAL) : 152
Gras : 3 g = 20 % des Kcal provenant du gras
Protéines : 5 g   Cholestérol : 0 mg
Sodium : 216 mg   Hydrates de carbone : 26 g

Tarte aux framboises

6 portions

1 recette de pâte brisée (p. 375)

375 ml (1½ tasse) de framboises

125 ml (½ tasse) de guimauves miniatures

1 c. à t. de sucre glace

Préchauffer le four à 175 °C (350 °F).

Abaisser la pâte, aussi mince que possible, en un carré de 20,5 cm (8 po). Replier le pourtour, de façon à obtenir un ourlet de 1,25 cm (½ po). Déposer dans une lèchefrite. Cuire au four 10 minutes. Retirer du four. Laisser reposer 10 minutes.

Disposer les framboises et les guimauves sur la pâte, en créant un motif de damier. Cuire au four 10 minutes.

Saupoudrer de sucre glace. Servir.

PAR PORTION — CALORIES (KCAL) : 75
Gras : 3 g = 36 % des Kcal provenant du gras
Protéines : 1 g   Cholestérol : 8 mg
Sodium : 47 mg   Hydrates de carbone : 11 g

Clafoutis aux kiwis

6 à 8 portions

500 ml (2 tasses) de riz, cuit

1 c. à s. de fromage à la crème, léger, ramolli

1 blanc d'œuf, battu légèrement

8 kiwis, en quartiers

250 ml (1 tasse) de lait 1 %

60 ml (¼ tasse) de lait évaporé, écrémé

2 œufs

2 blancs d'œufs

2 c. à s. de sucre glace

1 pincée de cannelle

Préchauffer le four à 175 °C (350 °F).

Dans un bol, mélanger le riz cuit, le fromage à la crème et le blanc d'œuf. Presser ce mélange au fond et sur le pourtour d'une assiette à tarte de 23 cm (9 po) de diamètre, de façon à obtenir une croûte uniforme. Cuire au four 5 minutes.

Disposer les quartiers de kiwis dans la croûte. Dans un bol, mélanger le reste des ingrédients. Verser sur les kiwis.

Cuire au four 35 minutes ou jusqu'à ce que la pointe d'un couteau inséré au centre de la tarte en ressorte propre. Retirer du four. Laisser reposer 30 minutes. Servir.

PAR PORTION — CALORIES (KCAL) : 158
Gras : 2 g = 12 % des Kcal provenant du gras
Protéines : 6 g   Cholestérol : 48 mg
Sodium : 73 mg   Hydrates de carbone : 29 g

Gâteau choco-coco

Ce gâteau peut couronner un repas léger. Avec un verre de lait, c'est aussi une collation à offrir aux adolescents pour combler leurs besoins alimentaires.

8 à 10 portions

- 250 ml (1 tasse) de lait 1%
- 125 ml (½ tasse) de lait évaporé, écrémé
- 125 ml (½ tasse) de lait de coco
- 4 c. à t. de gélatine neutre
- 3 c. à s. de noix de coco, râpée
- 3 c. à s. de cassonade
- 1 c. à t. de poudre de cacao
- ¼ c. à t. d'huile d'olive
- 2 c. à s. de farine
- 3 œufs
- 2 blancs d'œufs
- 180 ml (¾ tasse) de sucre
- 125 ml (½ tasse) de farine tout usage
- 125 ml (½ tasse) de farine de blé entier
- ½ c. à t. de poudre à pâte
- 1 c. à s. de beurre, fondu
- ½ c. à t. d'essence de noix de coco
- 180 ml (¾ tasse) de brisures de chocolat, mi-sucré
- 1 c. à s. de rhum brun
- 2 c. à t. de beurre, fondu
- 1 c. à s. de café fort, chaud
- 3 c. à s. de noix de coco, en copeaux

Dans un bol, mélanger le lait 1%, le lait évaporé et le lait de coco. Dans une tasse, diluer la gélatine dans 60 ml (¼ tasse) du mélange des trois laits. Faire tiédir au four à micro-ondes 45 secondes, à ÉLEVÉ. Ajouter la noix de coco râpée, la cassonade, la poudre de cacao et la gélatine tiédie au mélange des laits ; mélanger. Couvrir. Placer au réfrigérateur 3 heures.

Retirer du réfrigérateur. Au robot culinaire, battre jusqu'à consistance de crème épaisse. Remettre au réfrigérateur 40 minutes.

Entretemps, préchauffer le four à 175 °C (350 °F). Préparer une marmite à vapeur.

Badigeonner d'huile un moule à gâteau démontable de 23 cm (9 po). Enfariner ; secouer pour enlever l'excédent de farine. Réserver.

À feu doux, dans un bol métallique déposé dans le panier de la marmite à vapeur, fouetter les œufs, les blancs d'œufs et le sucre, 4 minutes ou jusqu'à consistance épaisse. Retirer le bol de la marmite à vapeur ; fouetter encore 2 minutes. Réserver.

Dans un bol, tamiser les farines et la poudre à pâte. À l'aide d'une spatule, incorporer progressivement le mélange de farines dans la préparation d'œufs. Incorporer le beurre et l'essence de noix de coco.

Verser dans le moule à gâteau. Cuire au four 30 minutes ou jusqu'à ce que la pointe d'un couteau insérée au centre du gâteau en ressorte propre.

Retirer du four. Laisser reposer 5 minutes. Démouler. Laisser refroidir complètement.

À feu doux, dans un bol métallique déposé dans le panier de la marmite à vapeur, faire fondre le chocolat. Ajouter le rhum, le beurre et le café ; remuer continuellement, 1 minute. Retirer le bol de la marmite à vapeur. Laisser refroidir 15 minutes.

À l'aide d'une spatule, napper le gâteau de la préparation de laits. Verser la sauce au chocolat refroidie. Décorer de copeaux de noix de coco.

Déposer sous une cloche à gâteau. Placer au réfrigérateur 2 heures. Servir.

Par portion — Calories (Kcal) : 298
Gras : 11 g = 33% des Kcal provenant du gras
Protéines : 7 g   Cholestérol : 62 mg
Sodium : 109 mg   Hydrates de carbone : 45 g

Les desserts

Shortcake léger

4 portions

1 c. à s. de gélatine neutre

3 c. à s. de lait 1%

375 ml (1½ tasse) de yogourt à la vanille, léger

4 petits gâteaux des anges, du commerce

375 ml (1½ tasse) de fraises, tranchées

Fraises entières

Dans une tasse, diluer la gélatine dans le lait. Faire tiédir au four à micro-ondes 45 secondes, à ÉLEVÉ. Laisser reposer 5 minutes.

Incorporer la gélatine dans le yogourt. Couvrir. Placer au réfrigérateur 3 heures. Retirer du réfrigérateur. Au robot culinaire, battre jusqu'à consistance de crème épaisse. Remettre au réfrigérateur 30 minutes.

Trancher en deux disques chacun des petits gâteaux. Tartiner de yogourt un des deux disques. Couvrir de fraises. Recouvrir de l'autre disque. À l'aide d'une spatule, enrober les gâteaux de yogourt. Garnir de fraises. Servir.

PAR PORTION — CALORIES (KCAL) : 276
Gras : 1 g = 2% des Kcal provenant du gras
Protéines : 10 g   Cholestérol : 2 mg
Sodium : 638 mg   Hydrates de carbone : 58 g

Petits gâteaux des anges

Le gâteau des anges est un bon choix pour qui veut déguster un délicieux dessert, faible en matières grasses. Ce dessert et son voisin sont riches en vitamine C, en bêta-carotène et en antioxydants. Un excellent choix santé.

4 portions

1 poire, tranchée

½ c. à t. de jus de citron

125 ml (½ tasse) de jus de poires

125 ml (½ tasse) de jus d'orange

125 ml (½ tasse) de jus de canneberges

2 petits gâteaux des anges, du commerce

1 orange, tranchée très finement

125 ml (½ tasse) de framboises

Badigeonner les tranches de poire de jus de citron. Réserver.

Verser le jus de poires dans une assiette creuse, le jus d'orange dans une autre assiette creuse et le jus de canneberges dans une troisième assiette creuse.

Trancher chaque gâteau en trois disques.

Faire imbiber de jus de poires, deux des disques de gâteaux, environ 5 minutes. Faire imbiber de jus d'orange, deux des disques de gâteaux, environ 5 minutes. Faire imbiber de jus de canneberges, deux des disques de gâteaux, environ 5 minutes.

Garnir de tranches de poire les gâteaux imbibés de jus de poires; garnir de tranches d'orange les gâteaux imbibés de jus d'orange; garnir de framboises les gâteaux imbibés de jus de canneberges.

Couper tous les disques de gâteaux en demi-lunes.

Servir, à chaque convive, une demi-lune de chaque variété.

PAR PORTION — CALORIES (KCAL) : 289
Gras : 1 g = 2% des Kcal provenant du gras
Protéines : 5 g   Cholestérol : 0 mg
Sodium : 560 mg   Hydrates de carbone : 68 g

Miroir aux framboises

8 à 10 portions

4 c. à s. de gélatine neutre

375 ml (1½ tasse) de jus de framboises

625 ml (2½ tasses) de framboises

1 litre (4 tasses) de yogourt nature, léger

60 ml (¼ tasse) de lait 1%

125 ml (½ tasse) de mûres

Dans une tasse, diluer 1 c. à s. de gélatine dans 60 ml (¼ tasse) de jus de framboises. Faire tiédir au four à micro-ondes 45 secondes, à ÉLEVÉ. Verser dans le reste du jus de framboises; mélanger. Mettre dans un moule à gâteau en forme de couronne de 2 litres (8 tasses). Couvrir de papier d'aluminium. Placer au réfrigérateur 1 heure.

Au robot culinaire, réduire en purée 500 ml (2 tasses) de framboises, avec le yogourt.

Dans une tasse, diluer le reste de la gélatine dans le lait. Faire tiédir au four à micro-ondes 45 secondes, à ÉLEVÉ. Laisser reposer 5 minutes. Dans le bol du robot culinaire, mélanger à la purée de framboises, 20 secondes.

Retirer la gelée de framboises du réfrigérateur. Recouvrir de la préparation au yogourt. Couvrir à nouveau de papier d'aluminium. Placer au réfrigérateur 3 heures.

Démouler (technique p. 74).

Servir, accompagné du reste des framboises et des mûres.

PAR PORTION — CALORIES (KCAL) : 84
Gras : <1 g = 4% des Kcal provenant du gras
Protéines : 6 g   Cholestérol : 2 mg
Sodium : 78 mg   Hydrates de carbone : 15 g

Préparation

Miroir

Verser la préparation de jus de framboises dans un moule à gâteau en forme de couronne de 2 litres (8 tasses). Couvrir de papier d'aluminium. Placer au réfrigérateur 1 heure.

Recouvrir la gelée de framboises de la préparation au yogourt. Couvrir à nouveau de papier d'aluminium. Placer au réfrigérateur 3 heures.

Démouler (technique p. 74).

Gâteau-mousse aux bananes

8 portions

5 bananes, bien mûres

3 c. à s. de zeste d'orange, râpé

1 c. à t. de jus de citron

3 blancs d'œufs

4 c. à s. de gélatine neutre

80 ml (⅓ tasse) de jus d'orange

Au robot culinaire, réduire en purée les bananes et le zeste d'orange, avec le jus de citron. Ajouter les blancs d'œufs; battre 2 minutes.

Dans une tasse, diluer la gélatine dans le jus d'orange. Faire tiédir au four à micro-ondes 45 secondes, à ÉLEVÉ. Laisser reposer 10 minutes. Dans le bol du robot culinaire, mélanger à la purée de bananes, 20 secondes.

Verser dans un moule à gâteau en forme de couronne de 2 litres (8 tasses). Couvrir de papier d'aluminium. Placer au réfrigérateur 3 heures.

Démouler (technique p. 74).

Servir.

PAR PORTION — CALORIES (KCAL) : 89
Gras : <1 g = 2% des Kcal provenant du gras
Protéines : 3 g   Cholestérol : 0 mg
Sodium : 43 mg   Hydrates de carbone : 20 g

La gélatine qu'on retrouve le plus souvent dans le commerce est une protéine d'origine animale, extraite d'os et de cartilages. On peut aussi utiliser l'agar-agar, qui est une substance aux propriétés gélatineuses, extraite d'une algue. Outre de permettre la création de présentations colorées, la gélatine préserve les aliments délicats des effets de l'air ambiant tout en donnant une plus belle apparence à certains mets, présentés en buffet notamment.

Petites gelées aux fruits

4 portions

5 c. à t. de gélatine neutre

500 ml (2 tasses) de nectar de poires

250 ml (1 tasse) de raisins verts, sans pépins, en quartiers

1 kiwi, pelé, tranché

Dans une tasse, diluer la gélatine dans 60 ml (¼ tasse) de nectar de poires. Faire tiédir au four à micro-ondes 45 secondes, à ÉLEVÉ. Verser dans le reste du nectar de poires ; bien mélanger.

Dans un moule de 750 ml (3 tasses) ou dans 4 moules individuels de 180 ml (¾ tasse), déposer les raisins verts ; verser le nectar. Couvrir de pellicule plastique. Placer au réfrigérateur 3 heures.

Démouler (technique p. 74).

Servir, accompagnées de tranches de kiwi.

PAR PORTION — CALORIES (KCAL) : 138
Gras : <1 g = 1% des Kcal provenant du gras
Protéines : 1 g   Cholestérol : 0 mg
Sodium : 25 mg   Hydrates de carbone : 36 g

Mandarines en mousseline

4 portions

5 c. à t. de gélatine neutre

125 ml (½ tasse) de jus d'orange

375 ml (1½ tasse) de yogourt nature, léger

1 c. à s. de zeste d'orange

250 ml (1 tasse) de mandarines, en suprêmes

Dans une tasse, diluer la gélatine dans le jus d'orange. Faire tiédir au four à micro-ondes 45 secondes, à ÉLEVÉ. Laisser reposer 10 minutes.

Au robot culinaire, mélanger le yogourt, le zeste d'orange et les mandarines avec la gélatine ; battre 1 minute.

Verser dans un moule de 750 ml (3 tasses) ou dans 4 moules individuels de 180 ml (¾ tasse). Couvrir de pellicule plastique. Placer au réfrigérateur 3 heures.

Démouler (technique p. 74). Servir.

PAR PORTION — CALORIES (KCAL) : 106
Gras : <1 g = 2% des Kcal provenant du gras
Protéines : 6 g   Cholestérol : 2 mg
Sodium : 84 mg   Hydrates de carbone : 21 g

«Mentherie» aux cerises

4 portions

5 c. à t. de gélatine neutre
80 ml (⅓ tasse) de jus d'orange
430 ml (1¾ tasse) de yogourt nature, léger
1 c. à s. de feuilles de menthe, hachées
250 ml (1 tasse) de cerises, dénoyautées

Dans une tasse, diluer la gélatine dans le jus d'orange. Faire tiédir au four à micro-ondes 45 secondes, à ÉLEVÉ. Laisser reposer 10 minutes.

Au robot culinaire, mélanger le yogourt, la menthe et les cerises avec la gélatine; battre 1 minute.

Verser dans un moule de 750 ml (3 tasses) ou dans 4 moules individuels de 180 ml (¾ tasse). Couvrir de pellicule plastique. Placer au réfrigérateur 3 heures.

Démouler (technique p. 74).

Servir.

PAR PORTION — CALORIES (KCAL) : 121
Gras : 1 g = 4 % des Kcal provenant du gras
Protéines : 7 g   Cholestérol : 2 mg
Sodium : 95 mg   Hydrates de carbone : 23 g

Guimauves en folie

6 portions

500 ml (2 tasses) de yogourt nature, léger
250 ml (1 tasse) de guimauves miniatures
60 ml (¼ tasse) de cerises, dénoyautées, hachées
60 ml (¼ tasse) de raisins verts, sans pépins, hachés
60 ml (¼ tasse) de suprêmes d'orange, hachés
60 ml (¼ tasse) de pêche, hachée
1 pincée de cannelle

Dans un grand bol, mélanger tous les ingrédients.

Couvrir. Placer au réfrigérateur une nuit.

Servir dans des coupes.

PAR PORTION — CALORIES (KCAL) : 81
Gras : <1 g = 3 % des Kcal provenant du gras
Protéines : 5 g   Cholestérol : 1 mg
Sodium : 62 mg   Hydrates de carbone : 16 g

La guimauve :

La guimauve ne contient aucun gras, mais elle est plutôt sucrée. Utilisée en quantité limitée, comme garniture ou comme agent liant, la guimauve peut être considérée comme un compromis acceptable puisqu'elle est, à 146 calories par tasse, tout de même moins calorique que le sucre pur, à 774 calories par tasse.

Yogourt glacé à la noix de coco

8 à 10 portions

750 ml (3 tasses) de yogourt à la vanille, léger

250 ml (1 tasse) de lait de coco

125 ml (½ tasse) de noix de coco, râpée, grillée

1 c. à t. de zeste de citron, râpé

Dans un bol, mélanger le yogourt à la vanille, le lait de coco, la noix de coco râpée et le zeste de citron.

Couvrir de pellicule plastique. Placer au congélateur 4 heures ou jusqu'à ce que le mélange soit presque ferme.

Au robot culinaire, battre jusqu'à consistance granuleuse.

Replacer au congélateur 2 heures.

Au robot culinaire, battre à nouveau la préparation jusqu'à consistance presque lisse. Remettre au congélateur 2 heures.

Retirer du congélateur, 10 minutes avant de servir.

Servir, en boules ou en quenelles.

PAR PORTION — CALORIES (KCAL) : 137
Gras : 7 g = 45 % des Kcal provenant du gras
Protéines : 4 g   Cholestérol : 1 mg
Sodium : 53 mg   Hydrates de carbone : 16 g

Préparation

Les glaces

Au robot culinaire, réduire en purée tous les ingrédients. Transférer dans un bol. Couvrir de pellicule plastique. Placer au congélateur 4 heures ou jusqu'à consistance presque ferme.

Au robot culinaire, battre jusqu'à consistance granuleuse. Replacer au congélateur 2 heures.

Au robot culinaire, battre à nouveau la préparation jusqu'à consistance presque lisse. Remettre au congélateur 2 heures.

Yogourt glacé aux cerises de la forêt noire

8 à 10 portions

750 ml (3 tasses) de yogourt aux cerises, léger

250 ml (1 tasse) de lait de coco

125 ml (½ tasse) de cerises, dénoyautées

3 c. à s. de gingembre frais, râpé

2 c. à t. de poudre de cacao

Dans le bol du robot culinaire, verser le yogourt aux cerises, le lait de coco, les cerises, le gingembre et le cacao. Réduire en purée.

Transférer dans un autre bol. Couvrir de pellicule plastique. Placer au congélateur 4 heures ou jusqu'à consistance presque ferme.

Au robot culinaire, battre jusqu'à consistance granuleuse.

Replacer au congélateur 2 heures.

Au robot culinaire, battre à nouveau la préparation jusqu'à consistance presque lisse. Remettre au congélateur, 2 heures.

Retirer du congélateur 10 minutes avant de servir.

Servir, en boules ou en quenelles.

PAR PORTION — CALORIES (KCAL) : 128
Gras : 6 g = 41 % des Kcal provenant du gras
Protéines : 4 g   Cholestérol : 1 mg
Sodium : 44 mg   Hydrates de carbone : 16 g

Sorbet aux framboises

8 à 10 portions

625 ml (2½ tasses) de framboises

500 ml (2 tasses) de jus de framboises

3 c. à s. de jus de citron

Au robot culinaire, réduire en purée 500 ml (2 tasses) de framboises, avec le jus de framboises et le jus de citron.

Transférer dans un bol. Couvrir de pellicule plastique. Placer au congélateur 4 heures ou jusqu'à consistance presque ferme.

Au robot culinaire, battre jusqu'à consistance granuleuse.

Replacer au congélateur 2 heures.

Dans le bol du robot culinaire, battre à nouveau la préparation. Ajouter le reste des framboises; battre jusqu'à une consistance presque lisse. Remettre au congélateur 2 heures.

Retirer du congélateur, 10 minutes avant de servir.

Servir, en boules ou en quenelles ou dans des coupes à la manière d'un granité.

> **Par portion — Calories (Kcal) : 36**
> Gras : <1 g = 4% des Kcal provenant du gras
> Protéines : 0 g   Cholestérol : 0 mg
> Sodium : 5 mg   Hydrates de carbone : 9 g

Sorbet au cantaloup

8 à 10 portions

500 ml (2 tasses) de cantaloup bien mûr, en dés

500 ml (2 tasses) de jus d'orange

3 c. à s. de jus de citron

Au robot culinaire, réduire en purée le cantaloup, avec le jus d'orange et le jus de citron.

Transférer dans un bol. Couvrir de pellicule plastique. Placer au congélateur 4 heures ou jusqu'à consistance presque ferme.

Au robot culinaire, battre jusqu'à consistance granuleuse.

Replacer au congélateur 2 heures.

Au robot culinaire, battre à nouveau la préparation jusqu'à consistance presque lisse. Remettre au congélateur 2 heures.

Retirer du congélateur, 10 minutes avant de servir.

Servir, en boules ou en quenelles ou dans des coupes à la manière d'un granité.

> **Par portion — Calories (Kcal) : 26**
> Gras : <1 g = 4% des Kcal provenant du gras
> Protéines : 0 g   Cholestérol : 0 mg
> Sodium : 1 mg   Hydrates de carbone : 6 g

Petites coupes renversées

10 portions

⅓ de recette de sorbet
aux framboises (page ci-contre)

⅓ de recette de sorbet
au cantaloup (page ci-contre)

⅓ de recette de sorbet à la
rhubarbe et aux raisins (ci-contre)

250 ml (1 tasse)
de fruits frais, en dés

Remplir chacune des dix coupes à dessert d'un tiers de sorbet aux framboises, d'un tiers de sorbet au cantaloup et d'un tiers de sorbet à la rhubarbe et aux raisins.

Placer les coupes au congélateur, 45 minutes.

Dans de petits bols, renverser les coupes; démouler.

Servir, garnies de fruits frais.

Par portion — Calories (Kcal) : 68	
Gras : <1 g = 2% des Kcal provenant du gras	
Protéines : 1 g	Cholestérol : 0 mg
Sodium : 3 mg	Hydrates de carbone : 17 g

Sorbet à la rhubarbe et aux raisins

8 à 10 portions

500 ml (2 tasses)
de jus de raisins blancs

250 ml (1 tasse) de rhubarbe,
pelée, émincée

250 ml (1 tasse) de raisins verts,
sans pépins, en quartiers

3 c. à s. de jus de citron

Au robot culinaire, réduire en purée la rhubarbe et les raisins avec le jus de raisins blancs et le jus de citron.

Transférer dans un bol. Couvrir de pellicule plastique. Placer au congélateur 4 heures ou jusqu'à consistance presque ferme.

Au robot culinaire, battre jusqu'à consistance granuleuse.

Replacer au congélateur 2 heures.

Au robot culinaire, battre à nouveau la préparation jusqu'à consistance presque lisse. Remettre au congélateur 2 heures.

Retirer du congélateur, 10 minutes avant de servir.

Servir, en boules ou en quenelles ou dans des coupes à la manière d'un granité.

Par portion — Calories (Kcal) : 44	
Gras : <1 g = 2% des Kcal provenant du gras	
Protéines : 0 g	Cholestérol : 0 mg
Sodium : 2 mg	Hydrates de carbone : 11 g

Lait glacé moka

8 à 10 portions

750 ml (3 tasses) de lait 1%
250 ml (1 tasse) de café fort, froid
1 c. à s. de poudre de cacao
80 ml (1/3 tasse) de sucre

Dans un bol, mélanger le lait, le café, la poudre de cacao et le sucre.

Couvrir de pellicule plastique. Placer au congélateur 4 heures ou jusqu'à consistance presque ferme.

Au robot culinaire, battre jusqu'à consistance granuleuse.

Replacer au congélateur 2 heures.

Au robot culinaire, battre à nouveau la préparation jusqu'à consistance presque lisse. Remettre au congélateur 2 heures.

Retirer du congélateur, 10 minutes avant de servir.

Servir, en boules ou en quenelles.

Par portion — Calories (Kcal) : 59	
Gras : 1 g = 13% des Kcal provenant du gras	
Protéines : 3 g	Cholestérol : 3 mg
Sodium : 38 mg	Hydrates de carbone : 11 g

Lait glacé à la vanille

8 à 10 portions

750 ml (3 tasses) de lait 1%
250 ml (1 tasse) de yogourt à la vanille, léger
1 c. à t. d'essence de vanille
3 c. à s. de sucre
1 pincée de cannelle

Dans un bol, mélanger le lait, le yogourt, l'essence de vanille, le sucre et la cannelle.

Couvrir de pellicule plastique. Placer au congélateur 4 heures ou jusqu'à consistance presque ferme.

Au robot culinaire, battre jusqu'à consistance granuleuse.

Replacer au congélateur 2 heures.

Au robot culinaire, battre à nouveau la préparation jusqu'à consistance presque lisse. Remettre au congélateur 2 heures.

Retirer du congélateur, 10 minutes avant de servir.

Servir, en boules ou en quenelles.

Par portion — Calories (Kcal) : 58	
Gras : 1 g = 13% des Kcal provenant du gras	
Protéines : 4 g	Cholestérol : 3 mg
Sodium : 54 mg	Hydrates de carbone : 9 g

Lait glacé aux pistaches

8 à 10 portions

750 ml (3 tasses) de lait 1%
250 ml (1 tasse) de pistaches, écalées, émiettées
1 c. à t. d'essence de pistache
80 ml (1/3 tasse) de sucre
2 gouttes de colorant alimentaire vert (facultatif)

Dans un bol, mélanger le lait, les pistaches, l'essence de pistache, le sucre et le colorant.

Couvrir de pellicule plastique. Placer au congélateur 4 heures ou jusqu'à consistance presque ferme.

Au robot culinaire, battre jusqu'à consistance granuleuse.

Replacer au congélateur 2 heures.

Au robot culinaire, battre à nouveau la préparation jusqu'à consistance presque lisse. Remettre au congélateur 2 heures.

Retirer du congélateur, 10 minutes avant de servir.

Servir, en boules ou en quenelles.

Par portion — Calories (Kcal) : 94	
Gras : 4 g = 36% des Kcal provenant du gras	
Protéines : 4 g	Cholestérol : 3 mg
Sodium : 37 mg	Hydrates de carbone : 12 g

Le lait évaporé est obtenu par l'extraction de plus de 50 % de l'eau du lait régulier. À moins qu'il ne soit écrémé, il contient environ 7,5 % de gras. Il remplace la crème, pour réaliser des desserts santé telles des crèmes pâtissières et des cossetardes.

Petits choux à l'ananas

4 portions

1 recette de pâte à choux légère (p. 374)
1 c. à s. de gélatine neutre
6 c. à s. de jus d'orange
250 ml (1 tasse) de yogourt à la vanille, léger
250 ml (1 tasse) d'ananas, broyé
125 ml (½ tasse) de framboises
1 c. à s. de sucre glace

Préchauffer le four à 175 °C (350 °F).

À l'aide d'un sac à pâtisserie muni d'une douille cannelée, dans une lèchefrite à revêtement antiadhésif, dresser douze petits choux de pâte. Cuire au four 30 minutes ou jusqu'à ce que les choux soient dorés. Retirer du four. Laisser refroidir complètement.

Dans une tasse, diluer la gélatine dans 3 c. à s. de jus d'orange. Faire tiédir au four à micro-ondes 45 secondes, à ÉLEVÉ. Laisser reposer 10 minutes.

Dans un bol, mélanger le yogourt et l'ananas broyé. Ajouter la gélatine ; mélanger. Couvrir de pellicule plastique. Placer au réfrigérateur 2 heures.

Entretemps, au robot culinaire, réduire en purée lisse les framboises, avec le reste du jus d'orange. Réserver.

À l'aide d'un petit couteau, faire une incision en croix sur le dessous de chaque chou. À l'aide d'un sac à pâtisserie muni d'une douille unie, farcir chaque chou du mélange au yogourt.

Verser le coulis de framboises dans une assiette. Déposer les choux farcis sur le coulis ; saupoudrer de sucre glace. Servir.

Par portion — Calories (Kcal) : 134
Gras : 3 g = 19 % des Kcal provenant du gras
Protéines : 5 g   Cholestérol : 7 mg
Sodium : 70 mg   Hydrates de carbone : 23 g

Cossetarde indienne

4 portions

250 ml (1 tasse) de tapioca, cuit
180 ml (¾ tasse) de carottes, râpées
125 ml (½ tasse) de lait évaporé, écrémé
2 c. à s. de cassonade
¼ c. à t. de safran
1 pincée de cannelle

Dans une casserole à revêtement antiadhésif, mélanger tous les ingrédients. À feu moyen-doux, cuire jusqu'à ce que le contenu de la casserole fume, sans bouillir, en remuant sans cesse. Retirer du feu. Couvrir. Laisser reposer 15 minutes. Remuer.

Laisser refroidir complètement. Saupoudrer de cannelle. Servir.

Par portion — Calories (Kcal) : 149
Gras : 3 g = 17 % des Kcal provenant du gras
Protéines : 4 g   Cholestérol : 2 mg
Sodium : 135 mg   Hydrates de carbone : 27 g

Mangues au riz sucré

4 portions

375 ml (1½ tasse) de lait 1%

125 ml (½ tasse)
de riz à grains courts

1 pincée de muscade

1 pincée de cannelle

2 mangues, pelées

3 c. à s. de cassonade

Dans une casserole à revêtement antiadhésif, chauffer le lait. À la toute première ébullition, jeter le riz dans le lait; remuer. Ajouter la muscade et la cannelle. Couvrir. À feu doux, laisser mijoter 30 minutes, en remuant à toutes les 5 minutes.

Retirer du feu. Laisser refroidir complètement. Répartir le riz dans quatre assiettes; saupoudrer de cassonade.

Couper les mangues en deux; retirer les noyaux; faire de petites incisions de manière à former des éventails. Déposer sur le riz. Servir.

Par portion — Calories (Kcal) : 208	
Gras : 1 g = 6 % des Kcal provenant du gras	
Protéines : 5 g	Cholestérol : 4 mg
Sodium : 53 mg	Hydrates de carbone : 45 g

Pouding d'été anglais

4 portions

125 ml (½ tasse)
de fraises, tranchées

125 ml (½ tasse) de framboises

125 ml (½ tasse) de bleuets

125 ml (½ tasse) de mûres

60 ml (¼ tasse) de jus d'orange

2 c. à s. de sucre glace

environ 8 tranches de pain
de blé entier, sans croûte

Dans un bol, mélanger les fraises, les framboises, les bleuets, les mûres, le jus d'orange et le sucre glace. Réserver.

Couper chaque tranche de pain en quatre carrés; chemiser quatre grands moules à muffin à revêtement antiadhésif, en faisant se chevaucher les carrés de pain. Réserver quatre carrés de pain pour les dessus.

Remplir du mélange de fruits chacun des moules tapissés de pain. Recouvrir d'un carré de pain. Couvrir de pellicule plastique. Sur chaque moule à muffin, déposer un deuxième moule à muffin garni d'une pomme. Placer au réfrigérateur une nuit.

Retirer les moules à muffin garnis de pommes. Sur les moules à muffin garnis de fruits, renverser une lèchefrite; retourner. Démouler les muffins aux fruits dans la lèchefrite, en soulevant les moules délicatement; transférer dans des assiettes individuelles. Servir.

Par portion — Calories (Kcal) : 260	
Gras : 4 g = 12 % des Kcal provenant du gras	
Protéines : 9 g	Cholestérol : 0 mg
Sodium : 444 mg	Hydrates de carbone : 52 g

La pâte à choux :

Il est possible de réaliser une pâte à choux allégée en suivant la recette qui vous est donnée en page 374. Trois fois moins d'œuf, trois fois moins de matières grasses, mais un peu plus de temps passé à bien lier les ingrédients : votre pâte sera tout aussi convenable que la pâte à choux traditionnelle.

Tuiles aux fruits frais

4 portions

500 ml (2 tasses) de fruits frais, en dés
1 c. à s. de jus de citron
80 ml (½ tasse) de sucre glace
2 blancs d'œufs
80 ml (½ tasse) de farine
2 ml (½ c. à t.) d'essence d'amande
2 c. à s. de beurre fondu

Préchauffer le four à 190 °C (375 °F).

Dans un bol, mélanger les fruits frais et le jus de citron. Réserver.

Dans un grand bol, fouetter le sucre glace avec les blancs d'œufs, la farine et l'essence d'amande. Ajouter le beurre fondu; fouetter jusqu'à consistance lisse.

À l'aide d'une spatule, sur une plaque à biscuits à revêtement antiadhésif, faire quatre cercles de pâte d'environ 15 cm (6 po) de diamètre.

Cuire au four environ 10 minutes ou jusqu'à belle coloration. Retirer du four. À l'aide d'une spatule, déposer chaque cercle de pâte chaude sur un verre inversé; replier le pourtour de la pâte pour lui donner la forme d'un gobelet (agir rapidement car les tuiles sèchent en 30 secondes). Répéter pour les autres tuiles.

Remplir les tuiles de fruits frais.

Servir.

PAR PORTION — CALORIES (KCAL) : 260
Gras : 6 g = 20 % des Kcal provenant du gras
Protéines : 5 g   Cholestérol : 15 mg
Sodium : 89 mg   Hydrates de carbone : 49 g

Préparation

Les tuiles

À l'aide d'une spatule, faire quatre cercles de pâte d'environ 15 cm (6 po) de diamètre sur une plaque à biscuits à revêtement antiadhésif. Cuire au four environ 10 minutes ou jusqu'à belle coloration.

Retirer du four. À l'aide d'une spatule, déposer chaque tuile sur un verre inversé.

Replier les bords pour donner à la pâte la forme d'un gobelet (agir rapidement car les tuiles sèchent en 30 secondes).

Meringues garnies

4 portions

500 ml (2 tasses) de fruits frais, en dés
1 c. à s. de jus de citron
60 ml (¼ tasse) de blancs d'œufs
80 ml (⅓ tasse) de sucre glace
2 pincée de crème de tartre
2 gouttes d'essence d'amande

Préchauffer le four à 105 °C (225 °F).

Dans un bol, mélanger les fruits frais et le jus de citron. Réserver.

Dans un grand bol, à l'aide d'un batteur électrique, monter les blancs d'œufs en neige, jusqu'à la formation de pics mous. Ajouter progressivement le sucre glace, la crème de tartre et l'essence d'amande, tout en continuant de fouetter à vitesse rapide, jusqu'à la formation de pics fermes (environ 7 minutes).

À l'aide d'un sac à pâtisserie muni d'une douille cannelée, sur une plaque à biscuits à revêtement antiadhésif, dresser quatre disques de meringue d'environ 10 cm (4 po) de diamètre. Toujours à l'aide du sac à pâtisserie, faire une bordure de 4 cm (1½ po) de haut, à chaque disque. Cuire au four environ 30 minutes.

Retirer du four. Laisser refroidir complètement.

Remplir de fruits frais chacune des meringues.

Servir, accompagnées d'un coulis de framboises, si désiré.

PAR PORTION — CALORIES (KCAL) : 170
Gras : <1 g = 1 % des Kcal provenant du gras
Protéines : 3 g   Cholestérol : 0 mg
Sodium : 28 mg   Hydrates de carbone : 41 g

Poires au ricotta fouetté

4 portions

4 poires
375 ml (1½ tasse) de vin blanc
250 ml (1 tasse) d'eau
1 c. à s. de sucre
4 c. à s. de ricotta
4 c. à s. de yogourt nature, léger
1 c. à s. de cassonade
1 c. à t. de baies de poivre rose
1 c. à t. de feuilles de menthe, ciselées

À l'aide d'un évidoir, retirer le cœur des poires; couper en moitiés dans le sens de la hauteur; déposer dans une casserole. Ajouter le vin blanc, l'eau et le sucre; mélanger. Porter à ébullition. À feu doux, laisser mijoter 20 minutes.

Retirer du feu. Laisser refroidir complètement.

Entretemps, au robot culinaire, battre le fromage ricotta, le yogourt et la cassonade. Réserver.

Disposer les poires refroidies sur une assiette; garnir chaque demi-poire d'une petite quantité de préparation au ricotta. Parsemer de poivre et de menthe.

Servir.

> **PAR PORTION — CALORIES (KCAL) : 208**
> Gras : 2 g = 10% des Kcal provenant du gras
> Protéines : 3 g   Cholestérol : 5 mg
> Sodium : 38 mg   Hydrates de carbone : 33 g

Prunes pochées au vin rouge

4 portions

12 prunes, non pelées
375 ml (1½ tasse) de vin rouge
250 ml (1 tasse) d'eau
3 c. à s. de cassonade
½ c. à t. de cannelle
¼ c. à t. de muscade

Couper les prunes en moitiés; retirer le noyau. Déposer dans une casserole. Ajouter le reste des ingrédients; mélanger. Porter à ébullition. À feu doux, laisser mijoter 20 minutes.

Retirer du feu. Laisser refroidir complètement.

Servir.

> **PAR PORTION — CALORIES (KCAL) : 221**
> Gras : 1 g = 7% des Kcal provenant du gras
> Protéines : 2 g   Cholestérol : 0 mg
> Sodium : 63 mg   Hydrates de carbone : 40 g

Recettes illustrées, de gauche à droite : prunes pochées au vin rouge, poires au ricotta fouetté.

Les desserts

Petits fruits aux bananes

4 portions

3 bananes, bien mûres

2 blancs d'œufs

½ c.à t. de jus de lime

1 c. à s. de sucre

60 ml (¼ tasse) de framboises

60 ml (¼ tasse) de raisins verts, sans pépins, en moitiés

60 ml (¼ tasse) de raisins rouges, sans pépins, en moitiés

Au robot culinaire, réduire en purée les bananes, les blancs d'œufs, le jus de lime et le sucre ; battre jusqu'à ce que le volume de la mousse augmente d'environ 50% (environ 4 minutes).

Verser dans quatre assiettes. Garnir des framboises et des raisins.

Servir.

Par portion — Calories (Kcal) : 88	
Gras : <1 g = 4% des Kcal provenant du gras	
Protéines : 3 g	Cholestérol : 0 mg
Sodium : 28 mg	Hydrates de carbone : 21 g

Nectarines melba

4 portions

80 ml (⅓ tasse) de framboises

60 ml (¼ tasse) de jus de canneberges

4 nectarines, bien mûres

4 boules de lait glacé à la vanille (p. 356)

Au robot culinaire, réduire en purée les framboises, avec le jus de canneberges. Réserver.

Couper les nectarines en moitiés ; retirer les noyaux. Dans quatre assiettes, répartir les nectarines. Déposer une boule de lait glacé sur les fruits.

Couvrir de coulis de framboises.

Servir.

Par portion — Calories (Kcal) : 126	
Gras : 2 g = 13% des Kcal provenant du gras	
Protéines : 5 g	Cholestérol : 5 mg
Sodium : 62 mg	Hydrates de carbone : 24 g

Les desserts

Salade de fruits surprise!

8 portions

125 ml (½ tasse) de raisins verts, sans pépins

125 ml (½ tasse) de raisins rouges, sans pépins

125 ml (½ tasse) de fraises, tranchées

125 ml (½ tasse) de kiwis, en dés

125 ml (½ tasse) de poire, en dés

125 ml (½ tasse) de pomme, en dés

125 ml (½ tasse) d'ananas, en dés

125 ml (½ tasse) d'orange, en suprêmes

375 ml (1½ tasse) de jus de pamplemousse

3 c. à s. de sucre glace

Placer les raisins au congélateur 8 heures.

Dans un grand bol, mélanger le reste des ingrédients. Laisser reposer 1 heure, à température ambiante.

Ajouter les raisins congelés; mélanger.

Servir.

> PAR PORTION — CALORIES (KCAL) : 69
> Gras : <1 g = 3% des Kcal provenant du gras
> Protéines : 1 g   Cholestérol : 0 mg
> Sodium : 2 mg   Hydrates de carbone : 17 g

Marguerite d'agrumes au Grand Marnier

6 à 8 portions

500 ml (2 tasses) de pamplemousses roses, en suprêmes

250 ml (1 tasse) de pamplemousse jaune, en suprêmes

250 ml (1 tasse) d'oranges, en suprêmes

125 ml (½ tasse) de limes, en suprêmes

3 c. à s. de Grand Marnier

1 c. à s. de sucre glace

Dans une grande assiette, disposer les suprêmes d'agrumes en cercles concentriques, en prenant soin d'alterner les couleurs.

Arroser de Grand Marnier. Couvrir de pellicule plastique. Placer au réfrigérateur 3 heures.

Retirer du réfrigérateur. Saupoudrer de sucre glace.

Servir.

> PAR PORTION — CALORIES (KCAL) : 63
> Gras : <1 g = 2% des Kcal provenant du gras
> Protéines : 1 g   Cholestérol : 0 mg
> Sodium : 0 mg   Hydrates de carbone : 13 g

Melon, melon & Cie

4 portions

125 ml (½ tasse) de fromage cottage, léger

1 c. à t. de baies de poivre rose

1 c. à t. de feuilles de menthe, hachées

⅛ c. à t. de cari

1 c. à s. de cassonade

3 tranches de cantaloup

3 tranches de melon miel

1 tranche de pastèque

Dans un bol, mélanger le fromage cottage, les baies de poivre rose, la menthe, le cari et la cassonade. Couvrir de pellicule plastique. Placer au réfrigérateur 2 heures.

Couper les tranches de cantaloup, de melon et de pastèque en petites pointes. Réserver.

Au centre de quatre assiettes, répartir la préparation de fromage cottage. Disposer les pointes de cantaloup, de melon et de pastèque autour du fromage, en prenant soin d'alterner les couleurs.

Servir.

> PAR PORTION — CALORIES (KCAL) : 86
> Gras : <1 g = 4% des Kcal provenant du gras
> Protéines : 4 g   Cholestérol : 1 mg
> Sodium : 131 mg   Hydrates de carbone : 18 g

365

Les desserts

Les brochettes peuvent être offertes en amuse-gueule sucré lors de réceptions; elles sont idéales aussi comme collation pour les enfants ou les adolescents, puisqu'elles fournissent de la vitamine C... au goût agréablement chocolaté!

Brochettes de fruits, sauce chocolatée

4 portions

8 fraises, en moitiés

8 tranches de kiwi, en moitiés

16 parisiennes de cantaloup

8 parisiennes de melon miel

80 ml (1/3 tasse) de brisures de chocolat, mi-sucré

2 c. à s. de lait évaporé, écrémé

Sur chacune de huit brochettes de bois, enfiler, en alternance, deux moitiés de fraises, deux moitiés de tranches de kiwi, deux parisiennes de cantaloup et une parisienne de melon miel. Réserver.

Dans un bol, mélanger les brisures de chocolat et le lait évaporé. Faire fondre au four à micro-ondes 2 minutes, à MOYEN. Remuer. Poursuivre la cuisson 1 minute, à MOYEN. Retirer du four à micro-ondes. Laisser reposer 1 minute. Verser sur les brochettes de fruits.

Servir.

Par portion — Calories (Kcal) : 126
Gras : 5 g = 30% des Kcal provenant du gras
Protéines : 2 g   Cholestérol : 0 mg
Sodium : 15 mg   Hydrates de carbone : 23 g

Coupes de pêches, ananas et cerises

4 portions

4 pêches, bien mûres

125 ml (1/2 tasse) de yogourt à la vanille, léger

125 ml (1/2 tasse) d'ananas, broyé

1 pincée de cannelle

125 ml (1/2 tasse) de cerises, en moitiés, dénoyautées

Couper les pêches en deux; retirer les noyaux. Réserver.

Dans un bol, mélanger le yogourt, l'ananas et la cannelle. Verser cette préparation dans la cavité de chaque pêche. Répartir l'excédent.

Garnir de cerises.

Servir.

Par portion — Calories (Kcal) : 77
Gras : <1 g = 4% des Kcal provenant du gras
Protéines : 3 g   Cholestérol : 1 mg
Sodium : 22 mg   Hydrates de carbone : 17 g

Ananas grillé au lait de coco

4 portions

4 tranches d'ananas frais
80 ml (⅓ tasse) de lait de coco
2 c. à s. de cassonade
3 c. à s. de noix de coco, râpée

Couper les tranches d'ananas en petites pointes; déposer dans un bol. Verser le lait de coco; bien mélanger. Laisser reposer 2 heures à température ambiante.

Préchauffer le four à GRIL (BROIL).

Dans une lèchefrite à revêtement antiadhésif, disposer les pointes d'ananas sans les égoutter. Saupoudrer de cassonade. Faire griller au four environ 4 minutes ou jusqu'à ce que la cassonade commence à caraméliser. Retirer du four. Parsemer de noix de coco râpée.

Servir.

Par portion — Calories (Kcal) : 137	
Gras : 6 g = 38 % des Kcal provenant du gras	
Protéines : 1 g	Cholestérol : 0 mg
Sodium : 16 mg	Hydrates de carbone : 22 g

Délices épicées

4 portions

80 ml (⅓ tasse) de raisins verts, sans pépins
80 ml (⅓ tasse) de raisins rouges, sans pépins
80 ml (⅓ tasse) de poire, en dés
80 ml (⅓ tasse) de pomme, en dés
80 ml (⅓ tasse) d'ananas, en dés
125 ml (½ tasse) d'oranges, en suprêmes
250 ml (1 tasse) de yogourt nature, léger
½ c. à t. de cari
1 c. à t. de gingembre frais, râpé
⅛ c. à t. de muscade
2 c. à t. de feuilles de menthe, hachées

Dans un grand bol, mélanger tous les ingrédients. Couvrir de pellicule plastique. Placer au réfrigérateur 1 heure. Remuer.

Servir.

Par portion — Calories (Kcal) : 81	
Gras : <1 g = 5 % des Kcal provenant du gras	
Protéines : 4 g	Cholestérol : 1 mg
Sodium : 45 mg	Hydrates de carbone : 17 g

Le chocolat :

Plusieurs s'abstiennent de manger du chocolat à cause des calories qu'il contient. À l'origine, le chocolat n'est pourtant pas sucré. Ses calories lui sont ajoutées lors de sa préparation commerciale, pour le rendre encore plus agréable au goût.

Malgré que le chocolat utilisé en cuisine soit mi-sucré ou non-sucré, son principal inconvénient est son taux élevé de lipides (50 %). Le chocolat doit être consommé avec modération et occasionnellement.

Pain aux cinq céréales

16 portions (tranches)

125 ml (½ tasse) d'eau tiède

1 sachet de levure

60 ml (¼ tasse) de lait évaporé, écrémé

1 c. à s. de cassonade

½ c. à t. de sel

375 ml (1½ tasse) de farine de blé entier

60 ml (¼ tasse) de farine de seigle

60 ml (¼ tasse) de farine de maïs

2 c. à s. d'orge

3 c. à s. de flocons d'avoine

1 c. à s. d'huile d'olive

Dans un bol, mélanger l'eau et la levure. Laisser reposer 10 minutes. Ajouter le lait et la cassonade ; bien mélanger. Laisser reposer 5 minutes.

Entretemps, dans un grand bol, mélanger le reste des ingrédients, sauf l'huile d'olive. Verser le mélange liquide ; à l'aide de vos mains, pétrir 30 secondes. Ajouter 2 c. à t. d'huile d'olive. Pétrir 5 minutes. Couvrir le bol d'un linge humide bien essoré. Laisser reposer 1 heure, à l'abri des courants d'air.

Préchauffer le four à 190 °C (375 °F).

Badigeonner de ¼ c. à t. d'huile d'olive un moule à pain de 13 x 23 cm (5 x 9 po). Former un boudin de pâte à pain de 23 cm (9 po) de longueur. Déposer dans le moule. Laisser reposer 20 minutes, à l'abri des courants d'air. Badigeonner le dessus du pain du reste d'huile d'olive. Cuire au four 25 minutes. Retirer du four. Laisser reposer 10 minutes. Démouler. Laisser reposer 10 minutes. Couper en 16 tranches. Servir.

Par portion — Calories (Kcal) : 79
Gras : 1 g = 15 % des Kcal provenant du gras
Protéines : 3 g   Cholestérol : 0 mg
Sodium : 73 mg   Hydrates de carbone : 15 g

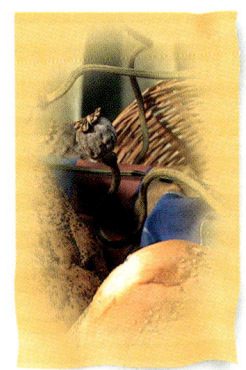

Petits pains maison

10 portions (petits pains)

180 ml (¾ tasse) d'eau tiède

1 sachet de levure

375 ml (1½ tasse) de farine tout usage, non blanchie

250 ml (1 tasse) de farine de blé entier

½ c. à t. de sel

1 c. à t. de sucre

1 c. à s. d'huile d'olive

1 c. à s. de graines de sésame

Dans un bol, mélanger l'eau et la levure. Laisser reposer 10 minutes.

Entretemps, dans un bol, mélanger le reste des ingrédients, sauf l'huile d'olive et le sésame. Verser le liquide ; à l'aide de vos mains, pétrir 30 secondes. Ajouter 2 c. à t. d'huile d'olive. Pétrir 5 minutes. Couvrir le bol d'un linge humide. Laisser reposer 90 minutes, à l'abri des courants d'air.

Préchauffer le four à 190 °C (375 °F).

Dans une lèchefrite badigeonnée d'huile d'olive, déposer 10 boules de pâte, à 7,5 cm (3 po) l'une de l'autre. Badigeonner d'huile ; parsemer de sésame. Faire de petites incisions en motif d'étoile sur les boules. Cuire au four 12 minutes. Retirer du four. Laisser reposer 10 minutes. Servir.

Par portion — Calories (Kcal) : 131
Gras : 2 g = 15 % des Kcal provenant du gras
Protéines : 4 g   Cholestérol : 0 mg
Sodium : 109 mg   Hydrates de carbone : 24 g

Miche aux graines de pavot

24 portions (demi-tranches)

180 ml (¾ tasse) d'eau tiède

1 sachet de levure

60 ml (¼ tasse) de bière brune

625 ml (2½ tasses) de farine de blé entier

250 ml (1 tasse) de farine tout usage, non blanchie

½ c. à t. de sel

1 c. à t. de sucre

1 c. à s. d'huile d'olive

2 c. à s. de graines de pavot

Dans un bol, mélanger l'eau et la levure. Laisser reposer 10 minutes. Ajouter la bière ; bien mélanger. Laisser reposer 5 minutes.

Entretemps, dans un grand bol, mélanger le reste des ingrédients, sauf les graines de pavot et l'huile d'olive. Incorporer le mélange liquide ; à l'aide de vos mains, pétrir 30 secondes. Ajouter 2 c. à t. d'huile d'olive et la moitié des graines de pavot. Pétrir 5 minutes. Couvrir le bol d'un linge humide bien essoré. Laisser reposer 90 minutes, à l'abri des courants d'air.

Préchauffer le four à 190 °C (375 °F).

Badigeonner de ¼ c. à t. d'huile d'olive un moule à gâteau rond de 23 cm (9 po) de diamètre. Déposer la miche dans le moule. Badigeonner le dessus du reste d'huile d'olive ; parsemer du reste des graines de pavot.

Cuire au four 35 minutes. Retirer du four. Laisser reposer 10 minutes. Démouler. Laisser reposer 10 minutes. Couper en 12 tranches, puis en demi-tranches. Servir.

Par portion — Calories (Kcal) : 73
Gras : 1 g = 14 % des Kcal provenant du gras
Protéines : 3 g   Cholestérol : 0 mg
Sodium : 46 mg   Hydrates de carbone : 14 g

369

Les desserts

Biscuits à l'avoine et aux raisins

30 portions (biscuits)

4 c. à s. de beurre, ramolli

180 ml (¾ tasse) de cassonade

½ c. à t. d'essence d'amande

80 ml (⅓ tasse) de farine tout usage, non blanchie

3 c. à s. de farine de blé entier

½ c. à t. de bicarbonate de soude

¼ c. à t. de sel

375 ml (1½ tasse) de flocons d'avoine

125 ml (½ tasse) de raisins secs

3 c. à s. d'eau froide

Préchauffer le four à 175 °C (350 °F).

Dans un bol, fouetter le beurre, la cassonade et l'essence d'amande jusqu'à une consistance crémeuse. Réserver.

Dans un autre bol, mélanger les farines, le bicarbonate de soude et le sel. Ajouter à la première préparation ; bien mélanger.

Incorporer le reste des ingrédients.

Dans une lèchefrite à revêtement antiadhésif, déposer la pâte, 2 c. à s. à la fois, à 5 cm (2 po) l'une de l'autre. Cuire au four 15 minutes.

Retirer du four. Laisser refroidir.

Servir.

> **Par portion — Calories (Kcal) : 58**
> Gras : 2 g = 24 % des Kcal provenant du gras
> Protéines : 1 g   Cholestérol : 4 mg
> Sodium : 78 mg   Hydrates de carbone : 11 g

Biscuits au cacao

30 portions (biscuits)

4 c. à s. de beurre, ramolli

180 ml (¾ tasse) de cassonade

125 ml (½ tasse) de farine de blé entier

4 c. à s. de poudre de cacao

½ c. à t. de bicarbonate de soude

¼ c. à t. de sel

375 ml (1½ tasse) de flocons d'avoine

3 c. à s. d'eau froide

Préchauffer le four à 175 °C (350 °F).

Dans un bol, fouetter le beurre et la cassonade jusqu'à une consistance crémeuse. Réserver.

Dans un autre bol, mélanger la farine, le cacao, le bicarbonate de soude et le sel. Ajouter à la première préparation ; bien mélanger.

Incorporer les flocons d'avoine et l'eau.

Dans une lèchefrite à revêtement antiadhésif, déposer la pâte, 2 c. à s. à la fois, à 5 cm (2 po) l'une de l'autre. Cuire au four 15 minutes.

Retirer du four. Laisser refroidir.

Servir.

> **Par portion — Calories (Kcal) : 51**
> Gras : 2 g = 28 % des Kcal provenant du gras
> Protéines : 1 g   Cholestérol : 4 mg
> Sodium : 78 mg   Hydrates de carbone : 9 g

*Recettes illustrées, de gauche à droite :
petites galettes aux fruits, barres tendres énergisantes.*

Barres tendres énergisantes

16 portions (barres)

3 c. à s. de beurre

4 grosses guimauves

2 c. à t. de zeste d'orange, râpé

250 ml (1 tasse) de farine de blé entier

60 ml (¼ tasse) de cassonade

4 c. à s. de son d'avoine

½ c. à t. de poudre à pâte

¼ c. à t. de cannelle

250 ml (1 tasse) de flocons d'avoine

1 c. à s. d'eau froide

Préchauffer le four à 175 °C (350 °F).

Dans un bol, mélanger le beurre et les guimauves. Cuire au four à micro-ondes 45 secondes, à ÉLEVÉ. Réserver.

Dans un grand bol, mélanger le reste des ingrédients, sauf 1 c. à s. de flocons d'avoine et l'eau. Ajouter la première préparation ; mélanger jusqu'à l'obtention d'une consistance granuleuse. Verser l'eau ; bien mélanger.

Dans un moule carré de 20 cm (8 po) à revêtement antiadhésif, presser la préparation. Parsemer des flocons d'avoine réservés. Cuire au four 25 minutes. Retirer du four. Laisser reposer 30 minutes. Trancher en 16 barres. Servir.

PAR PORTION — CALORIES (KCAL) : 79
Gras : 2 g = 26% des Kcal provenant du gras
Protéines : 2 g   Cholestérol : 6 mg
Sodium : 63 mg   Hydrates de carbone : 13 g

Petites galettes aux fruits

24 portions (petites galettes)

2 c. à s. de beurre, ramolli

60 ml (¼ tasse) de cassonade

125 ml (½ tasse) de yogourt nature, léger

430 ml (1¾ tasse) de farine de blé entier

2 c. à t. de poudre à pâte

½ c. à t. de bicarbonate de soude

½ c. à t. de sel

4 c. à s. de confiture de fruits, au choix

Préchauffer le four à 175 °C (350 °F).

Dans un bol, fouetter le beurre et la cassonade jusqu'à une consistance crémeuse. Ajouter le yogourt ; bien mélanger. Réserver.

Dans un autre bol, mélanger la farine, la poudre à pâte, le bicarbonate de soude et le sel. Incorporer dans la première préparation.

Former deux rouleaux de pâte d'environ 5 cm (2 po) de diamètre. Envelopper de pellicule plastique. Placer au réfrigérateur 2 heures.

Trancher chaque rouleau en douze biscuits.

Dans une lèchefrite à revêtement antiadhésif, déposer les biscuits, à 5 cm (2 po) l'un de l'autre. À l'aide d'une cuillère, creuser une petite cavité au centre de chaque biscuit ; déposer environ ½ c. à t. de confiture dans les cavités. Cuire au four 15 minutes.

Retirer du four. Laisser refroidir.

Servir.

PAR PORTION — CALORIES (KCAL) : 58
Gras : 1 g = 17% des Kcal provenant du gras
Protéines : 2 g   Cholestérol : 3 mg
Sodium : 117 mg   Hydrates de carbone : 11 g

Muffins au citron et aux graines de pavots

12 portions (muffins)

375 ml (1 ½ tasse) de son d'avoine

125 ml (½ tasse) de farine de blé entier

60 ml (¼ tasse) de cassonade

2 c. à t. de poudre à pâte

½ c. à t. de sel

¼ c. à t. de muscade

1 c. à t. de gingembre frais, râpé

250 ml (1 tasse) de lait 1%

1 œuf, légèrement battu

2 c. à s. d'huile de tournesol

2 c. à s. de zeste de citron, râpé

2 c. à t. de graines de pavot

Préchauffer le four à 205 °C (400 °F).

Dans un bol, mélanger le son d'avoine, la farine, la cassonade, la poudre à pâte, le sel, la muscade et le gingembre.

Dans un autre bol, fouetter le lait, l'œuf et l'huile. Incorporer la première préparation et le zeste de citron.

Dans douze moules à muffin chemisés de moules de papier, répartir la pâte ; parsemer de graines de pavot.

Cuire au four 20 minutes.

Retirer du four. Laisser reposer 15 minutes. Servir.

Par portion — Calories (Kcal) : 110
Gras : 4g = 30% des Kcal provenant du gras
Protéines : 3g   Cholestérol : 16mg
Sodium : 167mg   Hydrates de carbone : 16g

Muffins de son aux bananes

12 portions (muffins)

375 ml (1 ½ tasse) de son de blé

125 ml (½ tasse) de farine de blé entier

60 ml (¼ tasse) de cassonade

2 c. à t. de poudre à pâte

½ c. à t. de sel

1 c. à s. de poudre de cacao

¼ c. à t. de cannelle

125 ml (½ tasse) de lait 1%

3 bananes, bien mûres, écrasées

1 œuf, légèrement battu

2 c. à s. d'huile de tournesol

Préchauffer le four à 205 °C (400 °F).

Dans un bol, mélanger le son de blé, la farine, la cassonade, la poudre à pâte, le sel, le cacao et la cannelle.

Dans un autre bol, fouetter le lait, les bananes écrasées, l'œuf et l'huile. Incorporer la première préparation ; mélanger. Dans douze moules à muffin chemisés de moules de papier, répartir la pâte. Cuire au four 20 minutes.

Retirer du four. Laisser reposer 15 minutes. Servir.

Par portion — Calories (Kcal) : 121
Gras : 4g = 26% des Kcal provenant du gras
Protéines : 3g   Cholestérol : 15mg
Sodium : 162mg   Hydrates de carbone : 20g

Muffins à l'orange et aux canneberges

12 portions (muffins)

250 ml (1 tasse) de son d'avoine

125 ml (½ tasse) de farine de blé entier

125 ml (½ tasse) de farine tout usage, non-blanchie

60 ml (¼ tasse) de cassonade

2 c. à t. de poudre à pâte

½ c. à t. de sel

¼ c. à t. de muscade

½ c. à t. de cannelle

125 ml (½ tasse) de lait 1%

125 ml (½ tasse) de jus d'orange

1 œuf, légèrement battu

2 c. à s. d'huile de tournesol

3 c. à s. de zeste d'orange, râpé

3 c. à s. de canneberges séchées, hachées grossièrement

Préchauffer le four à 205 °C (400 °F).

Dans un bol, mélanger le son d'avoine, les farines, la cassonade, la poudre à pâte, le sel, la muscade et la cannelle.

Dans un autre bol, fouetter le lait, le jus d'orange, l'œuf et l'huile. Incorporer la première préparation. Ajouter le zeste d'orange et les canneberges séchées ; mélanger.

Dans douze moules à muffin chemisés de moules de papier, répartir la pâte. Cuire au four 20 minutes.

Retirer du four. Laisser reposer 15 minutes. Servir.

Par portion — Calories (Kcal) : 116
Gras : 3g = 25% des Kcal provenant du gras
Protéines : 3g   Cholestérol : 15mg
Sodium : 162mg   Hydrates de carbone : 19g

Voilà une sage recette de pâte à choux, idéale pour vos desserts. La pâte à choux remplace avantageusement la pâte feuilletée dans les présentations en timbale de poisson ou de poulet. La valeur nutritive totale de la recette dépend de la garniture utilisée.

Pâte à choux légère

4 portions (12 choux)

80 ml (⅓ tasse) d'eau

2 c. à s. de beurre

80 ml (⅓ tasse) de farine de blé entier

1 œuf, légèrement battu

1 blanc d'œuf, légèrement battu

Préchauffer le four à 175 °C (350 °F).

Dans une casserole, porter l'eau à ébullition. Ajouter le beurre; fouetter jusqu'à ce qu'il soit complètement fondu. À feu doux, ajouter progressivement la farine, en remuant continuellement, jusqu'à ce que la préparation forme une boule. Retirer du feu.

Incorporer l'œuf, en mélangeant rapidement pour ne pas qu'il cuise. Incorporer le blanc d'œuf, en mélangeant jusqu'à ce que la texture soit homogène.

À l'aide d'un sac à pâtisserie muni d'une douille cannelée, dans une lèchefrite à revêtement antiadhésif, dresser 3 petits choux de pâte par portion. Cuire au four 30 minutes ou jusqu'à ce que les choux soient dorés. Retirer du four. Laisser refroidir complètement.

Farcir de la préparation de votre choix.

Servir.

Par portion — Calories (Kcal) : 104
Gras : 7 g = 58 % des Kcal provenant du gras
Protéines : 4 g   Cholestérol : 61 mg
Sodium : 86 mg   Hydrates de carbone : 7 g

Lait moussé

4 portions

250 ml (1 tasse) de lait 1 %

Au choix :

1 pincée de cannelle

ou

1 pincée de muscade

ou

1 pincée de gingembre

ou

½ c. à t. de zeste d'orange

ou

½ c. à t. de zeste de citron

ou

1 c. à t. de sucre glace

Verser le lait dans une cafetière Mélior (cafetière à piston genre Bodum).

Aromatiser à votre goût.

Activer vivement le piston, en exerçant une vingtaine de mouvements de va-et-vient complets, pour obtenir un lait moussé de la consistance d'un yogourt extra-ferme.

Garnir vos desserts de cette préparation.

Par portion — Calories (Kcal) : 29
Gras : 1 g = 21 % des Kcal provenant du gras
Protéines : 2 g   Cholestérol : 2 mg
Sodium : 31 mg   Hydrates de carbone : 4 g

Crème pâtissière légère

4 portions

500 ml (2 tasses) de lait 1%
1 c. à t. d'essence de vanille
½ c. à t. d'essence d'amande
1 goutte de colorant alimentaire jaune
1 c. à s. de gélatine neutre

Dans un bol, mélanger tous les ingrédients.

Dans une tasse, verser 4 c. à s. de cette préparation; diluer la gélatine. Faire tiédir au four à micro-ondes 45 secondes, à ÉLEVÉ.

Incorporer la gélatine tiède à la première préparation.

Couvrir de pellicule plastique. Placer au réfrigérateur 2 heures.

Retirer du réfrigérateur. Utiliser ainsi ou battre au robot culinaire avant son utilisation.

PAR PORTION — CALORIES (KCAL) : 72
Gras : 1 g = 17 % des Kcal provenant du gras
Protéines : 4 g   Cholestérol : 5 mg
Sodium : 72 mg   Hydrates de carbone : 10 g

Pâte brisée

1 fond de tarte

2 c. à s. de beurre, ramolli
125 ml (½ tasse) de farine de blé entier
⅛ c. à t. de sel
4 à 5 c. à t. d'eau froide

Dans un bol, mélanger le beurre, la farine et le sel jusqu'à consistance granuleuse. Creuser une fontaine au centre; verser l'eau. Mélanger délicatement, sans trop pétrir, jusqu'à l'obtention d'une boule lisse.

Envelopper de pellicule plastique. Placer au réfrigérateur 30 minutes.

Abaisser selon vos besoins : c'est-à-dire pour foncer un moule à tarte, ou pour garnir une tarte ou un pâté de bandes ou de motifs de pâte.

PAR PORTION — CALORIES (KCAL) : 51
Gras : 3 g = 51 % des Kcal provenant du gras
Protéines : 1 g   Cholestérol : 8 mg
Sodium : 63 mg   Hydrates de carbone : 5 g

Le lait moussé :

La garniture d'un cappuccino, cette mousse onctueuse et légère, est sûrement faite de lait à fort pourcentage en gras? Détrompez-vous. Sous l'effet d'une augmentation de la pression ou d'une agitation soudaine, la caséine, une composante protéique du lait, se combine à l'oxygène pour produire cette mousse si agréable. Or, il y a autant de protéines dans le lait écrémé que dans le lait entier.

On peut utiliser une cafetière à piston (de type Bodum) pour mousser le lait. Il suffit de la remplir à moitié de lait et d'agiter le piston à plusieurs reprises, dans un mouvement de va-et-vient complet et rapide, pour obtenir une belle mousse dont on garnira ses desserts, ...sans calories et sans gras !

Les menus

Menus de tous les jours

Manger santé signifie bien agencer ses choix d'aliments en fonction des quatre grands groupes alimentaires et opter pour une variété de mets tout au long de la semaine. Voici quelques propositions savoureuses.

Menu 1

Potage de légumes
— 117 —

Poitrines de poulet aux épinards
— 144 —

Cœurs de céleri à la moutarde
— 280 —

Arborio pomodoro
— 304 —

Frisée à l'oseille
— 322 —

Nectarine Melba
— 363 —

Menu 2

Velouté de carottes à l'orange
— 120 —

Boulettes au riz
— 202 —

Petits fagots de haricots au poireau
— 322 —

Poivrons à la provençale
— 296 —

Salade romaine aux tomates
— 322 —

Menu 3

Fenouil mariné
— 69 —

Hachis parmentier
— 178 —

Tiges de brocoli au gingembre
— 278 —

Gaufrettes de carottes aux herbes
— 279 —

Prunes pochées au vin rouge
— 362 —

Menu 4

Bocconcini, tomates et herbes
— 73 —

Médaillons d'agneau
aux framboises
— 204 —

Purée de pommes de terre légère
— 294 —

Tombée de poireaux liégeoise
— 292 —

Navets à l'ail
— 291 —

Salade de poires aux
vinaigres de fruits
— 338 —

Menu 5

Soupe bouquets
— 118 —

Lasagne roulée
— 100 —

Méli-mélo d'asperges
— 275 —

Champignons cafés, sautés
— 282 —

Salade Césarion
— 324 —

Les menus

Menus de tous les jours

Menu 7

Carpaccio
— 72 —

Bouillon de légumes
— 113 —

Filets de truite aux amandes
— 226 —
Petits fagots de haricots au poireau
— 290 —
Orge perlé aux agrumes
— 302 —

Deux chicorées au miel
— 330 —

Menu 6

Bouchées de requin
— 106 —

Grenadins de veau à la rhubarbe
— 217 —
Frites sans remords
— 295 —
Courgettes au romarin
— 287 —

Escarole pointue
— 327 —

Sorbet au cantaloup
— 354 —

Menu 8

Vichyssoise légère
— 132 —

Noisettes d'agneau grillées
— 205 —

Betteraves à la suédoise
— 276 —

Macédoine d'artichauts
— 274 —

Riz brun vapeur aux pois gourmands
— 304 —

Tarte aux abricots
— 342 —

Menu 9

Minestrone
— 128 —

Mousseline de jambon
— 74 —

Tiède d'épinards aux foies de volaille
— 332 —

Sorbet aux framboises
— 354 —

Menu 10

Mousse de foies légère
— 74 —

Soupe aux deux melons
— 130 —

Doré en papillote
— 234 —

Pommes de terre du bistro
— 295 —

Cresson de La Rouge
— 326 —

381

Les menus

Menus de fins de semaine

Avec quelques amis ou en famille, se donner un peu de bon temps, avec en prime le sentiment de bien faire.

Menu 1

Cornets de dinde fumée
— 78 —

Crème de champignons aux amandes
— 122 —

Gigot d'agneau aux vinaigres fins
— 206 —

Purée de pommes de terre légère
— 294 —

Poireaux vapeur au parfum d'anis
— 292 —

Mesclun du potager
— 327 —

«Mentherie» aux cerises
— 351 —

Menu 2

Velouté d'épinards aux brocolis
— 120 —

Tofu aux arachides
— 102 —

Granité Normand
— 137 —

Civet de lapin
— 192 —

Orrichiette aux champignons
— 310 —

Mange-tout farcis
— 290 —

Salade Waldorf
— 339 —

Menu 3

Bouillabaisse
— 125 —

Cigares florentins
— 93 —

Mignons grillés à la dijonnaise
— 169 —

Pommes de terre du bistro
— 295 —

Les deux maïs à la ciboulette
— 292 —

Macédoine de haricots
— 290 —

Chicorée aux crevettes
— 324 —

Menu 4

Bruschetta
— 54 —

Artichauts relevés
— 66 —

Consommé de bœuf garni
— 114 —

Faisan des bois
— 164 —

Bouquets de brocolis à l'ail
— 278 —

Bruxelles en Provence
— 284 —

Riz, blé et orge au safran
— 302 —

Clafoutis aux kiwis
— 344 —

Menu 5

Ceviche de thon
— 84 —

Consommé de volaille
— 114 —

Litchis en saké tiède
— 140 —

Blancs de poulet aux graines de sésame
— 145 —

Pesto pasta
— 306 —

Flèches d'asperges au coulis de tomates
— 275 —

Frisée à l'oseille
— 322 —

Meringues garnies
— 360 —

Menus de fins de semaine

Menu 6

Canapés à la purée de légumes
— 60 —

Soupe de foies de volaille
— 124 —

Truite saumonée
aux deux parfums
— 227 —

Grelots des fêtes
— 294 —

Cœurs de céleris à la moutarde
— 280 —

Chou-fleur aux fromages
— 284 —

Escarole pointue
— 327 —

Miroir aux framboises
— 348 —

Menu 7

Bocconcini, tomates et herbes
— 73 —

Soupe aux vermicelles et
aux haricots rouges
— 118 —

Granité de poires à l'eau de vie
— 137 —

Filet de cheval, sauce au porto
— 184 —

Gaufrettes de carottes aux herbes
— 279 —

Pleurotes confits
— 282 —

Purée de pommes de terre aux tomates
— 294 —

Deux chicorées au miel
— 330 —

Gâteau-mousse aux bananes
— 348 —

Menu 8

Soupe froide aux tomates
et au citron
— 133 —

Soufflé aux fromages
— 104 —

Les deux gelées de porto
aux herbes
— 138 —

Demi-dinde braisée
aux nectarines
— 160 —

Petits fagots de haricots au poireau
— 290 —

Patate à la moutarde
— 291 —

Arborio pomodoro
— 304 —

Ananas et avocats dijonnaise
—339 —

Menu 9

Tortellini en brochettes
— 59 —

Antipasto de légumes et de fruits
— 73 —

Perles de melons à la noix de coco
— 140 —

Piccatas aux artichauts
— 162 —

Mousseline de carottes
— 279 —

Ficelles de courgettes au cari
— 287 —

Navets à l'ail
— 291 —

Salade de poireaux aux poivrons
— 328 —

Salade de fruits surprise!
—364 —

Menu 10

Champignons marinés
— 69 —

Escalopes d'espadon aux herbes
— 106 —

Soupe aux tomates et gingembre
— 118 —

Orange à la russe
— 138 —

Escalopes de veau aux poivres
— 220 —

Julienne de carottes à la provençale
— 279 —

Endives braisées au vermouth
— 288 —

Pommes de terre du bistro
— 295 —

Tuiles aux fruits frais
— 360 —

Menus de fêtes

Pour sortir des sentiers battus, un petit clin d'œil du côté des saveurs nouvelles, sans trop surcharger l'estomac, déjà fort sollicité au temps des réjouissances.

Souper de Noël

Crêpes enroulées
— 55 —

Tarte Normande
— 90 —

Aspic du potager
— 80 —

Velouté de poivrons rouges
— 121 —

Sorbet aux pamplemousses
et au poivre rose
— 136 —

Tourte au chevreuil
— 190 —

Mousseline de carottes
— 279 —

Poivrons à la provençale
— 296 —

Grelots des fêtes
— 294 —

Tiède de chicorée aux pétoncles
— 332 —

Miroir aux framboises
— 348 —

Souper du jour de l'an

Friand de betteraves
— 93 —

Huîtres fumées en gelée
— 81 —

Velouté de carottes à l'orange
— 120 —

Sorbet au vermouth blanc
— 136 —

Escalopes au romarin
— 146 —

Poivrons à la provençale
— 296 —

Tomates miniatures farcies
— 296 —

*Riz brun vapeur aux
pois gourmands*
— 304 —

Endives aux champignons
— 330 —

Marguerite d'agrumes
au Grand Marnier
— 364 —

Dîner de Pâques

Mousse de foies légère
— 74 —

Crêpes de chez Parmentier
— 92 —

Soupe glacée au cresson
et à l'oseille
— 132 —

Petits agrumes grillés
— 140 —

Poêlée de jambon à l'ananas
— 194 —

Concombres vapeur à l'aneth
— 286 —

Émincé de champignons aux poivrons
— 282 —

Purée de pommes de terre aux tomates
— 294 —

Brochettes de fruits,
sauce chocolatée
— 366 —

Dîner de la fêtes des mères

Les trois parfums sur croûtons
— 76 —

Witloof roulés
— 94 —

Perles de melons à la noix de coco
— 140 —

Rosbif piquant
— 170 —

Fleurettes de brocolis à la fleur d'oranger
— 278 —

Grelots des fêtes
— 294 —

Épinards aux olives
— 328 —

Melon, melon & cie
— 364 —

Souper de l'action de grâces

Roulades de saumon fumé
— 82 —

Quiche au riz et
aux légumes verts
— 90 —

Consommé de volaille
en croûte dorée
— 114 —

Granité Normand
— 137 —

Dinde rôtie au paprika
— 160 —

Pointes de courgettes aux piments
— 287 —

Macédoine de haricots
— 290 —

Riz brun vapeur aux pois gourmands
— 304 —

Mesclun du potager
— 327 —

Tartelettes melons et guimauves
— 343 —

Menus internationaux

Traverser des continents, goûter des cuisines différentes, bien confortablement installé devant son assiette, une belle façon de voyager « à la carte ».

Souper nippon

Crevettes enfilées
— 58 —

Vermicelles de riz aux légumes
— 98 —

Bouillon nippon
— 126 —

Sushis
— 250 —

Blancs au thé
— 148 —

Fleurettes de brocolis à la fleur d'oranger
— 278 —

Tiges de brocoli au gingembre
— 278 —

Riz brun vapeur aux pois gourmands
— 304 —

Mâche aux parfums d'Asie
— 326 —

Souper indien

Aubergine à tartiner
— 70 —

Pain aux carottes et aux amandes
— 96 —

Soupe de foies de volaille
— 124 —

Demi-poulets Tandoori
— 156 —

Bâtonnets de concombre à l'indienne
— 286 —

Céleri au cari
— 280 —

Orge perlé aux agrumes
— 302 —

Cossetarde indienne
— 358 —

Souper des portes de l'Orient

Hummus
— 70 —

Taboulé
— 70 —

Soupe aux vermicelles et aux haricots rouges
— 118 —

Poulet rôti en croûte de moutarde
— 154 —

Aubergine en aubergine
— 276 —

Chou chinois aux fèves germées
— 283 —

Mesclun de légumineuses aux champignons
— 298 —

Pommes et poires au cari
— 314 —

Souper souvenirs de Venise

Bruschetta
— 54 —

Antipasto de légumes et de fruits
— 73 —

Straciatella
— 128 —

Saltimbocas
— 216 —

Tomates au four au basilic
— 296 —

Épinards au fenouil
— 288 —

Farfale au coulis de poivron rouge
— 308 —

Melons, tomates et herbes
— 338 —

Souper aux parfums de flamenco

Petits poivrons farcis
— 56 —

Artichauts relevés
— 66 —

Gaspacho de Sancho
— 130 —

Paella
— 246 —

Concombres vapeur à l'aneth
— 286 —

Oignons farcis
— 292 —

Épinards aux olives
— 328 —

Lait glacé aux pistaches
— 356 —

Menus végétariens

Une agréable variante pour les blasés du bœuf et du poulet ou pour les inconditionnels du «sans viande», avec panache et saveurs subtiles au rendez-vous.

Menu 1

Rondins de concombre
— 56 —

Champignons marinés
— 69 —

Soupe aux deux melons
— 130 —

Pâté de pommes de terre
— 254 —

Chili sin carne
— 298 —

Pleurotes confits
— 282 —

Frisée à l'oseille
— 322 —

Sorbet aux framboises
— 354 —

Menu 2

Aspic du potager
— 80 —

Tofu aux arachides
— 102 —

Bouillon de légumes
— 113 —

Couscous aux fruits séchés
— 270 —

Cœurs d'artichauts aux piments
— 274 —

Petits fagots de haricots au poireau
— 290 —

Mesclun du potager
— 327 —

Marguerite d'agrumes
au Grand Marnier
— 364 —

Buffets festifs

Voici quelques suggestions nouvelles, direction santé, pour ces somptueux repas où la retenue exige des prodiges de volonté!

Buffet 1

Canapés à la purée de légumes
— 60 —

Crevettes enfilées
— 58 —

Mini-pizza en pochettes
— 54 —

Tortellini en brochettes
— 59 —

Demi-cailles aux raisins
— 78 —

Quiche de la mer sans croûte
— 90 —

Roulés aux champignons
— 94 —

Ananas et avocats dijonnaise
— 339 —

Mandarines en mousseline
— 350 —

Tarte aux framboises
— 344 —

Buffet 2

Moules tomatées
— 58 —

Petits poivrons farcis
— 56 —

Tomates miniatures farcies
— 56 —

Les trois parfums sur croûtons
— 76 —

Tarte normande
— 90 —

Witloof roulés
— 94 —

Poulet en coquille
— 152 —

Carottes, navets et cie
— 328 —

Salade de fusili cressonnette
— 336 —

Petits choux à l'ananas
— 358 —

Prunes pochées au vin rouge
— 362 —

Index général

Cet index comprend toutes les recettes du livre, classées selon l'ordre des chapitres et par ordre alphabétique. L'index débute par les hors-d'œuvre et se termine avec les desserts. Les recettes des chapitres « plats principaux avec viande » et « accompagnements » sont classées, en plus, par sous-catégories d'aliments.

Les hors-d'œuvre

Bruschetta	54
Canapés à la purée de légumes	60
Champignons des neiges	59
Crêpes enroulées	55
Crevettes enfilées	58
Mini-pizza en pochettes	54
Moules tomatées	58
Petits poivrons farcis	56
Pointes de pain pita épicées	55
Purée de brocoli	60
Purée de carotte	60
Purée de chou-fleur	60
Purée de poivron rouge	60
Rondins de concombre	56
Tomates miniatures farcies	56
Tortellini en brochettes	59

Les entrées froides

Antipasto de légumes et de fruits	73
Artichauts relevés	66
Asperges au prosciutto	68
Asperges du Midi	68
Aspic du potager	80
Aubergine à tartiner	70
Betteraves, pommes et ciboulette	77
Bocconcini, tomates et herbes	73
Bouchées de poulet épicées	78
Carpaccio	72
Céleri aux fromages	64
Céleri-rave à la grecque	76
Ceviche de thon	84
Champignons marinés	69
Chou rouge aux amandes	77
Cornets de dinde fumée	78
Demi-cailles aux raisins	78
Endives en ratatouille	64
Fenouil mariné	69
Ficelles de truite à l'oseille	85
Gâteau-mousse aux herbes	80
Huîtres fumées en gelée	81
Hummus	70
Les 3 parfums sur croûtons	76
Moules froides au cari	85
Mousse de foies légère	74
Mousseline de jambon	74
Pamplemousses farcis au thon	65
Pétoncles aux agrumes	84
Poires aux épinards	65
Pommes Neptune	82
Roulades de saumon fumé	82
Saucisses de volaille aux fruits	66
Surprise de crevettes	81
Taboulé	70
Viande des Grisons et melons	72

Les entrées chaudes

Bouchées de requin	106
Boulettes de pommes de terre au vert	96
Brochettes de lotte	107
Cannelloni	100
Cheveux d'ange au chou chinois	98
Cigares florentins	93
Crêpes aux carottes	92
Crêpes de chez Parmentier	92
Croustillants de riz	88
Escalopes d'espadon aux herbes	106
Fettuccine verde	99
Friand de betteraves	93
Fritata	104
Frit-o-tofu	102
Galettes de tofu au safran	103
Huîtres des îles	108
Lasagne roulée	100
Légumes à la mexicaine	96
Pain aux carottes et aux amandes	96
Penne arrabiata	99
Pointes d'omelette	104
Purée d'artichauts	89
Quiche au riz et aux légumes verts	90
Quiche de la mer sans croûte	90
Risotto au vin rouge	88
Roulés aux champignons	94
Salade tiède de poissons fumés	108
Sole à l'orange	107
Soufflé aux fromages	104
Tarte Normande	90
Tofu aux arachides	102
Trempette d'épinards, chaude	89
Végépâté	103
Vermicelles de riz aux légumes	98
Witloof roulés	94

Les soupes et potages

Bouillabaisse	125
Bouillon de bœuf	112
Bouillon de légumes	113
Bouillon de poulet	112
Bouillon nippon	126
Chaudrée d'huîtres	125
Consommé de bœuf garni	114
Consommé de volaille en croûte dorée	114
Crème aux deux haricots	122
Crème de champignons aux amandes	122
Crème de poulet aux crosses de fougère	122
Fumet de poisson	113
Gaspacho de Sancho	130
Minestrone	128
Potage au bœuf et aux champignons	116
Potage aux tomates, courgettes et riz	116
Potage de légumes	117
Potage des mers	117
Soupe aux deux melons	130
Soupe aux endives et au jambon	124
Soupe aux légumineuses	129
Soupe aux tomates et gingembre	118
Soupe aux vermicelles et aux haricots rouges	118
Soupe bouquets	118
Soupe de foies de volaille	124
Soupe d'été aux asperges et à l'avocat	133
Soupe de Pékin	126
Soupe de vermicelles, épinards et basilic	129
Soupe froide aux tomates et au citron	133
Soupe glacée au cresson et à l'oseille	132
Soupe repas aux vermicelles	126
Straciatella	128
Velouté d'asperges au fenouil	121
Velouté de carottes à l'orange	120
Velouté d'épinards aux brocolis	120
Velouté de poivrons rouges	121
Vichyssoise légère	132

Les entremets

Granité de poires à l'eau de vie	137
Granité Normand	137
Les deux gelées de Porto aux herbes	138
Litchi en saké tiède	140
Orange à la russe	138
Perles de melons à la noix de coco	140
Petits agrumes grillés	140
Sorbet au vermouth blanc	136
Sorbet aux pamplemousses et au poivre rose	136

Les volailles

Aiguillettes de canard aux framboises	164
Blancs au thé	148
Blancs de poulet aux graines de sésame	145
Boulettes aux asperges	163
Brochettes de poulet	159
Cacciatore	155
Cari aux épinards	158
Coq au vin	155
Couscous de poulet	158
Cuisses aux câpres	150
Demi-dinde braisée aux nectarines	160
Demi-poulets Tandoori	156
Dinde rôtie au paprika	160
Émincé de canard aux champignons	164
Émincé de dinde à la ciboulette	163
Émincé de poulet aux haricots noirs	149
Escalopes au romarin	146
Escalopes roulées aux légumes	146
Faisan des bois	164
Fricassée aux poivres et poivrons	153
Hauts de cuisses aux moutardes	150
Languettes de poulet « presque frites »	149
Médaillons aux endives	162
Petit braisé aux oignons rouges	153
Piccatas aux artichauts	162
Pilons aux herbes	150
Poitrines de dinde fumée sur chou tiède	160
Poitrines de poulet aux épinards	144
Poitrines de poulet grillées à la sauce piquante	145
Poitrines marinées	148
Poulet à la mode du sud	154
Poulet en coquille	152
Poulet en papillotes	152
Poulet flambé	154
Poulet rôti en croûte de moutarde	156
Super burger au poulet	159
Suprêmes aux pêches	144

Les plats principaux avec viande

Le bœuf

Bavettes à l'espagnole	173
Biftecks de surlonge aux tomates	172
Bœuf Cacciatore	176
Bourguignon mignon	174
Brochettes de filet mignon	169
Chili « sensass »	180
Couronne des fêtes	178
Entrecôtes sauce au fenouil	173
Faux-filets aux pistaches	172
Filets de bœuf à la Gascogne	168
Hachis parmentier	178
Laitue farcie	182
Mignons grillés à la dijonnaise	169
Mijoté des étoiles	182
Pain de bœuf des bambins	181
Pâté aux pommes	180
Pâté indien	181
Petit rôti farci	170
Poêlée aux échalotes confites	177
Ragoût aux champignons	174
Ragoût de bœuf au Porto	174
Ragoût des îles	177
Ragoût renouvelé	182
Rosbif piquant	170

Sauté de bœuf
aux pois gourmands 176
Tournedos du bistrot 168

La viande chevaline

Bavettes à la chicorée 185
Boulettes à la moutarde 189
Carbonade aux artichauts 186
Émincé de cheval à la bière 184
Filet de cheval,
sauce au Porto 184
Mignons au raifort 185
Pain de viande à la Belge 189
Rôti piqué à l'ail 186
Tacos deux viandes 188
Tomates farcies 188

La viande sauvagine

Civet de lapin 192
Fricassée de sanglier 190
Lapin au cidre 192
Rôti d'orignal aux pruneaux 190
Tourte au chevreuil 190

Le porc

Boulettes au riz 202
Bourguignon de porc 198
Brochettes grillées 199
Côtelettes aux abricots 200
Côtes de porc farcies
aux amandes 200
Émincé de porc aux herbes 198
Grenadins de porc
à la crème de brie 196
Longe de porc
au sirop d'érable 196
Médaillons aux trois poivres 196
Pain de porc à la moutarde 203
Petit rôti braisé aux fruits 195
Poêlée de jambon à l'ananas 194
Porc haché, façon du bistrot 203
Ragoût d'hiver 202
Rôti du lendemain 195
Rôti en croûte à l'indienne 194
Sauté à l'aubergine 199

L'agneau

Brochettes d'agneau
aux pois chiches 209
Carrés d'agneau aux noix 210
Côtelettes aux herbes
de Provence 210
Côtelettes grillées
à la tombée de poireaux 210
Émincé du berger 208
Escalopes d'agneau au romarin 205
Feuilles de vigne farcies 209
Gigot d'agneau
aux vinaigres fins 206
Gigot d'agneau farci 206
Grenadins d'agneau à l'ail 204
Médaillons d'agneau
aux framboises 204
Noisettes d'agneau grillées 205
Poêlée à la menthe 208

Le veau

Blanquette endimanchée 213
Caviar d'aubergine au veau 222
Cervelle de veau aux herbes 218
Émincé de veau à la citronnelle 212
Escalopes de veau aux poivres 220
Escalopes à la puttanesca 221
Grenadins de veau
à la rhubarbe 217
Médaillons de veau
aux pistaches 216
Mignons de veau marinés 217
Paillard aux moutardes 221
Petit ragoût fin de veau 222
Petits rôtis braisés
à la noix de muscade 214
Poêlée du Moyen-Orient 212
Poivrons farcis 222
Ris de veau à la poire 218
Rôti aux betteraves nouvelles 214
Rôti de veau farci 214
Saltimbocas 216
Scaloppine verde 220
Vol-au-vent du boulanger 213

Les poissons et fruits de mer

Aiglefin aux poireaux 235
Ailes de raie
à la fleur d'oranger 240
Bar, sauce aux huîtres 239
Brochet en filo 239
Calmars grillés 249
Casserole express 242
Crabe des neiges sur coquilles 249
Darnes de saumon aux tomates 228
Daurade à la carambole 238
Doré en papillote 234
Escalopes de saumon
au pamplemousse 228
Espadon, sauce pointue 236
Fettuccine aux tomates
et au crabe 306
Filets de saumon, sauce cocktail 228
Filets de truite aux amandes 226
Gravlax 232
Homards gratinés 246
Huîtres au cresson 244
Lotte enrobée 234
Loup de mer au poivron rouge 238
Mahi-mahi des tropiques 240
Méli-mélo vapeur 243
Moules aux petits légumes 244
Moules de la Grand'Place 245
Paella 246
Palourdes à la provençale 245
Pâté au saumon sans croûte 243
Petit sauté d'escargots 248
Pétoncles en folie 248
Ragoût de homard
aux petits légumes 246
Requin au vert 236
Rouget aux carottes 240
Rouleaux californiens 250
Sandwich norvégien 232
Sole au coulis de brocoli 231
Sole en court-bouillon 230
Sole farcie aux champignons 230
Sole flambée au Pernod 231
Sushis 250
Tarte au poisson 242
Thon grillé, Santa Fae 236
Truite à l'aneth 226
Truite fumée 227
Truite saumonée
aux deux parfums 227
Turbot «presque frit»! 235

Les plats principaux sans viande

Aubergines braisées	255
Aubergines gratinées	255
Bâtonnets de soja	264
Bulghur d'automne	270
Chou farci aux châtaignes d'eau	256
Courge poivrée, grillée	258
Courge spaghetti, aux champignons	258
Courgettes farcies aux champignons et au tofu	259
Couscous aux fruits séchés	270
Croquettes de pois chiches aux oignons	254
Croquettes de pommes de terre et de tofu	260
Émincé de tofu aux amandes	262
Émincé de tofu aux champignons	260
Fettuccine salsa rosa	268
Fèves germées au vinaigre balsamique	256
Fricassée aux haricots	256
Julienne de tofu à l'aigre-douce	263
Linguine au coulis de carotte et de poivron	268
Mesclun de riz à la provençale	267
Orge et aubergine	271
Pâté de pommes de terre	254
Bâtonnets de soja	264
Poêlée de champignons au coulis d'asperges	259
Polenta pomodoro	271
Ragoût de végé-boulettes	264
Riz frit aux trois courges	266
Riz tomaté aux noix	267
Riz vert	266
Tagliatelles aux petits légumes	268
Tofu burger de luxe	262
Tofu surprise	263
Végépâté de campagne	264

Les accompagnements

Les légumes

Aubergine en aubergine	276
Bâtonnets de concombre à l'indienne	286
Betteraves à la suédoise	276
Betteraves rôties	276
Bouquets de brocoli à l'ail	278
Bruxelles en Provence	284
Céleri au pamplemousse	280
Céleri au cari	280
Champignons cafés, sautés	282
Champignons émincés aux poivrons	282
Chou chinois aux fèves germées	283
Chou rouge à l'ail	283
Chou vert braisé au fenouil	283
Chou-fleur au paprika	284
Chou-fleur aux fromages	284
Choux de Bruxelles au coulis de carotte	284
Choux de Bruxelles aux agrumes	284
Cœurs d'artichauts aux piments	274
Cœurs de céleri à la moutarde	280
Concombres d'été	286
Concombre vapeur à l'aneth	286
Courgettes au romarin	287
Émincé de champignons aux poivrons	
Endives braisées au vermouth	288
Endives florentines	288
Épinards au fenouil	288
Fenouil aux tomates	288
Ficelles de courgettes au cari	287
Flèches d'asperges au coulis de tomates	275
Fleurs de céleri au cari	280
Fleurettes de brocoli à la fleur d'oranger	278
Fonds d'artichauts aux petits légumes	274
Frites sans remords	295
Gaufrettes de carottes aux herbes	279
Grelots des fêtes	294
Haricots mange-tout farcis	290
Julienne de carottes à la provençale	279
Les deux maïs à la ciboulette	292
Macédoine d'artichauts	274
Macédoine de haricots	290
Mange-tout farcis	290
Méli-mélo d'asperges	275
Mousseline de carottes	279
Navets à l'ail	291
Navets aux petits pois	291
Oignons farcis	292
Patates à la moutarde	291
Petits fagots de haricots au poireau	290
Pleurotes confits	282
Pointes de courgettes aux piments	287
Poireaux vapeur au parfum d'anis	292
Poivrons à la provençale	296
Poivrons verts au vert	296
Pommes de terre du bistrot	295
Purée d'aubergine aux carottes et aux tomates	276
Purée de pommes de terre à la tomate	294
Purée de pommes de terre légère	294
Rondins de maïs à l'huile vierge	292
Tiges de brocoli au gingembre	278
Tomates au four au basilic	296
Tomates moutarde	296
Tombée de poireaux liégeoise	292

Les légumineuses

Chili sin carne	298
Gourganes à l'ail et au cresson	300
Fèves de lima aux légumes	300
Haricots de Venise	299
Lentilles à la moutarde ancienne	299
Mesclun de légumineuses aux champignons	298
Pois chiches au coulis de navet	300

Les céréales

Arborio pomodoro	304
Couscous endiablé	303
Orge perlé aux agrumes	302
Riz brun vapeur aux pois gourmands	304
Riz frit à la chinoise	304

Riz, blé et orge au safran		303
Vermicelles de riz au sésame		302

Les pâtes

Conchiglie au brocoli		310
Farfalle au coulis de poivron rouge		308
Fettuccine à la courge poivrée		308
Fettuccine aux tomates et au crabe		306
Fusilli à l'huile de petits légumes		311
Fusilli, tomates et olives		311
Linguine au coulis de carotte		307
Linguine sauce à la viande		307
Orecchiette aux champignons		310
Pesto pasta		306
Spaghetti au coulis d'asperges		308

Les jus

Boisson de concombres au fenouil		313
Cocktail de légumes		312
Jus d'ananas et de carottes		312
Jus de melon au gingembre		313

Les fruits

Ananas grillés		314
Fraises poivrées au vermouth		314
Melons au Porto		314
Petits fruits et fromage cottage		314
Pommes et poires au cari		314

Les salades

Ananas et avocats dijonnaise		339
Carottes, navets et cie		328
Chicorée aux crevettes		324
Chou rouge à l'italienne		331
Cresson de La Rouge		326
Deux chicorées au miel		330
Endives aux champignons		330
Épinards aux olives		328
Escarole pointue		327
Farfalle des grands soirs		336
Frisée à l'oseille		322
Laitue Boston au jambon		323
Macaroni en fête		336
Mâche aux parfums d'Asie		326
Melons, tomates et herbes		338
Mesclun du potager		327
Salade Césarion		324
Salade croquante au poulet		335
Salade de chou du resto		331
Salade de fusilli cressonnette		336
Salade dépannage		323
Salade de poireaux aux poivrons		328
Salade de poires aux vinaigres de fruits		338
Salade de riz aux amandes		334
Salade d'hiver		334
Salade d'orge aux petits légumes		335
Salade romaine aux tomates		322
Salade Waldorf		339
Tiède d'épinards aux foies de volaille		332
Tiède de chicorée aux pétoncles		332

Les desserts

Ananas grillé au lait de coco		367
Barres tendres énergisantes		371
Biscuits à l'avoine et aux raisins		370
Biscuits au cacao		370
Brochettes de fruits, sauce chocolatée		366
Clafoutis aux kiwis		344
Cossetarde indienne		358
Coupes de pêches, ananas et cerises		366
Crème pâtissière légère		375
Délices épicées		367
Gâteau-mousse aux bananes		348
Gâteau choco-coco		346
Guimauves en folie		351
Lait glacé à la vanille		356
Lait glacé aux pistaches		356
Lait glacé moka		356
Lait moussé		374
Mandarines en mousseline		350
Mangues au riz sucré		359
Marguerite d'agrumes au Grand Marnier		364
Melon, melon & Cie		364
«Mentherie» aux cerises		351
Meringues garnies		360
Miche aux graines de pavot		368
Miroir aux framboises		348
Muffins à l'orange et aux canneberges		372
Muffins au citron et aux graines de pavot		372
Muffins de son aux bananes		372
Nectarines melba		363
Pain aux cinq céréales		368
Pâte à choux légère		374
Pâte brisée		375
Petites coupes renversées		355
Petites galettes aux fruits		371
Petites gelées aux fruits		350
Petits choux à l'ananas		358
Petits fruits aux bananes		363
Petits gâteaux des anges		347
Petits pains maison		368
Poires au ricotta fouetté		362
Pouding d'été anglais		359
Prunes pochées au vin rouge		362
Salade de fruits surprise!		364
Shortcake léger		347
Sorbet au cantaloup		354
Sorbet aux framboises		354
Sorbet à la rhubarbe et aux raisins		355
Tarte à l'orange en meringue		344
Tarte aux abricots		342
Tarte aux framboises		344
Tarte aux prunes		343
Tartelettes aux pommes et aux poires		342
Tartelettes melons et guimauves		343
Tuiles aux fruits frais		360
Yogourt glacé à la noix de coco		352
Yogourt glacé aux cerises de la fôret noire		352

Index thématique

Cet index est construit par ordre alphabétique et comprend toutes les recettes du livre, classées selon les thèmes et les aliments-vedettes.

Les abats

Cervelle de veau aux herbes	218
Mousse de foies légère	74
Ris de veau à la poire	218
Soupe de foies de volaille	124
Tiède d'épinards aux foies de volaille	332

L'agneau

Brochettes d'agneau aux pois chiches	209
Carrés d'agneau aux noix	210
Côtelettes aux herbes de Provence	210
Côtelettes grillées à la tombée de poireaux	210
Émincé du berger	208
Escalopes d'agneau au romarin	205
Feuilles de vigne farcies	209
Gigot d'agneau aux vinaigres fins	206
Gigot d'agneau farci	206
Grenadins d'agneau à l'ail	204
Médaillons d'agneau aux framboises	204
Noisettes d'agneau grillées	205
Poêlée à la menthe	208

Les algues

Rouleaux californiens	250
Sushis	250

Biscuits & galettes

Barres tendres énergisantes	371
Biscuits à l'avoine et aux raisins	370
Biscuits au cacao	370
Petites galettes aux fruits	371
Galettes de tofu au safran	103

Le bœuf

Bavettes à l'espagnole	173
Biftecks de surlonge aux tomates	172
Bœuf Cacciatore	176
Bouillon de bœuf	112
Bourguignon mignon	174
Brochettes de filet mignon	169
Carpaccio	72
Chili «sensass»	180
Consommé de bœuf garni	114
Couronne des fêtes	178
Entrecôtes sauce au fenouil	173
Faux-filets aux pistaches	172
Filets de bœuf à la Gascogne	168
Hachis parmentier	178
Laitue farcie	182
Mignons grillés à la dijonnaise	169
Mijoté des étoiles	182
Pain de bœuf des bambins	181
Pâté aux pommes	180
Pâté indien	181
Petit rôti farci	170
Poêlée aux échalotes confites	177
Potage au bœuf et aux champignons	116
Ragoût aux champignons	174
Ragoût de bœuf au Porto	174
Ragoût des îles	177
Ragoût renouvelé	182
Rosbif piquant	170
Sauté de bœuf aux pois gourmands	176
Tacos aux deux viandes	188
Tournedos du bistrot	168

Les brochettes

Brochettes d'agneau aux pois chiches	209
Brochettes de filet mignon	169
Brochettes de fruits, sauce chocolatée	366
Brochettes de lotte	107
Brochettes de poulet	159
Brochettes grillées	199
Tortellini en brochettes	59

Le café

Lait glacé moka	356

La caille

Demi-cailles aux raisins	78

Le canard

Aiguillettes de canard aux framboises	164
Émincé de canard aux champignons	164

Cacao et chocolat

Biscuits au cacao	370
Brochettes de fruits, sauce chocolatée	366
Gâteau choco-coco	346
Lait glacé moka	356

Les conseils santé

La carotte et les légumes-fleurs	73
La cuisson à la vapeur	275
La cuisson à l'huile	221
La cuisson du poisson	235
L'agneau	205
La guimauve	351
L'alcool	137
La pâte à choux	359
L'aubergine	255
L'avocat	133
La volaille	145
Le bœuf	177
Le cheval	185
Le chocolat	367
Le chou et l'endive	331
Le lait moussé	375
Le piment	99
Le poisson	107
Le poisson	227
Le porc	195
Le poulet	159
Les alternatives santé aux pâtes à tarte	343
Les artichauts	89
Les asperges et le fenouil	121
Les céréales	271
Les céréales	303
Les crustacés	81
Les épinards	65
Les fines herbes	55
Les jus de fruits et de légumes	313
Les laitues	323
Les légumineuses	299
Les pâtes alimentaires	307
Les pommes de terre	295
Les protéines	245
Les viandes	169
Les vinaigres aromatisés	339
Le tofu	263
Le veau	213
L'oignon et l'ail	153
L'oméga 3	239

Les coulis

Choux de Bruxelles au coulis de carotte	284
Farfalle au coulis de poivron rouge	308
Flèches d'asperges au coulis de tomates	275
Linguine au coulis de carotte	307
Linguine au coulis de carotte et de poivron	268
Poêlée de champignons au coulis d'asperges	259
Pois chiches au coulis de navet	300
Sole au coulis de brocoli	231
Spaghetti au coulis d'asperges	308

Les crêpes

Cigares florentins	93
Crêpes aux carottes	92
Crêpes de chez Parmentier	92
Crêpes enroulées	55

La dinde

Boulettes aux asperges	163
Cornets de dinde fumée	78
Demi-dinde braisée aux nectarines	160
Dinde rôtie au paprika	160
Émincé de dinde à la ciboulette	163
Médaillons aux endives	162
Piccatas aux artichauts	162
Poitrines de dinde fumée sur chou tiède	160

Le faisan

Faisan des bois	164

Fines herbes & épices

Bocconcini, tomates et herbes	73
Bruxelles en Provence	284
Cervelle de veau aux herbes	218
Côtelettes aux herbes de Provence	210
Émincé de porc aux herbes	198
Escalopes d'espadon aux herbes	106
Gâteau-mousse aux herbes	80
Gaufrettes de carottes aux herbes	279
Julienne de carottes à la provençale	279
Les deux gelées de Porto aux herbes	138
Melons, tomates et herbes	338
Mesclun de riz à la provençale	267
Palourdes à la provençale	245
Pilons aux herbes	150
Pointes de pain pita épicées	55
Poivrons à la provençale	296

Ail

Bouquets de brocoli à l'ail	278
Chou rouge à l'ail	283
Gourganes à l'ail et au cresson	300
Grenadins d'agneau à l'ail	204
Navets à l'ail	291
Rôti piqué à l'ail	186

Aneth

Concombre vapeur à l'aneth — 286
Truite à l'aneth — 226

Anis

Poireaux vapeur au parfum d'anis — 292

Basilic

Soupe de vermicelles, épinards et basilic — 129
Tomates au four au basilic — 296

Cari

Cari aux épinards — 158
Céleri au cari — 280
Demi-poulets Tandoori — 156
Ficelles de courgettes au cari — 287
Moules froides au cari — 85
Pommes et poires au cari — 314
Rôti en croûte à l'indienne — 194

Ciboulette

Betteraves, pommes et ciboulette — 77
Émincé de dinde à la ciboulette — 163
Les deux maïs à la ciboulette — 292
Tournedos du bistrot — 168

Citronnelle

Émincé de veau à la citronnelle — 212

Coriandre

Bâtonnets de concombre à l'indienne — 286
Céleri-rave à la grecque — 76
Chou chinois aux fèves germées — 283
Couscous endiablé — 303
Moules froides au cari — 85
Soupe aux vermicelles et aux haricots rouges — 118

Fenouil

Boisson de concombres au fenouil — 313
Chou vert braisé au fenouil — 283

Gingembre

Jus de melon au gingembre — 313
Soupe aux tomates et gingembre — 118
Tiges de brocoli au gingembre — 278

Menthe

«Mentherie» aux cerises — 351
Poêlée à la menthe — 208
Taboulé — 70

Moutarde

Ananas et avocats dijonnaise — 339
Boulettes à la moutarde — 189
Cœurs de céleri à la moutarde — 280
Hauts de cuisses aux moutardes — 150
Lentilles à la moutarde ancienne — 299
Mignons grillés à la dijonnaise — 169
Noisettes d'agneau grillées — 205
Paillard aux moutardes — 221
Pain de porc à la moutarde — 203
Patates à la moutarde — 291
Petit rôti farci — 170
Poulet rôti en croûte de moutarde — 156
Rôti de veau farci — 214
Rôti piqué à l'ail — 186
Tomates moutarde — 296
Tournedos du bistrot — 168

Muscade

Petits rôtis braisés à la noix de muscade — 214

Paprika

Chou-fleur au paprika — 284
Dinde rôtie au paprika — 160

Piments

Cœurs d'artichauts aux piments — 274
Couscous endiablé — 303
Escarole pointue — 327
Pointes de courgettes aux piments — 287
Rosbif piquant — 170

Persil

Taboulé — 70

Poivre

Escalopes de veau aux poivres — 220
Fraises poivrées au vermouth — 314
Fricassée aux poivres et poivrons — 153
Médaillons aux trois poivres — 196
Orange à la russe — 138
Sorbet aux pamplemousses et au poivre rose — 136

Raifort

Mignons au raifort — 185

Romarin

Courgettes au romarin — 287
Escalopes au romarin — 146
Escalopes d'agneau au romarin — 205

Safran

Galettes de tofu au safran — 103
Riz, blé et orge au safran — 303

Les fromages

Bocconcini, tomates et herbes — 73
Céleri aux fromages — 64
Chou-fleur aux fromages — 284
Grenadins de porc à la crème de brie — 196
Petits fruits et fromage cottage — 314
Poires au ricotta fouetté — 362
Soufflé aux fromages — 104

Les fruits

Antipasto de légumes et de fruits — 73
Brochettes de fruits, sauce chocolatée — 366
Délices épicées — 367
Guimauves en folie — 351
Meringues garnies — 360

Petit rôti braisé aux fruits	195
Petits fruits et fromage cottage	314
Petits gâteaux des anges	347
Petites coupes renversées	355
Petites galettes aux fruits	371
Petites gelées aux fruits	350
Pouding d'été anglais	359
Poulet à la mode du sud	154
Salade de fruits surprise!	364
Saucisses de volaille aux fruits	66
Tuiles aux fruits frais	360

Abricot

Côtelettes aux abricots	200
Tarte aux abricots	342

Agrumes

Ailes de raie à la fleur d'oranger	240
Céleri au pamplemousse	280
Champignons des neiges	59
Choux de Bruxelles aux agrumes	284
Escalopes de saumon au pamplemousse	228
Fleurettes de brocoli à la fleur d'oranger	278
Mandarines en mousseline	350
Marguerite d'agrumes au Grand Marnier	364
Muffins à l'orange et aux canneberges	372
Muffins au citron et aux graines de pavots	372
Orange à la russe	138
Orge perlée aux agrumes	302
Pamplemousses farcis au thon	65
Petits agrumes grillés	140
Pétoncles aux agrumes	84
Pommes Neptune	82
Sole à l'orange	107
Sorbet aux pamplemousses et au poivre rose	136
Soupe froide aux tomates et au citron	133
Tarte à l'orange en meringue	344
Velouté de carottes à l'orange	120

Ananas

Ananas et avocats dijonnaise	339
Ananas grillé au lait de coco	367
Ananas grillés	314
Coupes de pêches, ananas et cerises	366
Crevettes enfilées	58
Jus d'ananas et de carottes	312
Petits choux à l'ananas	358
Poêlée de jambon à l'ananas	194

Avocat

Ananas et avocats dijonnaise	339
Soupe d'été aux asperges et à l'avocat	133

Banane

Gâteau-mousse aux bananes	348
Muffins de son aux bananes	372
Petits fruits aux bananes	363
Poulet flambé	154

Cantaloup & melon

Jus de melon au gingembre	313
Melon, melon & Cie	364
Melons au Porto	314
Melons, tomates et herbes	338
Perles de melons à la noix de coco	140
Sorbet au cantaloup	354
Soupe aux deux melons	130
Tartelettes melons et guimauves	343
Viande des Grisons et melons	72

Carambole

Daurade à la carambole	238

Châtaigne d'eau

Chou farci aux châtaignes d'eau	256
Macédoine d'artichauts	274

Fruits séchés

Biscuits à l'avoine et aux raisins	370
Couscous aux fruits séchés	270

Kiwi

Clafoutis aux kiwis	344

Litchi

Litchi en saké tiède	140

Mangue

Mangues au riz sucré	359

Noix de coco

Ananas grillé au lait de coco	367
Gâteau choco-coco	346
Perles de melons à la noix de coco	140
Poulet flambé	154
Yogourt glacé à la noix de coco	352

Pêche & nectarine

Coupes de pêches, ananas et cerises	366
Demi-dinde braisée aux nectarines	160
Nectarines melba	363
Suprêmes aux pêches	144

Petits fruits

Aiguillettes de canard aux framboises	164
Coupes de pêches, ananas et cerises	366
Demi-cailles aux raisins	78
Fraises poivrées au vermouth	314
Médaillons d'agneau aux framboises	204
«Mentherie» aux cerises	351
Miroir aux framboises	348
Muffins à l'orange et aux canneberges	372
Petits fruits aux bananes	363
Petits fruits et fromage cottage	314
Shortcake léger	347
Sorbet à la rhubarbe et aux raisins	355
Sorbet aux framboises	354
Tarte aux framboises	344
Yogourt glacé aux cerises de la forêt noire	352

Poire

Granité de poires
 à l'eau de vie 137
Poires au ricotta fouetté 362
Poires aux épinards 65
Pommes et poires au cari 314
Salade de poires
 aux vinaigres de fruits 338
Tartelettes aux pommes
 et aux poires 342

Pomme

Betteraves, pommes
 et ciboulette 77
Pâté aux pommes 180
Pommes et poires au cari 314
Pommes Neptune 82
Salade Waldorf 339
Tartelettes aux pommes
 et aux poires 342

Prune & pruneau

Prunes pochées au vin rouge 362
Rôti d'orignal aux pruneaux 190
Tarte aux prunes 343

Rhubarbe

Grenadins de veau
 à la rhubarbe 217
Sorbet à la rhubarbe
 et aux raisins 355

Tomate

Arborio pomodoro 304
Biftecks de surlonge
 aux tomates 172
Bocconcini, tomates et herbes 73
Bruschetta 54
Cacciatore 155
Darnes de saumon
 aux tomates 228
Fenouil aux tomates 288
Fettuccine aux tomates
 et au crabe 306
Flèches d'asperges
 au coulis de tomates 275
Fusilli, tomates et olives 311
Gaspacho de Sancho 130
Melons, tomates et herbes 338
Mini-pizza en pochettes 54
Moules tomatées 58
Penne arrabiata 99
Polenta pomodoro 271
Potage aux tomates,
 courgettes et riz 116
Purée d'aubergine
 aux carottes et aux tomates 276
Purée de pommes de terre
 à la tomate 294
Riz tomaté aux noix 267
Salade romaine
 aux tomates 322
Soupe aux tomates
 et gingembre 118
Soupe froide aux tomates
 et au citron 133
Tomates au four au basilic 296
Tomates farcies 188
Tomates miniatures farcies 56
Tomates moutarde 296

Les fruits de mer

Bouillabaisse 125
Paella 246
Pommes Neptune 82
Quiche de la mer sans croûte 90

Calmar

Calmars grillés 249

Crabe

Champignons des neiges 59
Crabe des neiges sur coquilles 249
Fettuccine aux tomates
 et au crabe 306
Rouleaux californiens 250

Crevette

Chicorée aux crevettes 324
Crevettes enfilées 58
Surprise de crevettes 81

Homard

Homards gratinés 246
Ragoût de homard
 aux petits légumes 246

Pétoncle

Pétoncles aux agrumes 84
Pétoncles en folie 248
Tiède de chicorée
 aux pétoncles 332

Les gâteaux

Clafoutis aux kiwis 344
Gâteau-mousse
 aux bananes 348
Gâteau choco-coco 346
Petits gâteaux des anges 347
Shortcake léger 347

La guimauve

Guimauves en folie 351
Tartelettes melons
 et guimauves 343

Le lait

Lait glacé à la vanille 356
Lait glacé aux pistaches 356
Lait glacé moka 356
Lait moussé 374

Les légumes

Antipasto de légumes et de fruits 73
Aspic du potager 80
Bouillon de légumes 113
Canapés à la purée de légumes 60
Cari aux épinards 158
Carottes, navets et cie 328
Cocktail de légumes 312
Endives en ratatouille 64
Escalopes roulées aux légumes 146
Fettuccine verde 99
Fèves de lima aux légumes 300
Fonds d'artichauts
 aux petits légumes 274
Fusilli à l'huile de petits légumes 311
Légumes à la mexicaine 96
Méli-mélo d'asperges 275

Méli-mélo vapeur	243	Orge et aubergine	271	*Céleri*	
Minestrone	128	Purée d'aubergine		Céleri au cari	280
Moules aux petits légumes	244	aux carottes et aux tomates	276	Céleri au pamplemousse	280
Paella	246	Sauté à l'aubergine	199	Céleri aux fromages	64
Poivrons verts au vert	296			Céleri-rave à la grecque	76
Potage de légumes	117	*Betterave*		Cœurs de céleri à la moutarde	280
Quiche au riz		Betteraves à la suédoise	276	Salade Waldorf	339
et aux légumes verts	90	Betteraves, pommes			
Ragoût de homard		et ciboulette	77	*Champignon*	
aux petits légumes	246	Betteraves rôties	276	Champignons cafés, sautés	282
Riz brun vapeur		Friand de betteraves	93	Champignons des neiges	59
aux pois gourmands	304	Rôti aux betteraves nouvelles	214	Champignons émincés	
Riz vert	266			aux poivrons	282
Salade d'orge aux petits légumes	335	*Brocoli*		Champignons marinés	69
Scaloppine verde	220	Bouquets de brocoli à l'ail	278	Chou farci aux	
Soupe bouquets	118	Conchiglie au brocoli	310	châtaignes d'eau	256
Tagliatelles aux petits légumes	268	Fleurettes de brocoli		Courge spaghetti,	
Vermicelles de riz aux légumes	98	à la fleur d'oranger	278	aux champignons	258
		Purée de brocoli	60	Courgettes farcies	
Artichaut		Sole au coulis de brocoli	231	aux champignons et au tofu	259
Artichauts relevés	66	Tiges de brocoli au gingembre	278	Crème de champignons	
Carbonade aux artichauts	186	Velouté d'épinards		aux amandes	122
Cœurs d'artichauts aux piments	274	aux brocolis	120	Émincé de canard	
Fonds d'artichauts				aux champignons	164
aux petits légumes	274	*Carotte*		Émincé de tofu	
Macédoine d'artichauts	274	Carottes, navets et cie	328	aux champignons	260
Piccatas aux artichauts	162	Choux de Bruxelles		Endives aux champignons	330
Purée d'artichauts	89	au coulis de carotte	284	Faisan des bois	164
		Cossetarde indienne	358	Mesclun de légumineuses	
Asperge		Crêpes aux carottes	92	aux champignons	298
Asperges au prosciutto	68	Gaufrettes de carottes		Orecchiette aux champignons	310
Asperges du Midi	68	aux herbes	279	Pleurotes confits	282
Boulettes aux asperges	163	Julienne de carottes		Poêlée de champignons	
Flèches d'asperges		à la provençale	279	au coulis d'asperges	259
au coulis de tomates	275	Jus d'ananas et de carottes	312	Potage au bœuf	
Méli-mélo d'asperges	275	Linguine au coulis de carotte	307	et aux champignons	116
Poêlée de champignons		Linguine au coulis		Ragoût aux champignons	174
au coulis d'asperges	259	de carotte et de poivron	268	Roulés aux champignons	94
Soupe d'été		Mousseline de carottes	279	Sole farcie aux champignons	230
aux asperges et à l'avocat	133	Pain aux carottes			
Spaghetti au coulis d'asperges	308	et aux amandes	96	*Chicorée*	
Velouté d'asperges au fenouil	121	Pâté indien	181	Bavettes à la chicorée	185
Vichyssoise légère	132	Purée d'aubergine		Chicorée aux crevettes	324
		aux carottes et aux tomates	276	Deux chicorées au miel	330
Aubergine		Purée de carotte	60	Tiède de chicorée aux pétoncles	332
Aubergine à tartiner	70	Rouget aux carottes	240		
Aubergine en aubergine	276	Salade de chou du resto	331	*Chou*	
Aubergines braisées	255	Velouté de carottes à l'orange	120	Chou farci	
Aubergines gratinées	255			aux châtaignes d'eau	256
Caviar d'aubergine au veau	222			Chou rouge à l'ail	283
				Chou rouge à l'italienne	331

Chou rouge aux amandes 77
Chou vert braisé au fenouil 283
Salade de chou du resto 331

Chou chinois

Cheveux d'ange au chou chinois 98
Chou chinois aux fèves germées 283
Chou farci aux châtaignes d'eau 256
Poitrines de dinde fumée sur chou tiède 160

Choux de Bruxelles

Bruxelles en Provence 284
Choux de Bruxelles au coulis de carotte 284
Choux de Bruxelles aux agrumes 284

Chou-fleur

Chou-fleur au paprika 284
Chou-fleur aux fromages 284
Purée de chou-fleur 60

Concombre

Bâtonnets de concombre à l'indienne 286
Boisson de concombres au fenouil 313
Concombres d'été 286
Concombre vapeur à l'aneth 286
Gaspacho de Sancho 130
Rondins de concombre 56

Courge & courgette

Bulghur d'automne 270
Courge poivrée, grillée 258
Courge spaghetti, aux champignons 258
Courgettes au romarin 287
Courgettes farcies aux champignons et au tofu 259
Fettuccine à la courge poivrée 308
Ficelles de courgettes au cari 287
Pointes de courgettes aux piments 287
Potage aux tomates, courgettes et riz 116
Riz frit aux trois courges 266

Cresson

Cresson de La Rouge 326
Gourganes à l'ail et au cresson 300
Huîtres au cresson 244
Salade de fusilli cressonnette 336
Soupe glacée au cresson et à l'oseille 132

Crosses de fougère

Crème de poulet aux crosses de fougère 122

Endive

Endives aux champignons 330
Endives braisées au vermouth 288
Endives en ratatouille 64
Endives florentines 288
Médaillons aux endives 162
Soupe aux endives et au jambon 124
Witloof roulés 94

Épinards

Boulettes de pommes de terre au vert 96
Cannelloni 100
Cari aux épinards 158
Cigares florentins 93
Crevettes enfilées 58
Endives florentines 288
Épinards au fenouil 288
Épinards aux olives 328
Gigot d'agneau farci 206
Lasagne roulée 100
Petit rôti farci 170
Poires aux épinards 65
Poitrines de poulet aux épinards 144
Soupe de vermicelles, épinards et basilic 129
Tiède d'épinards aux foies de volaille 332
Trempette d'épinards, chaude
Velouté d'épinards aux brocolis 120

Escarole

Escarole pointue 327

Fenouil

Boisson de concombres au fenouil 313
Entrecôtes sauce au fenouil 173
Épinards au fenouil 288
Fenouil aux tomates 288
Fenouil mariné 69
Velouté d'asperges au fenouil 121

Fèves germées

Chou chinois aux fèves germées 283
Fèves germées au vinaigre balsamique 256
Mâche aux parfums d'Asie 326

Haricot

Crème aux deux haricots 122
Fricassée aux haricots 256
Haricots mange-tout farcis 290
Macédoine de haricots 290
Petits fagots de haricots au poireau 290

Laitue

Frisée à l'oseille 322
Laitue Boston au jambon 323
Laitue farcie 182
Lotte enrobée 234
Mesclun du potager 327
Salade Césarion 324
Salade dépannage 323
Salade romaine aux tomates 322
Salade Waldorf 339

Mâche

Mâche aux parfums d'Asie 326

Maïs

Les deux maïs à la ciboulette 292
Rondins de maïs à l'huile vierge 292

Navet

Carottes, navets et cie 328
Navets à l'ail 291
Navets aux petits pois 291
Pois chiches au coulis de navet 300

Oignons, échalotes & poireaux

Aiglefin aux poireaux	235
Côtelettes grillées à la tombée de poireaux	210
Crêpes de chez Parmentier	92
Croquettes de pois chiches aux oignons	254
Huîtres au cresson	244
Les 3 parfums sur croûtons	76
Oignons farcis	292
Petit braisé aux oignons rouges	153
Petits fagots de haricots au poireau	290
Poêlée aux échalotes confites	177
Poireaux vapeur au parfum d'anis	292
Salade de poireaux aux poivrons	328
Tombée de poireaux liégeoise	292

Oseille

Ficelles de truite à l'oseille	85
Frisée à l'oseille	322
Soupe glacée au cresson et à l'oseille	132

Petits légumes

Navets aux petits pois	291
Sauté de bœuf aux pois gourmands	176

Poivrons

Champignons émincés aux poivrons	282
Farfalle au coulis de poivron rouge	308
Fricassée aux poivres et poivrons	153
Grelots des fêtes	294
Linguine au coulis de carotte et de poivron	268
Loup de mer au poivron rouge	238
Petits poivrons farcis	56
Poivrons à la provençale	296
Poivrons farcis	222
Poivrons verts au vert	296
Purée de poivron rouge	60
Salade de poireaux aux poivrons	328
Velouté de poivrons rouges	121

Pommes de terre

Boulettes de pommes de terre au vert	96
Crêpes de chez Parmentier	92
Croquettes de pois chiches aux oignons	254
Croquettes de pommes de terre et de tofu	260
Frites sans remords	295
Grelots des fêtes	294
Hachis parmentier	178
Patates à la moutarde	291
Pâté au saumon sans croûte	243
Pâté aux pommes	180
Pâté de pommes de terre	254
Pâté indien	181
Pommes de terre du bistrot	295
Purée de pommes de terre à la tomate	294
Purée de pommes de terre légère	294
Tarte au poisson	242
Tarte Normande	90

Légumineuses & céréales

Mesclun de légumineuses aux champignons	298
Riz, blé et orge au safran	302
Soupe aux légumineuses	129
Végépâté	103

Bulghur

Bulghur d'automne	270
Taboulé	70

Céréales

Barres tendres énergisantes	371
Pain aux cinq céréales	368

Couscous

Couscous aux fruits séchés	270
Couscous de poulet	158
Couscous endiablé	303

Fèves de lima

Fèves de lima aux légumes	300

Gourganes

Gourganes à l'ail et au cresson	300

Haricots

Chili «sensass»	180
Chili sin carne	298
Émincé de poulet aux haricots noirs	149
Fricassée aux haricots	256
Haricots de Venise	299
Légumes à la mexicaine	96
Minestrone	128
Soupe aux vermicelles et aux haricots rouges	118

Lentilles

Lentilles à la moutarde ancienne	299

Orge

Orge et aubergine	271
Orge perlé aux agrumes	302
Salade d'orge aux petits légumes	335

Pois chiches

Bâtonnets de soja	264
Brochettes d'agneau aux pois chiches	209
Croquettes de pois chiches aux oignons	254
Hummus	70
Pois chiches au coulis de navet	300
Végépâté de campagne	264

Riz

Arborio pomodoro	304
Boulettes au riz	202
Croustillants de riz	88
Mangues au riz sucré	359

Mesclun de riz à la provençale	267
Paella	246
Potage aux tomates, courgettes et riz	116
Quiche au riz et aux légumes verts	90
Risotto au vin rouge	88
Riz brun vapeur aux pois gourmands	304
Riz frit à la chinoise	304
Riz frit aux trois courges	266
Riz tomaté aux noix	267
Riz vert	266
Rouleaux californiens	250
Salade de riz aux amandes	334
Salade d'hiver	334
Sushis	250

Semoule de blé

Polenta pomodoro	271

Tapioca

Cossetarde indienne	358
Tarte à l'orange en meringue	344

Les marinades

Champignons marinés	69
Fenouil mariné	69
Mignons de veau marinés	217
Poitrines marinées	148

La meringue

Meringues garnies	360
Tarte à l'orange en meringue	344

Le miel

Ceviche de thon	84
Deux chicorées au miel	330

Les mollusques

Escargots

Petit sauté d'escargots	248

Huîtres

Bar, sauce aux huîtres	239
Chaudrée d'huîtres	125
Huîtres au cresson	244
Huîtres des îles	108
Huîtres fumées en gelée	81

Moules

Moules aux petits légumes	244
Moules de la Grand'Place	245
Moules froides au cari	85
Moules tomatées	58

Palourdes

Palourdes à la provençale	245

Les muffins

Muffins à l'orange et aux canneberges	372
Muffins au citron et aux graines de pavot	372
Muffins de son aux bananes	372

Noix & graines

Carrés d'agneau aux noix	210
Riz tomaté aux noix	267

Amandes

Chou rouge aux amandes	77
Côtes de porc farcies aux amandes	200
Crème de champignons aux amandes	122
Émincé de tofu aux amandes	262
Filets de truite aux amandes	226
Pain aux carottes et aux amandes	96
Salade de riz aux amandes	334

Arachides

Tofu aux arachides	102

Graines de pavot

Miche aux graines de pavot	368
Muffins au citron et aux graines de pavot	372

Pistaches

Faux-filets aux pistaches	172
Lait glacé aux pistaches	356
Médaillons de veau aux pistaches	216

Les œufs

Crème pâtissière légère	375
Fritata	104
Meringues garnies	360
Pointes d'omelette	104
Quiche au riz et aux légumes verts	90
Quiche de la mer sans croûte	90
Salade dépannage	323
Soufflé aux fromages	104
Straciatella	128

Les olives

Fusilli, tomates et olives	311
Épinards aux olives	328

Le pain

Bruschetta	54
Canapés à la purée de légumes	60
Miche aux graines de pavot	368
Mini-pizza en pochettes	54
Pain aux cinq céréales	368
Petit sauté d'escargots	248
Petits pains maison	368
Pointes de pain pita épicées	55
Super burger au poulet	159

La pâte

Pâte à choux légère	374
Pâte brisée	375

Les pâtes alimentaires

Cannelloni
Cannelloni	100

Conchiglie
Conchiglie au brocoli	310

Coquilles
Crabe des neiges sur coquilles	249

Farfalle
Farfalle des grands soirs	336
Farfalle au coulis de poivron rouge	308

Fettuccine
Fettuccine à la courge poivrée	308
Fettuccine aux tomates et au crabe	306
Fettuccine salsa rosa	268
Fettuccine verde	99

Fusilli
Fusilli à l'huile de petits légumes	311
Fusilli, tomates et olives	311
Salade de fusilli cressonnette	336

Lasagne
Lasagne roulée	100

Linguine
Linguine au coulis de carotte	307
Linguine au coulis de carotte et de poivron	268
Linguine sauce à la viande	307

Macaroni
Macaroni en fête	336

Orecchiette
Orecchiette aux champignons	310

Penne
Penne arrabiata	99

Spaghetti
Spaghetti au coulis d'asperges	308

Tagliatelles
Tagliatelles aux petits légumes	268

Tortellini
Tortellini en brochettes	59

Vermicelles
Cheveux d'ange au chou chinois	98
Soupe aux vermicelles et aux haricots rouges	118
Soupe de vermicelles, épinards et basilic	129
Soupe repas aux vermicelles	126
Vermicelles de riz au sésame	302
Vermicelles de riz aux légumes	98

Le pesto

Cigares florentins	93
Crabe des neiges sur coquilles	249
Fettuccine verde	99
Pesto pasta	306

Les poissons

Bouillabaisse	125
Bouillon nippon	126
Fumet de poisson	113
Méli-mélo vapeur	243
Potage des mers	117
Salade tiède de poissons fumés	108
Sushis	250
Tarte au poisson	242

Aiglefin
Aiglefin aux poireaux	235

Bar
Bar, sauce aux huîtres	239

Brochet
Brochet en filo	239
Méli-mélo vapeur	243

Daurade
Daurade à la carambole	238

Doré
Doré en papillote	234

Espadon
Escalopes d'espadon aux herbes	106
Espadon, sauce pointue	236

Lotte
Brochettes de lotte	107
Lotte enrobée	234
Méli-mélo vapeur	243

Loup de mer
Loup de mer au poivron rouge	238

Mahi-mahi
Mahi-mahi des tropiques	240

Morue
Méli-mélo vapeur	243

Requin
Bouchées de requin	106
Requin au vert	236

Rouget
Rouget aux carottes	240

Raie

Ailes de raie à la fleur d'oranger	240

Saumon

Casserole express	242
Darnes de saumon aux tomates	228
Escalopes de saumon au pamplemousse	228
Filets de saumon, sauce cocktail	228
Gravlax	232
Pâté au saumon sans croûte	243
Quiche de la mer sans croûte	90
Roulades de saumon fumé	82
Sandwich norvégien	232

Sole

Sole à l'orange	107
Sole au coulis de brocoli	231
Sole en court-bouillon	230
Sole farcie aux champignons	230
Sole flambée au Pernod	231

Thon

Ceviche de thon	84
Pamplemousses farcis au thon	65
Thon grillé, Santa Fae	236

Truite

Ficelles de truite à l'oseille	85
Filets de truite aux amandes	226
Truite à l'aneth	226
Truite fumée	227
Truite saumonée aux deux parfums	227

Turbot

Turbot « presque frit » !	235

Le porc

Boulettes au riz	202
Bourguignon de porc	198
Brochettes grillées	199
Côtelettes aux abricots	200
Côtes de porc farcies aux amandes	200
Émincé de porc aux herbes	198
Grenadins de porc à la crème de brie	196
Laitue Boston au jambon	323
Longe de porc au sirop d'érable	196
Médaillons aux trois poivres	196
Mousseline de jambon	74
Pain de porc à la moutarde	203
Petit rôti braisé aux fruits	195
Poêlée de jambon à l'ananas	194
Porc haché, façon du bistrot	203
Ragoût d'hiver	202
Rôti du lendemain	195
Rôti en croûte à l'indienne	194
Saltimbocas	216
Sauté à l'aubergine	199
Soupe aux endives et au jambon	124

Le poulet

Blancs au thé	148
Blancs de poulet aux graines de sésame	145
Bouchées de poulet épicées	78
Bouillon de poulet	112
Bouillon nippon	126
Brochettes de poulet	159
Cacciatore	155
Cari aux épinards	158
Consommé de volaille en croûte dorée	114
Coq au vin	155
Couscous de poulet	158
Crème de poulet aux crosses de fougère	122
Cuisses aux câpres	150
Demi-poulets Tandoori	156
Émincé de poulet aux haricots noirs	149
Escalopes au romarin	146
Escalopes roulées aux légumes	146
Fricassée aux poivres et poivrons	153
Hauts de cuisses aux moutardes	150
Languettes de poulet « presque frites »	149
Petit braisé aux oignons rouges	153
Pilons aux herbes	150
Poitrines de poulet aux épinards	144
Poitrines de poulet grillées à la sauce piquante	145
Poitrines marinées	148
Poulet à la mode du sud	154
Poulet en coquille	152
Poulet en papillotes	152
Poulet flambé	154
Poulet rôti en croûte de moutarde	156
Salade croquante au poulet	335
Saucisses de volaille aux fruits	66
Soupe repas aux vermicelles	126
Super burger au poulet	159
Suprêmes aux pêches	144

Préparation & techniques

Bâtonnets et dés	318
Bouquet garni	113
Canapés	60
Cannelloni	100
Cervelles et ris de veau	218
Confection du rôti	170
Côtes farcies	200
Couronne	178
Crevettes	324
Croûte dorée	114
Cuisson des artichauts	66
Découpage du lapin	192
Démoulage aspics et mousses	74
Fruits et légumes évidés	316
Gaufrette et ciselage	319
Gigot	206
Glaces	352
Gravlax	232
Huîtres des îles	108
Julienne et brunoise	318
Légume tourné	319
Légumes épépinés	316
Légumes pelés	316
Les escalopes	146
Miroir	348

Oignon haché	317
Orange à la russe	138
Parisienne	319
Paysanne et jardinière	318
Pommes Neptune	82
Poulet Tandoori	156
Reconstitution des champignons séchés	260
Rôti piqué	186
Roulés	94
Service de la soupe aux deux melons	130
Suprêmes d'agrume	317
Sushis	250
Tiède d'épinards	332
Tuiles	360
Zeste d'agrume	317

Les sauces

Bar, sauce aux huîtres	239
Brochette de fruits, sauce chocolatée	366
Entrecôtes sauce au fenouil	173
Espadon, sauce pointue	236
Filet de cheval, sauce au Porto	184
Filets de saumon, sauce cocktail	228
Linguine sauce à la viande	307
Poitrines de poulet grillées à la sauce piquante	145

Le sirop d'érable

Longe de porc au sirop d'érable	196

Les sorbets

Petites coupes renversées	355
Sorbet à la rhubarbe et aux raisins	355
Sorbet au cantaloup	354
Sorbet au vermouth blanc	136
Sorbet aux framboises	354
Sorbet aux pamplemousses et au poivre rose	136

Les tartes

Tarte à l'orange en meringue	344
Tarte aux abricots	342
Tarte aux framboises	344
Tarte aux prunes	343
Tartelettes aux pommes et aux poires	342
Tartelettes melons et guimauves	343

Le tofu

Bâtonnets de soja	264
Bouillon nippon	126
Courgettes farcies aux champignons et au tofu	259
Croquettes de pommes de terre et de tofu	260
Émincé de tofu aux amandes	262
Émincé de tofu aux champignons	260
Frit-o-tofu	102
Galettes de tofu au safran	103
Julienne de tofu à l'aigre-douce	263
Polenta pomodoro	271
Ragoût de végé-boulettes	264
Soupe de Pékin	126
Tofu aux arachides	102
Tofu burger de luxe	262
Tofu surprise	263
Végépâté	103
Végépâté de campagne	264

Le veau

Blanquette endimanchée	213
Caviar d'aubergine au veau	222
Cervelle de veau aux herbes	218
Émincé de veau à la citronnelle	212
Escalopes à la puttanesca	221
Escalopes de veau aux poivres	220
Grenadins de veau à la rhubarbe	217
Médaillons de veau aux pistaches	216
Mignons de veau marinés	217
Paillard aux moutardes	221
Petit ragoût fin de veau	222

Petits rôtis braisés à la noix de muscade	214
Poêlée du Moyen-Orient	212
Poivrons farcis	222
Ris de veau à la poire	218
Rôti aux betteraves nouvelles	214
Rôti de veau farci	214
Saltimbocas	216
Scaloppine verde	220
Vol-au-vent du boulanger	213

La viande chevaline

Bavettes à la chicorée	185
Boulettes à la moutarde	189
Carbonade aux artichauts	186
Émincé de cheval à la bière	184
Filet de cheval, sauce au Porto	184
Mignons au raifort	185
Pain de viande à la Belge	189
Rôti piqué à l'ail	186
Tacos deux viandes	188
Tomates farcies	188
Viande des Grisons et melons	72

La viande sauvagine

Civet de lapin	192
Fricassée de sanglier	190
Lapin au cidre	192
Rôti d'original aux pruneaux	190
Tourte au chevreuil	190

Les vinaigres fins

Fèves germées au vinaigre balsamique	256
Gigot d'agneau aux vinaigres fins	206
Ris de veau à la poire	218
Salade de poires aux vinaigres de fruits	338

Vins & alcools

Bière
Émincé de cheval à la bière	184
Moules de la Grand'Place	245
Moules froides au cari	85
Moules tomatées	58
Poitrines marinées	148

Calvados
Granité Normand	137

Cidre
Lapin au cidre	192

Eau de vie
Granité de poires à l'eau de vie	137

Grand Marnier
Marguerite d'agrumes au Grand Marnier	364

Pernod
Sole flambée au Pernod	231

Porto
Consommé de bœuf garni	114
Filet de cheval, sauce au Porto	184
Les deux gelées de Porto aux herbes	138
Melons au Porto	314
Ragoût de bœuf au Porto	174
Salade tiède de poissons fumés	108

Rhum
Perles de melons à la noix de coco	140
Poulet flambé	154

Saké
Litchi en saké tiède	140
Rouleaux californiens	250
Sushis	250

Vermouth
Chou rouge aux amandes	77
Cuisses aux câpres	150
Endives braisées au vermouth	288
Fraises poivrées au vermouth	314
Gâteau-mousse aux herbes	80
Mousse de foies légère	74
Mousseline de jambon	74
Petit sauté d'escargots	248
Poitrines de dinde fumée sur chou tiède	160
Sorbet au vermouth blanc	136

Vin blanc
Asperges du Midi	68
Chou farci aux châtaignes d'eau	256
Crêpes de chez Parmentier	92
Escalopes au romarin	146
Moules aux petits légumes	244
Noisettes d'agneau grillées	205
Palourdes à la provençale	245

Vin rouge
Bourguignon de porc	198
Bourguignon mignon	174
Cacciatore	155
Coq au vin	155
Escalopes à la puttanesca	221
Mignons de veau marinés	217
Prunes pochées au vin rouge	362
Risotto au vin rouge	88

Vodka
Orange à la russe	138
Truite saumonée aux deux parfums	227

Le yogourt

Ananas et avocats dijonnaise	339
Ananas grillés	314
Betteraves à la suédoise	276
Carottes, navets et cie	328
Céleri au cari	280
Côtelettes grillées à la tombée de poireaux	210
Coupes de pêches, ananas et cerises	366
Courge poivrée, grillée	258
Crêpes enroulées	55
Délices épicées	367
Escarole pointue	327
Farfalle des grands soirs	336
Fenouil mariné	69
Frisée à l'oseille	322
Gâteau-mousse aux herbes	80
Guimauves en folie	351
Jus de melon au gingembre	313
Lait glacé à la vanille	356
Lotte enrobée	234
« Mentherie » aux cerises	351
Mignons au raifort	185
Miroir aux framboises	348
Moules froides au cari	85
Petites galettes aux fruits	371
Petits choux à l'ananas	358
Petits poivrons farcis	56
Piccatas aux artichauts	162
Poires au ricotta fouetté	362
Poitrines marinées	148
Purée d'artichauts	89
Rôti en croûte à l'indienne	194
Roulades de saumon fumé	82
Salade Césarion	324
Salade de fusilli cressonnette	336
Salade Waldorf	339
Shortcake léger	347
Soupe aux deux melons	130
Soupe d'été aux asperges et à l'avocat	133
Soupe glacée au cresson et à l'oseille	132
Surprise de crevettes	81
Tortellini en brochettes	59
Trempette d'épinards, chaude	89
Yogourt glacé à la noix de coco	352
Yogourt glacé aux cerises de la forêt noire	352

Notes personnelles

Notes personnelles

Notes personnelles

Notes personnelles

Notes personnelles

Notes personnelles

Notes personnelles

La poêle à nervures conçue selon des critères de performance et d'esthétique

POUR UNE CUISSON SANTÉ SANS GRAS:

Les nervures hautes et rapprochées de *l'égrille*^MC favorisent une cuisson précise sans contact avec les gras de cuisson.

POUR LA SAVEUR DES ALIMENTS:

La sole épaisse de *l'égrille*^MC répartit également la chaleur, à la grandeur de la surface de cuisson; les aliments se dessèchent moins car ils sont saisis à haute température, ce qui emprisonne leurs jus.

POUR LE PLAISIR DES GRILLADES À L'ANNÉE:

Conçue et fabriquée au Québec

Des aliments grillés, qui collent moins à la fonte qu'à une surface émaillée, qui se dessèchent moins qu'en cuisson sur une surface pleine, qui cuisent mieux parce qu'il sont saisis à plus haute température.

- 325mm (12,8 po) de longueur hors-tout
- fonte à matrice ferrique, filtrée / grade 30
- design exclusif
- prix : 99,95$

PROMOTION DE LANCEMENT
66,98$
INCLUANT TAXES, FRAIS DE MANUTENTION ET TRANSPORT

UN RABAIS DE 33%!

BON DE COMMANDE :

Expédier à:

NOM: _____ ADRESSE: _____

VILLE: _____ PROVINCE: _____ CODE POSTAL: _____

TÉLÉPHONE: ( ) _____

QUANTITÉ: _____ MONTANT INCLUS: _____ $

FAITES PARVENIR VOTRE COMMANDE AVEC VOTRE PAIEMENT PAR CHÈQUE OU MANDAT-POSTE À:
COMMUNIPLEX MARKETING INC.
210 ROLAND JEANNEAU
VERDUN, QUÉBEC,
CANADA H3E 1R5

VEUILLEZ ALLOUER DE 4 À 6 SEMAINES POUR LA LIVRAISON.

DATE DUE